GUIDE DES CHAMPIGNONS

Sélection du Reader's Digest
PARIS • BRUXELLES • MONTRÉAL • ZURICH

LE GUIDE DES CHAMPIGNONS
est une réalisation de Sélection du Reader's Digest

Nous exprimons notre reconnaissance à tous ceux qui ont contribué
à la préparation et à la mise au point de cet ouvrage.

POUR LES TEXTES

Georges BECKER, membre d'honneur de la Société mycologique de France; Docteur Lucien GIACOMONI, diplômé de l'Institut national de médecine agricole; Jacqueline NICOT, sous-directeur honoraire au Muséum d'histoire naturelle, Paris; Maître Serge PAUTOT, docteur en droit, avocat au barreau de Marseille; Guy REDEUILH, membre du conseil de la Société mycologique de France; Geneviève BRANCHU, Dominique HARTOG, Anke HÉRUBEL, Helga MARXMÜLLER, Ursula MILLOT, Claude SCHAEFFNER;

POUR LES ILLUSTRATIONS

Françoise BONVOUST : pages 60, 74, 80, 106, 118, 119, 145, 182, 198, 208-210, 217, 220, 221, 252, 264;
Pierre BROÇHARD : pages 96, 148;
Josiane CAMPAN : pages 126, 169, 197, 218, 224, 230;
Caroline GUILOINEAU : pages 67, 75, 139;
Maurice ESPÉRANCE : pages 14, 311-315;
Catherine JACQUINET : page 261;
Brenda KATTÉ : pages 54, 57, 97, 99, 110, 116, 117, 124, 137, 149, 154, 155, 156, 164, 165, 170, 178, 222, 233, 234, 250, 269;
Erhard LUDWIG : pages 48, 59, 51, 56, 58, 61, 63, 68, 70-73, 76, 79, 82, 83, 85, 86, 91, 101, 102, 105, 107, 111, 112, 125, 128, 130, 132, 134, 141, 142, 153, 158, 159, 161, 167, 168, 173, 176, 184, 186, 188, 199, 205, 206, 214-216, 228, 232, 242, 244, 249, 253, 256, 257, 262, 263, 265, 266, 271;
Line MAILHÉ : couverture et pages 64, 69, 89, 108, 114, 115, 121-123, 131, 133, 144, 146, 160, 174, 175, 179, 185, 187, 189-192, 196, 200, 202-204, 212, 239, 241, 243, 245-247, 254, 258, 267, 270;
Helga MARXMÜLLER : pages 52, 55, 65, 81, 90, 100, 109, 120, 147, 166, 193, 201, 213, 226, 273;
Guy MICHEL : pages 47, 50, 53, 59, 62, 66, 77, 78, 84, 87, 88, 92, 95, 98, 103, 104, 113, 127, 129, 135, 136, 138, 140, 143, 150-152, 162, 163, 171, 172, 177, 180, 181, 183, 194, 195, 207, 211, 219, 223, 225, 227, 229, 231, 235-238, 240, 248, 251, 255, 259, 260, 268, 272, 274, 275;
François VITALIS : page 157.

Légendes de la couverture et des pages de partie :

Couverture : Bolet blafard *(Boletus luridus)*;
p. 6-7 : Morille comestible *(Morchella esculenta)*;
p. 44-45 : Coprin disséminé *(Coprinus disseminatus)*;
p. 288-289 : forêt domaniale de Roumare, près de Rouen (Seine-Maritime);

Sélection du Reader's Digest remercie en outre tout particulièrement
Georges Becker et Guy Redeuilh
pour la part qu'ils ont prise à l'élaboration de ce livre.

PREMIÈRE ÉDITION
Onzième tirage

ISBN : 2 7098 0031 4

SOMMAIRE

L'univers des champignons enchante le profane, passionne le scientifique, réjouit les amoureux de la nature et le palais des gastronomes. Avec les champignons, on entre en effet dans un monde passionnant, divers et mystérieux. Venus du plus profond des âges, ils sont en quelque sorte des productions hybrides de la nature, à la frontière des mondes animal et végétal : dépourvus des attributs classiques de la plante, aussi bien de la chlorophylle qui capte l'énergie solaire que de racines, de feuilles et de fleurs, les champignons croissent et se multiplient dans les milieux les plus inattendus, adoptent les formes les plus insolites. C'est en partant à leur découverte que nous apprendrons à développer notre esprit d'observation et à aiguiser notre curiosité.

Pourtant, si fascinants qu'ils soient, les champignons ne sont pas sans danger pour le néophyte qui de l'exploration nonchalante du sous-bois passe à la cueillette, voire à la dégustation : certains sont mortels, d'autres seulement toxiques, et, chaque année, on déplore nombre d'accidents dus à l'ignorance ou à l'imprudence.

Aussi le but de ce livre est-il de réunir un ensemble de connaissances variées, clairement exposées, capables de satisfaire le chercheur et l'amateur mais aussi de préserver le simple curieux. Il était pour cela nécessaire de se plier aux normes rigoureuses d'un ouvrage scientifique tout en évitant un langage hermétique connu des seuls initiés. Il s'agissait aussi de créer un instrument de travail et de distraction immédiatement lisible grâce à une mise en pages simple et originale, et de le rendre attrayant pour tous par une iconographie abondante, soignée, parfaitement conforme, dans ses détails, à la réalité scientifique. C'est à ces critères que répondent les quelque huit cents photographies, gouaches et dessins qui illustrent ce livre.

La volonté de réaliser un ouvrage original, complet, et le souci de l'inscrire dans le cadre d'une présentation séduisante pour l'œil et pour l'esprit réclament un plan judicieusement conçu, de même qu'une sélection sans complaisance des informations. C'est pourquoi l'« Atlas des champignons », qui constitue la partie centrale de ce livre et qui est destiné à donner une vision synthétique d'un ensemble extrêmement vaste, a retenu les deux cent vingt-trois espèces de champignons les plus représentatives, réparties en quatre grandes catégories : champignons à lamelles, champignons à tubes, champignons à aiguillons et champignons à plis. Chaque espèce est accompagnée d'une gouache, complétée d'une coupe longitudinale qui lève tout ambiguïté d'identification. Il était indispensable, par ailleurs, de soumettre au lecteur un panorama concis de l'histoire de la mycologie, de lui fournir une classification précise, immédiatement compréhensible, à l'aide de tableaux récapitulatifs et de planches, d'indiquer à l'amateur les milieux où croissent les différentes espèces, comestibles ou non, et les saisons où la cueillette est la plus favorable.

Un glossaire et un index, rationnellement établis, permettent, en outre, de consulter cet ouvrage sans rien négliger des informations qui y sont contenues. Enfin, le gastronome, tout aussi exigeant que le scientifique, n'a pas été oublié. Il trouvera ici de précieuses indications sur la façon de préparer et de conserver les champignons. Cependant, malgré tout le soin que nous avons apporté à la réalisation de ce livre et, en particulier, à son impression pour rendre le plus fidèlement possible l'aspect et les couleurs des champignons, il est de notre devoir de mettre en garde les néophytes et de leur recommander la plus extrême prudence lors de leur cueillette ; mieux encore, de présenter, s'ils ont le moindre doute, le produit de leur récolte à un pharmacien. Il n'y a, en fait, qu'un moyen de ne pas s'empoisonner : apprendre à bien connaître les champignons et devenir un mycologue responsable : c'est ce que propose le *Guide des champignons* à tous ses lecteurs.

Avant-propos

Depuis quelques années, la recherche et la récolte des champignons connaissent en Europe occidentale un intérêt qui peut aller jusqu'à la passion. Sans doute dans un premier temps s'agit-il simplement pour l'amateur de trouver dans la nature une nourriture originale et plaisante, et ce faisant il renouvelle sans y penser les gestes de nos ancêtres du paléolithique qui vivaient de la chasse et de la cueillette. Mais une fois qu'on a appris à connaître la centaine d'espèces communes et comestibles — parmi lesquelles une vingtaine seulement sont dignes d'une bonne table —, la curiosité s'aiguise et on a envie d'aller plus loin.

Il est évidemment obligatoire de pouvoir distinguer du premier coup d'œil toutes les espèces toxiques (et il en existe plus qu'on ne l'a cru pendant longtemps). Mais on veut aussi pouvoir mettre un nom sur tel ou tel spécimen, intéressant par sa forme, sa couleur, son parfum, la station où on l'a trouvé, si bien qu'on est conduit à consulter des ouvrages dans lesquels on espère trouver l'image et la description de l'espèce en question.

Ce n'est pas facile. En effet, il y a dans notre flore à peu près trois mille espèces de champignons visibles à l'œil nu, et les connaître toutes dépasse les possibilités d'une mémoire humaine. Mais il est bon d'en connaître le plus possible et, pour commencer cet apprentissage, il est indispensable de disposer d'un ouvrage comme celui-ci. Il offrira à l'amateur non seulement des images d'une qualité exceptionnelle, mais il lui permettra aussi de mémoriser un certain nombre d'espèces caractéristiques de toutes les séries possibles. Ce seront là des jalons très précieux et, avec un peu de patience, il aura vite fait de se familiariser avec les types essentiels de chaque famille, puis de chaque genre. C'est ainsi que, grâce à la « Clé de détermination », puis grâce aux images et aux descriptions de l'« Atlas des champignons », on pourra atteindre déjà à un degré de connaissance très appréciable.

Ce bon début dans une science difficile, et qui ne ressemble pas aux autres, permettra en outre à l'amateur d'exercer toutes ses facultés. Il y a dans la mycologie d'abord un aspect sportif non négligeable, car son exercice l'obligera à de longues marches en forêt ou ailleurs, souvent en terrain difficile, et par tous les temps. Et il lui faudra aiguiser son attention, sa vue, son flair, son odorat, son raisonnement, son intuition, sa mémoire, si bien que la mycologie lui apparaîtra peu à peu non seulement comme une distraction agréable, mais comme une activité importante pour l'esprit.

Comme la mycologie est une science encore jeune — elle ne date réellement que du début du XIXe siècle —, elle permet encore bien des découvertes, et on verra aussi chemin faisant que tout n'y est pas encore très clair. On se familiarisera avec les notions de genre et d'espèce, qui paraissent évidentes au premier abord, mais qui nous plongeront en pleine métaphysique pour peu qu'on veuille les approfondir. Et on verra que nos plus grands maîtres ne sont pas toujours d'accord entre eux sur bien des points de nomenclature.

Le futur mycologue y apprendra une leçon de modestie et, quand il comparera ce qu'il sait avec ce qu'il devrait savoir, il comprendra que le monde vivant est infini et qu'il faudrait vivre un millénaire au moins pour en épuiser les trésors. Mais connaître très bien quelques espèces est un bon commencement et la clé qui lui permettra de pénétrer un des secrets les plus étranges de la nature.

GEORGES BECKER,
Membre d'honneur de la Société mycologique de France

LE MONDE DES CHAMPIGNONS

La petite histoire de la mycologie

Nous disposons de peu de documents anciens sur la connaissance des champignons. Les Grecs en récoltaient quelques-uns, mais ils en parlent à peine. Pour les auteurs latins, à part Pline l'Ancien, homme de guerre et écrivain du Ier siècle apr. J.-C. qui a écrit une *Histoire naturelle* dans laquelle il a établi une classification des champignons comestibles et vénéneux, nous n'avons que des renseignements littéraires ou historiques. Pourtant les Romains consommaient beaucoup de champignons. L'empereur Claude Ier raffolait d'Oronges vraies ou Amanites des Césars, et c'est avec un plat de ces champignons, préparé par l'empoisonneuse officielle Locuste, qui y mêla sans doute des Amanites phalloïdes, que sa femme Agrippine l'empoisonna. C'est ainsi, par un beau crime conjugal, que les champignons sont entrés dans l'Histoire.

L'orateur Cicéron a été un jour intoxiqué, mais par hasard sans aucun doute, par des Clitocybes de l'olivier, que le cuisinier avait pris pour des Chanterelles. Mais les renseignements les plus nombreux nous sont fournis par les poètes, par Martial (vers 40 apr. J.-C. - vers 104) et Juvénal (vers 55 apr. J.-C. - vers 140) en particulier. Il était de mode dans le monde romain que les clients d'un grand seigneur se fissent inviter à la table de leur patron. Et Martial se plaint souvent de voir le maître de maison se faire servir des Oronges vraies, tandis que le pauvre client ne voit dans son assiette que des champignons vulgaires et insipides. C'est que l'Oronge vraie jouissait d'une réputation aristocratique, et c'était alors un comestible de grand luxe. Martial se moque aussi d'un nouveau riche qui fait venir au printemps des Truffes de Libye par bateaux spéciaux. Il s'agit alors non de Truffes, qui ne viennent qu'en automne, mais sûrement de « Terfez », fausses Truffes blanches très communes en Afrique du Nord dans les garrigues et les maquis. Mais on ne voit chez les auteurs anciens aucune tentative de définir les différentes espèces de champignons.

Il ne faut pas s'en moquer. Pendant très longtemps, les champignons ont été considérés comme des « jeux de la Nature », qui viennent n'importe où, au caprice du temps. On ne comprenait rien à leur végétation et, mis à part quelques champignons vraiment caractéristiques, il n'y a pas douze espèces dont les noms nous aient été conservés. Et encore sommes-nous souvent en peine de savoir ce que ces noms représentent. *Boletus* a désigné à l'époque romaine l'Oronge vraie, mais a certainement désigné d'autres champignons à d'autres époques. *Tuber* a désigné la Truffe, mais aussi les Lycoperdons, comme le prouve un fragment du *Satiricon* de l'écrivain romain Pétrone (mort en 65 apr. J.-C.).

Une légende avait cours dans ces temps anciens qui voulait que les champignons devinssent toxiques quand ils croissaient à côté d'un trou de serpent ou à côté d'un morceau de fer rouillé. Ce préjugé antique a survécu longtemps dans nos campagnes.

Il faudra attendre la Renaissance et la fièvre de connaissance qu'elle a engendrée pour voir un savant allemand, Hermolaius, tenter une première classification. Au XVIe siècle, le médecin des princes de Montbéliard, le Suisse Gaspard Bauhin (1560-1624), fut le premier à donner à quelques champignons des noms d'espèce latins, et c'est à lui qu'on doit celui de la Chanterelle *(Cantharellus)*. En 1709, Joseph Pitton de Tournefort donna à son tour une classification sommaire, mais qui ne représentait aucun progrès par rapport à celle d'Hermolaius.

C'est l'Italien Pier Antonio Micheli (1679-1737 ; auteur de *Nova plantarum genera,* 1729), qui le premier utilisa le microscope pour observer les lamelles des Agarics, puis le Français Pierre Bulliard (1752-1793 ; auteur de *Histoire des champignons de la France,* 1791-1792) qui ont été les premiers à jeter les bases véritables de la mycologie. Le Hollandais Christiaan Persoon (1755-1837 ; auteur de *Observationes mycologicae,* 1795-1799 ; *Synopsis methodica fringorum,* 1801) fut le premier à mettre sur pied une classification rationnelle, laquelle fut ensuite améliorée par le Suédois Elias Fries (1794-1878 ; auteur de *Systema mycologicum,* 1821-1832). La classification de Fries est fondée sur la couleur des spores et les diverses caractéristiques microscopiques. Nous l'utilisons encore dans ses grandes lignes, même si elle a été perfectionnée ensuite par les examens au microscope du Français Joseph-Henri Léveillé (1796-1870 ; auteur de *Recherche sur l'hyménium des champignons,* 1837). La mise en images du polymorphisme des champignons par les frères Louis-René et Charles Tulasne, botanistes, au XIXe siècle (auteurs de *Selecta Fungorum carpologia,* 1857-1865), qui ont révélé le mystère de la reproduction des champignons qui était jusqu'alors incompréhensible. Puis vint le Franc-Comtois Lucien Quélet, qui, en 1888 avec sa *Flore mycologique de la France,* proposa une nouvelle classification, en tenant compte de celle de Fries, mais en lui donnant un sens plus clair et plus profond. En effet, Fries, comme tous ses devanciers et contemporains, avait établi sa classification à rebours de l'évolution, c'est-à-dire que l'ordre dans lequel il avait rangé les espèces de champignons partait des plus évoluées pour aboutir aux plus primitives. Quélet, très raisonnablement, fit la sienne en sens inverse et aboutit à une disposition très différente des espèces et de leur regroupement en genres, classification qui a été plus ou moins respectée jusqu'à notre époque. De plus, si Fries a découvert et nommé un grand nombre d'espèces non encore définies, Quélet, dans ses observations sur le terrain, en a « créé », comme on dit, près de quatre cents.

A Quélet succédèrent des savants comme le pharmacien français Émile Boudier (1828-1920 ; auteur de *Histoire et classification des Discomycètes d'Europe,* 1907), qui se spécialisa dans les Ascomycètes, c'est-à-dire les champignons sans lamelles, ni tubes, ni aiguillons, ni plis, à peine connus avant lui, et Narcisse-Théophile Patouillard (1854-1926; auteur d'*Essai taxonomique,* 1900), qui fut le premier à explorer les flores tropicales, puis beaucoup de grands mycologues contemporains, comme Roger Heim, qui herborisa dans le monde entier, Robert Kühner, professeur en botanique à Lyon, et Henri Romagnesi, auteurs d'une flore qui est l'ouvrage de référence de tous les mycologues européens.

Un hommage doit être rendu au Danois J. Lange (auteur de *Flora Agaricana Danica,* 1935-1940), dont la classification de l'ordre des Agaricales a rendu de très appréciables services à l'abbé italien G. Bresadola (auteur de *Fungi Tridentini,* 1881-1900), qui a figuré un nombre incroyable d'espèces de champignons du Trentin, région se situant dans le nord de l'Italie, dans les Alpes ; à l'abbé français H. Bourdot et à A. Galzin (auteurs de *Hyménomycètes de France,* 1927) qui se sont spécialisés dans l'ordre des Aphyllophorales, c'est-à-dire dans les champignons sans lamelles, tels que les Polypores et les Hydnes.

Les révélations du microscope

Mais il ne s'agissait pas seulement de définir les espèces et de les classer. Il fallait aussi comprendre leurs mécanismes et leurs particularités. Sur ce point, c'est l'usage du microscope — dont Fries ne s'est jamais servi — qui a apporté une révolution définitive. On savait que les champignons se reproduisaient par spores, mais c'est le microscope qui a permis de voir comment se formaient ces spores, dans quelles conditions, sur quels organes, comment elles germaient, comment se présentaient leurs phénomènes de reproduction. C'est ainsi que Léveillé a pu distinguer définitivement, d'une part, les champignons dont les spores se forment dans des sacs qu'on appelle des asques : ce sont les Ascomycètes, dont les Morilles font partie ; d'autre part, les Basidiomycètes, dont les spores sortent d'organes en bâtonnets ou massues appelés basides (le Champignon de Paris en est un exemple).

Les spores elles-mêmes ont été examinées à fond, et leur forme a souvent permis de séparer des genres entiers. Ainsi les Lactaires et les Russules ont tous des spores couvertes d'ornements en relief, très différents d'une espèce à l'autre, et qui ont la particularité de se teindre en violet au contact d'un réactif iodé. Comme ces ornements, faciles à observer après cette réaction, sont particuliers à chaque espèce, cet examen a permis de définir et de séparer des espèces qu'on avait confondues jusqu'alors.

Mais il ne faut pas croire que, grâce à ces perfectionnements de la technique, on ait abouti à une clarté parfaite. S'il est vrai qu'il y a beaucoup d'espèces tout à fait évidentes (on ne saurait douter de l'identité d'une Amanite ou d'un Cèpe), il y en a beaucoup d'autres pour lesquelles le doute est encore permis. Et si au niveau des espèces on est souvent dans les ténèbres, que dire de la notion de genre en mycologie ? Elle n'a jamais été définie. Par exemple, Elias Fries, le premier au XIXe siècle, avait subdivisé le genre *Boletus,* pour la commodité de la détermination, en quelques sous-genres. Ces sous-genres sont devenus des genres, qui ne font que compliquer la nomenclature.

Robert Kühner avoue à regret que dans le genre *Inocybe,* par exemple, auquel il a consacré des travaux importants, il se trouve un grand nombre d'espèces qui lui paraissent tellement variables qu'il n'est plus sûr de rien et que peut-être on est là au bord de l'inconnaissable. Il se peut aussi que certaines espèces bien fixées soient au bout de leur évolution, tandis que d'autres sont encore fluctuantes et peuvent faire preuve de fantaisies déconcertantes. Est-ce à dire qu'il faille se décourager ? Mais non. L'important est de connaître les espèces. Si l'on admet que dans un genre doivent se rencontrer les espèces qui présentent des caractères communs pour former un tout vraisemblable et commode pour l'esprit, on ne voit pas pourquoi une différence dans la forme ou la couleur d'une spore peut permettre de donner un nom nouveau à ce qui était déjà connu sous un nom déterminé.

Mais ce sont là des difficultés purement philosophiques dont le systématicien, c'est-à-dire celui qui veut tout simplement connaître le plus d'espèces possible, n'a pas à se tourmenter.

La mycologie est une science en plein devenir et qui n'a pas encore trouvé les assises sûres de ses méthodes. Il faudra sans doute encore beaucoup de travail et de réflexion pour arriver à une classification qu'on ne puisse plus discuter. Les maîtres nous proposent leurs idées sur ce qu'est la succession des espèces, et leur conception des genres, mais en définitive c'est l'usage qui impose et fait évoluer la classification. Si cet usage est parfois en retard sur la dernière mode créée par les maîtres, ce n'est pas grave, car les retournements de situation en cette matière ne sont pas rares !

Les champignons sont-ils des plantes ?

Les champignons ne sont en tout cas pas des plantes comme les autres, car ils sont dépourvus de cette substance magique qui caractérise les plantes vertes : la chlorophylle. C'est grâce à cette chlorophylle que les plantes qui nous entourent sont capables de capter le gaz carbonique de l'atmosphère et de le transformer en sucres, en lipides, en cellulose et en toutes les matières qui font la substance même de tous les végétaux sans lesquels aucune existence animale ne serait possible. Les champignons, étant dépourvus de cette « verdure », ont dû trouver une autre solution pour survivre. Ils ont donc pris les nourritures dont ils ont besoin non pas dans l'atmosphère ni grâce au soleil, mais ils se sont rabattus sur ce que d'autres organismes avaient déjà construit et fabriqué. Ils se sont attachés à toutes les substances organiques qui se présentaient à eux soit en parasitant les êtres vivants, soit en profitant des matières mortes, feuilles mortes, bois mort, fumier, cadavres, où ils trouvent tout prêts les éléments organiques dont ils ont besoin et dont ils sont incapables d'opérer la synthèse.

Il est probable qu'au cours de l'évolution de la vie ils se sont différenciés à mesure que se présentaient des milieux nouveaux. C'est ainsi que certains Marasmes, modestes champignons qui colonisent les feuilles mortes, se sont étroitement spécialisés, les uns sur les aiguilles d'épicéa, d'autres sur les feuilles de buis, de houx, d'olivier ou de tremble, et il est évident que ces champignons n'existaient pas avant les arbres auxquels ils se sont associés avec une exclusivité absolue.

Mais on aurait tort de croire que les gros champignons que nous rencontrons dans les prés ou les forêts sont les seuls. En réalité, ce sont des exceptions, car le plus grand nombre est constitué par les espèces microscopiques (voir chapitre p. 285), dont les moisissures les plus communes ou les maladies des plantes cultivées nous donnent une toute petite idée. Le sol que nous foulons aux pieds en est absolument farci, et leur nombre est tel que l'inventaire n'en sera jamais terminé. Ceux qu'on appelle « champignons supérieurs » sont presque une exception. Mais ce sont aussi ceux dont l'étude est la plus passionnante, et que vous trouverez dans la partie intitulée « Atlas des champignons ».

Nutrition des champignons

Comment les champignons arrivent-ils à se procurer dans le milieu où ils se trouvent les substances dont ils ont besoin ? Leur appareil végétatif, ou mycélium, est fait de peu de chose : ce ne sont que des filaments, le plus souvent blanchâtres, souvent tellement ténus qu'il est très difficile de les repérer dans le sol, d'autres fois, au contraire, presque charnus ou affectant la forme de cordonnets qui rampent dans les feuilles ou sous les écorces des arbres. Or, ces filaments d'apparence modeste sécrètent des enzymes très puissantes qui décomposent et digèrent le milieu auquel ils s'attaquent. Voyez par exemple ce que devient le bois d'un arbre atteint par un Polypore : il se transforme en une sorte de charpie molle et spongieuse, si fragile que l'arbre est condamné et s'écroulera quand il sera suffisamment dévoré. Un exemple plus concret : quand votre boulanger fait son pain, il y introduit de la levure — qui est un champignon—, qui s'attaque à l'amidon et le décompose avec une rapidité déconcertante. En quelques heures, cette levure se sera multipliée en progression géométrique au point d'avoir envahi toute la pâte. Il en est de même des ferments qui font la saveur de nos fromages : ils travaillent la caséine du lait pour lui donner sa consistance et sa saveur définitives.

Beaucoup de champignons, microscopiques ou « supérieurs », sont étroitement spécialisés. Nous avons vu le cas des Marasmes attachés à telle ou telle feuille morte. Certaines Psalliotes ne viennent que sur le fumier de cheval, d'autres ne se trouvent que dans les prairies, d'autres seulement dans le terreau des sapinières. Mais il y a des espèces polyvalentes, comme le Tricholome nu *(Lepista nuda)*, qu'on peut trouver aussi bien dans le terreau de sapin que dans celui des feuillus.

Quant aux parasites, qui sont si dangereux, pour les arbres en particulier, certains n'attaqueront que les pins, d'autres que les hêtres, d'autres que les chênes, et d'autres, comme le Polypore soufré *(Laetiporus sulphureus)*, n'importe quel arbre. Mais la plupart de ces espèces lignicoles se contentent aussi bien du bois mort que du bois vivant, et leur parasitisme est tout à fait aléatoire.

Une autre série a adopté une solution plus originale. Il s'agit des champignons mycorhiziques. De quoi s'agit-il? Ceux-ci ne se contentent pas d'un milieu quelconque. Il leur faut les racines d'un arbre autour desquelles leur mycélium, ou appareil végétatif, se développe en les engainant de ses filaments. Il n'y a là aucun parasitisme, mais, bien au contraire, une véritable symbiose. Le mycélium absorbe les déjections qui sortent des racines, et, en revanche, il fournit aux arbres les substances azotées dont le sol forestier est généralement à peu près dépourvu. En effet, si les champignons sont incapables de faire la synthèse des hydrocarbones, ils peuvent en revanche faire celle des produits azotés. Ils fournissent ainsi aux arbres les nitrites qui leur permettent une croissance normale. C'est si vrai que beaucoup d'arbres ne peuvent croître que si leurs champignons commensaux, c'est-à-dire associés, sont présents.

Ainsi certains Bolets, comme *Suillus granulatus* ou *Suillus luteus* — qu'on appelle Nonnette ou Nonnette voilée dans le Midi —, ne viennent que sous les pins. D'autres, uniquement sous les mélèzes. Mais d'autres champignons sont moins exclusifs, et l'Amanite rougissante *(Amanita rubescens)*, par exemple, s'attache à peu près à tous les arbres.

Formation de l'appareil végétatif : le mycélium

Mais comment se forme un mycélium? Les champignons se reproduisant par spores, on devine que c'est la germination d'une spore qui permet au mycélium de se constituer. Ce n'est pas si simple. On s'est, en effet, aperçu en les cultivant avec précision que le plus souvent un mycélium issu d'une seule spore restait stérile et cessait bientôt de se développer. Mais s'il se trouvait en présence d'un autre mycélium « primaire », les deux mycéliums se joignaient parfois et devenaient fonctionnels pour donner un mycélium « secondaire » fertile. Il fallait donc que ces deux mycéliums fussent de « sexe » opposé, sans quoi la conjonction était impossible. Il est ainsi apparu que dans les spores émises par un même carpophore, ou, pour simplifier les porte-graines d'un même champignon, il s'en trouvait de deux natures différentes, qui devaient nécessairement être présentes pour que la conjonction de deux mycéliums soit réalisable. On a constaté un autre phénomène étrange : chez certains champignons, les Coprins en particulier, il faut non pas deux mycéliums primaires, mais quatre ! Les premiers sont dits bipolaires et les autres tétrapolaires.

Cette difficulté de conjonction explique bien des choses. Il faut donc que dans la nature ces mycéliums primaires puissent se rencontrer — et les chances sont faibles — et que, surtout, les spores nécessaires soient tombées dans un milieu qui leur convienne. Il faut aussi que les conditions de chaleur et d'humidité soient ce qu'elles doivent être pour que les spores puissent germer. On comprendra ainsi que les quantités prodigieuses de spores émises par les champignons soient presque toutes perdues. Un seul Champignon de Paris de bonne taille en émet plus d'un milliard. Le Polypore aplani *(Ganoderma applanatum)*, qui est un puissant champignon parasitant les arbres, en émet plusieurs trillions, au point qu'elles se répandent comme une épaisse farine brune autour de lui et même sur son chapeau. Et le record est probablement tenu par la Vesse-de-loup, gigantesque, qui peut peser plusieurs kilos, et se résout au moment de la maturité en une poussière impalpable, faite de milliards de spores et des débris du champignon quand il se déshydrate.

Quand un mycélium a réussi à s'installer quelque part, il prolifère avec plus ou moins de vigueur selon la richesse du milieu qu'il a trouvé. Il accumule des réserves et, quand vient le moment propice — qui varie selon les espèces —, il fructifie en formant ses carpophores, qui à leur tour seront chargés de disséminer la bonne semence.

Un mycélium qui a fructifié n'en meurt pas pour autant. Il va continuer à végéter, mais, comme il a épuisé le terrain sur lequel il a prospéré et fructifié, il va conquérir autour de lui un terrain nouveau. Si bien que l'endroit de sa dernière fructification est devenu stérile, et le mycélium prendra une forme annulaire; c'est sur cet anneau qu'apparaîtront les champignons de la saison suivante. Et chaque année le mycélium avancera d'un cran, de sorte que, au bout de quelques années, le cercle ainsi formé pourra atteindre un diamètre plus ou moins considérable. Si dans les forêts on ne distingue ces cercles qu'au moment de la fructification, dans les prairies ils sont visibles en toutes saisons, parce que l'herbe y est plus verte qu'ailleurs. Ce verdissement caractéristique est dû à cette propriété des mycéliums de synthétiser les nitrites, qui fonctionnent comme un engrais puissant, si puissant quelquefois qu'ils intoxiquent l'herbe et que le cercle prend l'apparence d'un sentier tout nu.

Dans nos prairies occidentales, qui sont de taille limitée, ces cercles restent assez modestes, mais dans les steppes des pays de l'Est ou dans les grandes prairies américaines, ils peuvent atteindre 1 ou 2 kilomètres de diamètre. Si on calcule qu'ils avancent en moyenne de 40 centimètres par an, on imagine facilement leur âge. Si donc les carpophores sont éphémères, le végétal lui-même, sous la forme de son mycélium, peut vivre de longues années s'il ne trouve pas d'obstacles à sa croissance.

Si les carpophores d'un petit Coprin comme le Coprin disséminé *(Coprinus disseminatus)* vivent quelques heures à peine, étant fanés par le premier souffle, il y a des Polypores qui attaquent les arbres et qui s'y développent d'année en année, y devenant de plus en plus gros et monumentaux. Ce sont des champignons de consistance très compacte, qu'on dit « subéreuse », c'est-à-dire ayant la consistance du liège, qui leur permet de survivre aux saisons.

Constitution du champignon

Il est surprenant de penser que des organismes aussi simples puissent fabriquer des corps chimiques d'une complexité extrême. Car on trouve de tout dans les champignons. Ainsi, dans un champignon de couche, il y a 88 % d'eau, 1,7 % de matières azotées, 6,8 % de cellulose et de sucres, et 1 % de substances minérales, qu'on trouve dans leurs cendres. Ces matières minérales contiennent à l'état de traces à peu près tous les métaux présents dans la composition des végétaux supérieurs, plus du phosphore, du soufre et du chlore. Enfin ces champignons de couche contiennent des vitamines, en particulier B1, B2, B6, C, D et PP. Ils sont donc aussi nourrissants que la plupart des légumes verts.

Couleurs et odeurs

Deux éléments de leur constitution sont très étranges. D'abord les pigments. Si beaucoup de champignons sont de couleur terne et plus ou moins terreuse, il en est d'autres qui arborent des coloris éclatants, comme l'Amanite-tue-mouches *(Amanita muscaria)*, sans parler de beaucoup de Russules aux teintes subtiles ou superbes. Ces coloris ne servent apparemment à rien aux champignons qui s'en parent. C'est pour eux une dépense d'énergie qui n'est peut-être qu'un luxe nuptial, comme le plumage de certains oiseaux au moment de la parade ou les écailles de certains poissons au moment du frai.

Et puis il y a les odeurs. Pour le profane, il y a une « odeur de champignon », et on ne cherche guère plus loin. Mais avec un peu d'expérience, on distinguera des parfums d'une variété et d'une richesse extraordinaires. Certains ont une odeur anisée, d'autres d'amande amère, d'autres de foin coupé, d'autres de farine, d'autres de poire blette, d'autres de purée de pommes, d'autres de céleri, d'autres de feuille de figuier froissée, et ce sont là quelques-unes des odeurs agréables. Et qui serait insensible au parfum musqué des Cèpes ou des Morilles, encore accentué par la dessiccation ? Mais à côté de ces odeurs plaisantes, il y a beaucoup d'espèces dont l'odeur est repoussante. La Russule fétide *(Russula foetens)* sent le vieux fromage pourri. Beaucoup de Lactaires sentent la punaise ; les Hébélomes sentent presque tous le radis ; les Inocybes ont souvent une odeur spermatique écœurante ; et on multiplierait les exemples. Mais la palme de la puanteur revient sûrement au Phalle impudique *(Phallus impudicus)*, qui ajoute à son apparence « incongrue » une odeur cadavéreuse qui attire de loin les mouches à viande, et ce sont elles qui se chargent de sucer son hyménium déliquescent et d'en transporter ailleurs les spores.

Ces odeurs ne sont pas seulement une curiosité ; très souvent elles aident à la détermination, et ce n'est pas pour rien que le mycologue qui trouve un champignon douteux le porte d'abord à son nez. Le parfum le mettra fréquemment sur la voie du nom encore nébuleux dans son esprit. Il est à remarquer que les mycologues français sont à peu près les seuls à indiquer avec précision la nature de ces odeurs dans leurs définitions des espèces. Le mycologue suédois Elias Fries n'a jamais signalé, ou presque, ces particularités, car il prisait tellement qu'il n'avait plus d'odorat. Il faut croire que les Français, nés gourmands et accoutumés à flairer le bouquet des bons vins, sont favorisés dans l'exercice de cet art.

Dangers et bienfaits

Enfin, il y a cette possibilité qu'ont certains champignons de fabriquer des substances vénéneux extrêmement dangereuses. Et avec quelle générosité ! Nous verrons au chapitre « les Champignons vénéneux » que la liste de leurs méfaits est impressionnante, alors même que le nombre des espèces incriminées ne cesse de s'étendre au fur et à mesure des recherches, et ceci particulièrement dans la période actuelle. Capables du pire, ils peuvent l'être aussi du meilleur. Cette dualité, déjà mise en relief par les Romains, n'a cessé d'exciter l'imagination de l'homme, et seuls les puissants moyens de la science moderne sont parvenus à leur arracher un peu de leur mystère au détriment des croyances les plus extravagantes.

Présents dans notre vie quotidienne, à un point que nous ne soupçonnons généralement pas, les champignons peuvent être tout à la fois d'une importance vitale, comme dans l'alchimie du pain et du vin ou dans l'équilibre biologique du sol de nos forêts ; ou bien inquiétants, comme dans le parasitisme qu'ils manifestent vis-à-vis de tous les organismes vivants, y compris les dangereuses mycoses transmises à l'homme, voire dans les empoisonnements dont sont victimes les amateurs imprudents ; ou bien enfin de précieux amis quand ils nous offrent matière à un plat délicieux, ou l'aide décisive de l'antibiotique face à la maladie.

Dans quel règne les classer ?

Pour répondre à la question posée en tête de ce chapitre : « Les champignons sont-ils des plantes ? », les développements précédents laissent entendre que la réponse n'est pas simple ; elle ne l'est pas, en effet. Dépourvus de chlorophylle, de feuilles et de racines, munis d'un appareil végétatif (le mycélium) formé de filaments souterrains d'une simplicité biblique contrastant avec l'infini variété des fructifications, soumis à des lois de reproduction qui n'appartiennent qu'à eux, les champignons ont toujours déconcerté les classificateurs.

Considérant, de plus, que dans leurs formes primitives, tel le Lycogale du bois *(Lycogala epidendron)*, ils se rapprochent autant du règne animal que du règne végétal, certains mycologues tendent à leur donner une place à part dans le monde du vivant en les regroupant avec certaines formes, comme les Protozoaires, dans un « règne » à leur mesure, le règne des Protistes.

Néanmoins, tant qu'une tradition stable ne sera pas véritablement créée à leur sujet, nous continuerons à les considérer, provisoirement peut-être, comme faisant partie du règne végétal. Nous verrons maintenant comment on est parvenu à classer, puis à identifier, ces « végétaux » si singuliers.

Classer et identifier

Il suffit de parler de classification pour effrayer l'amateur. Mais, outre que la connaissance, au moins approximative, de la classification est une nécessité, il ne faut pas la considérer comme un exercice rebutant. Pour les gros champignons qui nous intéressent, car les microscopiques sont affaire de spécialistes, il faut distinguer d'abord deux classes.

Celles-ci se divisent en ordres, qui eux-mêmes regroupent des familles, et cela en fonction de caractères morphologiques.

La première, et la plus importante, est celle des Basidiomycètes, dont les spores sont portées par des cellules en massue, appelées basides, terminées par des excroissances ténues au bout desquelles apparaissent les spores. Les plus primitifs des Basidiomycètes sont représentés par les familles des Auriculariacées (Oreille de Judas) et des Trémellacées (Trémelle mésentérique), puis viennent, par ordre de complexité croissante, les Cantharellacées (Chanterelles), les Clavariacées (Clavaires), les Hydnacées (Hydnes) et tout l'ensemble des Polyporacées (Polypores), même s'ils sont dépourvus de pores, comme les Stéréacées (Stérée hérissé). Vient ensuite la famille des Russulacées, qui comprend les Lactaires et les Russules. Ce sont bien des champignons à lamelles, mais qui forment un ordre, les Russulales, absolument original, tant par la consistance de leur chair que par la nature de leurs spores, toujours hérissés d'ornements en relief. L'ordre des Boletales comprend, outre la famille des Boletacées, les Gomphidiacées et les Paxillacées, dont l'anatomie est similaire, bien que chez eux les tubes soient remplacés par des lamelles. Les Agaricales constituent l'ordre le plus étendu et le plus varié ; il part de la très primitive famille des Hygrophoracées (Hygrophores) pour aboutir, par perfectionnements successifs, aux formes les plus évoluées, qu'on trouvera chez les Coprinacées (Coprins), les Agaricacées (Agarics des champs) et les Amanitacées (Amanites). Et l'ordre le plus étonnant de tous est constitué par celui des Phallales, comprenant des espèces dont le Phalle impudique est le type.

Enfin, la deuxième classe, la plus archaïque, est celle des Ascomycètes, dont les spores sont enfermées dans de petits sacs allongés appelés asques, d'où elles sont expulsées à la maturité. Les familles qui intéressent les amateurs sont comprises dans l'ordre des Pezizales dont les genres les plus connus sont les Pezizes, les Helvelles, les Gyromitres et les Morilles. Ajoutons les Truffes, et nous aurons fait le tour des formes principales. Avec un rien d'expérience, vous reconnaîtrez du premier coup un Ascomycète, car c'est un champignon sans lamelles, dont le principe architectural est une coupe, simple chez les Pezizes, composée chez les Morilles, chiffonnée chez les Helvelles et les Gyromitres, et repliée sur elle-même chez les Truffes.

En Mycologie, il est à peu près impossible d'établir une classification qui tiendrait compte de la phylogénie, c'est-à-dire de l'évolution au cours des âges, car les champignons n'ont laissé que très peu de fossiles. Aussi les a-t-on classés d'après leurs caractères anatomiques, qu'ils soient microscopiques ou macroscopiques, au seul vu des espèces contemporaines.

Le tableau de classification ci-après est celui qui a été retenu pour répertorier les classes, les ordres et les familles des espèces figurant dans cet ouvrage. Il représente souvent des différences importantes par rapport à certains ouvrages plus anciens, mais il est également certain que de nouvelles modifications interviendront dans les années à venir : la Mycologie est encore une science jeune.

Tableau général systématique des familles

Classe	Ordre	Famille	Classe	Ordre	Famille
Basidiomycètes	Boletales	Boletacées	Basidiomycètes	Aphyllophorales	Hyménochaétacées
	Boletales	Strobilomycétacées		Aphyllophorales	Cantharellacées
	Boletales	Paxillacées		Aphyllophorales	Hydnacées
	Boletales	Gomphidiacées		Aphyllophorales	Clavariacées
	Russulales	Russulacées		Dacrymycétales	Dacrymycétacées
	Agaricales	Agaricacées		Trémellales	Trémellacées
	Agaricales	Lépiotacées		Trémellales	Auriculariacées
	Agaricales	Amanitacées		Lycoperdales	Lycoperdacées
	Agaricales	Plutéacées		Lycoperdales	Sclérodermatacées
	Agaricales	Tricholomatacées		Lycoperdales	Astraéacées
	Agaricales	Rhodophyllacées		Nidulariales	Nidulariacées
	Agaricales	Hygrophoracées		Phallales	Phallacées
	Agaricales	Cortinariacées		Phallales	Clathracées
	Agaricales	Strophariacées	Ascomycètes	Pezizales	Pezizacées
	Agaricales	Bolbitacées		Pezizales	Discinacées
	Agaricales	Coprinacées		Pezizales	Sarcoscyphacées
	Agaricales	Pleurotacées		Pezizales	Helvellacées
	Aphyllophorales	Stéréacées		Pezizales	Morchellacées
	Aphyllophorales	Théléphoracées		Pezizales	Géoglossacées
	Aphyllophorales	Polyporacées		Sphériales	Xylariacées
	Aphyllophorales	Fistulinacées		Tubérales	Tubéracées
	Aphyllophorales	Ganodermatacées	Myxomycètes	Liceales	Reticulariacées

Comment identifier les champignons

Lorsqu'on récolte un champignon que l'on ne connaît pas, on peut essayer de le déterminer en feuilletant « l'atlas des champignons », jusqu'à ce qu'on en ait trouvé l'illustration correspondante. Il importe alors de faire un contrôle pour qu'on sache que ce qu'on a déterminé à première vue est bien identique au champignon représenté. Pour cela, il est nécessaire de lire le texte avec la plus grande attention, en tenant bien compte des caractères indiqués qui sont expliqués dans ce chapitre. Certains champignons ont des sosies; dans ce cas, il est nécessaire de suivre les indications correspondantes et de bien regarder sur les planches les caractères de distinction. Cependant, si on veut faire une identification systématique, il est indispensable de se servir de la Clé de détermination (p. 17).

Pour être en mesure d'identifier chaque champignon rencontré, encore faut-il savoir en distinguer et en étudier les parties constitutives. Un des aspects extérieurs les plus faciles à observer est le chapeau du champignon, et tout particulièrement ce qui se trouve sous celui-ci. Il peut comporter des lamelles, des tubes, des aiguillons, des plis. Certains présentent des formes extravagantes qui permettent de les identifier sans difficultés.

Ces aspects extérieurs bien particuliers ont déterminé les divisions de l'Atlas des champignons. Afin de vous permettre de comparer plus facilement votre champignon avec l'image, nous avons préféré vous expliquer par le dessin les significations de ces termes et de tous ceux que vous retrouverez dans la Clé de détermination.

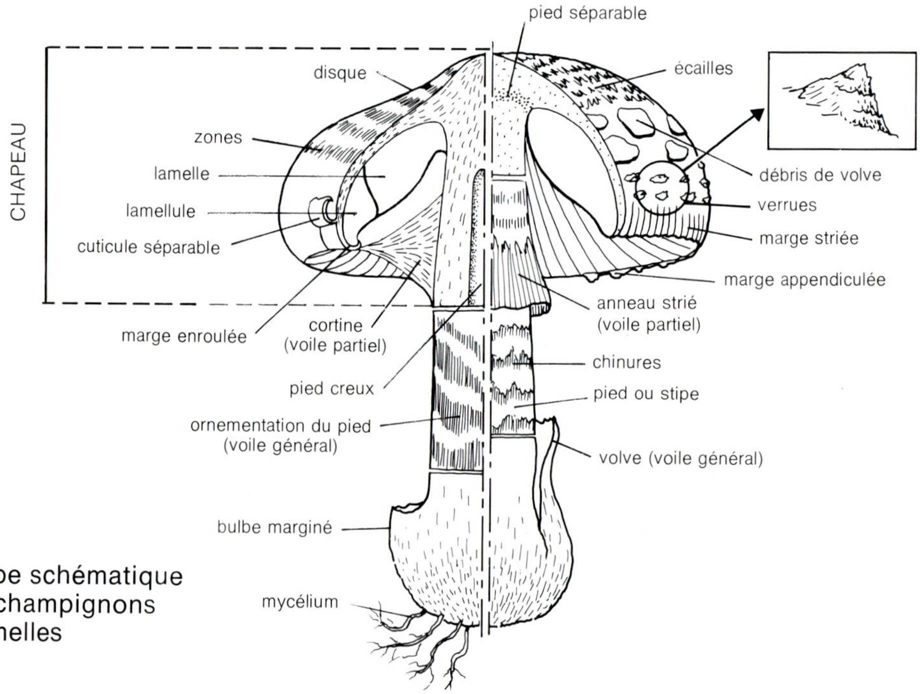

Coupe schématique des champignons à lamelles

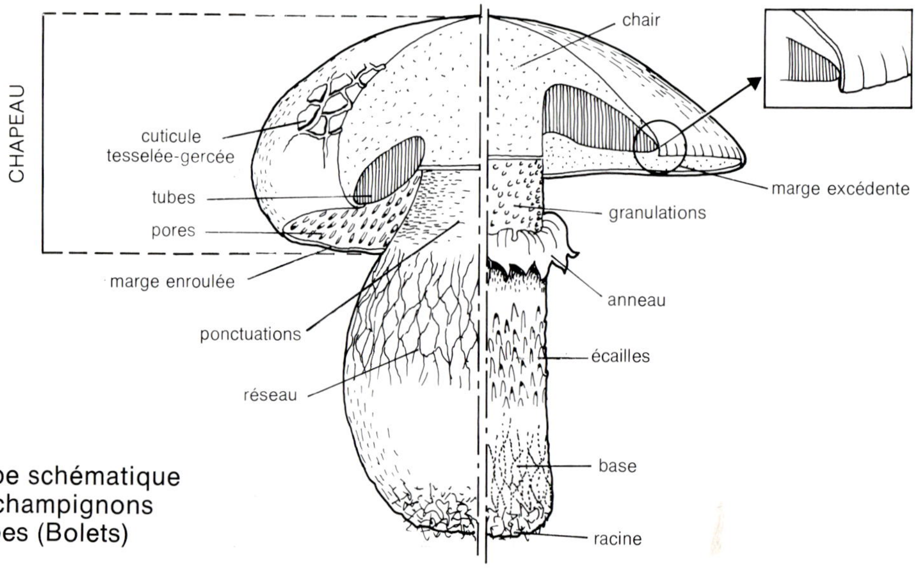

Coupe schématique des champignons à tubes (Bolets)

Différents caractères morphologiques

Pour vous aider à examiner et à reconnaître avec plus de facilité les différentes parties visibles d'un champignon, nous avons réuni les dessins ci-dessous. Les légendes vous permettront de mieux comprendre les termes employés dans les textes.

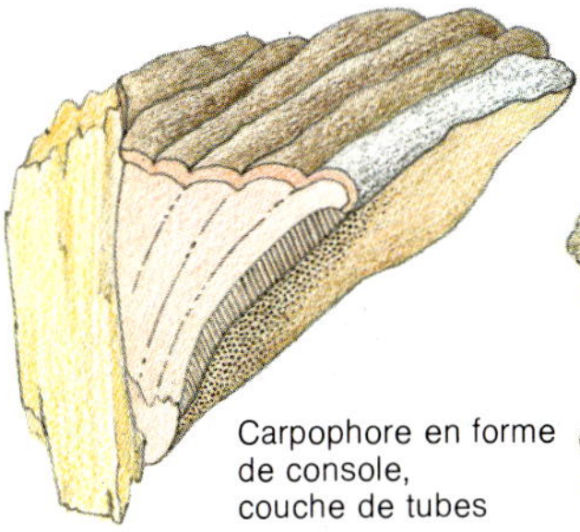

Carpophore en forme de console, couche de tubes

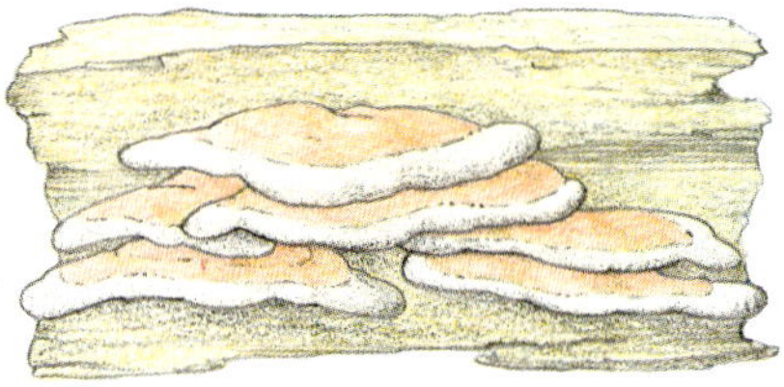

Carpophores superposés comme des tuiles

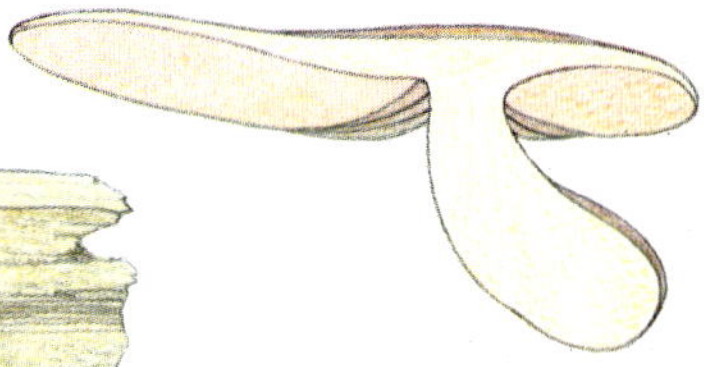

Stipe excentrique

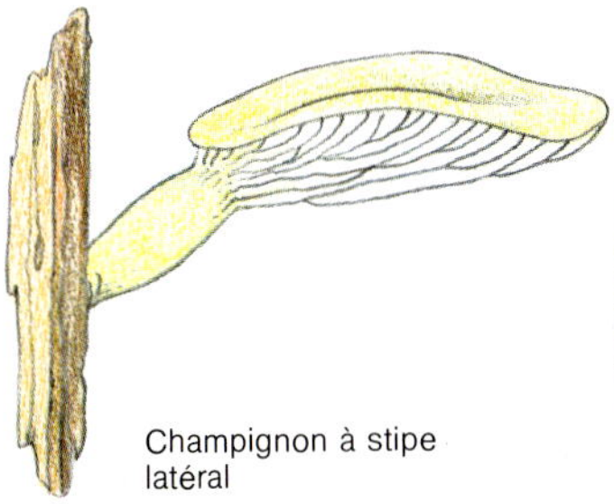

Champignon à stipe latéral

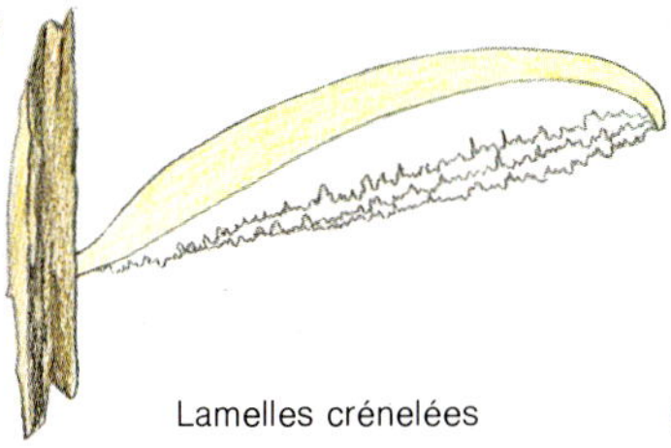

Lamelles crénelées

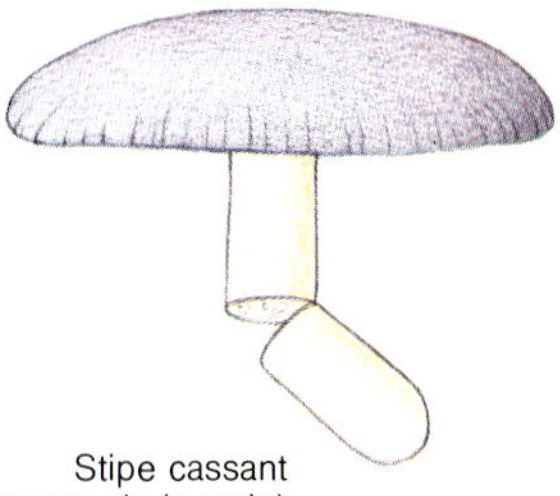

Stipe cassant (comme de la craie)

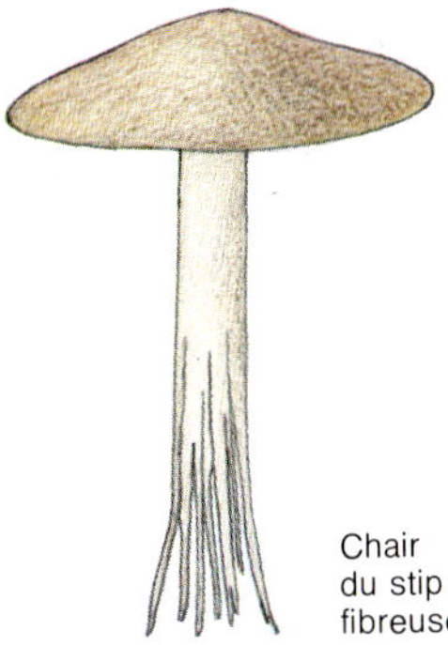

Chair du stip fibreuse

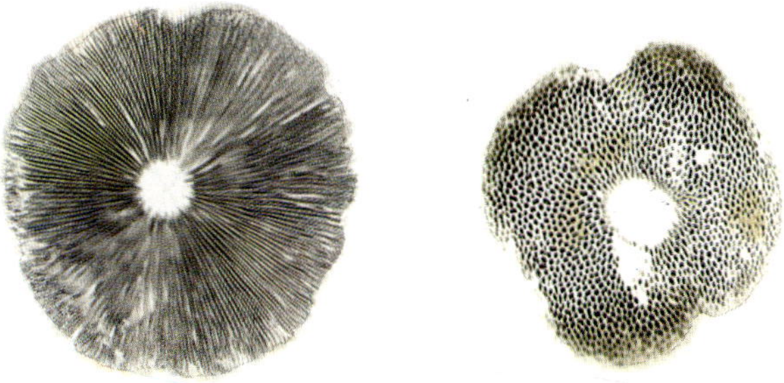

Exemples de sporées colorées

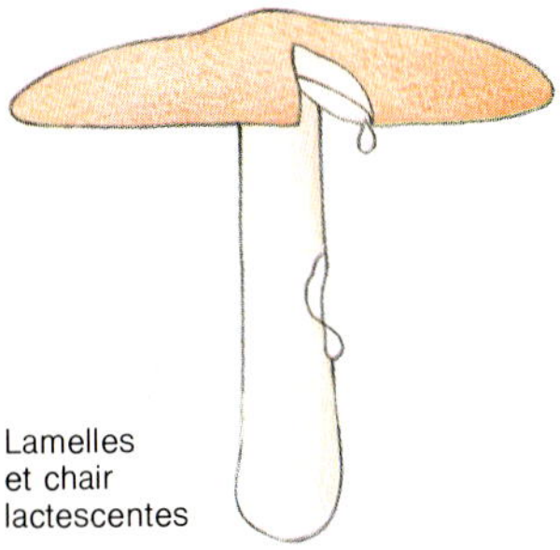

Lamelles et chair lactescentes

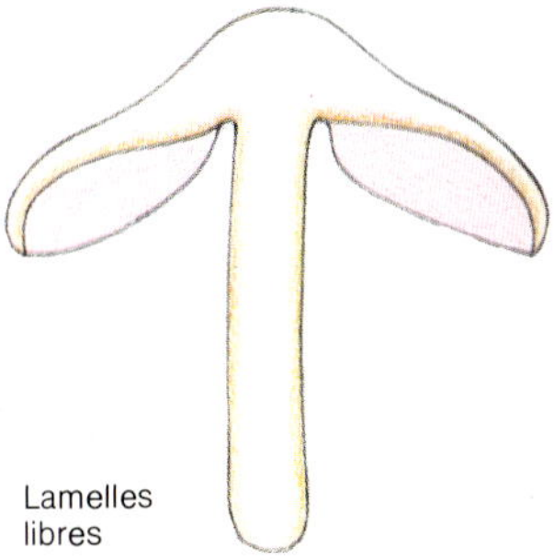

Lamelles libres

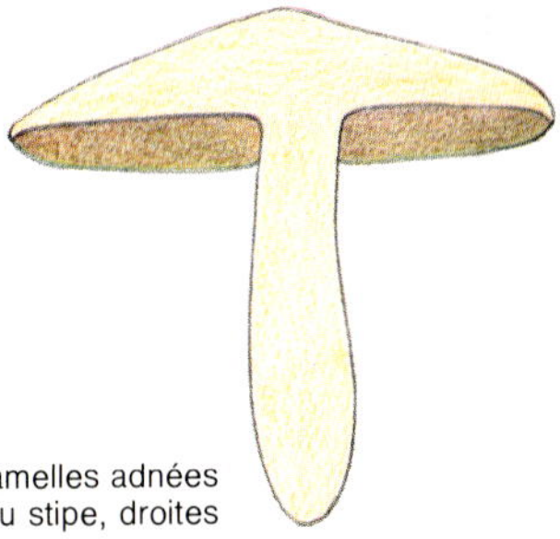

Lamelles adnées au stipe, droites

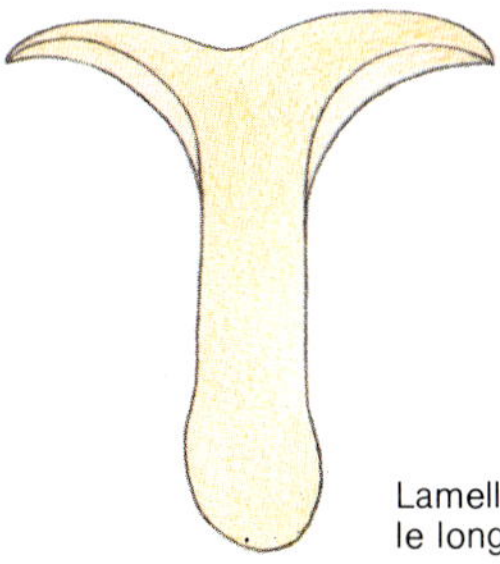

Lamelles décurrentes le long du stipe

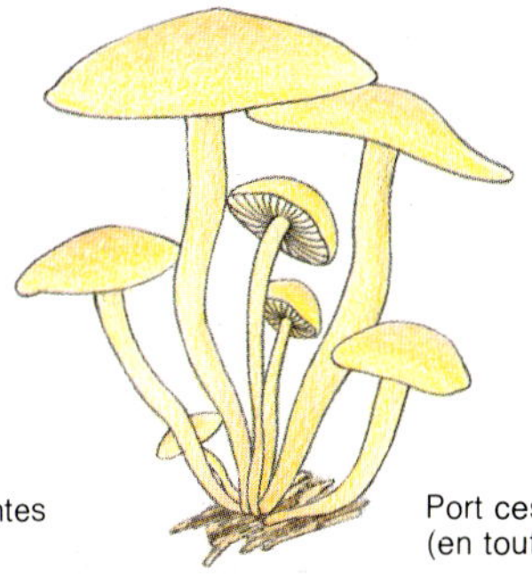

Port cespiteux (en touffe)

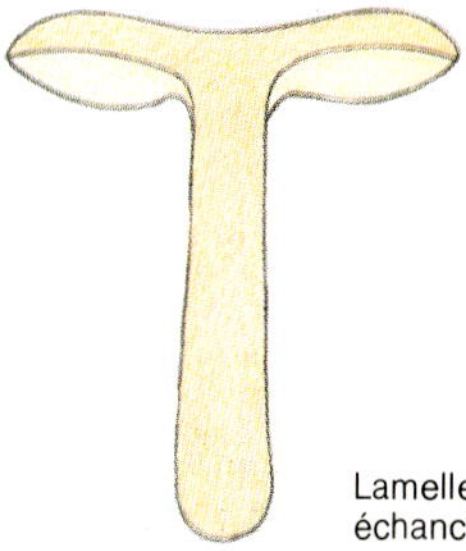

Lamelles échancrées

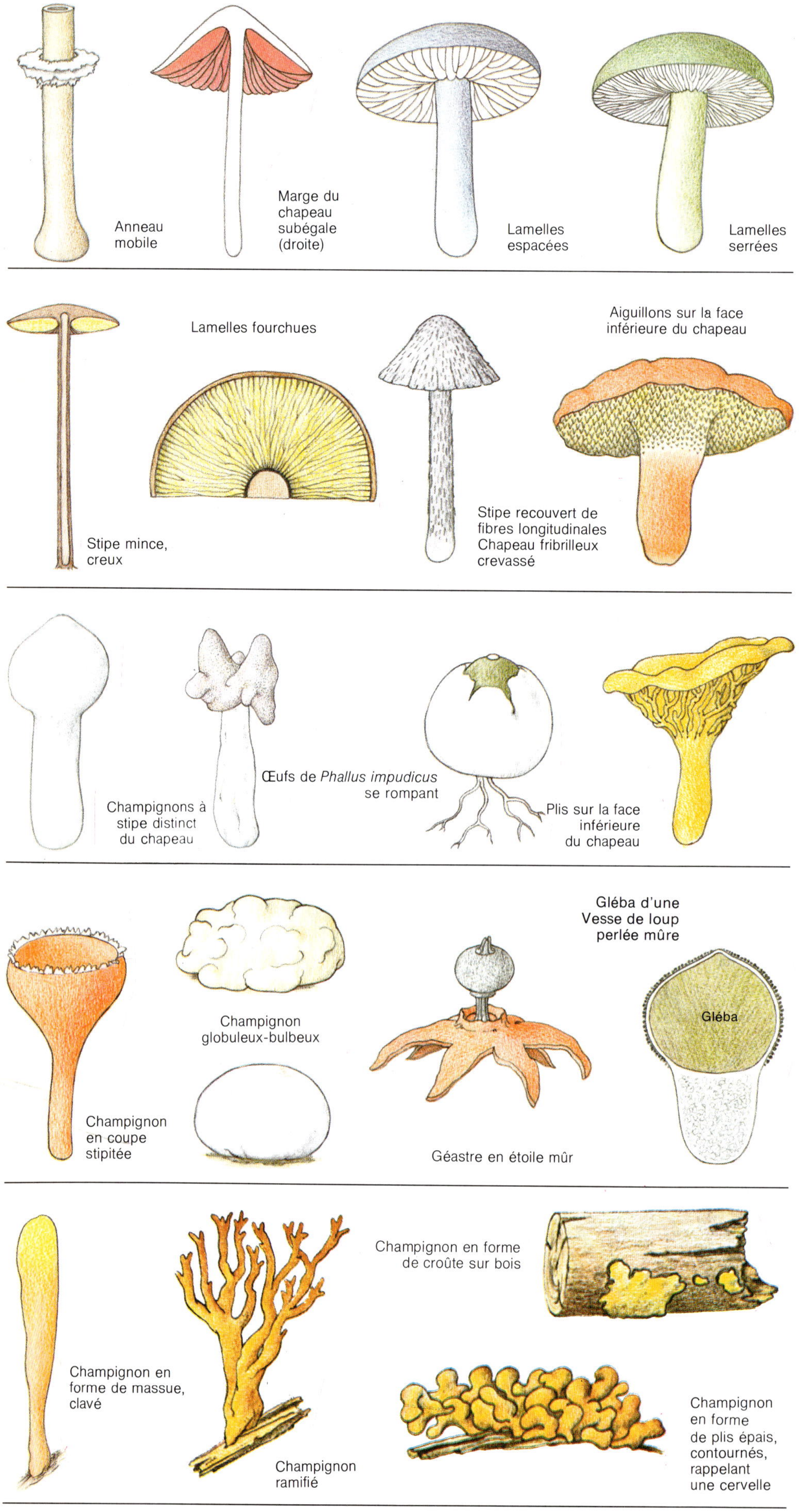
Anneau mobile
Marge du chapeau subégale (droite)
Lamelles espacées
Lamelles serrées
Lamelles fourchues
Aiguillons sur la face inférieure du chapeau
Stipe mince, creux
Stipe recouvert de fibres longitudinales Chapeau fribrilleux crevassé
Champignons à stipe distinct du chapeau
Œufs de *Phallus impudicus* se rompant
Plis sur la face inférieure du chapeau
Gléba d'une Vesse de loup perlée mûre
Gléba
Champignon globuleux-bulbeux
Champignon en coupe stipitée
Géastre en étoile mûr
Champignon en forme de croûte sur bois
Champignon en forme de massue, clavé
Champignon ramifié
Champignon en forme de plis épais, contournés, rappelant une cervelle

Clé de détermination

Le tableau dichotomique est destiné à trouver le nom de genre des espèces figurant dans l'Atlas des champignons. Les champignons sont classés d'après des caractéristiques visibles en quatre groupes. Ils diffèrent de la classification adoptée par les mycologues, qui, elle, fait appel à l'observation de caractères microscopiques qui ne sont pas abordés dans cet ouvrage. Pour identifier un champignon, on progresse en examinant d'abord les quatre groupes l'un après l'autre, jusqu'à ce qu'on soit parvenu au groupe adéquat. Puis la partie de la clé dichotomique concernant ce groupe vous mènera plus loin, en vous conduisant au nom de genre auquel appartient le champignon, comme le montre l'exemple suivant.

Soit à déterminer l'Armillaire couleur de miel. Vous avez le champignon en main et vous voyez immédiatement que le dessous du chapeau porte des lamelles : il fait donc partie du groupe 1. A partir de là, il faut procéder par éliminations successives, ce qui vous obligera à observer avec soin la plupart des caractères botaniques de l'espèce, mais aussi l'absence de certains autres caractères. Ainsi, dans le cas présent, vous pouvez observer que votre champignon possède des lamelles véritables, et non pas de simples plis ; qu'il a la chair du chapeau élastique et relativement molle, et non pas cassante comme de la craie ; que sa sporée est blanche (il suffit de poser le chapeau quelques heures, lamelles en bas, sur un fond noir, dans une ambiance humide, pour voir la couleur des spores tombées sur le fond noir) ; qu'il n'a pas de volve à la base du pied, que ce pied est central, que les lamelles sont minces et à consistance non cireuse, qu'elles ne sont pas libres mais décurrentes, que le pied porte un anneau, et enfin que ce pied est svelte et que le champignon pousse en touffes. Cela vous conduit au genre *Armillariella* et à l'espèce *Armillariella mellea,* puisque c'est la seule du genre qui soit figurée. Dans le cas où le genre comporte plusieurs espèces figurées, ce sont les illustrations et le texte qui vous guideront vers la solution. Si l'espèce que vous avez à déterminer ne se trouve pas représentée ici, c'est qu'il s'agit de l'une parmi les quelques milliers que comptent les champignons supérieurs qui sont plus rares et plus localisées que celles figurant dans cet ouvrage.

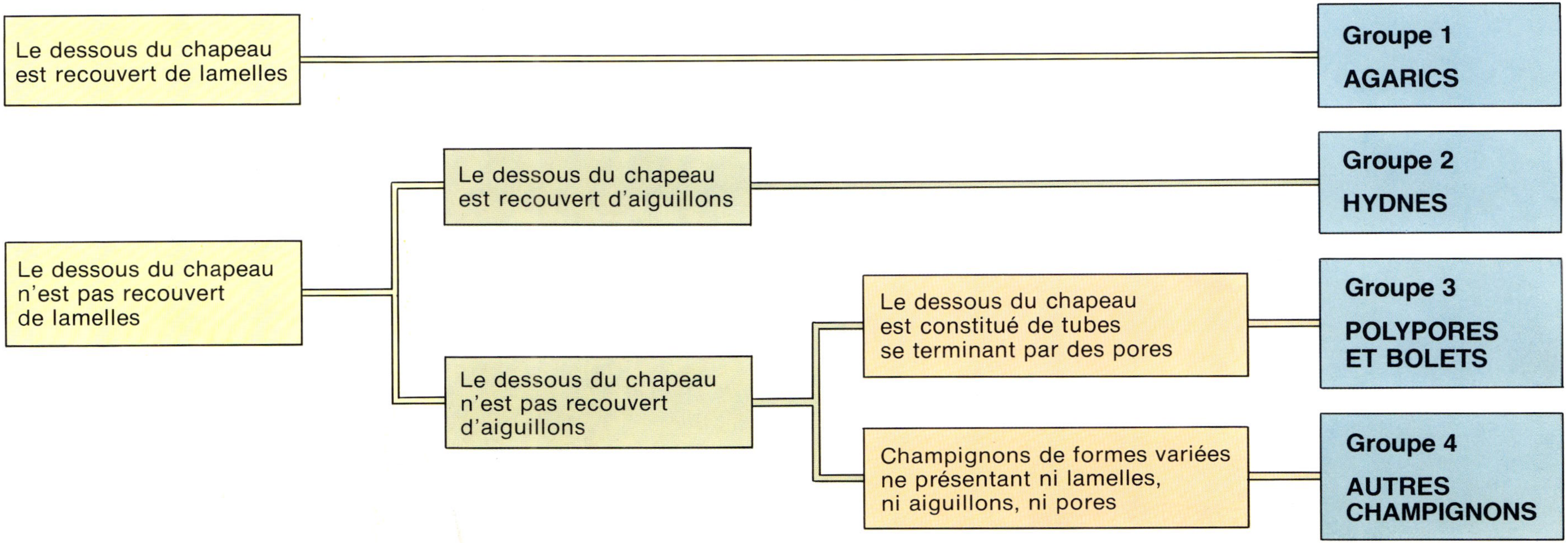

GROUPE 1

- Lamelles réduites à des plis souvent fourchus — **CANTHARELLUS**
- Lamelles minces véritables
  - Chair cassante comme de la craie
    - Chair contenant un latex (lait) qui s'écoule à la cassure — **LACTARIUS**
    - Pas de lait — **RUSSULA**
  - Sporée blanche
    - Une volve (parfois friable) — **AMANITA**
    - Pas de volve
      - Pied latéral ou excentrique
        - Chapeau finement écailleux et pied excentrique — **PANUS**
        - Chapeau lisse et pied latéral — **PLEUROTUS**
      - Pied central
        - Lamelles assez épaisses, espacées, molles, à consistance cireuse
          - Chapeau blanc non visqueux — **CAMAROPHYLLUS**
          - Chapeau visqueux ou non blanc
            - Couleurs vives sans trace d'anneau — **HYGROCYBE**
            - Chapeau terne ou sombre, ou bien visqueux s'il est blanc — **HYGROPHORUS**
        - Lamelles minces ou à consistance non cireuse
          - Lamelles libres
            - Chapeau lisse, plus ou moins visqueux — **LIMACELLA**
            - Chapeau sec, fibrilleux ou écailleux
              - Hauteur du pied : plus de 15 cm — **MACROLEPIOTA**
              - Hauteur du pied : moins de 15 cm — **LEPIOTA**
          - Lamelles décurrentes
            - Un anneau
              - En touffe, pied svelte — **ARMILLARIELLA**
              - Isolé, pied robuste, enterré, anneau double — **CATATHELASMA**
            - Pas d'anneau
              - Pied grêle ou en massue
                - Lamelles bifurquées — **HYGROPHOROPSIS**
                - Lamelles non bifurquées — **CLITOCYBE**
              - Pied robuste et cylindrique, chapeau gris — **LEPISTA**
          - Chapeau :
            - Un anneau granuleux — **CYSTODERMA**

- élastique ou molle, au moins dans le chapeau
  - non libres
    - d'anneau
      - ni rose vif ni violettes — **MYCENA**
    - Lamelles adnées ou échancrées
      - Pied grêle et tenace, résistant à la torsion
        - Sur cônes de résineux — **STROBILURUS**
        - Pas sur cônes de résineux
          - Pied dur à la pression des doigts — **MARASMIUS**
          - Pied souple à la pression des doigts — **COLLYBIA**
      - Chapeau : plus de 4 cm
        - Pied cartilagineux
          - Pied noir et velouté à la base — **FLAMMULINA**
          - Pied non noir et non velouté
            - Filaments mycéliens tenaces à la base du pied ou bien chapeau visqueux — **OUDEMANSIELLA**
            - Pas de cordonnets mycéliens ou bien chapeau sec — **COLLYBIA**
        - Pied ferme, cylindrique
          - Sur bois
            - Au pied des conifères Chapeau sec — **TRICHOLOMOPSIS**
            - Sur bois feuillu Chapeau visqueux — **OUDEMANSIELLA**
          - A terre
            - Pied peu robuste, sujets isolés — **MELANOLEUCA**
            - Pied robuste ou sujets en touffes
              - Champignon blanc ou blanchâtre
                - En touffes — **LYOPHYLLUM**
                - Isolé ou en troupes — **CALOCYBE**
              - Champignon non blanchâtre
                - Pied violacé — **LEPISTA**
                - Pied non violacé
                  - Pied à bulbe marginé — **LEUCOCORTINARIUS**
                  - Pied sans bulbe marginé — **TRICHOLOMA**

- Sporée noire
  - Lamelles déliquescentes — **COPRINUS**
  - Lamelles non déliquescentes
    - Lamelles roses puis noircissantes — **AGARICUS**
    - Lamelles non roses sur les jeunes
      - Lamelles décurrentes, anneau rudimentaire
        - Chapeau peu visqueux brun rougeâtre — **CHROOGOMPHUS**
        - Chapeau visqueux, gris-brun, base du pied jaune — **GOMPHIDIUS**
      - Anneau strié au-dessus — **STROPHARIA**

- Sporée non blanche
  - Sporée ni noire ni blanche
    - Sporée rose
      - Lamelles libres
        - Une volve — **VOLVARIELLA**
        - Pas de volve — **PLUTEUS**
      - Lamelles décurrentes ou échancrées
        - Lamelles décurrentes — **CLITOPILUS**
        - Lamelles échancrées
          - Pied blanchâtre — **ENTOLOMA**
          - Pied violacé — **LEPISTA**
    - Sporée tirant sur le brun ou le rouillé
      - Lamelles facilement séparables du chapeau, décurrentes
        - Chapeau inférieur à 5 cm — **RIPARTITES**
        - Chapeau dépassant 5 cm à maturité — **PAXILLUS**
      - Lamelles adhérentes au chapeau
        - Chapeau d'abord sphérique, ocre givré, ridé à la marge — **ROZITES**
        - Chapeau différent
          - En touffes sur bois mort ou au pied des souches
            - Odeur et saveur non farineuses, et chapeau hygrophane — **KUEHNEROMYCES**
            - Chapeau non hygrophane ou saveur farineuse
              - Odeur et saveur farineuses, anneau mince et fragile, en petites touffes ou isolé — **GALERINA**
              - Odeur et saveur non farineuses
                - Chapeau fauve rouillé, sans écailles retroussées — **GYMNOPILUS**
                - Chapeau fortement écailleux ou bien crème verdâtre et visqueux — **PHOLIOTA**
          - A terre et pas en touffes
            - Chapeau campanulé, pâle ou brun, lamelles grises — **INOCYBE**
            - Chapeau non campanulé ou bien lamelles non grises
              - Lamelles rouillé ferrugineux à maturité, cortine
                - Chapeau brun olivacé cannelle, lamelles safranées sur adulte, pied jaune citron — **DERMOCYBE**
                - Caractères différents — **CORTINARIUS**
              - Lamelles brun clair, chapeau beige clair à brun-ocre
                - Pied lisse et anneau en membrane mince — **AGROCYBE**
                - Pied fibrilleux (cortiné) ou bien radicant — **HEBELOMA**
  - Lamelles non décurrentes
    - Cortine légère
      - Chapeau hygrophane et fragile — **PSATHYRELLA**
      - Chapeau non hygrophane tirant sur le jaune — **HYPHOLOMA**

GROUPE 2

- Champignon mou et d'aspect gélatineux — **PSEUDOHYDNUM**
- Champignon à chair ferme
  - Chapeau lisse, blanchâtre — **HYDNUM**
  - Chapeau écailleux, brunâtre — **SARCODON**

GROUPE 3

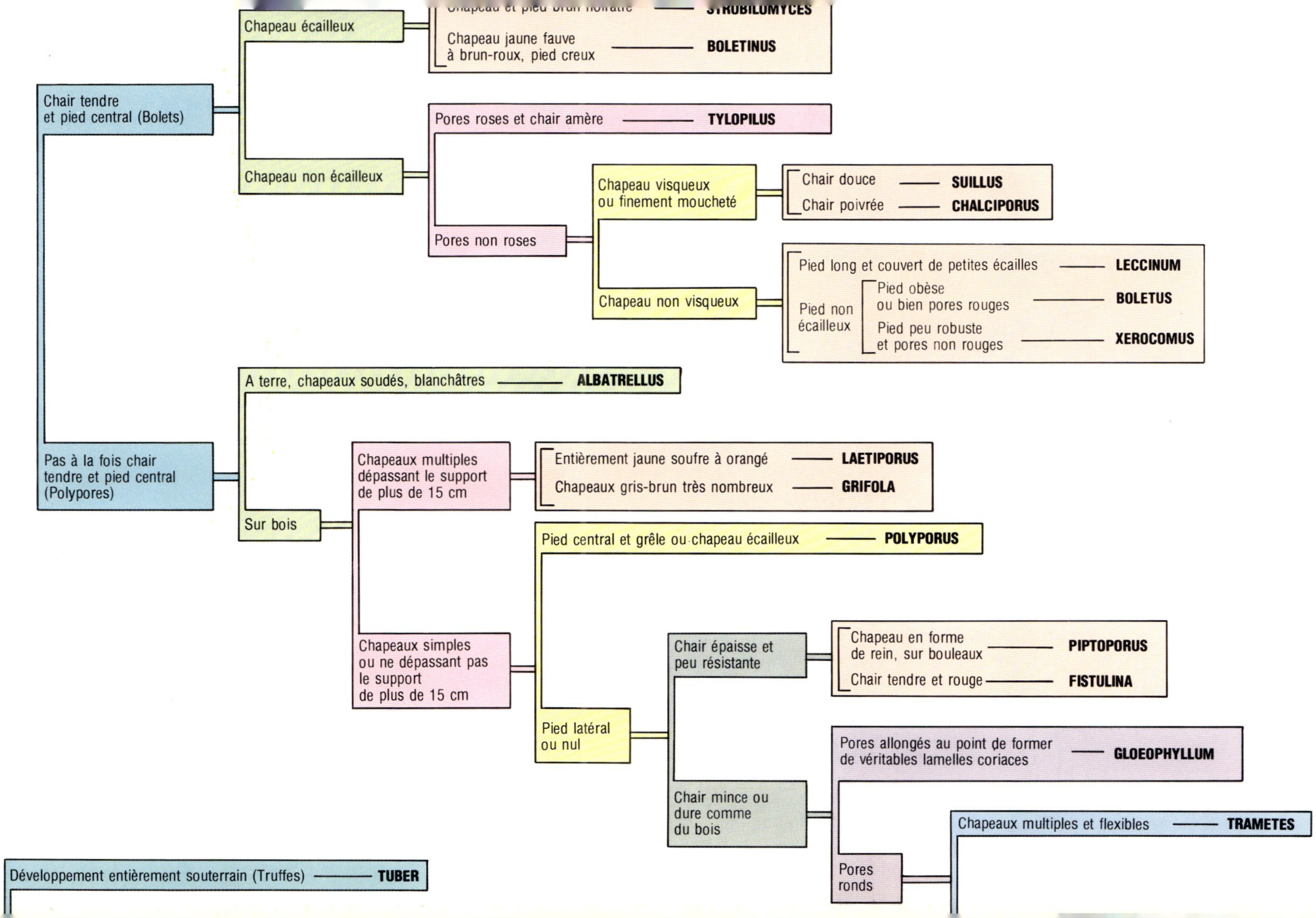

Chapeau jaune fauve à brun-roux, pied creux
BOLETINUS
Chair tendre et pied central (Bolets)
Chapeau écailleux
Chapeau non écailleux
Pores roses et chair amère
TYLOPILUS
Pores non roses
Chapeau visqueux ou finement moucheté
Chair douce
SUILLUS
Chair poivrée
CHALCIPORUS
Chapeau non visqueux
Pied long et couvert de petites écailles
LECCINUM
Pied non écailleux
Pied obèse ou bien pores rouges
BOLETUS
Pied peu robuste et pores non rouges
XEROCOMUS
Pas à la fois chair tendre et pied central (Polypores)
A terre, chapeaux soudés, blanchâtres
ALBATRELLUS
Sur bois
Chapeaux multiples dépassant le support de plus de 15 cm
Entièrement jaune soufre à orangé
LAETIPORUS
Chapeaux gris-brun très nombreux
GRIFOLA
Chapeaux simples ou ne dépassant pas le support de plus de 15 cm
Pied central et grêle ou chapeau écailleux
POLYPORUS
Pied latéral ou nul
Chair épaisse et peu résistante
Chapeau en forme de rein, sur bouleaux
PIPTOPORUS
Chair tendre et rouge
FISTULINA
Chair mince ou dure comme du bois
Pores allongés au point de former de véritables lamelles coriaces
GLOEOPHYLLUM
Pores ronds
Chapeaux multiples et flexibles
TRAMETES
Développement entièrement souterrain (Truffes)
TUBER

GROUPE 4

- Entièrement à l'air libre à maturité
  - Champignon étalé sur le bois sous forme de croûte
    - Entièrement étalé, rouge — **HYMENOCHAETE**
    - Plus ou moins décollé du support, non rouge — **STEREUM**
  - Chapeaux rigides en console
    - Chapeaux brun-roux très foncé, difformes et de taille souvent médiocre — **HETEROBASIDION**
    - Chapeaux plus grands, en consoles régulières
      - Marge distincte, épaisse, arrondie, jaunâtre, puis rougeâtre — **FOMITOPSIS**
      - Chapeau uniformément coloré, terne, marge mince — **GANODERMA**
  - Non étalé sur le bois sous forme de croûte
    - En troupes, en forme de dé à coudre s'ouvrant par un opercule — **CYATHUS**
    - Ni l'aspect d'une croûte ni la forme d'un dé à coudre
      - Petites masses hémisphériques (0,5 à 1 cm), en général sur bois
        - Masses dures et ternes — **HYPOXYLON**
        - Masses molles, rouge orangé, durcissant dans la vieillesse — **LYCOGALA**
      - Avant maturité, le champignon est sphérique, semi-enterré ou à ras du sol
        - Œuf partiellement gélatineux laissant éclore un champignon nauséabond
          - Long pied poreux après éclosion
            - Haut du pied sans rouge — **PHALLUS**
            - Haut du pied teinté de rouge — **MUTINUS**
          - Pas de pied distinct après éclosion
            - Le champignon éclôt en forme d'étoile de mer — **ANTHURUS**
            - Le champignon éclôt en forme de sphère grillagée — **CLATHRUS**
        - Pas de couche interne gélatineuse; à maturité, sphère laissant échapper une fumée de spores
          - Couche externe résistante, en écorce
            - L'écorce s'étale en étoile à maturité — **ASTRAEUS**
            - L'écorce ne s'étale pas en étoile — **SCLERODERMA**
          - Couche externe blanche, souple
            - Champignon sphérique, sans amorce de pied — **BOVISTA**
            - Champignon plutôt en forme de poire
              - Surface externe couverte de verrues ou aiguillons caducs — **LYCOPERDON**
              - Surface externe aréolée et fendillée, sans aiguillons caducs — **CALVATIA**
      - Présentation différent...
        - Champignon en forme de cornet ou de trompette
          - Cornet creux, gris noirâtre, extérieur peu plissé — **CRATERELLUS**
          - En trompette avec plis fourchus simulant des lamelles — **CANTHARELLUS**
        - Chair non cassante comme de la cire, ...
          - Tronc ramifié...
            - Rameaux à section circulaire, jaunes — **CALOCERA**
            - Rameaux aplatis en lanières
              - Rameaux dressés, brun foncé — **THELEPHORA**

Les milieux et les saisons

Chaque champignon ne croît que dans un milieu, ou biotope, qui lui est favorable, et cela durant une saison bien précise. Dès lors, une classification par milieu d'apparition est possible. Le tableau qui suit présente les différents groupes de champignons figurant dans l'Atlas des champignons (champignons à lamelles, à tubes, à plis, à aiguillons et les autres champignons) selon qu'ils ont leur habitat dans les prés, sous les conifères, sous les feuillus, dans les jardins et terres cultivés ou sur le bois, c'est-à-dire les lignicoles. Il faut aussi tenir compte des saisons et de leur décalage. Alors que dans le Nord la vie végétale s'arrête dès les premières gelées, dans le Midi elle peut continuer tout l'hiver s'il fait assez humide. Une légende accompagne chaque champignon, comportant le nom vernaculaire, le nom latin, le numéro de la page où le champignon est décrit, suivi d'une grille divisée en quatre cases indiquant les époques de récolte comme suit :

P	E	A	H

Première case, verte surchargée d'un P : printemps.
Deuxième case, jaune surchargée d'un E : été.
Troisième case, rose surchargée d'un A : automne.
Quatrième case, violette surchargée d'un H : hiver.

Champignons à lamelles

Dans les prés

Lactaire à toison
Lactarius torminosus
p. 69 | | E | A | |

Agaric des champs
Agaricus campester
p. 78 | | E | A | |

Coulemelle
Macrolepiota procera
p. 84 | | E | A | |

Tricholome sinistre
Lepista personata
p. 110 | | | A | |

Tricholome de la Saint-Georges
Calocybe gambosa
p. 112 | P | | | |

Tricholome noir et blanc
Melanoleuca melaleuca
p. 113 | P | | | |

Clitocybe géotrope
Clitocybe geotropa
p. 114 | | | A | |

Clitocybe blanc d'ivoire
Clitocybe dealbata
p. 118 | | E | A | |

Marasme des oréades
Marasmius oreades
p. 131 | P | E | A | |

Entolome d'avril
Entoloma aprile
p. 137 | P | | | |

Hygrophore blanc de neige
Camarophyllus niveus
p. 144 | | | A | |

Agrocybe précoce
Agrocybe praecox
p. 174 | P | | | |

Dans les prés

Meunier
Clitopilus prunulus
p. 136 E A

Hygrophore rouge ponceau
Hygrocybe punicea
p. 145 A

Hygrophore perroquet
Hygrocybe psittacina
p. 146 A H

Strophaire à anneau rugueux
Stropharia rugosoannulata
p. 167 P E A

Sous les conifères

Hypholome à lamelles enfumées
Hypholoma capnoides
P. 172 A

Cortinaire superbe
Cortinarius speciosissimus
p. 153 E A

Amanite citrine
Amanita citrina
p. 98 E A

Paxille enroulé
Paxillus involutus
p. 48 E A

Gomphide gluant
Gomphidius glutinosus
p. 50 E A

Gomphide visqueux
Chroogomphus rutilus
p. 51 E A

Russule noircissante
Russula nigricans
p. 52 E A

Russule charbonnière
Russula cyanoxantha
p. 53 E A

Russule belette
Russula mustelina
p. 56 E A

Russule amène
Russula amoena
p. 57 E A

Russule olivacée
Russula olivacea
p. 58 E A

Russule feuille morte
Russula xerampelina
p. 59 E A

Russule blanc ocré
Russula ochroleuca
p. 61 E A

Russule fétide
Russula foetens
p. 62 E A

Russule de Quélet
Russula Queletii
p. 64 E A

Lactaire délicieux
Lactarius deliciosus
p. 68 P A

Lactaire à toison
Lactarius torminosus
p. 69 E A

Lactaire blond
Lactarius helvus
p. 70 E A

Lactaire couleur de suie
Lactarius lignyotus
p. 74 E A

Lactaire à odeur de camphre
Lactarius camphoratus
p. 76 E A

Lactaire roux
Lactarius rufus
p. 77 E A

Psalliote à pied bulbeux
Agaricus abruptibulbus
p. 81 E A

Psalliote des forêts
Agaricus silvaticus
p. 83 E A

Coulemelle
Macrolepiota procera
p. 84 E A

Lépiote déguenillée
Macrolepiota rhacodes
p. 85 E A

Lépiote à écailles aiguës
Lepiota aspera
p. 87 E A

Cystoderme dentelé
Cystoderma carcharias
p. 89 E A

Amanite rougissante
Amanita rubescens
p. 90 E A

Amanite épaisse
Amanita spissa
p. 91 E A

Amanite panthère
Amanita pantherina
p. 92 E A

Russule émétique
Russula emetica
p. 63 E A

Amanite tue-mouches
Amanita muscaria
p. 94 E A

Amanite phalloïde
Amanita phalloides
p. 95 E A

Amanite printanière
Amanita verna
p. 97 P E

Amanite fauve
Amanita fulva
p. 99 E A

Sous les conifères

Limacelle à gouttelettes
Limacella guttata
p. 100 E A

Plutée couleur de cerf
Pluteus atricapillus
p. 101 E A

Tricholome équestre
Tricholoma auratum
p. 103 A

Tricholome de Batsch
Tricholoma Batschii
p. 104 A

Tricholome à odeur de savon
Tricholoma saponaceum
p. 105 E A

Tricholome roux
Tricholoma vaccinum
p. 106 E A

Tricholome tigré
Tricholoma pardinum
p. 107 E A

Clitocybe nébuleux
Lepista nebularis
p. 108 A

Tricholome nu
Lepista nuda
p. 109 P E A

Clitocybe en touffe
Lyophyllum connatum
p. 111 E A

Clitocybe géotrope
Clitocybe geotropa
p. 114 A

Clitocybe à pied en massue
Clitocybe clavipes
p. 115 E A

Clitocybe en entonnoir
Clitocybe gibba
p. 116 E A

Laqué améthyste
Laccaria amethystina
p. 120 E A

Armillaire couleur de miel
Armillariella mellea
p. 121 E A

Tricholome rutilant
Tricholomopsis rutilans
p. 122 E A

Armillaire impériale
Catathelasma imperiale
p. 123 E A

Collybie du chêne
Collybia dryophila
p. 124 P E A

Collybie tenace
Strobilurus tenacellus
p. 130 P

Mycène pur
Mycena pura
p. 133 E A

Collybie tachetée
Collybia maculata
p. 125 E A

Collybie à larges lamelles
Oudemansiella platyphylla
p. 127 P E A

Marasme à odeur de poireau
Marasmius scorodonius
p. 132 E A

Pholiote changeante
Kuehneromyces mutabilis
p. 170 P E A

Mycène Zéphyr
Mycena zephirus
p. 134 A

Hygrophore olivacé et blanc
Hygrophorus olivaceoalbus
p. 142 E A

Cortinaire pailleté
Cortinarius paleaceus
p. 148 A

Pholiote écailleuse
Pholiota squarrosa
p. 168 A

Meunier
Clitopilus prunulus
p. 136 E A

Hygrophore de mars
Hygrophorus marzuolus
p. 139 P H

Hygrophore à lamelles arquées
Hygrophorus camarophyllus
p. 140 E A

Hygrophore à odeur agréable
Hygrophorus agathosmus
p. 141 E A

Cortinaire à odeur de bouc
Cortinarius traganus
p. 149 E A

Lactaire à fossettes
Lactarius scrobiculatus
p. 67 E A

Flammule pénétrante
Gymnopilus penetrans
p. 163 E A

Galère marginée
Galerina marginata
p. 165 A

Sous les feuillus

Paxille enroulé
Paxillus involutus
p. 48 E A

Clitocybe orangé
Hygrophoropsis aurantiaca
p. 49 A

Russule noircissante
Russula nigricans
p. 52 E A

Russule charbonnière
Russula cyanoxantha
p. 53 E A

Sous les feuillus

Russule comestible
Russula vesca
p. 54 P E

Russule verdâtre
Russula virescens
p. 55 E

Russule amène
Russula amoena
p. 57 E A

Russule olivacée
Russula olivacea
p. 58 E A

Russule feuille morte
Russula xerampelina
p. 59 E A

Russule dorée
Russula aurata
p. 60 E A

Russule blanc ocré
Russula ochroleuca
p. 61 E A

Russule fétide
Russula foetens
p. 62 E A

Russule émétique
Russula emetica
p. 63 E A

Lactaire parcheminé
Lactarius pergamenus
p. 65 E

Lactaire velouté
Lactarius vellereus
p. 66 A

Lactaire à fossettes
Lactarius scrobiculatus
p. 67 E A

Lactaire à toison
Lactarius torminosus
p. 69 E A

Lactaire odorant
Lactarius glyciosmus
p. 71 A

Lactaire muqueux
Lactarius blennius
p. 72 E A

Lactaire plombé
Lactarius necator
p. 73 E A

Lactaire à lait abondant
Lactarius volemus
p. 75 E A

Lactaire à odeur de camphre
Lactarius camphoratus
p. 76 E A

Lépiote à spore en outre
Lepiota ventriosospora
p. 86 E A

Lépiote à écailles aiguës
Lepiota aspera
p. 87 E A

Lépiote crêtée
Lepiota cristata
p. 88 | E | A

Amanite rougissante
Amanita rubescens
p. 90 | E | A

Amanite épaisse
Amanita spissa
p. 91 | E | A

Amanite panthère
Amanita pantherina
p. 92 | E | A

Amanite des Césars
Amanita Caesarea
p. 93 | E | A

Amanite tue-mouches
Amanita muscaria
p. 94 | E | A

Amanite phalloïde
Amanita phalloides
p. 95 | E | A

Amanite vireuse
Amanita virosa
p. 96 | E | A

Amanite printanière
Amanita verna
p. 97 | E | A

Amanite citrine
Amanita citrina
p. 98 | E | A

Amanite fauve
Amanita fulva
p. 99 | E | A

Limacelle à gouttelettes
Limacella guttata
p. 100 | E | A

Plutée couleur de cerf
Pluteus atricapillus
p. 101 | P | E | A

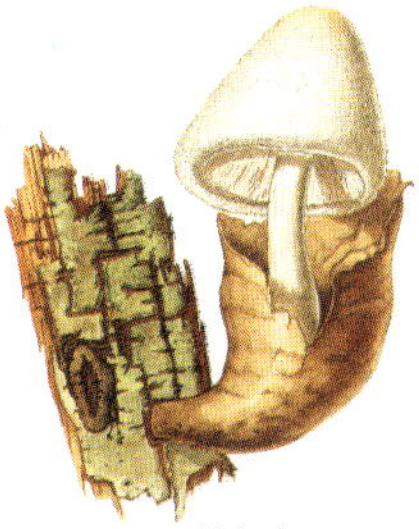

Volvaire soyeuse
Volvariella bombycina
p. 102 | E | A

Tricholome équestre
Tricholoma auratum
p. 103 | A

Tricholome à odeur de savon
Tricholoma saponaceum
p. 105 | E | A

Tricholome tigré
Tricholoma pardinum
p. 107 | E | A

Clitocybe nébuleux
Lepista nebularis
p. 108 | A

Tricholome nu
Lepista nuda
p. 109 | P | E | A

Clitocybe en touffe
Lyophyllum connatum
p. 111 | E | A

Sous les feuillus

Tricholome noir et blanc
Melanoleuca melaleuca
p. 113 | E | A

Clitocybe à pied en massue
Clitocybe clavipes
p. 115 | E | A

Clitocybe en entonnoir
Clitocybe gibba
p. 116 | E | A

Clitocybe rouge brique
Clitocybe sinopica
p. 177 | E | A

Agaric tricholome
Ripartites tricholoma
p. 119 | E | A

Armillaire couleur de miel
Armillariella mellea
p. 121 | E | A

Collybie du chêne
Collybia dryophila
p. 124 | P | E | A

Collybie tachetée
Collybia maculata
p. 125 | E | A

Collybie à pied en fuseau
Collybia fusipes
p. 126 | E | A

Collybie à larges lamelles
Oudemansiella platyphylla
p. 127 | P | E | A

Collybie à pied velouté
Flammulina velutipes
p. 129 | A

Marasme à odeur de poireau
Marasmius scorodonius
p. 132 | E | A

Mycène pur
Mycena pura
p. 133 | E | A

Myxène Zéphyr
Mycena zephirus
p. 134 | A

Mycène à pied laiteux
Mycena galopoda
p. 135 | P | E | A

Meunier
Clitopilus prunulus
p. 136 | E | A

Entolome livide
Entoloma sinuatum
p. 138 | E | A

Hygrophore olivacé et blanc
Hygrophorus olivaceoalbus
p. 142 | E | A

Hygrophore blanc d'ivoire
Hygrophorus eburneus
p. 143 | E | A

Hygrophore rouge ponceau
Hygrocybe punicea
p. 145 | A

Hygrophore perroquet
Hygrocybe psittacina
p. 146 | E | A

Cortinaire vulgaire
Cortinarius trivialis
p. 147 | E | A

Cortinaire pailleté
Cortinarius paleaceus
p. 148 | A

Cortinaire blanc violacé
Cortinarius alboviolaceus
p. 150 | E | A

Cortinaire variable
Cortinarius varius
p. 151 | E | A

Cortinaire couleur de rocou
Cortinarius orellanus
p. 152 | E | A

Cortinaire superbe
Cortinarius speciosissimus
p. 153 | E | A

Cortinaire couleur de cannelle
Dermocybe cinnamomeolutea
p. 154 | E | A

Leucocortinaire bulbeux
Leucocortinarius bulbiger
p. 155 | E | A

Pholiote ridée
Rozites caperata
p. 156 | E | A

Inocybe de Patouillard
Inocybe Patouillardi
p. 157 | P | E

Inocybe à lamelles couleur de terre
Inocybe geophylla
p. 158 | E | A

Inocybe à odeur de corydale
Inocybe corydalina
p. 159 | E | A

Inocybe à spores étoilées
Inocybe asterospora
p. 160 | E | A

Hébélome à centre brun
Hebeloma mesophaeum
p. 161 | A

Hébélome radicant
Hebeloma radicosum
p. 162 | E | A

Flammule remarquable
Gymnopilus spectabilis
p. 164 | E | A

Strophaire vert-de-gris
Stropharia aeruginosa
p. 166 | A

Strophaire à anneau rugueux
Stropharia rugosoannulata
p. 167 | P | E | A

Pholiote écailleuse
Pholiota squarrosa
p. 168 | A

Sous les feuillus

Pholiote gommeuse
Pholiota gummosa
p. 169 A

Pholiote changeante
Kuehneromyces mutabilis
p. 170 P E A

Hypholome en touffe
Hypholoma fasciculare
p. 171 P E A

Coprin noir d'encre
Coprinus atramentarius
p. 176 P E A

Coprin micacé
Coprinus micaceus
p. 177 P E A

Lentin tigré
Panus tigrinus
p. 182 P E A

Coprin disséminé
Coprinus disseminatus
p. 178 P E A

Coprin chevelu
Coprinus comatus
p. 175 P E A

Psathyrelle de De Candolle
Psathyrella Candolleana
p. 179 P E A

Psathyrelle hydrophile
Psathyrella hydrophila
p. 180 A

Pleurote en huître
Pleurotus ostreatus
p. 181 A

Mucidule visqueuse
Oudemansiella mucida
p. 128 A

Dans les jardins et terres cultivés

Champignon de Paris
Agaricus bisporus
p. 79 P E A

Psalliote à deux anneaux
Agaricus bitorquis
p. 80 P E A

Psalliote jaunissante
Agaricus xanthoderma
p. 82 E A

Lépiote à écailles aiguës
Lepiota aspera
p. 87 E A

Agrocybe précoce
Agrocybe praecox
p. 174 P

Coprin chevelu
Coprinus comatus
p. 175 P E A

Coprin noir d'encre
Coprinus atramentarius
p. 176 P E A

Les lignicoles

Plutée couleur de cerf
Pluteus atricapillus
p. 101 P E A

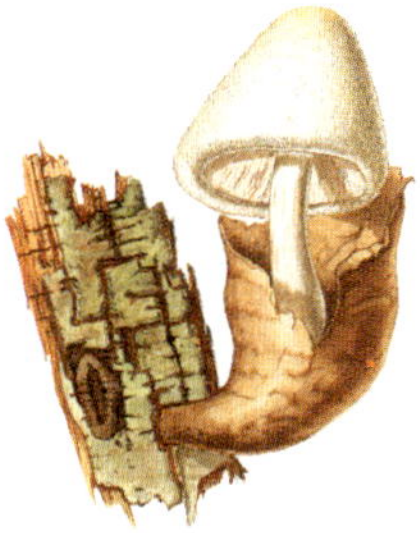
Volvaire soyeuse
Volvariella bombycina
p. 102 E A

Mucidule visqueuse
Oudemansiella mucida
p. 128 E A

Hypholome couleur de brique
Hypholoma sublateritium
p. 173 P E A H

Flammule pénétrante
Gymnopilus penetrans
p. 163 E A

Galère marginée
Galerina marginata
p. 165 E A

Pholiote écailleuse
Pholiota squarrosa
p. 168 A

Pholiote changeante
Kuehneromyces mutabilis
p. 170 P E A H

Hypholome en touffe
Hypholoma fasciculare
p. 171 P E A H

Collybie à pied velouté
Flammulina velutipes
p. 129 A H

Lentin tigré
Panus tigrinus
p. 182 P E A H

Pleurote en huître
Pleurotus ostreatus
p. 181 A

Champignons à tubes

Sous les conifères

Cèpe de Bordeaux
Boletus edulis
p. 184 E A

Cèpe des pins
Boletus pinicola
p. 185 E A

Bolet à beau pied
Boletus calopus
p. 188 E A

Bolet bai
Xerocomus badius
p. 194 E A

Bolet à pied creux
Boletinus cavipes
p. 198 E A

Bolet jaune
Suillus luteus
p. 199 E A

Bolet élégant
Suillus Grevillei
p. 200 E A

Bolet granulé
Suillus granulatus
p. 201 E A

Bolet tacheté
Suillus variegatus
p. 202 E A

Bolet des bouviers
Suillus bovinus
p. 203 E A

Bolet placide
Suillus placidus
p. 204 E A

Bolet poivré
Chalciporus piperatus
p. 205 E A

Polypore des brebis
Albatrellus ovinus
p. 209 E A

Polypore soufré
Laetiporus sulphureus
p. 212 A

Sous les feuillus

Cèpe de Bordeaux
Boletus edulis
p. 184 A

Cèpe des pins
Boletus pinicola
p. 185 A

Cèpe d'été
Boletus aestivalis
p. 186 P E A

Cèpe bronzé
Boletus aereus
p. 187 A

Bolet à beau pied
Boletus calopus
p. 188 E A

Bolet à pied rouge
Boletus erythropus
p. 189 P E A

Bolet blafard
Boletus luridus
p. 190 P E A

Bolet de Quélet
Boletus Queletii
p. 191 E A

Bolet Satan
Boletus Satanas
p. 192 E A

Bolet amer
Tylopilus felleus
p. 193 E A

Bolet bai
Xerocomus badius
p. 194 E A

Bolet à chair jaune
Xerocomus chrysenteron
p. 195 E A

Bolet orangé
Leccinum aurantiacum.
p. 196 E A

Bolet pomme de pin
Strobilomyces floccopus
p. 206 E A

Bolet poivré
Chalciporus piperatus
p. 205 E A

Bolet rude
Leccinum griseum
p. 197 E A

Polypore truffier
Polyporus tuberaster
p. 207 P E A

Polypore d'hiver
Polyporus lepideus
p. 208 A

Polypore en ombelle
Grifola umbellata
p. 210 E A

Sous les feuillus

Polypore du bouleau
Piptoporus betulinus
p. 211 A

Polypore soufré
Laetiporus sulphureus
p. 212 A

Langue-de-bœuf
Fistulina hepatica
p. 213 A

Amadouvier vivace
Heterobasidion annosum
p. 216 A

Polypore aplani
Ganoderma applanatum
p. 218 A

Les lignicoles

Polypore d'hiver
Polyporus lepideus
p. 208 P E

Polypore du bouleau
Piptoporus betulinus
p. 211 P E A H

Polypore soufré
Laetiporus sulphureus
p. 212 E A

Langue-de-bœuf
Fistulina hepatica
p. 213 A

Polypore versicolore
Trametes versicolor
p. 214 P E A H

Amadouvier vivace
Heterobasidion annosum
p. 216 P E A H

Tramète sépia
Gloeophyllum sepiarium
p. 215 P E A H

Polypore marginé
Fomitopsis pinicola
p. 217 P E A

Polypore aplani
Ganoderma applanatum
p. 218 P E A H

Champignons à aiguillons

Sous les conifères

Hydne imbriqué
Sarcodon imbricatus
p. 220 E A

Hydne commun
Hydnum repandum
p. 221 E A

Hydne gélatineux
Pseudohydnum gelatinosum
p. 222 A

Sous les feuillus

Hydne commun
Hydnum repandum
p. 221 E A

Les lignicoles

Hydne gélatineux
Pseudohydnum gelatinosum
p. 222 E A

Champignons à plis

Sous les conifères

Chanterelle comestible
Cantharellus cibarius
p. 224 E A

Trompette des morts
Craterellus cornucopioides
p. 226 E A

Sous les feuillus

Chanterelle comestible
Cantharellus cibarius
p. 224 E A

Chanterelle en tube
Cantharellus tubaeformis
p. 225 A

Trompette des morts
Craterellus cornucopioides
p. 226 E A

Les autres champignons

Dans les prés

Guépinie en helvelle
Guepinia helvelloides
p. 239 E A

Vesse-de-loup perlée
Lycoperdon perlatum
p. 241 E A

Lycoperdon hérissé
Lycoperdon echinatum
p. 242 E A

Lycoperdon en forme d'outre
Calvatia utriformis
p. 243 E A

Boviste noircissante
Bovista nigrescens
p. 244 E A

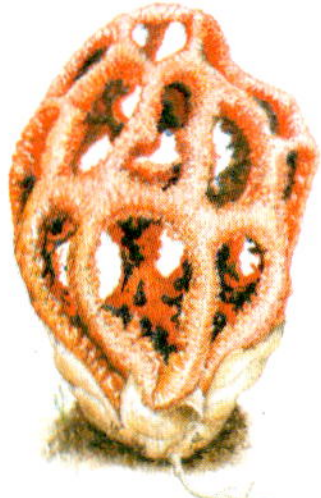
Clathre rouge
Clathrus ruber
p. 250 E A

Helvelle crépue
Helvella crispa
p. 260 A

Sous les conifères

Stérée hérissé
Stereum hirsutum
p. 228 P E A

Phylactère palmé
Thelephora palmata
p. 229 E A

Sparassis crépu
Sparassis crispa
p. 231 E A

Clavaire tronquée
Clavariadelphus truncatus
p. 234 E A

Clavaire dorée
Ramaria aurea
p. 235 E A

Clavaire pâle
Ramaria Mairei
p. 236 E A

Calocère visqueuse
Calocera viscosa
p. 237 E A

Guépinie en helvelle
Guepinia helvelloides
p. 239 E A

Scléroderme orangé
Scleroderma aurantium
p. 245 E A

Géastre en étoile
Astraeus hygrometricus
p. 246 E A

Pezize superbe
Sarcosphaera eximia
p. 256 P E A

Pezize du cèdre
Sepultaria sumneriana
p. 259 P

Gyromitre
Gyromitra esculenta
p. 264 P

Morille comestible
Morchella esculenta
p. 265 P

Morille conique
Morchella conica
p. 266 P

Spatulaire jaune
Spathularia flavida
p. 269 E A

Pezize très large
Discina perlata
p. 257 A

Sous les feuillus

Stérée hérissé
Stereum hirsutum
p. 228 P E A

Clavaire en crête
Clavulina cristata
p. 232 E A

Clavaire pilon
Clavariadelphus pistillaris
p. 233 E A

Clavaire dorée
Ramaria aurea
p. 235 E A

Clavaire pâle
Ramaria Mairei
p. 236 E A

Trémelle mésentérique
Tremella mesenterica
p. 238 P E A

Oreille de Judas
Auricularia auricula-Judae
p. 240 A

Phalle impudique
Phallus impudicus
p. 248 E A

Sous les feuillus

Lycoperdon hérissé
Lycoperdon echinatum
p. 242 E A

Scléroderme orangé
Scleroderma aurantium
p. 245 E A

Cyathe strié
Cyathus striatus
p. 247 E A

Vesse-de-loup perlée
Lycoperdon perlatum
p. 241 E A

Satyre des chiens
Mutinus caninus
p. 249 E A

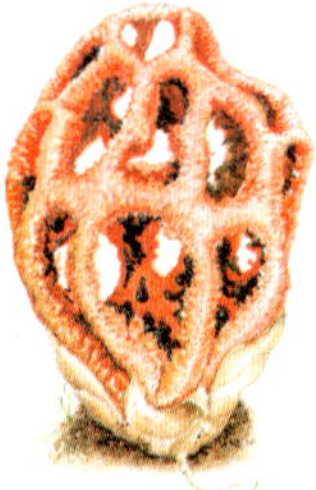

Clathre rouge
Clathrus ruber
p. 250 E A

Anthurus d'Archer
Anthurus Archeri
p. 251 E A

Pezize retroussée
Peziza repanda
p. 252 P E A

Pezize vésiculeuse
Peziza vesiculosa
p. 253 P E A H

Pezize orangée
Aleuria aurantia
p. 254 E A

Oreille-de-lièvre
Otidea onotica
p. 255 E A

Verpe en forme de dé
Verpa conica
p. 268 P

Helvelle crépue
Helvella crispa
p. 260 A

Helvelle à pied blanc
Helvella albipes
p. 261 E A

Helvelle élastique
Leptopodia elastica
p. 262 E A

Léotie visqueuse
Leotia lubrica
p. 270 E A

Xylaire polymorphe
Xylaria polymorpha
p. 271 A H

Hypoxylon du bois
Hypoxylon fragiforme
p. 272 A H

Truffe d'été
Tuber aestivum
p. 273 E A

Morille comestible
Morchella esculenta
p. 265 P

Dans les jardins et terres cultivés

Anthurus d'Archer
Anthurus Archeri
p. 251 E A

Pezize retroussée
Peziza repanda
p. 252 P

Pezize vésiculeuse
Peziza vesiculosa
p. 253 P E A H

Pezize très large
Discina perlata
p. 257 P

Pezize vulgaire
Paxina acetabulum
p. 263 P

Morille comestible
Morchella esculenta
p. 265 P

Morillon
Mitrophora semilibera
p. 267 P

Les lignicoles

Stérée hérissé
Stereum hirsutum
p. 228 P E A H

Hyménochaète de Mougeot
Hymenochaete Mougeotii
p. 230 E A

Calocère visqueuse
Calocera viscosa
p. 237 P E A H

Trémelle mésentérique
Tremella mesenterica
p. 238 E A

Oreille de Judas
Auricularia auricula-Judae
p. 240 P E A H

Pezize écarlate
Sarcoscypha coccinea
p. 258 P E

Xylaire polymorphe
Xylaria polymorpha
p. 271 A H

Hypoxylon du bois
Hypoxylon fragiforme
p. 272 A H

Lycogale du bois
Lycogala epidendron
p. 274 E A

ATLAS DES CHAMPIGNONS

Comment utiliser l'Atlas des champignons

Dans cette partie de l'ouvrage, vous trouverez les champignons regroupés selon des caractères morphologiques faciles à étudier. Elle diffère de la classification adoptée par les mycologues qui elle fait appel à l'observation de caractères microscopiques. Quatre caractères d'identification faciles à observer nous ont conduit à établir quatre chapitres, un cinquième regroupe les autres champignons présentant des aspects différents. Pour savoir à quel chapitre il faut se reporter, retournez le champignon afin de voir s'il présente des lamelles, des tubes, des plis ou des aiguillons. Si vous éprouvez des difficultés à reconnaître ces caractéristiques, consultez : « Comment identifier les champignons » (pages 14-16).

Chaque fiche descriptive d'un champignon est présentée dans l'ordre suivant :

La carte d'identité

- première ligne : nom de la classe, de l'ordre et de la famille du règne végétal auquel le champignon appartient ;
- deuxième ligne : nom vernaculaire le plus couramment employé ;
- troisième ligne : nom latin en italique du genre, de l'espèce suivi du nom du mycologue qui l'a décrit et baptisé.

En regard de la carte d'identité, un dessin et une coupe longitudinale représentent le champignon décrit dans le texte placé juste en dessous. Les mots des principaux caractères morphologiques et celui de l'habitat figurent en caractères gras.

Le texte intitulé « Identification », qui est entouré d'un filet, fait ressortir les principaux caractères de reconnaissance. Quelquefois il est accompagné d'un texte appelé « Confusion » lorsqu'une ressemblance même légère est possible avec d'autres espèces, qu'elles soient vénéneuses ou pas. Vous consulterez aussi la partie les « Confusions à éviter » (pages 275 à 284), où nous avons regroupé les ressemblances les plus courantes.

La photographie représente le biotope, ou habitat géographique du champignon, qui permettra de le rechercher et de le reconnaître dans le milieu qui lui est le plus habituel. Pour vous aider à identifier les champignons qui poussent dans un même habitat, il faut se référer au chapitre : « Les milieux et les saisons », (pages 25 à 43).

En bas de page, un symbole introduit un texte portant sur la comestibilité ou la toxicité de l'espèce. Voici les six symboles et leur définition :

 = Mortel

 = Comestible très bon

 = Toxique

 = Comestible assez bon

 = A rejeter

 = Comestible moyen

Ces symboles sont communs à l'ensemble de l'ouvrage.

Si, vous trouvant en présence d'un champignon, vous ressentez une certaine difficulté à l'identifier, vous devez consulter pour une première approche le tableau dichotomique « Clé de détermination » (pages 17 à 23), qui, de la morphologie du champignon au genre, vous permettra d'orienter votre recherche.

Afin de faciliter l'utilisation de l'Atlas des champignons, nous avons établi un index (pages 316 à 319), où sont réunis, par ordre alphabétique, les noms des champignons, leurs noms latins, ainsi que tous les autres noms vernaculaires des champignons décrits ou cités dans cet ouvrage.

Les champignons à lamelles

On nomme champignons à lamelles ceux dont l'hyménium (partie fertile placée sous le chapeau) comporte des lamelles fragiles disposées le plus souvent radialement. La forme et la disposition de ces lamelles fournissent des caractères de détermination importants, tant au niveau des genres qu'à celui des espèces. En particulier, on observera avec attention la façon dont elles s'insèrent sur le pied, selon l'un des quatre principaux modes suivants : les lamelles peuvent être libres (séparées du pied), adnées (adhérentes au pied), émarginées (échancrées) ou décurrentes (descendantes sur le pied).

Paxille enroulé

Paxillus involutus Batsch ex Fr.

Chanterelle brune

Identification
Chapeau très variable de taille, brun visqueux au milieu, à bords enroulés au début, à lamelles séparables sous la pression des doigts. Pied cylindrique épaissi à la base. Chair jaune et aqueuse, acidulée. Saveur aigrelette. Odeur insignifiante.

Confusion
Il ne semble pas qu'on puisse confondre le Paxille enroulé avec une autre espèce, sinon peut-être au premier abord avec de gros Lactaires bruns, mais ceux-ci ont des lamelles claires et donnent un lait âcre, qui n'existe chez aucune des trois espèces de Paxilles.

Le **chapeau** de cette espèce varie de 2 à 20 cm de diamètre selon la richesse du terrain où il pousse. Sa couleur est d'un brun ocracé uniforme, et il présente d'habitude une légère dépression en son centre quand il est complètement développé. Le centre du chapeau est légèrement visqueux par temps humide, tandis que la marge est plutôt veloutée et régulièrement marquée de stries radiales, qui sont les marques que lui ont imprimées les **lamelles** à mesure qu'elle s'est déroulée. En effet, le développement de ce chapeau est particulier. Pour s'étaler, le chapeau, d'abord ramassé sur lui-même, se déroule vers l'extérieur, et c'est ce qui vaut au Paxille son adjectif spécifique d'*involutus,* qui signifie « enroulé ». Le **pied**, de 4 à 10 cm de long, peut avoir de 2 à 30 mm d'épaisseur. Il est à peu près cylindrique, mais souvent élargi à la base. Celle-ci est parfois arrondie en forme de bulbe plus ou moins marqué. Le pied est terminé par des filaments grossiers qui sont en rapport immédiat avec les racines des arbres auxquels il est associé par ses mycorhizes. Sa **chair** est de couleur jaune nankin, molle et humide. Sa **saveur** est légèrement aigrelette, et son odeur insignifiante, simplement un peu terreuse. L'**habitat** de ce Paxille se trouve sous tous les arbres, mais avec une préférence marquée pour les bouleaux et les peupliers, sous lesquels il atteint sa taille maximale. On le trouve depuis la fin de l'été jusqu'au début de l'automne. Le genre *Paxillus* compte d'autres espèces : une tout à fait inoffensive à saveur assez amère, le *Paxillus atrotomentosus* (Paxille à pied noir, Paxille à pied velouté) et une forme plus ou moins naine, *Paxillus filamentosus* (Paxille des aulnes).

Cette espèce est comestible une fois cuite, quoique peu sapide et noircissant à la cuisson. Mais on s'est aperçu qu'elle était mortelle crue, comme en a fait l'expérience le mycologue autrichien F. Neumann (1900-1945), qui, à la fin de la Seconde Guerre mondiale, n'ayant plus rien à manger et ne disposant plus de combustible pour les faire cuire, consomma des Paxilles crus et en mourut.

Clitocybe orangé

Hygrophoropsis aurantiaca
(Wulf. ex Fr.) R. Maire

Fausse Chanterelle, Faux Hygrophore orangé

Le **chapeau** de cette espèce varie de 2 à 6 cm de diamètre. D'abord un peu bombé, il prend très vite une forme creuse, à la fin en entonnoir. Il est mince, un peu élastique et souvent ondulé sur les bords. Sa couleur est d'un beau jaune uniforme et, sous la loupe, il est tout velouté de petits poils dressés. Le **pied**, mince et court, ne dépasse pas 4 cm de haut et 3 à 4 mm de diamètre. Il arrive qu'il noircisse un peu à la base, mais pour le reste sa couleur est identique à celle du chapeau. La **chair** est jaune, très mince, molle, humide, flasque à la fin. Les **lamelles** sont très particulières, minces, très serrées et presque toujours bifurquées en partant du pied vers la marge. Son **odeur** et sa **saveur** sont sans intérêt. Bien que toutes les forêts puissent former l'**habitat** de cette espèce, elle est plus commune sous les conifères, où sa couleur est plus orangée et où il pousse de la fin de l'été au mois de novembre, tandis que dans les pâturages tourbeux de la montagne elle est seulement blanchâtre. On a longtemps rangé le Clitocybe orangé dans le genre *Cantharellus* (Chanterelle), mais il en diffère profondément. En effet, les vraies Chanterelles n'ont pas de vraies lamelles, mais seulement des plis plus ou moins grossiers sous le chapeau. La Fausse Chanterelle a de véritables lamelles, d'ailleurs originales par leur propriété de devenir fourchues avant d'atteindre le bord du chapeau. D'autre part, sa ressemblance avec certains Hygrophores lui a fait donner par le mycologue René Maire (1878-1949) le nom générique d'*Hygrophoropsis*, ce qui signifie « simili-Hygrophore ».

Identification

On identifiera très facilement cette espèce par sa belle couleur orangée, sa chair mince et ses fines lamelles fourchues. Son pied, mince, court et facilement noircissant, est également un signe distinctif. Odeur et saveur sans intérêt.

Le Clitocybe orangé a longtemps passé pour toxique. Il n'en est rien. Sans être de premier ordre, il est tout à fait mangeable, et seule sa faible taille le fait généralement négliger. Mais comme il pousse le plus souvent en troupes nombreuses, le nombre supplée au volume. Il est toutefois déconseillé de le manger cru.

BASIDIOMYCÈTES BOLETALES GOMPHIDIACÉES

Gomphide gluant

Gomphidius glutinosus Fr.

Pied de rhubarbe

Identification
Chapeau brun ou gris roussâtre, entièrement glutineux, grisonnant et se tachant de noir, des lamelles passant au bistre noir. Pied fibrilleux ou couvert d'écailles visqueuses. Chair blanche dans le chapeau mais jaune vif à la base du pied.

Confusion
Seulement avec le Gomphide visqueux (espèce présentée ci-après), qui a un chapeau roussâtre ou brun, à peine visqueux, le pied jaune et brun, des lamelles très colorées. Cette espèce, qu'on trouve surtout sous les pins, est d'ailleurs tout à fait inoffensive.

Le **chapeau** de ce Gomphide est convexe, légèrement bombé au centre, et varie du brun clair au brun livide ou au gris roussâtre, et, avec l'âge, se marque souvent de petites taches noirâtres. Il a de 8 à 12 cm de large. Il est extrêmement visqueux, et cette viscosité déborde les bords du chapeau pour descendre sur le pied, où elle forme une espèce d'anneau transparent qui s'évanouit peu à peu. Cette viscosité est le fait de la cuticule elle-même qui se gélifie, et cette cuticule épaisse peut s'enlever d'une seule pièce en la tirant depuis la marge. Il est bon de procéder à cette opération quand on veut récolter cette espèce pour la table, afin d'éviter qu'elle ne se colle aux autres qui se trouvent à côté d'elle dans le panier. Les **lamelles**, très décurrentes, sont fourchues, d'abord d'un blanc grisonnant, puis bistre noir. Le **pied** est fibrilleux ou couvert de grosses écailles visqueuses, de 6 à 10 cm de long. Il est blanc dans le haut, mais jaune à la base et jaune vif à l'intérieur de la base, ce qui lui a fait donner un deuxième nom vulgaire : « Pied de rhubarbe ». La viscosité du chapeau laisse sur le haut du pied les traces d'une cortine transparente qui s'efface rapidement. La **chair** est toute blanche dans le chapeau, mais progressivement jaune et enfin jaune vif vers la base du pied. Elle est de **saveur** douce et d'**odeur** faible mais agréable. La **spore** est très grande, de 22 μ de long, guttulée, bistre olive. Les bois de conifères sont son **habitat**, surtout ceux d'épicéas, où parfois elle surabonde dès la fin de l'été jusqu'à celle de l'automne. On la voit même dans les très jeunes plantations, où elle suit le trajet des radicelles auxquelles elle est associée en relations mycorhiziques.

C'est un bon comestible, très apprécié, dont le seul inconvénient est le caractère déplaisant de sa récolte, car sa viscosité est telle que, par temps pluvieux, elle est tout à fait décourageante. Rappelons qu'il faut retirer la cuticule du chapeau, laquelle nuirait à la qualité du plat.

Gomphide visqueux

Chroogomphus (Gomphidius) rutilus (viscidus) (Fr.) Mill.

Clou brun, Clou rouge

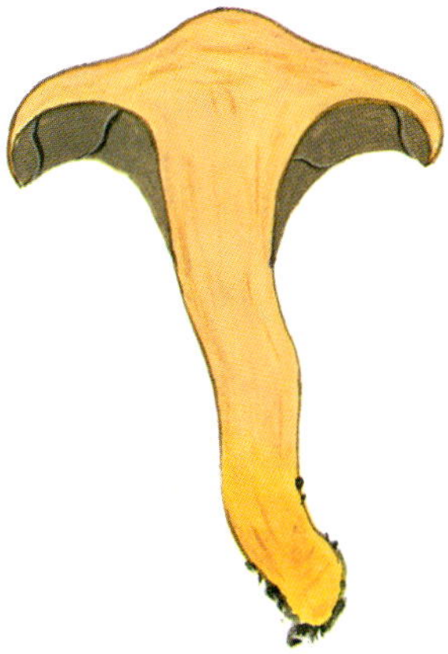

Le **chapeau** de cette espèce a de 5 à 10 cm de diamètre; il est légèrement bombé, très faiblement visqueux, et même ne l'est plus du tout quand il est adulte. Il est d'un beau brun rougeâtre, ou même tout à fait roux, et ce n'est que dans l'extrême jeunesse qu'on lui voit un léger anneau glutineux reliant le chapeau au pied. Ce **pied** est assez long par rapport à la largeur du chapeau. Il peut avoir de 10 à 15 cm de long pour 1 à 1,5 cm de large. Il se termine en pointe, ce qui a valu à l'espèce son nom vulgaire de « Clou brun » (ou « Clou rouge »). Il est jaune pâle ou brun jaunâtre et devient brun foncé avec l'âge. Les **lamelles** sont très épaisses et espacées, très décurrentes, jonquille, puis olivâtres, puis brun purpurin, et elles conservent sur leur marge un liséré jaune. La **chair** est jaune pâle, parfois jaune rougeâtre dans le chapeau, jaune citron dans le pied. Elle ne présente aucune **odeur** particulière, et sa **saveur** est insignifiante, tout au plus légèrement acidulée et en même temps un peu écœurante. Ses **spores** sont remarquablement grandes, de 20 à 25 μ de longueur. Cette espèce croît souvent en très grande abondance sous les conifères, mais presque exclusivement sous les pins, son **habitat** préféré, où il est bien rare qu'elle manque. On la trouve tout l'été et jusqu'à la fin de l'automne. Elle y accompagne régulièrement des Bolets tels que les espèces *granulatus* et *luteus*. Mais alors que ces Bolets ont une existence éphémère, le Gomphide visqueux, de texture plus sèche, reste tel quel pendant longtemps avant de pourrir.

Identification

On le reconnaîtra toujours à son chapeau roussâtre, peu visqueux, à son pied allongé et de couleur brun-roux, à sa chair rousse, à ses lamelles vivement colorées, épaisses et décurrentes, à ses spores très grandes. Se trouve surtout sous les pins.

Confusion

On ne peut guère le confondre qu'avec le Gomphide gluant (voir page précédente), qui en diffère par son extrême viscosité, son pied fibrilleux ou couvert d'écailles visqueuses, ses lamelles passant au bistre noir, sa chair plutôt grisonnante sauf dans le pied, où elle devient jaune vif.

C'est un comestible peu intéressant, à la fois filandreux et de saveur grossière. Il ne semble pas qu'on le récolte en France et il n'est signalé nulle part comme le méritant. Ajoutons qu'on peut le trouver en montagne aussi haut que les pins peuvent monter.

Russule noircissante

Russula nigricans (Bull.) Fr.

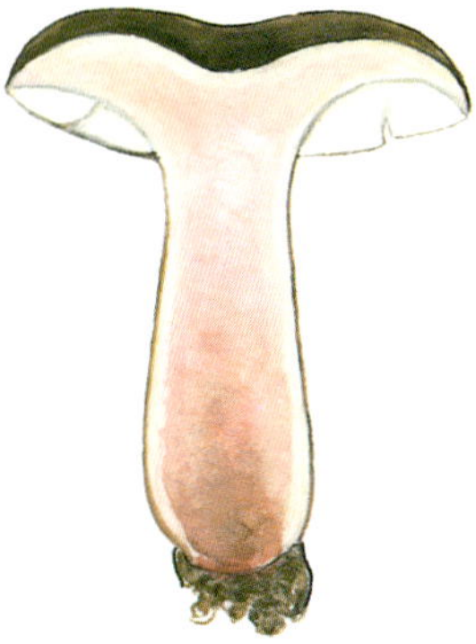

Identification
Son allure massive, ses grosses lamelles larges et très espacées, tout son ensemble cassant et noircissant, sa spore réticulée sont autant d'éléments qui permettent une identification immédiate et sans erreur possible. Espèce à peu près imputrescible.

Si beaucoup de Russules sont de détermination difficile, celle-ci au moins ne permet aucun doute à son récolteur. Son **chapeau** peut être de grande taille et atteindre de 10 à 20 cm de diamètre. Il est d'abord largement convexe, puis il s'étale et devient plus ou moins concave et souvent très irrégulier de forme. Il est d'abord tout blanc à la naissance, mais rapidement il grisonne, puis noircit. Ses **lamelles** sont larges et épaisses, très espacées, fourchues (ce qui est exceptionnel chez les Russules), blanches, fragiles, passant au rouge rosé, puis devenant toutes noires. Le **pied**, de 8 à 12 cm de haut, peut avoir de 2 à 3 cm de diamètre. Il est d'abord blanc, puis gris, ensuite tout noir. La **chair** est dure, cassante et succulente quand on la brise (ce qui ne signifie pas qu'elle soit délicieuse, mais seulement qu'elle semble gonflée d'un abondant liquide transparent). Elle est d'abord blanche, mais grisonne, puis noircit comme le reste du champignon. Son **odeur** est à peu près nulle et sa **saveur** à peine acidulée. Sa **spore** est réticulée sublisse, de 10 μ de diamètre. L'**habitat** de cette Russule est vaste ; on le trouve aussi bien sous les feuillus que sous les conifères, à la fin de l'été et au début de l'automne. Elle a la particularité d'être à peu près imputrescible, et il arrive souvent qu'au printemps on trouve les Russules de la saison précédente toutes noires, sèches et pour ainsi dire momifiées. C'est dans cet état qu'elles hébergent un champignon parasite qui confirmera la détermination : *Nyctalis asterophora,* qui colonise curieusement ces vieux exemplaires.

Certains amateurs disent cette espèce comestible. Une fois cuite, elle aurait un parfum de homard. Mais elle est si peu appétissante de par son noircissement qu'on ne saurait en conseiller la récolte, sinon à titre de curiosité.

Russule charbonnière

Russula cyanoxantha Schum. ex Fr.

Bise violette, Charbonnier

Le **chapeau** de cette Russule est d'abord convexe, puis en coupe, il a de 10 à 15 cm de diamètre. Il est épais et charnu, rayé de fines rides rayonnantes, légèrement visqueux, purpurin rosé, passant parfois à l'olive verdoyant, mais pouvant aussi garder jusqu'au bout ses couleurs initiales. Malgré son adjectif latin, qui signifie « bleu et jaune », il n'est jamais ni vraiment bleu ni du tout jaune. Les **lamelles** sont minces, serrées, fourchues, d'un blanc pur, et elles présentent cette particularité d'être élastiques, c'est-à-dire qu'elles ne se rompent pas sous la pression du doigt. Elles plient et reprennent ensuite leur position première. On dit qu'elles sont de consistance « lardacée », et ce signe est unique parmi les Russules, dont les lamelles sont très cassantes et fragiles. Le **pied**, tout blanc, a de 8 à 12 cm de haut et de 1 à 2 cm de diamètre. Il est plein et se termine à la base en pointe. La **chair** est toute blanche, légèrement violacée sous la cuticule, qui est à moitié séparable. Elle est de **saveur** douce et d'**odeur** très faible. Sa **spore**, ovoïde, mesure 8 μ de long. Cette espèce a son **habitat** dans toutes les forêts, conifères et feuillus; on l'y trouve surtout en été. Mais c'est sous les hêtres qu'on rencontre les plus beaux exemplaires. Elle est souvent dévorée par les limaces et diverses larves mycophages. Elle est surtout appréciée comme complément d'une récolte un peu maigre d'espèces plus nobles, et à ce titre elle est précieuse, d'autant plus que, comme beaucoup de Russules dont le mycélium est très profond, elle ne craint que peu la sécheresse.

Identification

On la reconnaîtra toujours à son fort chapeau légèrement ridé, violacé pâlissant, à ses lamelles blanches, à sa chair blanche, épaisse et douce, à son pied blanc et plein, et, en cas de doute, à la consistance souple de ses lamelles et, surtout, à une pigmentation légèrement violacée sous la cuticule du chapeau.

Cette espèce est comestible, quoique sans grand goût. Il sera préférable de la mélanger avec d'autres espèces, plus sapides, dont elle augmentera le volume, ou de la présenter avec un assaisonnement fort.

Russule comestible

Russula vesca Fr.

Russule de printemps

Identification
Cette espèce est surtout facile à reconnaître du fait que la couleur du centre du chapeau (pâle ou grisâtre) est différente de celle du bord (rouge ou rose purpurin). De plus, ses lamelles blanches, qui peuvent se ponctuer de brun, sont un autre signe. Sa chair douce, à goût de noisette, viendra confirmer les hésitants. Elle vous apprendra que chez les Russules en général, la couleur est très changeante et n'est pas souvent à elle seule un signe suffisant.

C'est une Russule de taille modeste, dont le **chapeau** ne dépasse pas 8 cm de diamètre. Il est convexe plan, puis légèrement déprimé, à peine visqueux par temps humide, d'un beau rouge ou rose purpurin sur le bord, tandis que le centre devient peu à peu très pâle ou grisâtre et uni. Cette différence régulière de couleur entre le centre et les bords est le signe immanquable de cette espèce. Les bords sont d'ailleurs chagrinés, granulés et comme verruqueux, et ils laissent entrevoir la chair entre les gerçures. Notez cependant que, dans toutes ses formes, la cuticule a tendance à se rétracter avec l'âge et à laisser la marge toute nue. Les **lamelles** sont adnées, plus minces vers le pied, et parfois un peu décurrentes à la fin. Elles sont blanches, fourchues et souvent réunies entre elles par un réseau de veines ; il arrive qu'elles se piquent de brun avec le temps. Le **pied** est long de 8 à 10 cm, il est ferme, relativement épais (de 0,5 à 1 cm de diamètre) par rapport au diamètre du chapeau. Il est atténué en bas et finit en pointe. Il est lisse, tout blanc, mais parfois teinté de rose. La **chair**, blanche et ferme, est d'un beau rose-rouge sous la cuticule, qui est séparable. Elle a une bonne **odeur** et une douce **saveur** de noisette. La **spore**, très faiblement ornée, de 8 μ de long. Cette espèce est commune dès le mois de mai et elle permet souvent d'agréables récoltes à une époque où les autres champignons sont rares, mais on peut encore la trouver tout au long de l'été. On la trouve surtout dans les forêts de hêtres, son **habitat** préféré.

C'est un comestible agréable (*vesca* = comestible) et précieux vu sa précocité. Il arrive que sa couleur puisse varier et prenne des teintes brunâtres, avec parfois des reflets verts, ou même qu'elle soit complètement dépigmentée. Sa consommation est sans risque si l'on a pris soin de vérifier que sa chair est douce.

Russule verdâtre

Russula virescens (Schaeff.) Fr.

Palomet, Russule verdoyante, Bise de curé

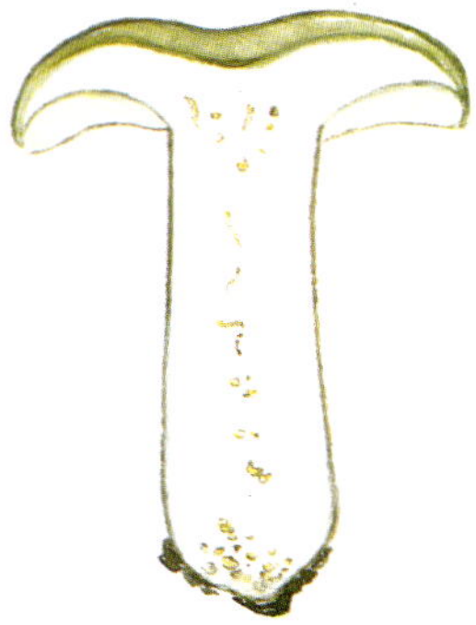

C'est une très curieuse Russule, et si caractéristique qu'on la reconnaît du premier coup. Son **chapeau**, de 8 à 12 cm de diamètre, est d'abord hémisphérique, puis plan, mais non creux. Au début, il est tout blanc et farineux, mais très tôt il semble revêtu d'un voile velouté qui se craquèle en petites plaques d'un vert particulier, voisin du vert-de-gris. Il est alors tout aréolé et granuleux et, en dehors de sa couleur spécifique, c'est là un caractère unique parmi les Russules. Les **lamelles** sont libres, d'un blanc de lait, très peu fourchues. Le **pied** est rigide à l'extérieur et mesure de 8 à 12 cm de haut ; il est pruineux, c'est-à-dire comme couvert d'une sorte de buée blanche. Mais il est spongieux à l'intérieur et parfois presque creux. La **chair** est épaisse, blanche, tendre, d'une **saveur** de noisette particulière et d'une agréable **odeur**. La **spore** est d'une couleur blanchâtre ou blanc crème très pâle. Les flores classiques la donnent comme très commune. Il semble bien que ce soit excessif, car, si son **habitat** se situe surtout dans le Midi, plus au nord elle ne se montre qu'en été par les années chaudes, et presque toujours dans les forêts claires, sur les lisières, parmi les friches et les bruyères, là où elle trouve le sol léger qui paraît lui être favorable. On ne la trouve que sous les arbres feuillus. Son nom vulgaire de « Palomet » évoque évidemment les palombes, qui présentent souvent sur la gorge des reflets du même vert que cette espèce. Il faut d'ailleurs la cueillir jeune, car elle pourrit très rapidement sur pied.

Identification

Cette espèce est immédiatement identifiable par sa couleur vert-de-gris et les craquelures caractéristiques de son chapeau. De plus, ses lamelles blanches, son pied rigide et spongieux à la fois, sa chair douce et sa bonne odeur rassureront même les débutants. C'est une des trop rares Russules qu'on peut identifier du premier coup (il en existe quelque 250 espèces, dont beaucoup exigent des analyses en laboratoire avant de pouvoir être nommées).

Son odeur agréable fait de cette Russule de très loin le comestible le plus apprécié du genre et, selon les gourmets, la seule qui mérite les honneurs de la table. Il faut la cueillir jeune, car, outre qu'elle pourrit très vite sur pied, elle est fréquemment colonisée par des larves qui la rendent immangeable. Elle est excellente cuite sur le gril, ou frite, avec un assaisonnement aux fines herbes.

Russule belette

Russula mustelina Fr.

Identification
Un gros chapeau brun irrégulier, sec et d'un brun chamois à peu près uniforme, non visqueux. Des lamelles blanches, un pied massif, une chair douce mais dure, une odeur sans intérêt, et son habitat exclusif sous les conifères des montagnes siliceuses.

C'est une des Russules les plus massives. Son **chapeau** peut avoir un diamètre variant entre 10 et 15 cm, et parfois davantage. Il est d'abord grossièrement hémisphérique, mais se montre très vite irrégulièrement bossu, étalé puis concave. Il est très épais, légèrement velouté sur les bords, dur et d'un brun chamois uniforme. Il n'a jamais aucune teinte de rouge. C'est à peine s'il est parfois un peu plus clair au centre. Les **lamelles** sont minces, sinuées, blanc crème et réunies par des veines. Le **pied** est plein, de 8 à 12 cm de haut, de 1 à 3 cm de diamètre; il est glabre, longuement ridé et tout blanc. La **chair** est épaisse, dure, blanche, ocre sur les bords, de **saveur** douce. Son **odeur** est sans intérêt. Ce n'est pas une espèce commune partout, car elle est calcifuge et montagnarde. Aussi est-elle abondante dans les Vosges, dans la Montagne Noire, çà et là dans les Alpes, son **habitat** se trouvant toujours sous les conifères, avec une préférence marquée pour les épicéas. Quand la saison lui convient, c'est la Russule la plus commune dans ces sortes de stations vers la fin de l'été et en automne. On la reconnaît facilement à sa grande taille et à sa couleur de belette. N'hésitez pas à la goûter au besoin : un petit fragment d'un champignon quelconque écrasé entre les dents puis recraché ne fait courir aucun risque et peut donner, surtout pour les Russules, des renseignements intéressants, car, selon que leur chair est âcre ou douce, elles appartiennent à des sections différentes. Flairez aussi toujours les Russules. Beaucoup d'entre elles ont des odeurs particulières qui vous mettront sur le bon chemin pour leur détermination.

On donne cette espèce comme comestible, au même titre que toutes les Russules douces; elle n'est sûrement pas toxique, mais la consistance trop dure de sa chair est peu engageante et doit la faire rejeter.

Russule amène

Russula amoena Quél.

Russule agréable, Russule charmante

C'est une des plus jolies Russules. Son **chapeau** convexe puis déprimé a de 5 à 9 cm de diamètre. Son aspect est tout particulier, car on le dirait couvert d'une légère farine, si bien qu'il paraît poussiéreux. Il est le plus souvent d'un beau violet lilacin vif, qui passe à l'améthyste ou au bleu d'azur au bord. C'est une couleur très étrange qui frappe immédiatement l'observateur. Mais cette couleur peut se dénaturer et passer aussi bien au carmin, au brun violeté et parfois au blanc pur. Mais c'est toujours le velouté poussiéreux du chapeau qui est le caractère fixe et signalétique de l'espèce. Les **lamelles** sont d'abord blanches, mais à maturité deviennent crème ocracé, presque saumonées, fragiles, et souvent pourvues sur la marge d'un fin liséré violet. Le **pied** est cylindrique, de 6 à 8 cm de haut, de 1 cm d'épaisseur et régulièrement orné d'un fin velours violacé. La **chair** est ferme, blanche, douce, et répand une **odeur** spéciale, qu'on a comparée à celle des pommes reinettes, mais plutôt à celle de topinambours en train de cuire, et parfois de crevettes. La **spore** donne en masse une sporée crème foncé, elle mesure 9 μ et elle est ornée de points globuleux. On trouve cette espèce, à la fin de l'été et en automne, surtout dans les forêts de conifères des montagnes dans sa forme typique lilacée, tandis que les formes brunes ou verdâtres ou même blanches se voient plutôt dans les bois de feuillus de la plaine. On peut être dérouté par ses variations de teintes, mais on a vite fait de remarquer son chapeau farineux et surtout son odeur, qui doit mettre sur la voie de sa détermination. Elle donne un bon exemple des difficultés qui attendent ceux qui veulent se spécialiser dans ce genre difficile entre tous.

Cette espèce est comestible, mais son goût n'est pas fameux. Elle conserve à la cuisson cette odeur forte. Elle n'est donc pas à recommander, mais, comme elle n'est pas très commune, on n'en aura aucun regret.

Identification

On reconnaîtra toujours cette espèce sous tous ses déguisements à son chapeau d'aspect velouté poussiéreux, à ses lamelles d'abord blanches puis saumonées, à son pied cylindrique, ferme et velouté de violacé, à sa chair ferme, blanche et douce, et à son odeur pénétrante de topinambour cuit ou de crustacé.

Confusion

Quoiqu'il y ait beaucoup de Russules d'une couleur analogue, il n'y en a pas d'autres qui présentent cet aspect farineux et dégagent en même temps cette odeur particulière. Une confusion est toutefois possible avec Russula olivacea *(p. 58) et* Russula Queletii *(p. 64).*

Russule olivacée

Russula olivacea (Schaeff. ex Secr.) Fr.

Russule géante

Identification
On la reconnaît du premier coup à sa grande taille, sa couleur en principe beige rosé, plus rose sur les bords, jaunissante au centre. Ses larges lamelles jaunes bordées de rose sont caractéristiques, ainsi que le long et gros pied blanc teinté de rose. Chair ferme et douce.

Confusion
Malgré le très grand nombre d'espèces (quelque 250) que compte le genre, peu d'espèces peuvent être confondues entre elles. En ce qui concerne Russula olivacea, *elle peut l'être avec* Russula amoena *(espèce précédente) et* Russula Queletii *(p. 64).*

C'est la plus grande et une des plus belles des Russules. Son **chapeau** peut atteindre 20 cm de diamètre. Il est d'un beau rose ou rouge violacé, parfois rouge sanguin, se tachant d'olive, de vert ou de bistre, se décolorant vers la fin et surtout au centre, qui devient jaune, cette teinte pouvant gagner tout le chapeau. Toute la cuticule est lisse mais mate, non visqueuse et d'un toucher semblable à de la peau de chamois. Le **pied** est long de 15 à 20 cm, avec un diamètre de 1 à 3 cm. Il est cylindrique, lisse, blanc, mais presque toujours teinté de rose, ne serait-ce que sur un côté, ou encore au sommet. Il est plein, mais dans la vieillesse il est farci d'une moelle molle. Les **lamelles** sont épaisses et larges, touchant tout juste le pied. Elles sont d'un beau jaune, et leur bord est souvent souligné, surtout chez les gros exemplaires, d'une ligne rouge. On remarque cette ligne surtout près de la marge, dont le pigment déborde sur elles. La **chair** est épaisse, blanche, de **saveur** douce, à peu près sans **odeur.** Les **spores** en masse sont d'un jaune ocracé. Vues au microscope, elles sont hérissées de fortes épines isolées. Cette espèce magnifique ne se trouve pas partout. Elle est calcicole, et de ce fait très commune dans le Jura, mais absente des Vosges. On la trouve à toute altitude, aussi bien sous les feuillus que sous les conifères; mais c'est sous les grandes hêtraies, son **habitat** préféré, qu'on trouve les plus grands exemplaires. Sa bonne saison est le mois de septembre, mais peut se prolonger au début d'octobre. Elle se rencontre d'habitude par petits groupes, mais parfois en beaux cercles réguliers. Son mycélium est très ténu et presque invisible. Il est toujours rattaché aux radicelles des arbres qui lui servent d'hôte obligatoire.

Cette espèce n'est pas toxique. Crue, elle a un goût de noisette agréable, mais, une fois cuite, sa consistance sableuse est pour le moins décourageante. On en fait pourtant grand cas dans les pays d'Europe de l'Est.

Russule feuille morte

Russula xerampelina (Schaeff. ex Secr.) Fr.

Russule écrevisse

Il n'y a pas de Russule dont les couleurs soient aussi indécises et changeantes. Le **chapeau**, de 8 à 12 cm de diamètre, est en principe purpurin ou lilacin, mais souvent pourpre noirâtre ou pourpre groseille. Mais dans certaines formes il peut être d'un rouge cuivré, améthyste, jaune abricot, brun pourpré, brun ocre, ou même vert olive. On considère maintenant qu'il s'agit d'une espèce collective et que chacune de ces couleurs correspond à une sous-espèce particulière, peut-être dépendant de l'arbre qui lui sert d'hôte. En effet, l'expérience apprend vite à distinguer celles qui viennent sous les conifères, généralement plus rouges, et celles des feuillus, plus pâles et plus variées de tons. En outre, ce chapeau est un peu visqueux par temps humide, et finement pointillé et aréolé par le sec. Le **pied** est cylindrique, de 8 à 12 cm de haut, dur, mais spongieux à l'intérieur, plus épais à la base. Son diamètre est de 1 à 1,5 cm. Dans toutes les formes rouges ou pourprées, il est toujours nuancé de rouge, et sous les conifères entièrement rouge. Les **lamelles** son adnées, fourchues, épaisses, d'abord blanc crème, puis elles passent à une couleur abricot quand les spores mûrissent. La **chair** est épaisse, compacte, blanche, mais passant à une teinte ocracée avec l'âge. Sa **saveur** est honnête, mais son **odeur** de crustacé pas frais est rebutante. Sa **spore**, de couleur jonquille, fait 10 μ de long et elle est couverte de grosses verrues. Son **habitat** est représenté par à peu près toutes les forêts, conifères et feuillus, où l'on trouve cette espèce à la fin de l'été et au début de l'automne. Elle est indifférente à la nature du sol comme à l'altitude, et on la trouve en montagne aussi haut que les conifères peuvent monter.

Identification

Sa couleur trop variable ne peut qu'à peine entrer en ligne de compte. Mais ses tons pourprés le plus souvent attirent l'attention. Son pied teinté de rouge ou tout rouge est un bon repère. En cas de doute, il suffit de frotter le pied de cette espèce avec un cristal de sulfate de fer pour voir apparaître une belle réaction verte, unique parmi les Russules. Et son odeur spécifique met rapidement sur la voie.

Malgré son odeur peu appétissante de crustacé pas frais, cette espèce est assez comestible, car cette senteur bizarre disparaît, en grande partie, à la cuisson. Elle a ses amateurs, et on ne risque rien en l'essayant.

Russule dorée

Russula aurata With. ex Fr.

Identification
Son chapeau d'un beau rouge brique ou orangé, parfois tout jaune d'or, ses lamelles jaune d'or, comme le pied, sa chair douce et blanche suffisent à identifier immédiatement cette très belle espèce. Même quand son chapeau est jaune, son pied revêtu de jaune vif suffit à la désigner sans erreur possible.

Le **chapeau** de cette espèce a de 4 à 10 cm de diamètre. Il est de consistance ferme et de couleur d'un superbe rouge brique, parfois, mais rarement, tout jaune d'or. Légèrement visqueux par temps humide. Les **lamelles** sont d'abord crème, puis jaunissent et finissent par être entièrement d'un jaune citrin tirant sur le doré. Elles sont libres et réunies au fond par des veines. Leur bordure est d'un ton plus soutenu que les faces. Le **pied**, de 10 cm de haut et de 1 cm de diamètre, est spongieux et fragile. Il est d'habitude entièrement revêtu d'une magnifique couleur jaune d'or absolument caractéristique. La **chair** elle-même est très fragile, très mince vers la marge, blanche, teintée de jaune sous la cuticule. Elle est de **saveur** douce et d'**odeur** agréable. C'est la plus belle de toutes les Russules, car, outre qu'elle est élégante de port, elle affecte des couleurs franches et riches rares dans le genre. On la trouve assez communément dans les forêts claires, surtout en terrain calcaire, et souvent dans les endroits plus ou moins caillouteux, où elle semble se plaire. On ne la voit que sous les feuillus, et c'est sous les charmes, son **habitat** préféré, qu'on aura le plus de chances de la rencontrer, pendant tout l'été et jusqu'au début de l'automne. Les **spores**, de 10 μ, sont cristulées-réticulées d'une façon remarquable. C'est une de ces Russules faciles à reconnaître du premier coup, et qui, comme les autres présentées dans cet ouvrage, serviront à l'amateur de premiers points de repère s'il veut ensuite s'aventurer dans la connaissance d'un genre difficile entre tous.

Sans être exceptionnellement savoureuse, sa chair douce et son odeur agréable en font un comestible convenable, et elle est si belle qu'on ne résiste pas à sa récolte. Mais comme cette espèce est fragile, il faut la cueillir et la transporter avec beaucoup de précautions, sous peine de ne rapporter à la maison que de misérables débris. En cuisine, elle se mélange parfaitement à d'autres espèces.

Russule blanc ocré

Russula ochroleuca (Pers.) Fr.

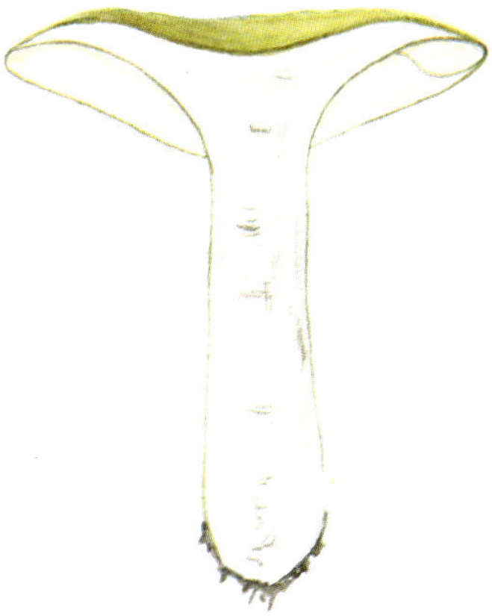

Le **chapeau** de cette espèce varie de 5 à 12 cm de diamètre. Il est d'abord convexe plan, puis en coupe, glabre, comme lubrifié, jonquille citrine, parfois teinté d'olivâtre, et granuleux sous la loupe. Le **pied**, de 5 à 10 cm de haut et de 1 cm de diamètre, est cylindrique, mou, spongieux, tout marqué de grosses rides et presque réticulé. Il est d'abord tout blanc, puis il grisonne uniformément et finit souvent par être complètement gris. Les **lamelles** sont sinuées, libres, ventrues, très fragiles, blanches, puis teintées de jaune pâle. La **chair** est blanche, très tendre et fragile, se brisant à la moindre pression et elle est de couleur jonquille sous la cuticule quand on soulève celle-ci. Elle est de **saveur** âcre après quelques instants de mastication, mais cette âcreté n'est pas régulière et peut être faible ou insupportable. Son **odeur** est agréablement fruitée, de pomme fraîchement coupée. Les **spores**, d'un blanc à peine crème en masse, ont 10 μ de long et ne présentent pas de caractères particuliers. C'est une espèce peu rare, mais qui se plaît dans les forêts humides, au bord des tourbières, et qui s'adapte à toutes les essences forestières, avec une préférence pour les épicéas comme **habitat**. Elle n'est sûrement pas toxique, mais son âcreté suffit à la faire rejeter, comme d'ailleurs un grand nombre de Russules qui présentent cette fâcheuse particularité. C'est pourquoi sans doute la consommation des Russules se limite à un petit nombre d'espèces faciles à identifier, de saveur régulièrement douce, et assez communes pour que la récolte en vaille la peine.

Identification

Espèce facile à reconnaître à son chapeau d'un jaune jonquille particulier et légèrement granuleux, à ses lamelles blanches, à sa chair blanche et âcre, à son odeur fruitée, et, surtout, à son pied régulièrement grisonnant et tout marqué de grosses rides.

C'est une espèce sûrement non toxique, mais que son âcreté rend immangeable, ce qui est également le cas d'un grand nombre d'autres Russules. Il en est qui sont si âcres et si amères en même temps qu'un petit fragment écrasé entre les dents suffit à imprégner toute la bouche et à provoquer une constriction très pénible de l'arrière-gorge.

Russule fétide

Russula foetens (Pers.) Fr.

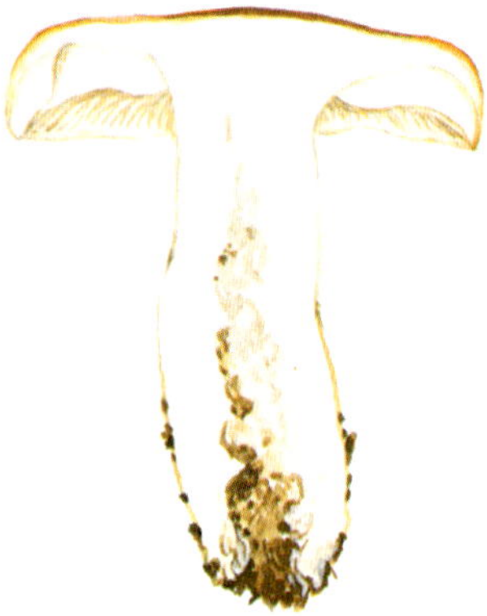

Identification
C'est une espèce facile à identifier, par sa grande taille (son chapeau peut dépasser 15 cm de diamètre), sa couleur jaune paille ou ocre grisâtre sale, sa viscosité, son bord régulièrement cannelé, son pied devenant creux ou rempli de cavernes séparées de cloisons brunâtres, et, surtout, son odeur nauséabonde qui ne ressemble à aucune autre.

Le **chapeau** de cette grande espèce a de 10 à 15 cm de diamètre, parfois davantage. Il est d'abord tout à fait globuleux et revêtu d'une viscosité épaisse. Il devient ensuite convexe. Il est rigide et cassant, toujours visqueux, de couleur paille ou ocre grisâtre sale. Le bord en est régulièrement cannelé du fait de sa minceur, qui laisse apparaître le dessin des lamelles. Les **lamelles** sont libres, larges, réunies par des nervures, typiquement larmoyantes, blanchâtres ou de couleur paille. Le **pied**, de 10 à 20 cm de haut et de 2 à 4 cm de diamètre, a une constitution curieuse. Il est fait d'une écorce blanchâtre très dure, mais, à l'intérieur, de plein qu'il est au début, il devient complètement creux ou rempli par des sortes de cavernes, isolées les unes des autres par des cloisons molles et brunâtres. Sa **chair** est croquante, dure, d'une âcreté insupportable, et elle exhale une **odeur** très fétide, qui évoque celle de cheveux brûlés ou de vieux fromage gâté. Sa **saveur** est poivrée et âcre. La **spore** a 9 μ de long et elle est hérissée de grosses verrues. Cette espèce, très commune, a un vaste **habitat** et se trouve aussi bien dans les grandes forêts que dans les friches autour des buissons, et c'est la dernière qu'on rencontre dans les vieilles sapinières épuisées, où plus aucune autre espèce ne peut plus prospérer. Il semble que tous les arbres et arbrisseaux lui conviennent. Elle se montre dès le début de l'été quelquefois, mais sa bonne saison est l'automne, et souvent on la rencontre tardivement, alors que beaucoup d'autres espèces ont déjà disparu. Il lui arrive fréquemment de se montrer en troupes très nombreuses, souvent disposées en cercles par dizaines d'individus.

Cette espèce est à rejeter, ne serait-ce que pour son âcreté extrême et son odeur de chlore horrible. Bien qu'on puisse la classer seulement comme suspecte, certains auteurs la considèrent certainement comme étant toxique.

Russule émétique

Russula emetica Fr.

Russule à vomir, Colombe rouge

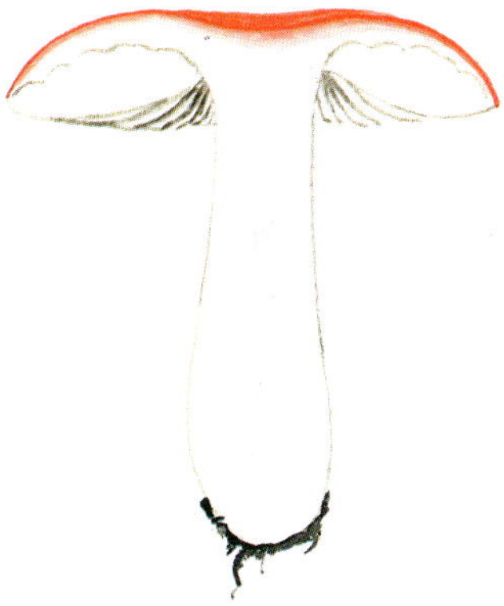

Le **chapeau** de cette espèce, de 8 à 10 cm de diamètre, est d'un beau rouge cinabre, mais jamais violacé ni jaunâtre ni vineux, et ne varie que du rouge sang au vermillon. Il est lisse et poli, avec une marge d'abord lisse, puis striée et chagrinée avec le temps. Les **lamelles** sont à peine adnées, d'un blanc pur, fragiles, très serrées et fourchues. Le **pied** est long de 8 à 10 cm et a de 0,5 à 1 cm de diamètre; il est rigide et cassant, blanc, parfois teinté de rose. La **chair** est juteuse et perd de l'eau quand on la presse. Elle est toute blanche, mais purpurine sous la cuticule, qui est facilement séparable. Elle devient jaunâtre après un moment d'exposition à l'air. Sa **saveur** est d'une âcreté terrible et à peu près insupportable; son **odeur** est légèrement fruitée. Les **spores** sont grosses, presque sphériques, et portent des crêtes très marquées. Elles atteignent 10 μ sur 6. Cette jolie espèce a un assez vaste **habitat**, mais ne se trouve jamais en masse. Il lui faut une terre acide, qu'elle trouve partout en terrain siliceux. Dans les forêts feuillues des Vosges, elle se montre çà et là par deux ou trois exemplaires. Dans le Jura, on ne la voit que près des tourbières, ou encore entre les racines des vieux arbres, des chênes surtout, où s'accumule un terreau fait de mousses mortes et de lichens tombés du tronc qui est d'une acidité extrême. On la rencontre pendant l'été et jusqu'au début de l'automne. Cette espèce, comme beaucoup d'autres, est une espèce dite « collective », c'est-à-dire qu'elle est le type principal d'une série d'espèces très voisines et qu'il n'est pas nécessaire pour un amateur de distinguer entre elles.

Cette espèce a longtemps passé pour toxique, sans doute à cause de son horrible âcreté, qui la rend strictement immangeable. En fait, il est difficile d'imaginer que qui que ce soit ait jamais pu la consommer, et on n'a jamais signalé d'accidents qui lui soient dus. A vouloir l'avaler quand même, il est probable qu'elle provoquerait des irritations plus ou moins violentes du tube digestif.

Identification

On reconnaîtra cette Russule avec sécurité à son chapeau d'un beau rouge fixe sans mélange de jaune ni de vert, à sa cuticule séparable, à ses lamelles blanches, très serrées et fourchues, à sa chair jaunissante, à ses spores blanches et à son âcreté caractéristique.

Russule de Quélet

Russula Queletii Fr. in Quél.

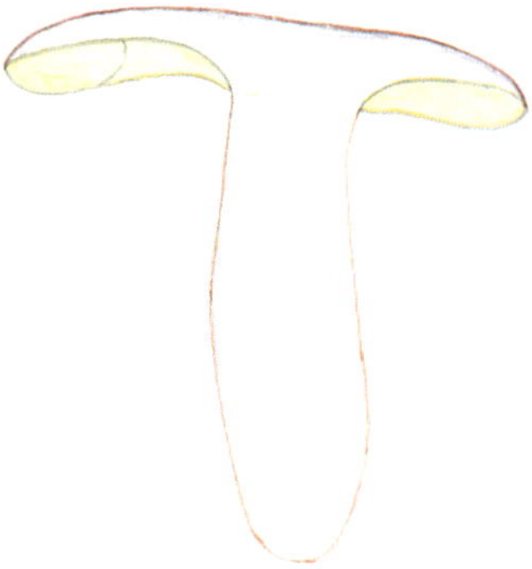

Identification
Cette espèce se reconnaît à sa couleur violet noirâtre, à ses lamelles larmoyantes se tachant de bleu ou de gris, et surtout à son pied généreusement teinté de violet ou de lilas. Son âcreté est un caractère de plus pour déterminer cette espèce.

Confusion
Comme signalé précédemment, Russula Queletii *peut être confondue avec deux autres espèces du même genre, à savoir* Russula amoena *(p. 57) et* Russula olivacea *(p. 58) qui, d'ailleurs, peuvent avoir le même habitat et qu'on trouve à la même époque de l'année.*

C'est une Russule modeste, dont le **chapeau** atteint tout juste 10 cm de diamètre. Il est convexe plan, un peu déprimé au centre avec l'âge. D'abord ferme, il devient vite mou, il est fortement visqueux par temps pluvieux. Sa couleur est un bistre violet sombre, qui peut passer un peu quand l'exemplaire se trouve atteint par les rayons du soleil. La marge du chapeau est pruineuse, de nuance plus pâle, violetée ou lilacine. Les **lamelles** sont fortement adnées, souvent fourchues, larmoyantes, surtout dans la jeunesse. Elles sont d'abord d'un blanc de cire, puis crème bistré, et elles prennent par le sec de petites taches qui peuvent être d'un bleu d'azur, olive ou cendrées. Le **pied** est spongieux, de 6 à 10 cm de long, de 1 cm d'épaisseur au plus, d'aspect farineux et entièrement coloré d'un beau rose-violet pâlissant. C'est le caractère le plus frappant de cette espèce. Quelquefois il est possible que la base du pied porte de petites taches jaunes. Sa **chair** est ferme, molle avec le temps, blanc pur, mais purpurine sous la cuticule. Elle a une **odeur** extrêmement poivrée : sa **saveur** est d'une âcreté insupportable. La **spore**, de 9 μ, est hérissée de grosses verrues reliées entre elles par une sorte de réseau. L'**habitat** de cette espèce se situe uniquement en terrain calcaire et uniquement sous les épicéas. C'est dire qu'elle est commune dans le Jura, où ces deux conditions sont remplies, mais assez rare ailleurs. Cependant, elle suit parfois les plantations d'épicéas dans la plaine, comme beaucoup d'espèces montagnardes qui ont suivi dans leurs plantations les arbres qui leur sont nécessaires. On la trouve pendant tout l'été et jusqu'en automne.

On ne sait si cette espèce est ou non toxique, car, comme la Russule émétique, elle est d'une âcreté tellement intolérable que sans doute personne n'en a jamais fait l'expérience. Certains la disent vénéneuse.

Lactaire parcheminé

Lactarius pergamenus (Schwartz ex Fr.)

Lactaire poivré, Auburon

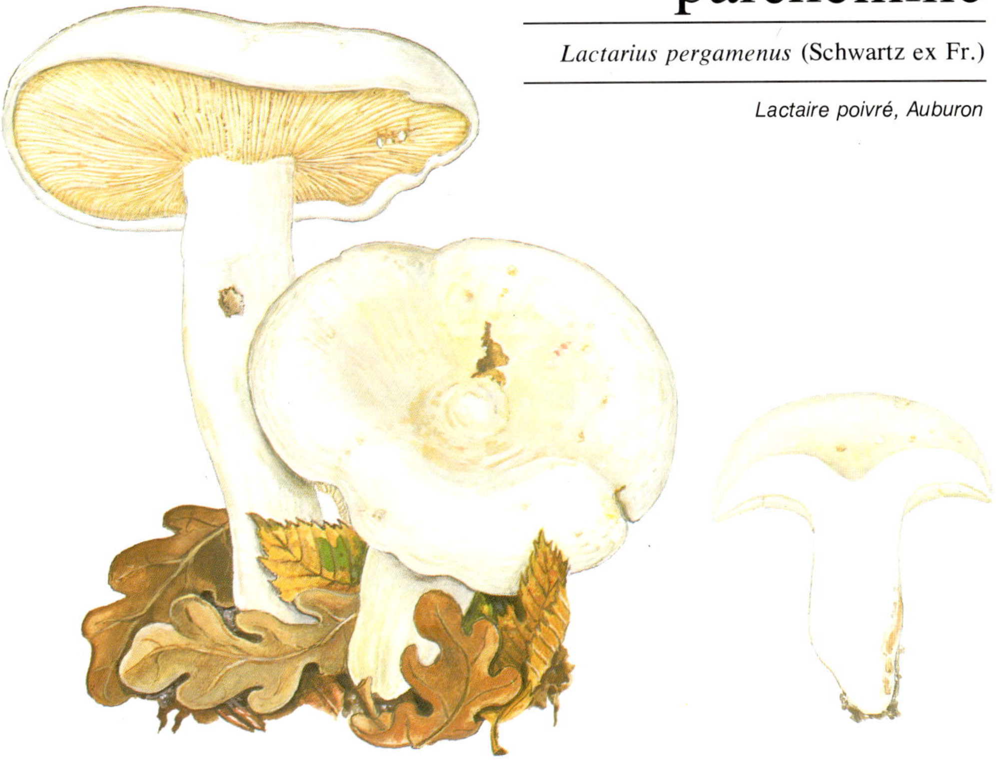

Le **chapeau** de ce gros Lactaire a de 10 à 20 cm de diamètre. Il est d'abord convexe plan, ombiliqué, puis finalement en entonnoir. Il est de consistance dure, régulier de forme, lisse en apparence, mais, vu à la loupe, il est finement ridé ou ruguleux. Il arrive qu'il se tache de petits points vert-de-gris qui tranchent sur le fond uniformément blanc de la masse. Les **lamelles** sont très caractéristiques, très minces, très étroites (3 mm au plus), très serrées et abondamment fourchues. Elles sont longuement décurrentes, et passent du blanc pur au début à une teinte paille à la fin. Le **pied** est relativement court, de 2 à 10 cm au plus, élargi vers le haut et atténué en pointe à la base. Il est tout blanc, pruineux, légèrement ridé et plein. La **chair** est blanche, dure, cassante, et laisse couler à la cassure un lait blanc très abondant, d'une **saveur** très âcre et d'une **odeur** poivrée. Ce lait prend souvent une teinte verdâtre en séchant. La **spore** a 10 μ de longueur sur 6 de large. Cette espèce se rencontre exclusivement en été dans presque toutes les forêts, surtout de feuillus, son **habitat** préféré, et ne dépasse pas la fin du mois de juillet. Elle se montre parfois avec une abondance extrême, mais peut aussi bien manquer sans qu'on en devine la raison. Cordialement méprisé comme comestible en France, il est au contraire très recherché dans l'est de l'Europe, où on le consomme soit frais, soit séché, soit transformé en une espèce de choucroute préparée dans des tonneaux où il se conserve tout l'hiver. C'est un exemple frappant de la différence des goûts gastronomiques d'un pays à un autre. Peut-être cette espèce contient-elle un antibiotique qui n'a pas encore été étudié.

Il a ses amateurs, malgré son âcreté, ou peut-être à cause d'elle. Si on veut à toute force le consommer, c'est cuit sur le gril qu'il est le plus supportable, car ce mode de cuisson en élimine la plus grande partie du lait et en diminue un peu l'âcreté. Il était utilisé autrefois par les bûcherons de l'est de la France comme remède antiblennorragique.

Identification

Grosse espèce massive, toute blanche, parfois tachée de points verts, à lamelles très serrées, très minces et très étroites, à pied court et atténué en pointe à la base, à chair dure et exsudant un lait blanc extrêmement âcre et poivré. Ne vient qu'au mois de juillet.

Confusion

Ne peut être confondu qu'avec le Lactaire velouté (Lactarius vellereus [*voir ci-après*]), *qui est également blanc, mais revêtu d'une épaisse peluche, qui est pourvu de grosses lamelles très écartées les unes des autres, et qui ne se montre qu'en automne, jusqu'aux gelées.*

Lactaire velouté

Lactarius vellereus (Fr.) Fr.

Faux Auburon

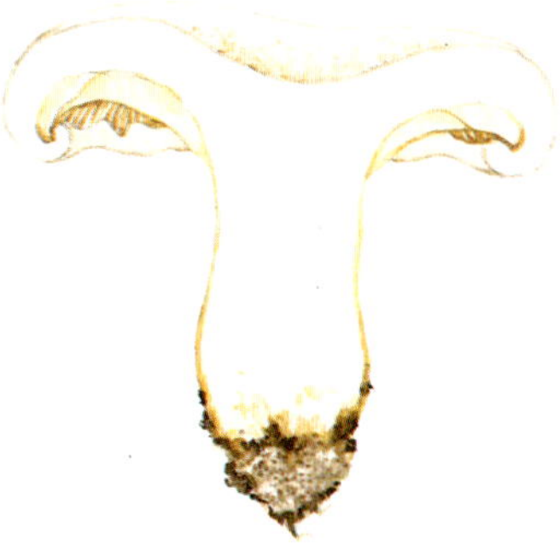

Identification
Son large chapeau blanc et feutré, ses grosses lamelles épaisses et écartées les unes des autres, son pied court et massif, son apparition tardive, son lait et sa chair très âcres sont le meilleur signalement de cette espèce peu sympathique.

C'est un gros Lactaire au **chapeau** de 10 à 20 cm de diamètre et davantage, massif, épais, d'apparence grossière, blanchâtre et tomenteux. Cette peluche qui revêt le chapeau est faite d'une toison de fibrilles entrelacées sans ordre apparent et qui évoquent un tissu éponge usé plutôt que du velours. L'adjectif latin *vellereus,* qui signifie littéralement « revêtu d'une toison », définit très bien cette contexture originale. Ce chapeau a d'abord ses bords enroulés sur eux-mêmes, mais bientôt ils se déploient et aboutissent à une forme en large entonnoir. Les **lamelles** sont épaisses, arquées, très espacées les unes des autres, fourchues, d'abord blanc crème, puis ocre pâle. Le pied est court, de 4 à 8 cm de long et de 2 à 4 cm d'épaisseur. Il s'amincit vers sa base et se termine en une pointe grossière. Il est tout blanc et d'apparence veloutée. La chair et le lait sont blancs, devenant parfois jaunâtres à l'air, mais passagèrement. La **saveur** de l'une et de l'autre est d'une âcreté insupportable, et l'**odeur** est à peu près nulle. Sa **spore** est de grande taille, de 8-12 μ sur 7-8. Cette espèce est fréquente en automne, et jamais en été, dans les grandes forêts feuillues, qui constituent son **habitat**, dans les hêtraies surtout, où on la trouve isolée ou en tout petits groupes. Si l'on prend soin de déterrer le pied délicatement, on le verra prolongé par de gros filaments mycéliens blancs qui rejoignent les radicelles des arbres auxquels il est associé. Il semble par ailleurs indifférent à la nature du terrain et se rencontre un peu partout, même en altitude.

Si *Lactarius pergamenus* est à la rigueur mangeable, *vellereus,* étant donné la texture grossière et granuleuse de sa chair et son âcreté, est si peu appétissant qu'il ne saurait être question de l'admettre à la cuisine.

Lactaire à fossettes

Lactarius scrobiculatus Scop. ex Fr.

Lactaire scrobiculé

Ce gros Lactaire est très variable de taille. Le **chapeau** varie de 10 à 20 cm de diamètre et se présente d'abord convexe, puis en coupe, mais toujours avec les bords recourbés vers le bas. Sa marge est laineuse, mais ce duvet s'amenuise à mesure de la croissance et elle finit par être à peu près lisse. La couleur en est jonquille doré, passant à une couleur paille au soleil, et tout le chapeau est marqué de zones concentriques plus foncées ou comme transparentes. Il est légèrement visqueux au centre, mais sec par ailleurs. Le **pied**, de par son caractère principal, a donné à l'espèce son adjectif. En effet, il est épais (de 1 à 3 cm), creux, farineux, blanc crème et terminé en pointe à la base. Il comporte du haut en bas des taches de couleur plus foncées, crème jonquille, qui ressemblent à de petites fossettes, son signalement principal. Les **lamelles** sont adnées, assez serrées, peu larges, presque décurrentes ; elles sont de couleur jaune pâle ou blanchâtres. La **chair** est molle, blanchâtre, devenant jaune au contact de l'air ; son **odeur** est très poivrée et sa **saveur** très âcre. Le lait blanc devient couleur de soufre après un moment de contact avec l'air ambiant. La **spore** a une taille de 8 μ sur 6 en moyenne. L'**habitat** de cette espèce est constitué surtout par les sapinières des montagnes, où elle n'est pas très rare. Mais on la voit tout aussi fréquemment dans les pâturages de la plaine dans le Jura, toujours au bord des forêts de feuillus, où elle atteint parfois une très grande taille. Sa saison est la fin de l'été et le début de l'automne. On trouve ce Lactaire en troupes plus ou moins nombreuses çà et là dans les stations qui lui conviennent.

Identification

On le reconnaîtra à sa taille robuste, à sa couleur d'un beau jaune, aux zones qui marquent son chapeau, à sa chair blanche qui jaunit, à son pied blanc marqué de fossettes, à ses lamelles assez serrées jaune pâle ou blanchâtres et à son lait jaunissant d'une âcreté terrible.

Vu l'âcreté de sa chair et de son lait, la comestibilité de cette espèce est nulle et en interdit la consommation par l'homme. Mais il est curieux de constater que, malgré son âcreté, ou peut-être à cause d'elle, les vaches en pâture la broutent fréquemment, avec un plaisir évident, non sans éternuer après son ingestion.

Lactaire délicieux

Lactarius deliciosus Fr.

Lactaire polonais, Vache rouge

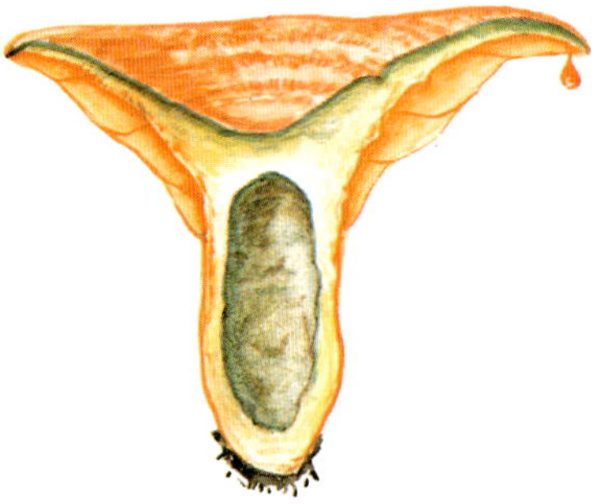

Identification
On le reconnaîtra entre tous les Lactaires rouges à sa couleur allant de l'aurore à l'orangé clair, à son verdissement, à ses lamelles arquées, à son pied raide, cassant, creux et farci d'une moelle blanche et cotonneuse, aux petites fossettes que présente ce pied, à sa chair blanche devenant couleur carotte. Son habitat sous les pins est un autre caractère permettant de l'identifier facilement.

Le **chapeau** de ce Lactaire a une taille de 8 à 15 cm de diamètre. Il est d'abord convexe avec les bords rabattus, puis il prend une forme de coupe plus ou moins creuse, mais ne devient pas tout plat. Sa couleur varie de l'aurore à l'orangé clair, et il est régulièrement marqué de zones concentriques plus foncées. Avec l'âge, il verdit plus ou moins, et parfois complètement. Ses **lamelles** sont arquées et quelque peu décurrentes, surtout chez les vieux exemplaires. Leur couleur est crème orangé, et elles verdissent peu à peu comme le chapeau lui-même. Le **pied**, de 10 cm de haut et de 1 à 2 cm de diamètre, est raide et cassant, marqué de petites fossettes plus foncées, et il est très vite creux, avec à l'intérieur une sorte de moelle légère et cotonneuse. Sa couleur est plus pâle que celle du chapeau, il est mat et rose plutôt que rouge. La **chair** est dure, cassante, blanche chez les très jeunes exemplaires, mais devient vite couleur carotte, et elle verdit à l'air. Elle est piquante à la langue à l'état cru. Le lait est également rouge carotte à la cassure et il est tout à fait doux, contrairement à la chair, qui est sub-âcre. L'**odeur** en est un peu résineuse, mais faible, et la **saveur** un peu âcre. La **spore** est assez grande, de 10 μ, et presque blanche. On trouve ce Lactaire très communément en automne, sous les conifères exclusivement, et surtout sous les pins, qui représentent son **habitat** préféré. On le trouve souvent très tard en saison, et il y en a parfois une poussée surnuméraire quand arrive le printemps.

Sans être de premier choix — son nom de « délicieux » est abusif —, ce Lactaire est cependant très mangeable et a ses amateurs. Mais il faut être prévenu que son ingestion colore les urines en rouge, pour ne pas être affolé à l'occasion. Il est conseillé de le faire cuire sur le gril, ce mode de cuisson lui faisant perdre sa saveur résineuse. On peut aussi, après l'avoir fait dégorger au sel, le confire au vinaigre, comme les cornichons.

Lactaire à toison

Lactarius torminosus Schaeff. ex Fr.

Lactaire purgatif, Lactaire à coliques, Lactaire aux tranchées

C'est un beau et curieux Lactaire, dont le **chapeau** a de 8 à 12 cm de diamètre. Il est d'abord complètement convexe, puis il se développe en forme de coupe peu profonde. Il est tout zoné, incarnat rosé ou presque blanc, et on le distingue tout de suite à sa marge couverte d'une toison laineuse, surtout dans la jeunesse. Au centre, il est absolument lisse, et lubrifié par temps humide. Les **lamelles** sont adnées, très minces, serrées et blanchâtres. Le **pied**, de 10 cm de haut et de 1 cm d'épaisseur, est creux, dur et cassant, lisse, blanc rosé, et souvent, mais pas toujours, orné de quelques fossettes. La **chair** est blanc crème. Le lait est blanc, immuable, et sa **saveur** d'une âcreté extrême; son **odeur** est très poivrée. Sa **spore**, toute réticulée, est plutôt petite, de 7 μ sur 5. C'est une espèce capricieuse quant à son **habitat**. Elle vient bien en forêt de feuillus, mais semble préférer l'herbe des lisières, et elle aime le voisinage des bouleaux plus que celui des autres arbres. Mais on la trouve aussi sous les conifères et elle ne craint pas l'altitude. On la voit fréquemment dans les friches et les prés-bois, où elle entoure de ses troupes les arbres isolés dans les pâtures. On peut la rencontrer aussi bien en été qu'en automne. Quant à son adjectif, qui la donne pour purgative, il est de pure fantaisie, car, étant donné son épouvantable âcreté, doublée d'une extrême amertume, il serait impossible de la consommer. Mais on a avancé comme explication de ce nom qu'elle a peut-être été utilisée autrefois comme émétique dans la pharmacopée des campagnes. Ce n'est pas impossible.

La comestibilité de cette espèce est nulle, même si après ébullition elle doit perdre une partie de son âcreté. Il ne vaut pas la peine de l'essayer. On remarquera à ce propos que presque tous les Lactaires sont de saveur âcre ou amère, et que seules les espèces de saveur douce, qui sont peu nombreuses, sont à peu près comestibles.

Identification

On le reconnaîtra à son chapeau rosé ou très pâle, bordé par une toison laineuse dans le jeune âge, à ses lamelles adnées, très minces, serrées et blanches, à son lait blanc, à sa chair blanche et à son horrible âcreté. Sa présence au pied des bouleaux aide à son identification.

Confusion

Il existe quelques espèces voisines, généralement plus petites ou plus colorées, ou ayant la marge du chapeau moins laineuse. Aucune de ces espèces n'étant cependant comestible, on évitera absolument de récolter les Lactaires zonés et à lait blanc.

BASIDIOMYCÈTES RUSSULALES RUSSULACÉES

Lactaire blond

Lactarius helvus Fr.

Lactaire fauve, Lactaire Maggi, Lactaire brun

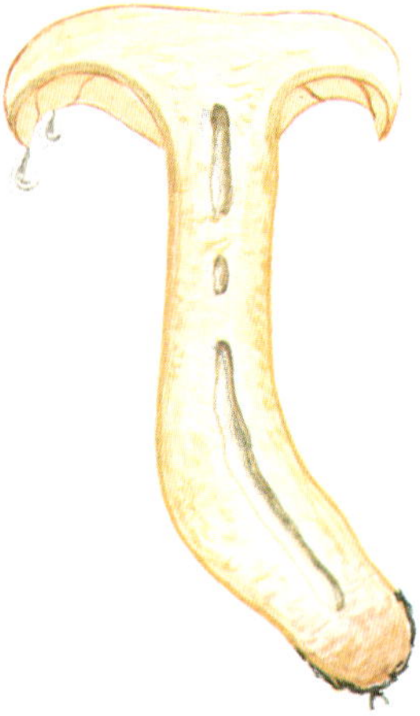

Identification
On reconnaît facilement cette espèce à son chapeau couleur de cuir, allant du rosâtre au brun roussâtre, à ses lamelles crème aurore, à la base du pied veloutée, à son lait transparent et doux, à sa chair jaune et à son odeur tout à fait particulière, rappelant celle du céleri ou de la chicorée torréfiée.

Le **chapeau** de ce Lactaire a de 5 à 15 cm de diamètre. Il est d'abord convexe, puis en coupe irrégulière. Il est charnu, fragile, gris rosé, brun cuir ou incarnat roussâtre, finement velouté et grenelé, passant à la fin à une couleur café au lait. Les **lamelles** sont minces, décurrentes, crème aurore. Le **pied** est grêle, de 8 à 10 cm de long sur 0,5 à 1 cm d'épaisseur, pruineux, orangé-roux. Il est renflé à la base, qui est largement veloutée. La **chair** en est jaune aurore, à peu près douce. Le lait est transparent comme de l'eau, de **saveur** douce. La **spore** est allongée et mesure 10 μ de long. Tout le champignon répand une **odeur** curieuse, qu'on a comparée à celle de la chicorée torréfiée, mais elle évoque en même temps celle de la racine de céleri ou celle des potages déshydratés, ce qui lui a valu le nom de « champignon Maggi », malgré les protestations du fabricant. Ce Lactaire a des **habitats** très inattendus. Il vient surtout sous les pins, uniquement en terrain siliceux, et, de la fin de l'été jusqu'au début de l'automne, on peut le rencontrer dans les Vosges sur les sommets les plus arides, mais on le verra également dans les maigres pinèdes des marais tourbeux du Jura, où il trouve le milieu acide qui lui est nécessaire. Ce n'est donc pas l'humidité qui lui est nécessaire, mais seulement un potentiel d'hydrogène de 4,5, ou de 5 tout au plus. Si beaucoup d'espèces sont indifférentes à la nature du terrain, il en est, comme celle-ci, qui sont très exclusives et qui renseignent immédiatement l'observateur sur le caractère géologique du terrain où il se trouve. Il prouve aussi combien la connaissance des autres disciplines des sciences naturelles est utile au mycologue pour le guider dans ses recherches et ses observations.

On ne saurait en faire un plat complet, mais certains amateurs l'utilisent comme assaisonnement dans les potages, dont il relève la saveur et le parfum. Il peut toutefois provoquer des dérangements digestifs.

Lactaire odorant

Lactarius glyciosmus Fr.

Lactaire parfumé, Lactaire à douce odeur

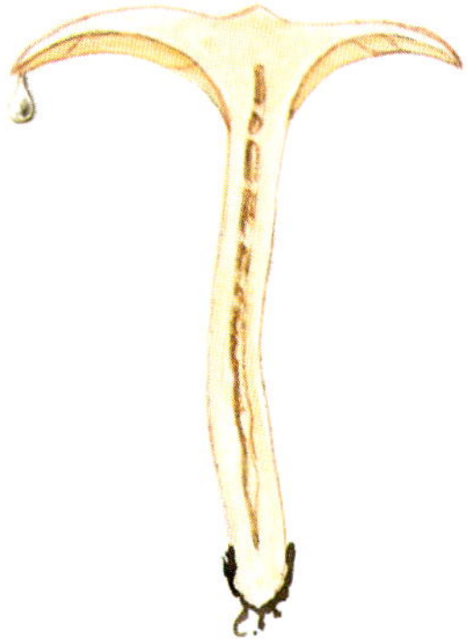

C'est un petit Lactaire dont le **chapeau** varie de 2 à 5 cm de diamètre tout au plus. Il est mamelonné, très mince et quelque peu ondulé sur les bords, de couleur gris perle, passant au chamois avec le temps, devenant finalement incarnat ocracé et parfois teinté de lilas. Les **lamelles**, très minces, sont arquées, à peine décurrentes, très serrées, de couleur crème jonquille, puis incarnat. Le **pied**, de 2 à 4 cm de haut et de 0,5 cm d'épaisseur, est plein, brièvement poilu, velouté à la base, fragile, de couleur blanche, puis paille. La **chair** est tendre, de couleur blanche, puis crème rosé, de **saveur** à peu près douce. Le lait est blanc, très fluide, mais peu abondant; il est un peu âpre après un petit moment sur la langue. Tout le champignon exhale une **odeur** très particulière, sur laquelle on discute encore. On la compare à celle de la cannelle, de la farine de coco, mais il semble bien qu'elle soit exactement celle qui correspond aux feuilles de figuier froissées. La plupart des Lactaires sont en effet très riches en odeurs bizarres, souvent désagréables, ou aromatiques et indéfinissables. La **spore** a 9 μ de long et elle est ocellée. L'**habitat** du Lactaire odorant est très spécial. Il ne vient que sous les bouleaux en terrain siliceux ou complètement décalcifié, souvent en troupes nombreuses, et de préférence par temps calme et doux. Sa saison est l'automne, car il aime les temps pluvieux; il arrive que son odeur le révèle avant qu'on ne l'ait vu. On n'a aucun renseignement sur sa comestibilité. Sa petite taille est assez décourageante. Il fait partie de ces très petits champignons quelque peu étranges, sans aucune valeur, dont la rencontre est toujours agréable.

Identification
Se reconnaît à sa petite taille, à son mamelon toujours visible, à sa couleur gris perle, passant au roussâtre rosé, à ses lamelles minces et serrées, à sa chair mince et blanche, à sa saveur à peine piquante, à son lait fluide et rare, et, surtout, à son odeur unique dans le genre : feuilles de figuier froissées.

Tout au plus pourrait-on l'utiliser comme assaisonnement de saveur exotique quand on est à la recherche d'originalité et d'inattendu. Mais son odeur particulière de feuilles de figuier froissées pourrait donner au mets un arôme sans doute surprenant et certainement insupportable.

Lactaire muqueux

Lactarius blennius Fr.

Lactaire morveux, Lactaire stupide

Identification
Ses marques signalétiques sont sa couleur gris verdâtre, son extrême viscosité, les guttules qui marquent son chapeau, ses lamelles arquées et serrées se tachant de gris verdâtre au toucher, son pied spongieux, mais creux et visqueux, sa chair et son lait verdissant à l'air, et son âcreté qui n'est pas immédiate.

C'est un Lactaire modeste ; son **chapeau**, de 5 à 10 cm de diamètre, est convexe, puis en coupe. Il est très mince, taché circulairement comme par des gouttes plus foncées que le fond, de couleur qui varie du gris verdoyant à l'olivâtre. Il est extrêmement visqueux, surtout dans le jeune âge, car cette viscosité peut être entraînée par la pluie ou se résoudre par le sec. La marge est d'abord enroulée, puis aiguë, portant un léger velouté très fugace. Les **lamelles** sont arquées, minces, serrées, blanches, se tachant de gris verdâtre au toucher, mais il faut attendre quelques minutes pour apercevoir ce changement, plus rapide s'il fait chaud. Le **pied**, de 5 à 8 cm de haut, est d'abord spongieux, puis creux, très visqueux, d'abord blanc, puis grisonnant ou olivâtre. La **chair** est blanche, se tachant de vert tendre, puis de rose, comme le pied, quand on la froisse ; elle est sans **odeur.** Le lait est blanc, puis vert cendré. D'une **saveur** d'abord douce, il fait illusion, car, au bout d'un moment, il laisse sur la langue une sensation de brûlure insupportable. La **spore**, de 6 à 8 μ, est pourvue de crêtes et de zébrures très belles sous le microscope. Beaucoup de Lactaires présentent des changements de couleur à la cassure ou en vieillissant, et leur lait fait de même. Cette mutation, souvent très rapide, d'autres fois plus lente, doit toujours être notée pour arriver à la bonne détermination. C'est le cas de ce Lactaire « muqueux » qui porte bien son nom, du fait de la viscosité qui le revêt du pied à la tête. On le trouve couramment en été et en automne, surtout sous les hêtres, son **habitat** le plus courant, et notamment dans la plaine. Il semble indifférent à la nature du terrain. Il est beaucoup plus rare en montagne, où les hêtres se raréfient avec l'altitude.

Il n'est pas question de consommer *Lactarius blennius*, car le goût de la chair de cette espèce, âcre et poivré, à lait blanc, devient brûlant et insupportable après quelques moments sur la langue.

Lactaire plombé

Lactarius necator (plumbeus) (Bull.) Fr.

C'est un géant parmi les Lactaires. Le **chapeau**, dont le diamètre peut atteindre de 10 à 30 cm, est convexe plan, souvent irrégulier, dissymétrique et gondolé sur la périphérie, finalement en forme de coupe peu profonde. D'abord pâle, il devient très vite panaché d'olive, qui tourne à la fin au vert noirâtre. Quand on n'en a pas l'habitude, on a du mal à croire, en voyant de jeunes exemplaires à côté des plus vieux, qu'il s'agit de la même espèce. Les **lamelles** sont adnées, presque décurrentes, blanc crème, puis jaune paille. Elles se tachent d'olive sur leur marge. Le **pied** est relativement court par rapport au volume du chapeau ; il a de 6 à 8-10 cm de haut, mais, en revanche, il a souvent 3 ou 4 cm d'épaisseur. Il est d'abord plein, puis devient creux à mesure que les réserves qu'il contenait ont servi à nourrir le développement du chapeau. Il est lisse, orné de quelques fossettes, olivâtre ou verdâtre. Il présente aussi une viscosité faible, mais qui n'est pas constante. On hésite à signaler la viscosité du chapeau, qui est également aléatoire, car on peut le trouver réellement visqueux, mais aussi bien légèrement tomenteux, surtout à la marge. La **chair** est épaisse, blanche, dure et cassante. Le lait, abondant, est lui aussi blanc et immuable, d'une **saveur** extrêmement âcre. Cette grande espèce a son **habitat** dans les forêts feuillues, surtout sous les bouleaux, mais aussi sous les hêtres, en fin d'été et en automne. On la trouve en plaine assez communément, mais aussi en montagne, aussi haut que les bouleaux peuvent monter. Le seul intérêt de cette espèce est sa taille souvent énorme et la bizarre couleur vert noirâtre de son chapeau.

Identification

La taille énorme de ce Lactaire, la couleur sombre et sale, presque noirâtre, de son chapeau, ses lamelles se tachant d'olive sur leur marge, son gros pied court devenant creux et orné de quelques fossettes, sa chair blanche, dure et cassante, son lait blanc abondant, immuable et très âcre, suffisent à le reconnaître.

Il est inutile d'essayer de consommer cette espèce. On la croit toxique, puisque son adjectif *necator* veut bien dire « assassin ». De toute façon, il est hors de doute que jamais personne n'a tenté de « déguster » ce Lactaire géant.

Lactaire couleur de suie

Lactarius lignyotus Fr.

Ramoneur

Identification

On reconnaît cette espèce à sa couleur très sombre, presque noirâtre, à son aspect velouté, à son mamelon pointu à ses lamelles blanches jaunissant, à sa chair et à son lait d'une médiocre âcreté. Toujours sous les sapins.

Ce Lactaire a un **chapeau** de 5 à 10 cm de diamètre au plus qui est convexe plan et porte toujours en son centre un mamelon pointu. Il est tout ridé, sillonné, et comme réticulé par de petites veines en relief qui se rejoignent çà et là. Il n'est aucunement visqueux, mais, au contraire, pruineux, presque villeux, et sa couleur bistre noirâtre est frappante. Les **lamelles** font avec le chapeau un vif contraste, car elles sont d'un blanc de neige avant de devenir d'un beau jonquille incarnat. Elles sont simplement adnées et horizontales. Le **pied**, spongieux à l'intérieur, est revêtu d'une sorte d'écorce plus solide. Il a 10 cm de haut sur 0,5 cm d'épaisseur. Il est très joliment cannelé au sommet, d'aspect velouté et du même bistre noirâtre que le chapeau. La **chair** est légère, comme floconneuse, blanche comme le lait, et elle rougit à l'air comme lui. Sa **saveur** est légèrement âcre, mais beaucoup moins que celle de bien d'autres espèces du même genre. Sa **spore** est ocracée et ornée de grosses pointes en relief. Cette espèce est assez commune dans les sapinières des montagnes, et elle descend sous les conifères de la plaine. On la trouve surtout en été, mais aussi en automne, et le plus souvent sur les plaques de mousse, qui sont son **habitat** préféré. Malgré son âcreté, ce Lactaire est couramment consommé par les montagnards du Jura, où il est commun. Mais ordinairement on ne le récoltera que faute de mieux. Beaucoup d'espèces comme celle-ci sont consommées par tradition, bien plus que pour leurs qualités propres.

Puisque les Jurassiens le consomment couramment, c'est que ce Lactaire est comestible. Bien que de qualité douteuse, on ne risque rien à en faire l'expérience, et peut-être serait-il souhaitable de l'ajouter à la liste des comestibles convenables.

Lactaire à lait abondant

Lactarius volemus Fr.

Lactaire laiteux, Vachette

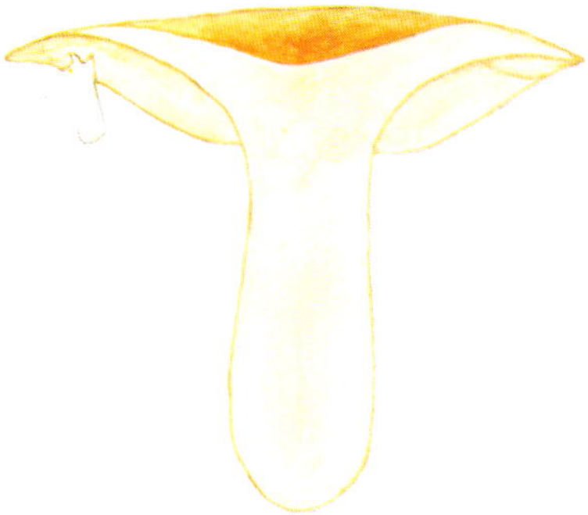

Le **chapeau** de cette espèce est assez grand et a de 10 à 18 cm de diamètre. Il est épais, tout à fait glabre, dur, nankin, fauve, crème jonquille, brun safrané ou rouge brique. Malgré ces différences possibles dans les couleurs qu'il affecte, il est facile à reconnaître à son aspect massif et ramassé, et à l'apparence mate de son revêtement. Il se craquelle en vieillissant. En effet, il n'est jamais brillant et semble revêtu de drap. Les **lamelles** sont adnées, serrées, minces, crème, puis ocre incarnat, mais deviennent rapidement brunes par le froissement. Le **pied** est très caractéristique, de 8 à 15 cm de haut et de 1 à 2 cm d'épaisseur. Il est plein, dur, pruineux, de couleur jonquille ou fauve safrané. La **chair** est compacte, toute blanche, de **saveur** douce et agréable, ainsi que le lait, qui est d'une abondance extrême. L'**odeur** est à peu près nulle, mais, quand le champignon est froissé, elle devient peu agréable. Une propriété curieuse de cette espèce : quand on en a cueilli quelques exemplaires, les doigts s'imprègnent d'une odeur qui est exactement celle qu'on respire auprès des fauves d'une ménagerie. La **spore**, grenelée, est de 10 μ, et de couleur citrine en masse et sous le microscope. Cette espèce est commune dans toutes les forêts en été et jusqu'au début de l'automne, mais surtout sous les chênes, son **habitat** préféré, et plus rarement sous les conifères. C'est un des Lactaires comestibles dont on fait grand cas en Europe centrale, où on le consomme volontiers cru, coupé en fines tranches et assaisonné d'huile, de vinaigre, de sel et de poivre, comme une salade.

Identification

Se reconnaît à son gros chapeau d'apparence mate et de couleur qui varie entre tous les tons du jaune, du fauve et du safrané. Les lamelles deviennent brunes par le froissement. Son pied, robuste et plein, est de la même couleur que le chapeau. Sa chair, blanche et épaisse, laisse exsuder un lait très abondant et doux, chose exceptionnelle chez les Lactaires. Il laisse sur les doigts qui l'ont cueilli une odeur sauvage caractéristique et unique en son genre.

Bien que comestible, d'autant plus que sa chair et son lait sont d'une saveur douce, le Lactaire à lait abondant est méprisé en France. Il est préférable de le présenter cru, en salade, bien assaisonné, plutôt que cuit, car il garde un goût de savon.

Lactaire à odeur de camphre

Lactarius camphoratus (Bull.) Fr.

Lactaire camphré

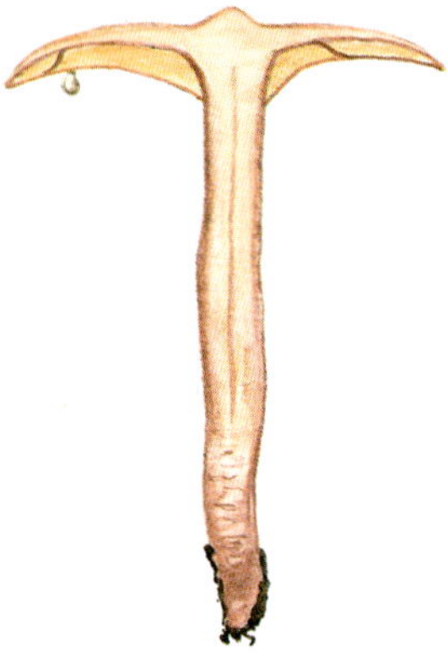

Identification
Sa petite taille, son revêtement chagriné d'un beau rouge-brun ou bai, son pied mince et fragile, et surtout son odeur de mélilot desséché font reconnaître facilement cette espèce très commune et discrète qui ne force guère l'attention.

Confusion
Il existe plusieurs espèces de petits Lactaires ayant la même allure et la même silhouette. Ils sont souvent difficiles à déterminer, et celui-ci servira, grâce à son odeur, de point de repère quand on s'attaquera sérieusement à leur série.

C'est un très modeste Lactaire, au **chapeau** de 4 à 6 cm de diamètre tout au plus, absolument glabre, souvent rugueux et comme chagriné, d'un beau bai brun briqueté pouvant passer au bistre plus ou moins sombre avec le temps. Le chapeau est d'abord tout convexe, puis se déforme en vieillissant et prend une silhouette en forme de coupe. Ses **lamelles** adhèrent au pied et sont fines, serrées et décurrentes, arquées, crème incarnat, puis roussâtres. Le **pied** est relativement long par rapport au chapeau et il a de 8 à 10 cm de haut sur 0,5 cm d'épaisseur. Il est fragile, spongieux, onduleux, brun-rouge ou briqueté. La **chair** est mince, rousse et de **saveur** absolument douce. Elle exhale une **odeur** spéciale, un peu camphrée, comme le veut son adjectif spécifique, mais qui évoque plutôt celle du mélilot desséché, c'est-à-dire celle du fenugrec ou de la coumarine. Le lait est tout blanc, ne change pas de couleur et est absolument doux. C'est donc une des rares exceptions parmi les Lactaires, qui sont, le plus souvent, voués à l'âcreté et à l'amertume. Ajoutons que le lait, habituellement blanc, se montre parfois transparent comme de l'eau. La **spore** est longue de 9 μ et ornée de grosses verrues. Cette espèce a son **habitat** dans tous les bois, et même sous toutes les latitudes ; on la trouve dès le début de l'été et jusqu'à la fin de l'automne. On s'étonnera peut-être de voir les Lactaires rangés parmi les Russulacées. En fait, les Russules et les Lactaires sont très voisins par leur anatomie, leur architecture et les caractères de leurs spores hérissées d'ornements qui leur ont fait donner aussi le nom d'« Astérosporées ».

Cette espèce, sans aucun intérêt culinaire, n'est pas toxique, mais son odeur étrange la fait rejeter. Encore celle-ci n'est-elle pas désagréable, alors que d'autres sont franchement répugnantes. Une fois séché, il peut être utilisé comme condiment.

Lactaire roux

Lactarius rufus Scop. Fr.

Ce Lactaire a un **chapeau** de 6 à 10 cm de diamètre. Il est convexe, largement et toujours mamelonné, à la fin creusé en coupe, mais en conservant son mamelon plus ou moins marqué. Il apparaît d'abord soyeux et presque poilu, mais il devient vite lisse et glabre, et même luisant. Il est d'un beau roux-brun, ou châtain briqueté, et il pâlit vers la fin, si bien que les vieux exemplaires peuvent tromper l'observateur. Au début, sa marge est enroulée, comme chez plusieurs autres espèces, et elle est finement veloutée jusqu'au moment où, ayant terminé sa croissance, elle est très mince et aiguë. Les **lamelles** sont arquées, quelque peu décurrentes, très serrées, minces, d'abord crème ocracé, puis ocre fauve. Le **pied**, de 8 à 10 cm de haut, a 1 cm d'épaisseur. Il est plein, glabre, parfois pruineux, d'un beau roux incarnat, poilu et blanc à la base, qui est un peu renflée. La **chair** est blanche au centre, mais crème jonquille sur le bord du chapeau, et elle n'a presque pas d'**odeur**. Le lait est blanc, assez abondant, ne changeant pas de couleur, et, comme la chair, de **saveur** très âcre. La **spore** jaunâtre mesure 8 μ sur 7 et elle est finement réticulée. Cette espèce est très commune dans les forêts de conifères et plus rare sous les bouleaux, en terrain acide, son **habitat** préféré, aussi la voit-on partout dans les Vosges en été et en automne. En revanche, dans le Jura elle ne se montre qu'en automne dans les tourbières. Son âcreté exclut toute idée de comestibilité. Quoique sans grand intérêt gastronomique, c'est une espèce qu'il faut connaître, car on est presque sûr de la rencontrer dans une excursion en montagne.

Cette espèce n'est sans doute pas toxique, mais, comme de nombreux autres Lactaires, solidement immangeable étant donné sa saveur très âcre. Mais elle est consommée comme condiment piquant dans certains pays, après avoir subi une préparation spéciale.

Identification

Un chapeau bai rougeâtre, mamelonné, d'abord un peu duveteux, puis lisse, des lamelles crème puis fauves, un pied plein et roux, un lait blanc et brûlant, un habitat limité aux conifères et aux bouleaux en terrain acide sont les éléments signalétiques de cette espèce commune dans les stations qui lui plaisent.

Confusion

Autour de ce Lactaire gravitent quelques petites espèces qui lui ressemblent quant à la couleur et qu'on ne peut distinguer qu'avec beaucoup d'expérience. Celui-ci servira de jalon pour atteindre la connaissance des autres espèces.

Agaric des champs

Agaricus (Psalliota) campester (L.) Fr.

Psalliote champêtre, Rose des prés

Identification
Chapeau tout blanc au début, hémisphérique, puis plan, lamelles roses, puis pourpre noirâtre, pied blanc pourvu d'un anneau fragile, chair blanche ayant tendance à rosir à l'air, station dans les prés et les pâtures.

Confusion
Les seules confusions sont celles avec Agaricus xanthoderma *(Psalliote jaunissante, p. 82), qui est toxique, et avec* Inocybe Patouillardi *(Inocybe de Patouillard, p. 157), espèce non comestible. La confusion avec* Calocybe gambosa *(Tricholome de la Saint-Georges, p. 112) est sans danger. Voir* Confusions *p. 277.*

Le **chapeau** de cette espèce classique entre toutes a d'ordinaire de 4 à 10 cm de diamètre, mais peut être plus grand ou plus petit. Il est d'abord globuleux, puis convexe plan, d'un blanc pur ou grisonnant, parfois couvert de petites écailles ou mèches blanches appliquées, mais ces mèches sont dans certaines formes brunâtres et peuvent se relever en vraies écailles. Ses **lamelles,** très fines et très serrées, sont d'abord rose très pâle, puis deviennent rose vif, et enfin d'un pourpre foncé presque noir. Elles sont distantes et atteignent à peine la marge qui les déborde un peu. Le **pied** est tout blanc, en forme de fuseau, plein, charnu et tendre. Il porte à son sommet un anneau tombant, léger et souvent fugitif. Ce pied, comme chez tous les *Agaricus,* peut être séparé du chapeau sans rupture de la chair, car il constitue un véritable organe autonome. La **chair** est blanche, mais se colore en rose ou en roussâtre à l'air. Elle est de **saveur** délicieuse, même crue, et d'excellente **odeur**. Sa **spore**, pourpre foncé, mesure 7 μ sur 4. Cette espèce a son **habitat** exclusivement dans les prairies et les pâturages au mois de septembre, à condition que le mois d'août ait été chaud et sec. Car c'est la sécheresse qui, en interrompant la végétation du mycélium, le force à émettre les primordiums qui se transformeront en carpophores dès que l'humidité suffisante sera revenue. C'est un des champignons dont la croissance est la plus rapide. Il s'en forme dans ses stations du soir au matin, et du matin au soir. Il lui suffit donc de quelques heures pour atteindre sa taille définitive.

C'est un des comestibles les plus connus et les plus recherchés depuis l'Antiquité. Cette espèce se prête à toutes les préparations culinaires. Cuite sur le gril, elle conserve toute sa saveur. Elle s'accommode très bien d'une sauce à la crème et fait merveille dans la garniture d'un vol-au-vent ou d'une omelette.

Champignon de Paris

Agaricus (Psalliota) bisporus (Lge) Sing.

Champignon de couche, Psalliote

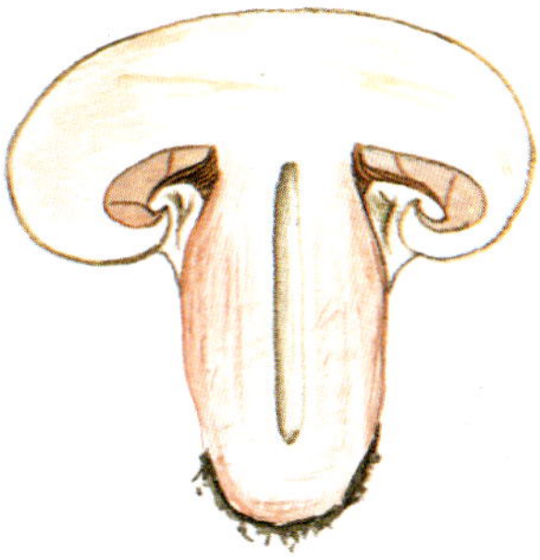

Son **chapeau** est très variable. Il a de 4 à 15 cm de diamètre. Il n'est pas globuleux, comme celui de l'espèce précédente, mais de profil trapézoïdal, c'est-à-dire aplati sur le sommet, avec une marge plus ou moins abrupte, surtout chez les grands exemplaires. Il peut être tout blanc, et c'est la forme qu'on voit le plus souvent dans le commerce. Mais il en existe des formes de couleur isabelle ou noisette, généralement de taille plus forte et préférées par les gourmets, qui leur trouvent un parfum plus corsé. Il peut aussi être absolument lisse, mais encore écailleux, ou couvert de mèches apprimées. Toutes ces formes sont peut-être des espèces, mais si voisines du type qu'il est inutile de compliquer la nomenclature pour elles. Les **lamelles** sont d'abord roses, puis passent au pourpre et au noirâtre. Cette couleur est provoquée par la maturité des spores, et un seul exemplaire peut en émettre plusieurs milliards. Le **pied** est trapu, a de 1 à 2 cm d'épaisseur et mesure de 5 à 10 cm de haut. Il est pourvu d'un anneau très fragile et souvent disparu. La **chair** est blanche, mais rougit ou roussit à l'air. L'**odeur** est agréable, ainsi que la chair, quoique de **saveur** moins fine que l'espèce précédente. Sa **spore** mesure 6 μ sur 8. Quant à l'adjectif *bisporus*, il signale que les basides de cette espèce ne portent que deux spores. On ne trouve cette espèce, du printemps à l'automne, que dans les terres cultivées, son seul **habitat**, là où du fumier a été enterré, et c'est l'observation de cette particularité qui a amené les jardiniers français du XVIIe siècle à entreprendre sa culture.

Le Champignon de Paris est universellement connu et son rôle dans la cuisine, qu'elle soit française ou étrangère, est illimité. Il peut accompagner un rôti, garnir une omelette, et est l'ingrédient essentiel de la sauce financière. Cuisiné seul, revenu dans un jus de viande et réduit, il accompagnera à merveille une pièce de viande de grand apparat.

Identification

Un chapeau robuste et un peu aplati, blanc, lisse ou écailleux, parfois de couleur noisette et de taille très variable. Lamelles roses puis pourpre noirâtre, pied robuste et charnu, chair blanche rougissant ou roussissant, station exclusive dans les terres cultivées, ou en culture.

Confusion

Ne peut guère être confondu qu'avec Agaricus campester (Agaric des champs, p. 78), *espèce précédente, et ce serait sans risque, ou avec* Agaricus xanthoderma *(Psalliote jaunissante, p. 82), ce qui serait plus dangereux, car il s'agit d'une espèce toxique.*

Psalliote à deux anneaux

Agaricus (Psalliota) bitorquis edulis
(Quél.) Sacc.

Identification
Cette espèce ressemble beaucoup au Champignon de Paris, ou de couche (p. 79), mais en plus trapue. Elle s'en distingue immédiatement par son anneau membraneux et solide, et surtout par son voile supplémentaire et volviforme à la base du pied qui forme un anneau double.

Le **chapeau** de cette espèce est d'abord tout à fait sphérique, de 5 à 10 cm de diamètre, épais, lisse, sans aucune mèche ni écaille, blanc comme du lait, devenant crème ocracé sur les bords. Les **lamelles** sont très écartées du pied, arrondies, d'abord absolument blanches, puis rosées et enfin brun-pourpre, comme chez toutes les *Agaricus*. Le **pied** est ovoïde, épais, plein, blanc, et il présente une curieuse particularité : il porte à son sommet un anneau membraneux très solide et à sa base un voile remontant qui ressemble un peu à la volve d'une Amanite. Ce voile de la base est séparé du pied par un sillon concave de 5 à 10 mm de profondeur. La **chair** est ferme, blanche, incarnat puis bistrée à l'air. Elle est de bonne **saveur** et a une **odeur** agréable. La **spore** est elliptique, de 5 à 6 μ, presque sphérique et d'un bai purpurin. Cette espèce n'est pas très rare, mais son **habitat** est cantonné dans les terres cultivées, au bord des chemins, souvent dans les jardins publics, même dans les grandes villes. Il lui arrive de pousser dans les serres, où elle fait le désespoir des horticulteurs, dont elle bouleverse les semis. On la trouve en toute saison, sauf par les gelées. Remarquons à son propos que, si la nomenclature internationale a adopté le nom de genre *Agaricus,* la tradition française parle toujours de Psalliote. En effet, dans le langage traditionnel, on désigne sous le nom d'Agaric tous les champignons à lamelles, et c'est sans doute une erreur de l'avoir restreint à un seul genre, et sans raisons suffisantes. La nomenclature actuelle présente d'autres anomalies de ce genre, peut-être provisoires, du moins peut-on l'espérer.

C'est un bon comestible, de la même qualité que le Champignon de Paris, dont il présente la même saveur agréable et le même parfum délicieux et qu'il peut parfaitement remplacer dans toutes les préparations culinaires suggérées pour cette espèce.

Psalliote à pied bulbeux

Agaricus (Psalliota) abruptibulbus Peck

Psalliote marginée, Boule de neige

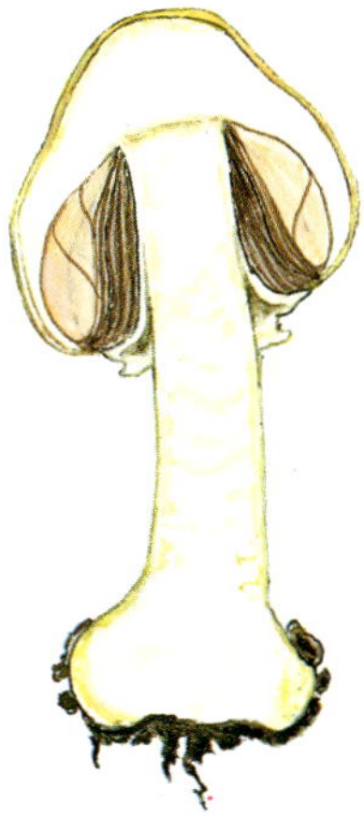

Cette belle Psalliote présente un **chapeau** de 8 à 15 cm de diamètre, d'abord sphérique, puis étalé convexe, tout blanc, soyeux et doux au toucher. Il se tache de jaune citrin au froissement. Les **lamelles**, distantes du pied, très serrées, sont d'abord très pâles, puis deviennent d'un brun-pourpre foncé à la maturité des spores. Le **pied** est cylindrique et a de 8 à 15 cm de haut et de 1 à 2 cm de diamètre. Il porte un **anneau** bien formé et retombant très près de son sommet. Son principal caractère se remarque à sa base, qui, au lieu de continuer simplement le cylindre du pied, s'élargit brusquement et forme un rebord évident, comme si le champignon sortait d'un bulbe : de là son adjectif latin *abruptibulbus,* qui signifie « à bulbe tranché ». La **chair** de cette espèce est blanche, mais jaunit à la cassure. Elle est tendre, de **saveur** douce et très agréable. Son **odeur** est subtilement anisée et permet de distinguer cette espèce d'autres, plus ou moins voisines. Sa spore a 8 μ sur 5. Son **habitat** est vaste, mais elle préfère les forêts d'épicéas, avec une prédilection très nette pour le terrain calcaire, où on la trouve parfois en grande abondance. Cette Psalliote peut donner deux ou trois poussées successives, s'étalant de juin à octobre, selon les conditions atmosphériques. Ce sont les saisons les plus pluvieuses qui sont les plus favorables à sa poussée. Comme toutes les Psalliotes, cette espèce n'est pas mycorhizique et vit seulement du terreau formé par le tapis des aiguilles et des feuilles, et plus ce terreau est épais, plus développés seront les exemplaires qui s'en nourrissent.

C'est un champignon de tout premier ordre, sapide et tendre, sans être mou. Comestible délicieux, son parfum d'anis disparaît à la cuisson et laisse la place à un autre, plus fin que celui des champignons de couche, mais il se prête aux mêmes préparations culinaires. On peut farcir les gros chapeaux encore fermés et les faire cuire au four. Le résultat sera toujours excellent.

Identification
Champignon de belles dimensions, tout blanc mais jaunissant plus ou moins. Odeur anisée. On le reconnaît au rebord qui entoure la base de son pied et qui ne se trouve chez aucune autre Psalliote.

Confusion
Elle peut être confondue avec Agaricus xanthoderma *(Psalliote jaunissante, p. 82), espèce toxique, mais n'ayant pas le même habitat, et, plus dangereusement, avec* Amanita virosa *(Amanite vireuse, p. 96) et* Amanita verna *(Amanite printanière, p. 97), espèces mortelles. Voir* Confusions, *p. 278.*

Psalliote jaunissante

Agaricus (Psalliota) xanthoderma Gen.

Mousseron jaunisse

Identification
Reconnaissable à sa grande taille, à sa couleur d'un blanc éclatant et unique, à la forme cylindrique de son chapeau dans sa jeunesse, à son jaunissement, à la tache jaune vif dans la base renflée du pied robuste et cylindrique, et à son odeur nauséabonde.

Confusion
Peut se confondre avec Agaricus abruptibulbus *(Psalliote à pied bulbeux, p. 81), qui est comestible, mais aussi avec* Amanita virosa *(Amanite vireuse, p. 96) et* Amanita verna *(Amanite printanière, p. 97), deux espèces mortelles. Voir* Confusions, *p. 278.*

C'est une Psalliote superbe. Son **chapeau**, au début, a une forme presque cylindrique, le sommet étant tout plat et les bords tombant à la verticale ; il s'étale ensuite et devient à peu près plan, avec une légère bosse en son centre et atteignant de 10 à 15 cm de diamètre. Il est sur pied d'un blanc éclatant (c'est la plus blanche des Psalliotes), mais se tachant de jaune au toucher. Le **pied** est robuste, cylindrique, a 1 cm d'épaisseur et mesure de 10 à 15 cm de haut ; il est d'un blanc brillant et porte à son sommet un bel **anneau** membraneux et persistant, souvent denticulé et teinté de jaune sur le bord ; il est rempli d'une moelle fragile. Son principal caractère se trouve à sa base, qui est renflée et dont l'intérieur est toujours d'un jaune cadmium éclatant. C'est ce détail surtout qui permet de reconnaître à coup sûr cette espèce. Les **lamelles** sont très serrées, minces, longtemps incolores, puis devenant roses et enfin pourpres. La **chair**, blanche, a tendance à jaunir ou à roussir, et elle dégage une **odeur** repoussante et tenace, qui évoque celle d'un placard où ont niché des souris, ou encore celle de l'iodoforme, composé solide, jaune, cristallisé, utilisé comme antiseptique. Cette odeur suffit à la faire rejeter comme comestible. La **spore**, étroite, mesure 6 μ sur 3. Son **habitat** est le plus souvent dans les prairies grasses, dans les vergers, dans les jardins, où il est facile d'observer les cordons mycéliens qui l'ont nourrie ; on la trouve aussi bien en été qu'en automne, surtout dans l'Ouest. C'est la seule des Psalliotes communes dont il faut se méfier absolument, et cela malgré sa somptueuse apparence.

Espèce à rejeter, bien que des estomacs robustes arrivent à la digérer sans dommage. Dans la plupart des cas, il vaut mieux ne pas l'essayer : elle est à la fois purgative et émétique, et peut provoquer de très sévères indigestions.

Psalliote des forêts

Agaricus (Psalliota) silvaticus Schaeff. ex Secr.

Agaric des forêts, Rosé à mèches, Boule de neige grise

Cette Psalliote est le type de toute une série de champignons de ce genre plus ou moins couverts de mèches sur le chapeau. Le **chapeau** de cette espèce est très variable de taille et va de 10 à 18 cm de diamètre ; il est entièrement couvert, sur le fond blanc de la chair, de belles mèches plus ou moins retroussées, dont la couleur varie du blond au brun avec tous les tons intermédiaires. Ces mèches donnent au chapeau, par ailleurs légèrement mamelonné, une élégance particulière. Les **lamelles**, d'abord d'un blanc carné, sont finalement d'une couleur brun terne et moins pourpre que chez les autres Psalliotes. Le **pied** est robuste, de 10 à 15 cm de haut et de 1 à 3 cm d'épaisseur. Il est creux à l'état adulte. Il porte à son sommet un **anneau** membraneux et durable, souvent marginé d'écailles brunes. En dessous de cet anneau, le pied est souvent feutré d'écailles blanches et fragiles. La **chair** est épaisse et tendre, blanche, rougissant rapidement à l'air. Elle a une **saveur** très fine et une **odeur** agréablement parfumée. C'est dans le pied que le rougissement est le plus manifeste. La **spore**, allongée, est de 9 μ sur 6. Cette belle espèce a son **habitat** surtout sous les épicéas, qui abritent par ailleurs plusieurs autres espèces de ce genre sympathique. Elle est assez tardive (on la trouve à la fin de l'été et en automne) et vient en cercles parfois très abondants. Mais on peut aussi la rencontrer, quoique plus rarement, sous les feuillus et dans les vergers. Elle répond dans l'est de la France au curieux nom vulgaire de Boule de neige grise, à ne pas confondre avec Psalliote à pied bulbeux, ou Boule de neige *(Agaricus abruptibulbus)*, espèce déjà citée.

C'est un comestible délicieux, de saveur très fine, justement apprécié et recherché par les amateurs ; il se tient admirablement à la cuisson et se prête aux mêmes préparations que d'autres Psalliotes.

Identification

Espèce se reconnaissant à son grand chapeau couvert de mèches brunes, à ses lamelles devenant moins pourpres que celles des autres Psalliotes, à l'anneau membraneux et persistant de son pied, à sa chair épaisse et rougissante, et à son habitat sous les épicéas.

Confusion

On pourrait confondre cette Psalliote avec Agaricus xanthoderma *(Psalliote jaunissante, p. 82). Les deux espèces poussent à la même saison mais n'ont pas le même habitat. C'est l'odeur repoussante de* xanthoderma, *espèce toxique, qui les distingue.*

Coulemelle

Macrolepiota (Lepiota) procera
(Scop. ex Fr.) Singer

Lépiote élevée, Parasol, Couleuvrée, Nez-de-chat

Identification
Facile à reconnaître à sa taille géante, à son chapeau élégamment coiffé d'écailles dues à la déchirure du revêtement, à son pied tigré, son anneau mobile, sa chair blanche et épaisse, et à ses larges lamelles présentant une surface hyméniale énorme. Son apparition tardive est un autre caractère qui facilite son identification.

C'est, en France, le géant du genre. Son **chapeau** peut atteindre jusqu'à 35 cm de diamètre. Mais il faut le voir croître pour comprendre. Au début, on ne voit qu'une sorte de gros bulbe coiffé d'un dé à coudre brun. Ce pseudo-bulbe est une réserve de nourriture d'où va s'élancer un **pied** de 20 à 30 cm de haut et de 1 à 3 cm de diamètre, d'abord d'un beau brun mais qui va voir son revêtement se déchiqueter de manière à le couvrir de tigrures brunes sur fond blanc, qui lui vaudront son nom populaire de Couleuvrée. En même temps, le chapeau va s'élargir et atteindre rapidement toute sa taille. Mais, là aussi, le revêtement ne suit pas et se sépare en grosses écailles éparses sur le fond blanc de la chair, sauf au sommet, qui ne se distend pas et conserve son revêtement brun intact sur un mamelon pointu, à l'origine d'un autre nom vulgaire de cette espèce : Nez-de-chat. En même temps que le chapeau s'étend, un voile épais qui protégeait les lamelles va se détacher du pied et des bords de la marge, de manière à former un **anneau** double et membraneux, libre, et qui peut coulisser sur le pied. Ce dernier, qui est séparable, est vite creux mais d'une solidité à toute épreuve. Les **lamelles** sont très larges, très serrées, toutes blanches, et présentent une surface hyméniale énorme. La **chair** elle-même, blanche, est épaisse au centre, de plus en plus mince vers la marge, tendre et parfumée ; sa **saveur** et son **odeur** rappellent celles de la noisette. La **spore**, grande, mesure 15 μ. Les terrains acides constituent l'**habitat** de cette espèce. Très commune sous les conifères ou dans les prés, et le terrain acide des vieilles sapinières, elle est assez tardive ; on la trouve à la fin de l'été et en automne.

A part le pied, trop fibreux et coriace, c'est un très bon comestible, à condition de le cueillir tout jeune, quand il est fermé comme une mailloche de grosse caisse. C'est cuit sur le gril qu'il exhale le mieux sa saveur.

Lépiote déguenillée

Macrolepiota (Lepiota) rhacodes
(Vitt.) Singer

Demi-couleuvrée

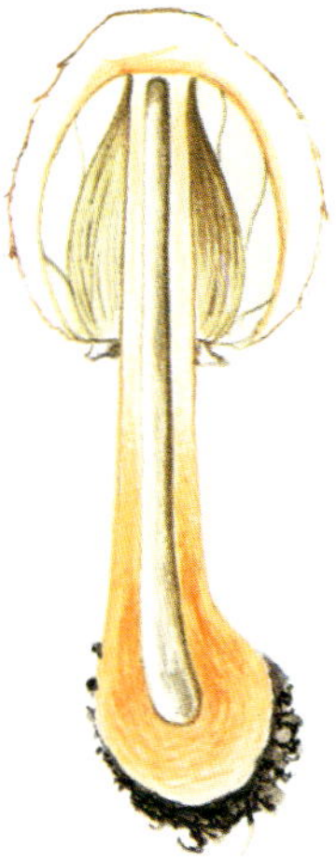

Cette Lépiote est voisine de l'espèce précédente, mais elle a une personnalité propre. Elle est moins développée, et son **chapeau** ne dépasse pas 15 à 18 cm de diamètre. Il est gris brunâtre, mais écailleux d'une autre façon. Alors que les écailles de la Coulemelle sont mobiles et souvent tombent d'elles-mêmes ou sous l'effet de la pluie, celles de la Lépiote déguenillée sont en fait des déchirures de la chair proprement dite et sont durables. De plus, le chapeau ne porte pas de mamelon et est à peine un peu bombé à son sommet. Les bords du chapeau sont souvent fendillés, car ils sont si minces qu'on voit apparaître les lamelles à leur surface. Le **pied** est long de 10 à 15 cm, épais de 1 à 1,5 cm, gris, uni, et sans aucune chinure. Les **lamelles** sont serrées, larges et distantes du pied, car elles s'appuient sur une sorte de rebord appelé collarium. Tout le champignon rougit fortement à la cassure, et souvent les lamelles se piquent de rouge avec le temps. La **chair** de cette espèce est blanche, tendre, épaisse au centre du chapeau et mince à la marge ; sa **saveur** et son **odeur** sont agréables. La **spore** est grande, de 8 à 12 μ sur 5 ou 6. Cette espèce vient surtout dans les sapinières, où les lisières et les clairières constituent son **habitat** préféré, et dans les endroits où des branchages élagués ont provoqué la formation d'un terreau plus épais qu'ailleurs. Quoiqu'elle préfère les conifères, il arrive cependant qu'on la trouve sous les feuillus, et toujours là où des feuilles mortes et entassées ont pourri sur place. Contrairement à la Coulemelle, elle vient aussi bien sur le calcaire que sur la silice. On la rencontre à la fin de l'été et en automne, mais moins tardivement que sa voisine, qu'elle précède d'habitude de deux ou trois semaines.

Identification
Le grand chapeau orné d'écailles méchuleuses et non mamelonné, le pied lisse, uni et gris, l'anneau de forme ordinaire, la chair rougissant fortement, les lamelles distantes du pied et se piquant de rouge avec le temps, la saveur plaisante permettent de reconnaître cette espèce dont le « style » diffère de celui de toutes les autres Lépiotes.

Cette Lépiote est aussi bonne que la Coulemelle et elle se prépare de la même façon. Son seul inconvénient est le rougissement de sa chair, qui a tendance à noircir à la cuisson, mais sans dommage pour son goût.

Lépiote à spore en outre

Lepiota ventriosospora (metulaespora) Reid

Lépiote à spores ventrues, Lépiote pointue

Identification
Espèce reconnaissable à son voile épais et laineux, jaunâtre à son sommet mamelonné et brunâtre, à son pied revêtu du même voile que le chapeau, à son odeur pharmaceutique, et au besoin à ses spores très longues et très étroites, de forme losangique de profil.

Confusion
Ne peut être confondue qu'avec quelques espèces très voisines qui n'en ont été détachées que très récemment. A ne pas confondre toutefois avec les petites Lépiotes du groupe Helveola, *qui sont très toxiques, mais très rares, et qui rougissent après la récolte (voir p. 295).*

Cette Lépiote est le type d'une série assez nombreuse d'espèces analogues et souvent difficiles à distinguer les unes des autres. Son **chapeau** conique, puis aplani, mais avec toujours un mamelon bien prononcé en son centre, est couvert au début d'un voile épais et laineux, d'un blanc nettement jaunâtre, qui se résout en mèches qui le débordent et couvrent le pied lui-même. A la fin, ces mèches apparaissent comme des écailles plus ou moins prononcées, car il est fréquent que la pluie les aplatisse et leur ôte leur aspect laineux. Le sommet du chapeau, lui, reste toujours plus net et plus coloré. Cette espèce peut atteindre de 8 à 10 cm de diamètre. Le **pied** est long de 10 à 12 cm et a 1 cm d'épaisseur ; il est tout blanc, mais entièrement recouvert des mêmes mèches jaunâtres que le chapeau et qui proviennent du voile qui primitivement enveloppe le champignon tout entier. S'il est laineux sur presque toute sa surface, dans le bas il est franchement floconneux. Il arrive que le chapeau prenne des tons plus foncés et devienne brun fauve au centre. Les **lamelles** sont assez serrées, libres et blanchâtres. La **chair** est pâle, mais passe vite au fauve ou au brun-rouge dans le pied, sauf sa moelle, qui reste blanche. Tout le champignon exhale une curieuse **odeur** pharmaceutique difficile à définir, voisine de celle de l'iodoforme. Les **spores** sont très allongées, de 14 à 17 μ sur 4 ou 5 de large, et affectent une forme losangique de profil. Cette espèce n'est pas rare et a son **habitat** dans les bois clairs de feuillus, souvent dans les herbes, avec une préférence pour les massifs d'orties ; elle pousse en petites troupes et jamais en masse. On la rencontre dès la fin de l'été et jusqu'au début de l'automne.

C'est un comestible très ordinaire. Son odeur curieuse disparaît à la cuisson, et, si elle est bien préparée, son goût n'est pas désagréable. Certains auteurs classent cette espèce comme non comestible.

Lépiote à écailles aiguës

Lepiota aspera (acutesquamosa)
(Pers. ex Fr.) Quél.

Lépiote hérissée, Coulemelle poilue

C'est une très belle Lépiote. Son **chapeau** a de 8 à 12 cm de diamètre, parfois davantage. Il est régulièrement arrondi d'abord, puis étalé, d'un beau brun fauve, au début couvert d'un velours serré qui se résout en écailles pointues et crochues d'un brun rouillé, d'une régularité parfaite, mais qui peuvent être aplaties par la pluie. Le **pied** dans le haut est blanc au-dessus d'un **anneau** fragile et caduc, mais en dessous il est couvert du même voile que le chapeau, et tout brun. Il est d'abord plein, puis se creuse à la fin. Le voile qui le recouvre laisse des verrues pyramidales brunes sur le bord de l'anneau. Les **lamelles,** arrondies vers le pied, sont minces et extraordinairement serrées, d'un blanc pur. Elles sont souvent rameuses et fixées à quelques millimètres du pied par un collarium. La **chair** est blanche ; sa **saveur** est à la fois acide et amère, et elle exhale une **odeur** écœurante et alliacée. La **spore,** de 8 μ de long, est elliptique ou un peu cylindrique. Cette espèce n'est pas rare et son **habitat** est situé dans les endroits les plus inattendus. En plus de toutes les forêts, elle aime les terrains gras, les dépôts d'ordures, les graviers des bords des routes, les vieux tas de sciure, mais il lui arrive de croître sur des sables d'apparence stérile qui semblent lui suffire. Elle est fugitive, et il est rare qu'on la trouve plusieurs fois de suite sur la même station. Sa saison est de juillet à octobre. Elle est surtout intéressante par son élégance, car il n'y a guère d'espèces qui soient pourvues d'un revêtement aussi velu et serré et en même temps d'une aussi belle couleur.

L'odeur désagréable et la saveur acide de cette espèce interdisent d'en faire un comestible. Il n'est même pas exclu d'ailleurs qu'elle ne soit pas quelque peu toxique. Nous la rejetons pour ces différentes raisons.

Identification

Très facile à identifier par les superbes écailles pointues et serrées qui couvrent le chapeau, par son pied blanc dans le haut et brun au-dessous de l'anneau, ses lamelles prodigieusement serrées et d'un blanc pur, et, surtout, par son odeur et sa saveur acides et amères.

Confusion

On pourrait éventuellement confondre cette espèce avec les Psalliotes également écailleuses, mais aucune d'elles n'a une toison aussi bien dressée, et les Psalliotes ont toujours des lamelles colorées, d'abord en rose, puis en pourpre presque noirâtre.

Lépiote crêtée

Lepiota cristata (A. et Sch. ex Fr.) Kummer

Lépiote radis, Coulemelle puante

Identification
Espèce facile à déterminer grâce à sa petite taille, son chapeau conique moucheté de petites écailles brunes, à son mamelon restant brun, à ses lamelles très serrées, à son pied grêle et son anneau fragile, et à son odeur à la fois d'ail et de radis.

C'est une toute petite Lépiote, et il est remarquable que ce genre comprenne les plus grands et les plus petits des champignons à lamelles. Son **chapeau** a de 2 à 4 cm de diamètre. Il est en forme de cloche, mais avec un léger mamelon. Il est fragile, satiné, blanc, mais tout moucheté d'écailles granulées brunes ou rousses. Toutefois, son sommet qui comporte le mamelon ne se dilacère pas en écailles. Il est tout brun et immuable. Les **lamelles** sont blanches, libres, fixées sur un étroit collarium, très serrées et minces. Le **pied** est grêle, de 3 à 4 cm de haut et de 3 à 4 mm de diamètre. Il est soyeux, luisant, tout blanc, teinté parfois d'un léger purpurin ou de fauve pâle. L'**anneau** est infère, c'est-à-dire qu'au lieu de retomber sur le pied comme la plupart des anneaux, il semble être fait d'une gaine qui entoure le pied et s'évase vers le haut. Mais cet anneau est fragile et caduc, et souvent il n'existe plus quand le champignon est adulte. La **chair** est très mince, blanche, humide, et présente une curieuse **odeur** à la fois d'ail et de radis qui est très déplaisante. Sa **saveur** est aigrelette et un peu amère. Ses **spores** blanches sont étroites et allongées, de 8 μ de long. C'est une espèce assez commune, et on la trouve durant toute la belle saison suivant les pluies, surtout le long des sentiers dans les bois, où elle aime les débris ligneux écrasés, ou dans la mousse sur les lisières. Son **habitat** privilégié est constitué par les endroits où ont été écorcés des arbres avant leur débardage ; les vieilles écorces forment en pourrissant un terrain qui lui convient particulièrement.

Cette espèce n'est pas comestible, ne serait-ce qu'à cause de son odeur fétide. De plus, on a de bonnes raisons de croire qu'elle est toxique, comme d'autres petites Lépiotes d'une autre série. Il faut donc s'en méfier.

Cystoderme dentelé

Cystoderma carcharias (Pers. ex Secr.) Fay.

Lépiote requin

Les Cystodermes ressemblent beaucoup aux Lépiotes, dont ils ont longtemps fait partie. On les en a détachés pour une raison anatomique. En effet, les vraies Lépiotes ont le pied détachable, sans déchirure, tandis que les Cystodermes ont un pied qui s'évase dans le chapeau sans solution de continuité. Le Cystoderme dentelé a un **chapeau** convexe plan, de 5 cm de diamètre au plus, incarnat rose pâle, avec une cuticule finement grenelée. Cet aspect grenu est surtout visible sous la loupe. Les bords du chapeau portent des débris du voile en forme de frange dentelée en pointes aiguës, qui ont valu son adjectif à l'espèce *carcharias*. Les **lamelles** sont blanches et adnées, dernière particularité qui n'arrive jamais chez les vraies Lépiotes. Le **pied** est mince, de 3 ou 4 mm de diamètre sur 4 cm de haut, creux à la fin. Il est orné en bas, ainsi que l'**anneau** infère qui le chausse de bas en haut de flocons granulés rosés ou blanchâtres. Il est lisse et tout blanc au-dessus de l'anneau. La **chair** est mince, légère, de **saveur** douce mais écœurante. La **spore** est petite, ovoïde, de 5 à 6 μ. Elle est couverte de petites pointes caractéristiques. On trouve cette espèce très souvent dans les bois de conifères, surtout sous les épicéas, son **habitat** préféré, parmi les aiguilles tombées, ou sur les plaques de mousse. Elle n'est pas rare de l'été à l'automne. L'espèce *Carcharias* est surtout intéressante parce qu'elle est le représentant type du genre *Cystoderma*, et, comme les autres espèces de ce genre ont la même silhouette, elle permet de s'en faire à l'avance une bonne idée.

Identification

Petite espèce, à chapeau de 4 à 5 cm, grenelé, aplati, incarnat rose pâle, avec des lamelles blanches et adnées (ce qui la distingue des vraies Lépiotes), avec un pied court s'évasant dans le chapeau et creux à la fin, couvert de flocons granulés rosés ou blanchâtres; un anneau fragile ou même inexistant. Saveur douce, mais nauséeuse.

Nous déconseillons fortement de consommer cette espèce de saveur très désagréable. Si elle n'est pas mortelle, elle est certainement toxique, pouvant provoquer des troubles plus ou moins graves lors de la digestion.

Amanite rougissante

Amanita rubescens (Pers. ex Fr.) Gray

Identification
On la reconnaît à ses verrues, à sa cuticule brun clair ou blanchâtre, à ses lamelles se piquant de rouge, au rougissement de sa chair attaquée par des larves.

Confusion
Confusion possible avec Amanita spissa *(Amanite épaisse, p. 91) espèce comestible, et la toxique* Amanita pantherina *(Amanite panthère, p. 92). Voir* Confusions, *p. 279.*

L'Amanite rougissante est d'une extrême variabilité. Son **chapeau** va de 4 à 20 cm de diamètre. Il est d'abord globuleux, puis complètement étalé, et il est couvert de verrues gris rougeâtre et d'aspect farineux sur le fond d'une cuticule dont la couleur varie du presque blanc au brun clair et au brun rougeâtre foncé. La cuticule de ce chapeau est séparable à partir de la marge. Les **lamelles** sont très larges, molles, serrées, blanches, et se piquent de rose ou de rougeâtre avec l'âge. Le **pied**, de 4 à 20 cm de haut et de 0,5 à 3 cm d'épaisseur, est solide, renflé à la base, qui n'a pas de bordure. Il est tout blanc, parfois lavé de rose, surtout dans la vieillesse. Il porte un bel **anneau** blanc retombant, qui est entièrement strié. Ces stries sont la trace des lamelles sur lesquelles il était appliqué avant sa séparation de la marge. La **chair** est épaisse, blanche, tendre, aqueuse, fragile, et elle devient rosée ou rouge vineux à l'air. C'est surtout à la base du pied qu'on remarque le mieux ce rougissement. En effet, cette Amanite est fréquemment attaquée par des larves d'insectes parasites, et là où elles se trouvent la chair devient rapidement rouge sombre. De là le nom de Pied rouge donné à cette espèce. Sa spore est presque sphérique, de 8 à 9 μ, et blanche. On la trouve tôt en saison dans toutes les forêts, de l'été à l'automne, mais c'est sous les épicéas, son **habitat** préféré, qu'on voit les plus énormes exemplaires. Sur terrain maigre, elle peut être si petite qu'on l'identifie mal.

Ce n'est pas un comestible de première qualité. Largement récoltée et consommée, bien des personnes ne peuvent supporter l'odeur qu'elle dégage en cuisant. Crue ou mal cuite, elle peut être toxique.

Amanite épaisse

Amanita spissa (Fr.) Kummer

Golmotte grise, Fausse panthère

L'Amanite épaisse porte bien son nom. Son **chapeau,** charnu et convexe, s'étale lentement et ne devient jamais tout plat. Il est gris, gris brunâtre ou parfois roussâtre, de 10 à 15 cm de diamètre, à peine strié sur les bords. Il est, quand il ne pleut pas, parsemé de grosses verrues floconneuses blanchâtres ou grisâtres très facilement caduques. Les **lamelles,** blanches, serrées et ventrues, touchent le pied et sont presque un peu décurrentes, caractère rare chez les Amanites. Le **pied** est plein, puissant, de 10 à 15 cm de haut et de 2 à 3 cm d'épaisseur. Il est épaissi à la base en forme de navet, et porte à son sommet un **anneau** très ample audessus duquel il est régulièrement strié. En dessous de l'anneau, le pied est nuancé de gris. Cette Amanite naît souvent très profondément dans la terre, et elle est obligée pour arriver à la lumière de soulever les mottes de glaise qui la gênent. Ensuite, seul le « navet » que forme le pied à sa base reste enterré. Beaucoup de champignons témoignent de la même vigueur pour soulever les obstacles à leur croissance. Il s'agit simplement de la pression osmotique exercée par leurs millions de cellules. La **chair** de cette Amanite est tendre et blanche, et, quand le champignon est jeune, elle a une **odeur** anisée, qui se transforme avec le temps en odeur de radis, dont elle a aussi la **saveur**. La **spore** est elliptique, ocellée, de 8 à 10 μ. On trouve cette Amanite en été et en automne dans les forêts argileuses, et souvent sous les conifères, son **habitat** préféré. Elle se montre d'habitude par petits groupes et rarement en très grande abondance.

Comme l'Amanite rougissante, c'est un comestible assez agréable, mais qui demande un fort assaisonnement. Il vaut mieux la préparer en la mélangeant avec d'autres espèces, beaucoup plus parfumées.

Identification

Chapeau convexe, charnu, gris, brunâtre, parsemé d'écailles floconneuses et grises. Lamelles ventrues. Pied massif, terminé à la base en navet. Chair blanche à odeur d'anis, puis de radis.

Confusion

On pourrait la prendre pour la comestible Amanita rubescens *(Amanite rougissante, p. 90). La confusion avec la toxique* Amanita pantherina *(Amanite panthère, p. 92) peut être évitée en observant ses écailles blanc pur. Voir* Confusions, *p. 279.*

Amanite panthère

Amanita pantherina (DC. ex Fr.) Secr.

Fausse Golmotte

Identification
Un chapeau brun parsemé de flocons blanc pur comme de la peau de lait et ne changeant pas de couleur. Pied blanc, robuste, terminé à la base par un bulbe à rebord surmonté lui-même par deux ou trois bourrelets charnus et plus ou moins fragiles.

Confusion
On pourrait confondre cette espèce avec Amanita rubescens *(Amanite rougissante, p. 90) et* Amanita spissa *(Amanite épaisse, p. 91), deux espèces comestibles, mais le seul aspect des flocons qui parsèment le chapeau de* pantherina *doit la faire reconnaître. Voir* Confusions, *p. 279.*

On ne sait si l'Amanite panthère doit son nom aux taches de son chapeau ou à sa réputation trop justifiée de toxique. C'est une belle espèce d'un gris-brun plus ou moins foncé et immuable, parfois, mais rarement, brun jaunâtre. Son **chapeau**, de 10 cm de diamètre, d'abord hémisphérique, reste toujours convexe, et il est couvert avec une régularité remarquable de flocons écailleux tout blancs, ressemblant à de petits morceaux de peau de lait, et qui restent blancs même au moment de la décrépitude des spécimens. Cette particularité permet de distinguer du premier coup l'Amanite panthère de toutes les autres espèces, dont les écailles sont toujours plus ou moins colorées de gris ou de jaune. La marge du chapeau est plus ou moins striée, et l'est d'autant moins que l'exemplaire est plus robuste. Les **lamelles** sont blanches, arrondies vers la marge. Le **pied** est blanc et présente à sa base une sorte de bulbe à rebord, surmonté lui-même de deux ou trois bourrelets blancs très particuliers. Ce pied peut mesurer de 8 à 12 cm de haut sur 1 ou 2 cm d'épaisseur. Il porte un **anneau** mince mais durable, blanc et non strié. La **chair**, blanche et molle, d'une **saveur** douceâtre a une **odeur** presque inexistante. La **spore** est ovoïde allongée, de 10 à 12 μ. Cette espèce a son **habitat** dans toutes les forêts, où elle vit par petites troupes. On en trouve sous les conifères de la montagne une forme beaucoup plus robuste, qui peut atteindre 18 cm de diamètre et dont la chair est bien plus épaisse. Mais l'ensemble des caractères est le même. Sa saison habituelle est la fin de l'été et le début de l'automne, mais on la voit parfois déjà apparaître en juillet.

Elle est pourvue de la même toxicité qu'*Amanita muscaria* (Amanite tue-mouches). Elle provoque des troubles gastro-intestinaux majeurs et, en outre, des phénomènes psychiques sous forme de délire gai ou furieux, selon le tempérament du consommateur. Nous vous conseillons de consulter et de lire avec attention le chapitre consacré aux intoxications.

Amanite des Césars

Amanita Caesarea Scop. ex Fr.

Oronge vraie, Jaune d'œuf

L'Amanite des Césars, connue dans tout le midi de la France sous le nom d'Oronge, est un des plus beaux champignons qu'on puisse voir. Jeune, ce champignon se présente sous la forme d'un œuf tout blanc. Ensuite, il en sort un chapeau, d'abord sphérique, qui s'élève sur son pied. Le **chapeau** s'étale progressivement et atteint de 10 à 20 cm de diamètre. Il est d'un superbe jaune orangé tirant plus ou moins sur le rouge, lisse et nu. Il est légèrement strié sur les bords de la marge, où la chair est si mince que les lamelles affleurent la cuticule. Les **lamelles**, larges et serrées, sont jaune d'or. Elles sont distantes du pied, auquel elles ne touchent pas. Le **pied** lui-même est élancé, de 10 à 15 cm de haut sur 1 à 3 cm de diamètre. Il est tout jaune et porte en haut un **anneau** de la même couleur. Sa base est renflée et reste entourée de la volve membraneuse qui enveloppait le carpophore avant son éclosion. Cette volve est ample, déchirée en trois ou quatre dents. La **chair** est ferme, blanche, d'une bonne **saveur,** jaune sous la cuticule, qui s'enlève facilement. La **spore**, ovoïde, mesure 12 μ. Cette espèce a son **habitat** dans le Midi, sous les chênes et les châtaigniers, est assez fréquente dans l'Est, mais très rare dans le Nord. On sait que c'est avec un plat d'Oronges qu'Agrippine la Jeune fit empoisonner l'empereur Claude, son mari, en y ajoutant peut-être des Amanites phalloïdes.

C'est un comestible célèbre, peut-être autant à cause de sa beauté que de ses qualités. Elle a un goût très fin de noisette, et pour elle les assaisonnements les plus simples seront les meilleurs, afin de conserver sa saveur.

Identification

Se reconnaît immédiatement à son chapeau au rouge orangé, à ses lamelles et son pied jaune d'or, à sa volve blanche et persistante, et à sa chair ferme.

Amanite tue-mouches

Amanita muscaria (L. ex Fr.) Hooker

Fausse Orange

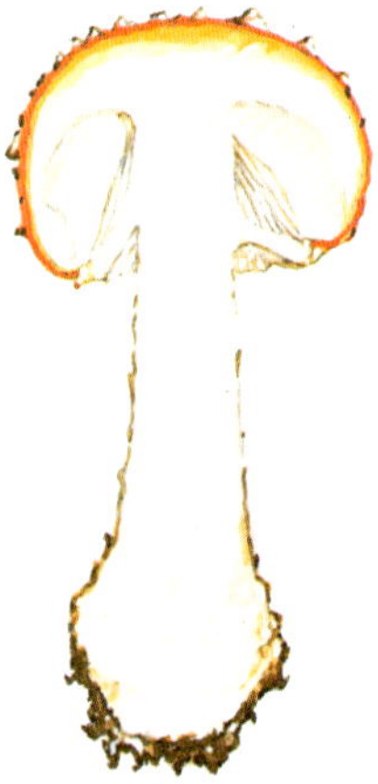

Identification
On la reconnaît à son large chapeau vermillon parsemé de verrues d'un blanc jaunâtre, à ses lamelles serrées, à son gros et long pied blanc, à son large anneau et aux zones pelucheuses qui entourent la base du pied.

Confusion
Impossible de la confondre avec Amanita Caesarea (Amanite des Césars, p. 93), dont le chapeau est jaune orangé ou ponceau, et toujours nu, a un anneau et un pied jaune d'or, et à sa base une volve.

L'Amanite tue-mouches est surtout célèbre à cause de l'usage qu'en ont fait les décorateurs qui veulent représenter un sous-bois. Il est vrai qu'elle est très belle, avec son **chapeau** qui peut atteindre 20 cm de diamètre, d'un rouge vermillon ou écarlate, qui se décolore parfois par la pluie en jaune d'or. Il est couvert très élégamment de petites verrues blanches, ou plus exactement d'un blanc jaunâtre, qui s'aplatissent en vieillissant. Les **lamelles** sont très serrées et larges, blanches et distantes du pied. Le **pied** est très long, de 15 à 20 cm, puissant, et de 1 à 3 cm de diamètre, blanc ou citrin, avec à sa base un bulbe floconneux entouré d'une grosse marge zonée. L'**anneau** est ample, lâche et souvent bordé de petites dents jaunes. La **chair** en est blanche, sans **odeur** ni **saveur** particulières. La **spore** est ovoïde, presque sphérique, et mesure 7 μ. On la trouve en été et en automne, surtout sous les bouleaux et les conifères, qui sont son **habitat** de prédilection, sinon exclusif. On la voit aussi sous les pins dans le Sud-Ouest. Elle est de la même toxicité qu'*Amanita pantherina* (Amanite panthère). Les tribus indigènes de la Sibérie l'utilisaient comme stupéfiant dans leurs cérémonies religieuses, et elle est peut-être à l'origine des délires collectifs des sorciers de notre Moyen Age.

Outre les violents troubles gastro-intestinaux qu'elle provoque, c'est le délire impressionnant dont elle est responsable qui la rend le plus dangereuse. On a vu des intoxiqués rire d'une façon irrépressible pendant des heures, à en être abominablement malades, et d'autres, au contraire, sont pris de véritables crises de démence, dont ils ne gardent ensuite aucun souvenir. Mais cette espèce est tellement connue que les accidents qu'on lui reproche sont extrêmement rares. Voir le chapitre sur les intoxications (p. 295).

Amanite phalloïde

Amanita phalloides (Vaill. ex Fr.) Secr.

Oronge ciguë verte

L'Amanite phalloïde étant responsable de 90 % des empoisonnements mortels recensés en France, il est absolument nécessaire de la connaître avant toutes les autres espèces. C'est un beau champignon, de 10 à 15 cm de diamètre, au **chapeau** typiquement plus ou moins verdâtre, souvent vergeté ou panaché de fibrilles olivâtres ou noirâtres. Il est plus sombre en son centre. Mais il peut quelquefois passer au jaune verdâtre, ou même être presque blanc, avec toutefois toujours des reflets verdâtres qui rappellent la couleur du type. Il arrive que le chapeau conserve à sa surface quelques gros lambeaux de la volve, mais jamais de petites verrues comme chez les Amanites dont la volve se disloque à l'éclosion. Les **lamelles** sont libres, ventrues, distantes, d'un blanc à reflets verdoyants. Le **pied** est élancé, ferme, blanchâtre, souvent rayé de verdâtre, orné à son sommet d'un **anneau** blanc, ample et épais, souvent verdâtre sur son pourtour. Sa base sort d'une large volve blanche à trois ou quatre lobes. La **chair** est blanche, elle répand une **odeur** de rose au début, mais qui devient fétide dans la vétusté du carpophore. Sa **spore,** grande, mesure 12 μ et elle est ocellée. Cette espèce a son **habitat** dans toutes les forêts, aussi bien de conifères que de feuillus, et on la trouve du début de l'été à l'automne. Elle apparaît souvent en troupes nombreuses, et il semble bien qu'elle soit actuellement en extension. En montagne, elle dépasse rarement l'altitude de 700 m. Elle provoque souvent des intoxications collectives très dramatiques et il faut absolument se « la mettre dans l'œil ».

Cette espèce est d'une toxicité extrême et son absorption provoque un empoisonnement cytotoxique. Sans les soins nécessaires, l'issue de cette intoxication est très souvent fatale. Voir le chapitre sur les intoxications (p. 295).

Identification

Se reconnaît à son chapeau vert plus ou moins foncé, vergeté de stries plus sombres, à ses lamelles blanches à reflets verdoyants, à son pied et son anneau blancs nuancés de verdâtre, à sa volve membraneuse et persistante, et à son odeur de rose au début.

Confusion

Les récolteurs inconscients la confondent avec les Russules vertes, qui pourtant n'ont ni anneau ni volve. Il arrive aussi qu'en la ramassant à l'état d'œuf, on la confonde avec les Psalliotes des sapins, en compagnie desquelles elle croît souvent.

Amanite vireuse

Amanita virosa Fr.

Amanite ciguë blanche

Identification
On la reconnaît à son chapeau blanc, lisse et visqueux, souvent dissymétrique et penché, à ses lamelles blanches, à son pied blanc floconneux, à son anneau fragile, laineux, à sa volve épaisse et à son odeur repoussante.

Confusion
On peut la confondre avec Agaricus abruptibulbus *(Psalliote à pied bulbeux, p. 81) et* Agaricus xanthoderma *(Psalliote jaunissante, p. 82), deux comestibles, mais aussi avec des espèces mortelles :* Amanita phalloides *(Amanite phalloïde, p. 95) et* Amanita verna *(Amanite printanière, p. 97). Voir* Confusions, *p. 278.*

Cette Amanite de taille modeste a un **chapeau** de 5 à 8 cm de diamètre ; les plus gros exemplaires ont jusqu'à 10 ou 12 cm, mais rarement. Ce chapeau est tout blanc, lisse, légèrement visqueux, et presque toujours dissymétrique et penché sur un côté. C'est là un caractère rarement signalé et qui permet de se douter tout de suite de l'identité de l'espèce. La cuticule est facilement séparable. Les **lamelles** sont immuablement blanches et serrées. Elles ne provoquent aucune strie sur la marge. Le **pied** est blanc, mais il n'est pas lisse ; au contraire, il apparaît un peu laineux et duveteux en dessous de l'**anneau**, qui est floconneux, fragile, fugace et souvent restant suspendu aux bords du chapeau. Il émerge d'une volve courte mais remarquablement épaisse. La **chair** en est blanche, mince et d'**odeur** repoussante. Elle a cette particularité de devenir immédiatement jaune or au contact de la potasse, et cette réaction permet au besoin de la distinguer d'*Amanita verna* (Amanite printanière), qui reste insensible à ce contact. Ses **spores** sont curieusement sphériques, de 9 μ de diamètre. Cette espèce n'est pas commune. Son **habitat** est situé exclusivement dans les terrains siliceux et notamment en montagne. C'est un champignon des Vosges et des Alpes, mais aussi des Ardennes et de plaine. Il est beaucoup plus fréquent dans le nord de l'Europe que dans le sud. Cette Amanite se trouve particulièrement au milieu des buissons de myrtilliers, sur les terrains gréseux et sablonneux, qui lui sont favorables. Elle se montre à la fin de l'été et en automne, jamais en grand nombre et presque toujours en individus isolés. C'est l'une des trois Amanites mortelles.

C'est une espèce mortelle au même titre qu'*Amanita phalloides* (Amanite phalloïde) et *Amanita verna* (Amanite printanière). Les symptômes sont les mêmes. On se reportera au chapitre consacré aux espèces toxiques (p. 295).

Amanite printanière

Amanita verna (Bull. ex Fr.) Pers. ex Vitt.

Oronge ciguë blanche

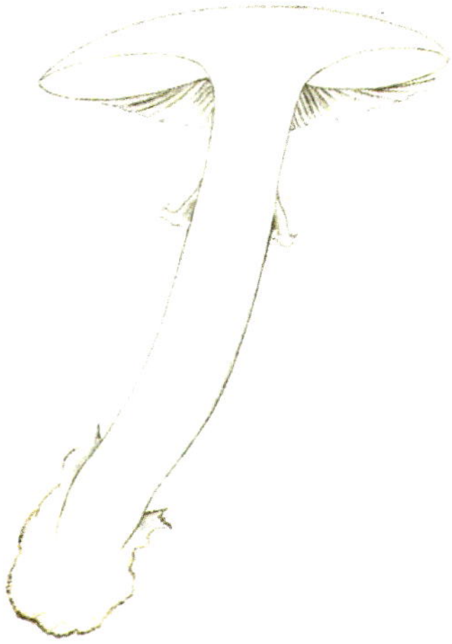

Cette Amanite est de taille plus forte que la précédente et elle peut atteindre de 12 à 14 cm de diamètre. Son **chapeau** est tout blanc, parfois lavé de jaunâtre au centre, lisse, légèrement visqueux par temps humide, toujours nu. Il est d'abord globuleux, puis il s'étale et devient un peu déprimé avec le temps. Les **lamelles** sont larges, serrées, libres et d'un blanc pur. Le **pied** est élancé, de 8 à 10 cm de haut et de 1 cm de diamètre, il est vite creux ou farci d'un léger coton. L'**anneau** est entier, solide, strié en dessus, floconneux en dessous. La base du pied est renflée et souvent un peu ovoïde, et sort d'une volve persistante et solide, toute blanche. La **chair** est molle, humide, blanche et elle exhale avec l'âge une curieuse **odeur** de safran un peu écœurante. La **saveur**, d'abord insignifiante, devient âcre après quelques instants de mastication. La **spore** est grande, ovoïde et ponctuée. Cette espèce porte bien mal son nom, car, si elle se montre au printemps dans le Midi, dans les régions du Nord elle ne vient qu'en automne, et souvent en terrain calcaire, contrairement à l'Amanite vireuse, précédemment décrite. Les feuillus constituent toutefois son **habitat** préféré, sous les chênes surtout, où elle forme parfois de beaux cercles, ainsi que sous les épicéas. C'est là qu'elle est le plus dangereuse, car elle peut facilement y être prise par inadvertance pour l'une ou l'autre des Psalliotes blanches qui viennent dans les mêmes stations et aux mêmes moments. On se méfiera toujours de sa volve et de ses lamelles, toujours blanches. Comme elle est plus commune dans le Midi, c'est là qu'elle provoque le plus grand nombre d'intoxications, qui sont exceptionnelles dans le Nord pour cette espèce.

Cette espèce est un poison mortel au même titre qu'*Amanita phalloides* (Amanite phalloïde) et *Amanita virosa* (Amanite vireuse), et les intoxications sont justiciables des mêmes traitements. Voir le chapitre sur les intoxications (p. 295).

Identification

Se reconnaît à son chapeau blanc, lisse, nu et un peu visqueux, à ses lamelles blanches, à son pied blanc et lisse sous un anneau solide et durable, à sa volve épaisse et constante, à sa chair molle et humide, et à son odeur de safran un peu repoussante.

Confusion

Peut être confondue avec Agaricus abruptibulbus *(Psalliote à pied bulbeux, p. 81) et* Agaricus xanthoderma *(Psalliote jaunissante, p. 82), espèces comestibles, mais aussi avec des espèces mortelles :* Amanita phalloides *(Amanite phaloïde, p. 95) et* Amanita virosa *(Amanite vireuse, p. 96). Voir* Confusions, *p. 278.*

Amanite citrine

Amanita citrina (Schaeff.) Gray

Identification
Facile à identifier par sa taille moyenne, son chapeau jaune citrin moucheté de grosses écailles blanches brunissant, par ses lamelles blanches à bordure citrine, par son pied bulbeux à rebord, et par l'odeur repoussante de sa chair rappelant celle de la pomme de terre crue.

Confusion
Pourrait se confondre, quand elle est toute blanche et sans écailles, avec Amanita verna *(Amanite printanière, p. 97), mais cette dernière n'a pas ce pied terminé par un bulbe à rebord, ni cette odeur caractéristique. De plus, elle conserve une volve solide et persistante.*

Le **chapeau** de cette espèce est d'abord hémisphérique, puis presque plan, mais toujours un peu convexe. Il a de 6 à 12 cm de diamètre, est de couleur jaune pâle ou beurre frais, parfois légèrement verdâtre et souvent tout blanc. Il est régulièrement parsemé de larges écailles blanchâtres, qui peuvent passer au brun par le sec. Sa marge est unie et ne porte aucune strie, comme on en voit dans beaucoup d'autres Amanites. Les **lamelles** sont blanches, souvent avec une bordure citrine. Le **pied** est ferme, de 8 à 12 cm de haut sur 1 cm d'épaisseur. Il est floconneux en dessous de l'**anneau**, qui est mince et fragile. Il se termine à la base par un bulbe épaissi et globuleux. La volve se disperse sous forme d'écailles sur le chapeau, mais laisse autour du pied un rebord caractéristique. La **chair** est blanche, tendre, de **saveur** d'abord douceâtre, puis âcre et amère. Elle exhale une **odeur** écœurante de pomme de terre crue ou de radis. La **spore** est sphérique, de 8 μ de diamètre. Cette espèce est très commune dans toute l'Europe, dans les forêts siliceuses, surtout sous les chênes et les bouleaux, qui représentent son **habitat** de prédilection, mais aussi sous d'autres essences. Elle se montre tout l'été et tout l'automne, en obéissant aux caprices de la pluie. Longtemps on l'a crue toxique, car on la confondait, à cause des mauvaises descriptions anciennes, avec *Amanita phalloides* (Amanite phalloïde). On s'est aperçu qu'il n'en était rien. Elle ne présente aucune toxicité, mais elle est immangeable en raison de sa saveur amère et de son odeur écœurante. On a appelé *mappa* une forme à écailles très larges, mais sans nécessité mycologique évidente.

Les membres de la Société mycologique de France, lors d'un de ses congrès, ont fait préparer et ont consommé cette espèce sans inconvénient, mais tous les convives l'ont déclarée détestable à cause de sa saveur amère et de son odeur tout à fait désagréable.

Amanite fauve

Amanita fulva (Schaeff. ex Pers.) Secr.

Grisette, Fauvette

Cette Amanite appartient à une série d'espèces dépourvues d'anneau, et dont par conséquent le pied est toujours tout à fait lisse. Le **chapeau** de l'Amanite fauve (qui peut aussi bien être grise) a de 8 à 10 cm de diamètre, mais quelquefois davantage quand elle croît dans l'herbe au bord des bois, où elle peut prendre une taille presque majestueuse. Ce chapeau est d'abord campanulé, puis il s'étale, en conservant un fort mamelon en son centre; il est longuement strié à la marge. Il porte parfois quelques lambeaux de la volve, mais en plaques et non pas en écailles. Les **lamelles** sont blanches et peu serrées. Le **pied** est mince, long, fragile, creux, de 10 à 15 cm de haut, tout blanc, et quelquefois un peu floconneux. Il est engainé par une volve étroite, mais longue et le plus souvent complètement enterrée. La **chair** est tendre, blanche, de **saveur** douce, réduite à rien près de la marge, où les lamelles sont seulement recouvertes par la cuticule, qui est séparable. Sa **spore**, ovoïde sphérique, de 12 μ de long, est ocellée. Cette espèce a un vaste **habitat** et est très commune, de l'été à l'automne, dans toutes les forêts et sur les lisières, où se trouvent les plus beaux exemplaires. Elle est souvent récoltée, mais il faut prendre garde à sa fragilité, qui demande des précautions si l'on veut rapporter chez soi autre chose que des miettes. Sa couleur variant du blanc au gris, au fauve et au brun, on en a fait inutilement des variétés nommées. Ce sont simplement des formes différentes de la même espèce. Il faut savoir aussi que cette espèce est quelque peu toxique à l'état cru, mais qu'elle est inoffensive une fois cuite.

A condition d'avoir été cuite, l'Amanite fauve est un bon comestible, de goût assez fin, dont le seul inconvénient est d'avoir une chair un peu trop mince. Seuls les grands exemplaires méritent la récolte, et on aura intérêt à les ramasser quand ils sont encore fermés, car ils sont nettement plus fermes que les adultes. Il faut éviter de les consommer crus en raison de leur légère toxicité.

Identification
Cette espèce se reconnaît facilement à son absence d'anneau, à son chapeau nu et profondément strié sur le bord, à ses lamelles blanches, à son long pied fragile et nu, à sa volve enterrée et engainante, à sa chair blanche et tendre, à sa spore ocellée et à sa présence à la lisière des bois.

Limacelle à gouttelettes

Limacella guttata (lenticularis)
(Fr.) K. et M.

Identification
On la reconnaît à son chapeau large, glabre, lisse et convexe, de couleur incarnat jaunâtre, très visqueux sur les bords, à ses lamelles d'un blanc pur, à son pied blanc pourvu d'un gros anneau membraneux bordé de dentelures, et qui exsude, au-dessus de l'anneau, des gouttelettes qui laissent une trace brunâtre en séchant.

Ce beau champignon fit partie des Lépiotes (comme elles, les Limacelles ont un anneau), mais un certain nombre de caractères bien particuliers l'ont fait passer dans un genre nouveau, spécialement créé, *Limacella*, dont tous les représentants ont un revêtement très visqueux. C'est le cas de la Limacelle à gouttelettes. Le **chapeau** de cette espèce atteint de 10 à 18 cm de diamètre. Il est glabre, lisse et visqueux, surtout sur les bords. Sa couleur peut aller du crème incarnat (c'est le cas que l'on rencontre le plus fréquemment) au fauve clair très pâle, et il est même parfois tout blanc. Les **lamelles** sont d'un blanc pur, serrées, parfois fourchues. Elles sont distantes du pied, et il se forme une sorte de sillon entre elles et ce dernier. Le **pied** est un peu bulbeux, parfois terminé en oignon à la base. Il porte à sa partie supérieure un **anneau** membraneux, large, bordé de dentelures. Au-dessus de cet anneau, le stipe est régulièrement ponctué de gouttelettes (d'où le nom de l'espèce), d'abord transparentes, puis devenant bistrées, et qui, en séchant, laissent des traces brunâtres. La **chair** est blanche, de **saveur** douce et fine ; à l'état cru, elle exhale une **odeur** aromatique particulière qui disparaît à la cuisson. La **spore**, presque sphérique, mesure 6 μ sur 5. On trouve cette espèce, en été et en automne, surtout sous les conifères, les épicéas spécialement, son **habitat** préféré, mais parfois aussi sous les chênes. Sans être rare, c'est un champignon capricieux, qui peut être très abondant, ou manquer complètement.

Cette espèce mérite l'attention, car elle est de saveur fine et de consistance parfaite (on enlèvera la cuticule, qui se soulève très facilement). Vu sa rareté locale, il est préférable de la mélanger à d'autres espèces.

Plutée couleur de cerf

Pluteus atricapillus (cervinus) (Secr.) Singer

Plutée du cerf

Les Plutées ne diffèrent guère des Volvaires que par l'absence d'une volve. S'il y en a de nombreuses espèces, mais dont la plupart sont fort rares, le Plutée couleur de cerf a du moins l'avantage de se trouver partout et de donner une bonne idée de ce genre assez difficile. Son **chapeau** a de 8 à 15 cm de diamètre, parfois davantage quand il croît sur les vieux tas de sciure. Il est charnu, campanulé, avec un léger mamelon en son centre, fragile, humide, glabre, mais, à la fin, comme strié de fibrilles innées. Sa couleur varie du bai au bistre, au gris de cendre, plus ou moins foncé, toujours plus pâle vers la marge. Les **lamelles** sont libres, serrées et plutôt larges, d'abord blanches, puis rose de plus en plus foncé à mesure que les spores roses mûrissent. Le **pied**, plein, cylindrique, incliné, est facilement séparable du chapeau et mesure de 8 à 12 cm de long; il est atténué vers le haut, blanchâtre et couvert de légères fibrilles de couleur bistre ou noirâtre. La **chair** est molle, blanche, de **saveur** douce, et d'**odeur** faible de radis, mais un peu écœurante. La **spore** est ellipsoïde, de 8 à 9 μ. Ce Plutée, à l'**habitat** très étendu, se trouve, du printemps à l'automne, sur les souches mortes, sur les branches tombées, sur les tas de sciure abandonnés. Sa taille varie suivant la richesse du support sur lequel il se trouve. Sur les troncs de conifères, on en trouve souvent une forme dont les lamelles sont bordées de brun. On remarquera particulièrement son pied aisément séparable, comme celui des Amanites ou des Volvaires, ce qui est un signe de haute évolution parmi les Agaricales.

Identification

On le reconnaît à son chapeau légèrement mamelonné, de 8 à 15 cm de diamètre, de bai à bistre, à ses lamelles passant au rose, à son pied blanc et grivelé de bistre, aisément séparable du chapeau, dans lequel il laisse une dépression bien nette, à sa chair molle et douce, et à son odeur de radis un peu écœurante. Le fait qu'il pousse sur le bois mort, et non directement sur le sol, facilite son identification.

C'est une espèce comestible de qualité très moyenne, à chair douce, mais molle et peu sapide, les spores colorant le plat d'un rose peu appétissant. Il est préférable de la mélanger à des espèces plus corsées.

Volvaire soyeuse

Volvariella (Volvaria) bombycina
(Pers. ex Fr.) Singer

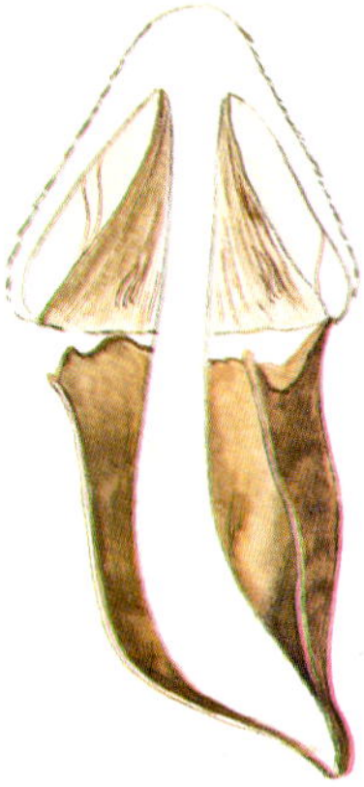

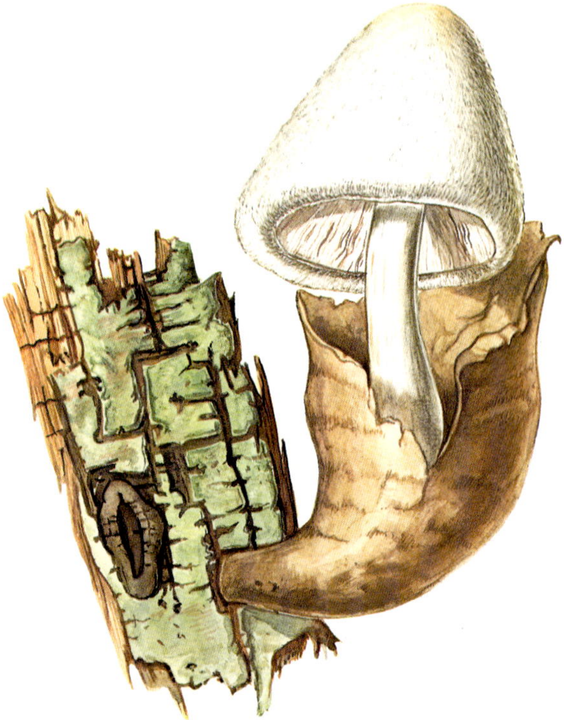

Identification
On reconnaîtra cette belle Volvaire à son grand chapeau d'un blanc soyeux, à ses larges lamelles serrées, roses et distantes du pied, à son pied gainé d'une volve puissante et déchirée de couleur brunâtre, à sa chair blanche, épaisse et de bonne odeur, et à son habitat sur le bois mort ou la sciure.

C'est surtout la présence d'une volve qui distingue les Volvaires des Plutées. Les Amanites, elles aussi, ont une volve, mais, contrairement à ces dernières, les spores et les lamelles des Volvaires deviennent roses quand elles sont mûres et ne restent pas blanches. La Volvaire soyeuse est la plus belle et la plus grande de toutes les Volvaires. Son **chapeau**, tout blanc, mesure de 10 à 20 cm de diamètre. Il est tout couvert de légers poils blancs brillants, appliqués, qui évoquent de la soie. Il est d'abord sphérique, puis campanulé et enfin simplement convexe. Les **lamelles** sont larges, minces, ventrues, serrées et distantes du pied. Elles sont d'abord blanches, puis passent au rose vif, et elles sont gracieusement denticulées sur les bords. Le **pied** est long de 8 à 15 cm; il est plein, bulbeux, et sort d'une volve engainante et brunâtre à l'extérieur. Elle se fend en trois ou cinq lobes profondément déchirés. La **chair** est épaisse, blanche, de **saveur** douce et de bonne **odeur**. Les **spores** sont roses, ovales, de 8 μ sur 6. L'**habitat** de cette espèce très remarquable se trouve le plus souvent à l'intérieur des arbres creux, avec une préférence pour les vieux frênes. Mais aussi souvent sur les tas de sciure, ou même sur les débris de vieux papiers pourris. Sa taille varie selon son support. Certains exemplaires géants sont vraiment impressionnants. Si elle existe partout en Europe, elle n'est jamais commune et sa rencontre, qui peut avoir lieu en été et en automne, est toujours un événement. Il semble qu'il lui faille une année très pluvieuse pour se montrer avec un peu d'abondance. Mais on peut attendre plusieurs années avant qu'elle ne se montre à nouveau sur une souche sur laquelle elle a déjà fructifié.

C'est un comestible très délicat, de chair tendre et savoureuse, n'exigeant aucun assaisonnement raffiné. On lui reprochera sa rareté, et c'est pourquoi nous conseillons de le mélanger à d'autres espèces.

Tricholome équestre

Tricholoma auratum (Paul. ex Fr.) Gil.
(equestre) Fr. ex L.

Tricholome des chevaliers

Le **chapeau** de ce Tricholome est jaune mais entièrement recouvert de mèches appliquées plus foncées de couleur brune, parfois si serrées que ce chapeau paraît entièrement brun ou même noirâtre. Il a 10 cm de diamètre en moyenne; il est convexe, puis étalé, et légèrement visqueux en son centre, un peu mamelonné. Sa marge est enroulée et assez mince. Les **lamelles** sont d'un beau jaune d'or presque toujours éclatant, détail permettant de le distinguer de tous les autres Tricholomes jaunes. Elles sont émarginées, larges, assez serrées et minces. Le **pied** est trapu, et mesure de 5 à 8 cm de haut sur 1 cm d'épaisseur; il est lisse ou légèrement granuleux, et d'un jaune plus ou moins clair. Quelquefois, il est renflé en un bulbe à sa base. Il est plein et blanc à l'intérieur. La **chair** est épaisse, tendre, de **saveur** douce et parfumée, d'un blanc légèrement teinté de citrin. Il n'a pas d'**odeur** particulière. La **spore**, de 6 μ, est blanche, ellipsoïde et pointillée. Ce Tricholome a son **habitat** surtout sous les conifères, en terre acide. Il abonde dans les Landes sous les pins, mais on le trouve aussi sous les feuillus, et notamment sous les chênes. Il pousse en plaine comme en montagne, même à des altitudes relativement élevées, et généralement en groupes importants. Il est tardif et ne se montre guère avant le mois d'octobre, et même plus tard dans le Midi. Vu sa grande qualité culinaire, ce champignon était autrefois réservé aux nobles, d'où son nom d'« équestre », tandis que les manants devaient se contenter du médiocre *Suillus (Boletus) bovinus* (Bolet des bouviers).

Identification
On le reconnaît aisément à son chapeau, dont le fond jaune peut être entièrement recouvert de mèches brunes, à ses lamelles jaune d'or qui le distinguent de tous les autres Tricholomes jaunes, à son pied jaune, à sa chair blanche et de saveur douce, et au fait qu'on le rencontre à partir d'octobre, surtout en terrain acide, sous les conifères.

C'est un très bon comestible, apprécié depuis longtemps, et son abondance permet de belles et faciles récoltes. On peut l'accommoder seul ou en mélange avec d'autres espèces, des Psalliotes en particulier, avec qui il fait bon ménage.

Tricholome de Batsch

Tricholoma Batschii (albobrunneum)
Gulden

Tricholome blanc et brun, Tricholome strié

Identification
Il est facilement reconnaissable à son chapeau convexe, charnu, d'un beau brun, légèrement visqueux, fibrilleux, velouté sur le bord enroulé, à ses lamelles largement émarginées, à son pied caractéristique, blanc dans le haut et brun et fibrilleux au-dessous d'une zone annulaire plus ou moins marquée, à sa chair blanche, épaisse et amère. Le fait qu'on ne le trouve qu'en automne, et principalement sous les pins, aide à établir son identité.

Les Tricholomes sont de beaux champignons, plutôt bien charnus, et parmi lesquels on trouve aussi bien de très bons comestibles (*Tricholoma auratum*, Tricholome équestre) que des espèces toxiques (*Tricholoma pardinum*, Tricholome tigré). Le Tricholome de Batsch est un beau champignon, d'un brun chaud, et dont le **chapeau** a de 8 à 14 cm de diamètre. Il est régulièrement convexe, charnu, visqueux en son centre, tout rayé de fines fibrilles très serrées. La cuticule s'enlève facilement. Sa marge est enroulée au début, veloutée et blanchâtre. Les **lamelles** sont fortement émarginées, larges, serrées et blanchâtres. Avec le temps, elles se pointillent régulièrement de brun. Le **pied** est tout à fait caractéristique de l'espèce. Tout en haut, il est blanc et soyeux, mais en dessous d'un cercle bien marqué par les restes d'une faible cortine, il est roux ou châtain, et plutôt écailleux. Il arrive que cette séparation prenne l'allure d'un **anneau** mal formé. La **chair** est épaisse, blanche, de **saveur** amère et indigeste ; elle présente une **odeur** composite rappelant à la fois celles de la farine et du concombre. La **spore**, de 5 μ de long, est ovoïde sphérique. Cette espèce préfère les terrains calcaires, elle est commune en automne dans les bois de conifères, et surtout de pin, son **habitat** de prédilection ; elle y forme de grands cercles ou des groupes denses, où les exemplaires peuvent être si serrés qu'ils se déforment les uns les autres. On la trouve surtout en montagne. L'intérêt de cette espèce est d'être, avant tout, le type d'une série d'autres Tricholomes qui sont presque tous doués de la même amertume.

L'amertume extrême de ce Tricholome interdit sa consommation, bien que d'anciens ouvrages le donnent comme comestible après un séjour dans l'eau bouillante. Il ne mérite pas d'être essayé.

Tricholome à odeur de savon

Tricholoma saponaceum (Fr.) Kummer

Savonnier

Rien de plus variable dans ses couleurs que ce Tricholome à odeur de savon. Son **chapeau** va de 6 à 12 cm de diamètre, souvent davantage. Il est ondulé et tacheté, glabre, puis granulé, enfin gercé et écailleux, mamelonné ou non; sa marge est souvent enroulée et mince. Il peut être blanchâtre, gris (et c'est le cas le plus fréquent) ou brun, toujours plus foncé au centre. Il a donc de quoi dérouter quand on n'a pas encore rencontré toutes ses formes. Les **lamelles** sont largement émarginées, uncinées, espacées, minces, blanches, avec un léger reflet verdâtre. A la fin, elles se tachent de rouge pâle, et c'est là un des caractères exemplaires de cette espèce, qui est seule parmi les Tricholomes à présenter cette particularité. Le **pied** est ferme, cylindrique, ventru ou fusiforme, droit ou courbé, de 6 à 10 cm de haut sur 1 à 2 cm de diamètre. Il est fibrilleux, blanc, mais souvent teinté de verdâtre ou de rougeâtre, et toujours rougeâtre à la fin. Sa base se pique de taches rougeâtres. Il arrive aussi que le pied soit entièrement gris noirâtre. La **chair** est épaisse, blanchâtre, mais elle rougit lentement au contact de l'air, surtout près de la surface du chapeau; sa **saveur** est légèrement poivrée et elle exhale une **odeur** tout à fait spéciale, qui évoque celle d'une savonnette ordinaire. La **spore**, de 6 μ, est ovoïde, grenelée. Le Tricholome a son **habitat** dans toutes les forêts, en plaine comme en montagne, aussi bien sur sol basique que sur sol acide, où il pousse en groupes; on trouve cette espèce très commune en fin d'été et en automne. Ses changements de teinte sont liés à l'essence qui la nourrit et rendent son identification difficile.

Identification

Il se reconnaît à son chapeau ondulé, charnu et souvent écailleux ou craquelé, de couleur variant du blanc au gris bistre et au vert olivâtre, à ses lamelles à reflets verdâtres et l'ensemble se tachant de rose ou de rouge (cette espèce est le seul Tricholome à présenter cette particularité), à son pied blanc ou complètement couvert de bistre noirâtre, se piquant de taches rougeâtres à la base, à l'odeur spéciale rappelant celle du savon.

La chair, de goût un peu poivré et dégageant une odeur trop particulière, fait de cette espèce un comestible très médiocre, que nous rejetons, mais qu'apprécient les ivrognes, car il donne envie de boire.

Tricholome roux

Tricholoma vaccinum (Pers. ex Fr.) Kummer

Tricholome écailleux

Identification
On reconnaît cette espèce à ses mèches brunes sur le chapeau, à sa marge laineuse, à ses lamelles blanches qui se tachent de roux, à son pied d'abord farci, puis creux, à sa chair blanche à la fois acidulée et amère, et à son habitat exclusif sous les conifères.

Le **chapeau** de ce curieux petit Tricholome ne dépasse guère 6 à 10 cm de diamètre. Il est à la fois campanulé et mamelonné, tout hérissé de mèches brunes grossières. Il n'est pas visqueux. Au début, sa marge est laineuse et elle déborde l'extrémité des lamelles. Avant que le chapeau ne s'ouvre, la marge est complètement repliée entre le pied et les lamelles. Les **lamelles** sont d'abord blanches, puis elles se tachent rapidement de petits points roux, souvent très rapprochés; les lamelles sont souvent longues. Le **pied**, qui mesure de 7 à 10 cm de haut, est d'abord farci, puis creux. Il est cylindrique, fibrilleux, roussâtre et porte les restes d'une légère cortine plus ou moins apparents, cortine qui est roussâtre, comme les mèches du chapeau. La **chair** est blanche, puis elle devient roussâtre ou rougeâtre. Elle est de **saveur** peu agréable, acide et légèrement amère en même temps. La **spore**, de 6 μ, est ellipsoïde sphérique. Pratiquement absente en plaine dans l'ouest de la France, on la rencontre en montagne et dans les régions continentales de l'Est où elle est très commune dans presque tous les bois de conifères, surtout de pins, qui représentent son **habitat** préféré, mais aussi sous les épicéas. Elle y vient en cercles parfois très étendus en automne, mais quelquefois on la trouve dès la fin de l'été. Par temps très pluvieux, elle est souvent méconnaissable, parce que la pluie aplatit ses écailles, et on pourrait alors la prendre pour l'une des espèces voisines venant dans les mêmes stations mais qui sont généralement plus robustes, comme par exemple *Tricholoma Batschii* (Tricholome de Batsch). Mais la marge toujours laineuse et les taches rousses des lamelles du Tricholome roux sont des signes qui ne trompent pas.

Quoique *Tricholoma vaccinum* ne soit sûrement pas toxique, la saveur acide et amère de cette espèce n'incite guère à en faire l'essai en cuisine, ce qui, vu son abondance, est bien dommage.

Tricholome tigré

Tricholoma pardinum (tigrinum) Quél.

Tricholome léopard

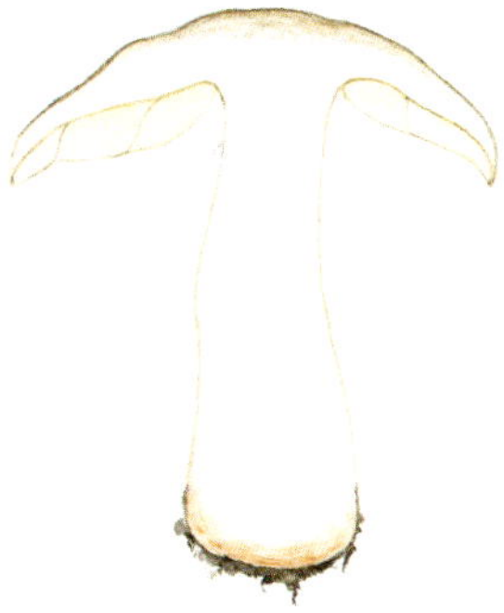

Voici une espèce qu'il faut absolument connaître, surtout si l'on herborise en montagne. Le Tricholome tigré est bien facile à reconnaître. Son **chapeau** atteint de très grandes dimensions et va de 10 à 20 cm de diamètre; arrondi-convexe, il garde un léger mamelon en son centre en s'étalant. Il est de couleur blanche au fond, mais entièrement couvert de flocons, puis de véritables mèches fibrilleuses, beaucoup plus nettes que celles de certaines espèce voisines, d'un brun grisâtre particulier, et qui forment une véritable toison tigrée, d'où son nom. La marge est d'abord enroulée, puis se déroule peu à peu. Elle est finalement très mince, glabre et blanchâtre. Les **lamelles** sont assez grosses, larges, sinuées, serrées, arrondies vers le pied et adnées, crème jaunâtre tirant sur le vert pâle. Elles exsudent souvent au début de grosses larmes de couleur glauque. Le **pied**, relativement petit par rapport au chapeau, est épais de 2 à 3 cm, tendre, striolé, légèrement poilu et blanchâtre. La **chair** est épaisse, de **saveur** douce et d'une **odeur** voisine de la farine et très agréable. La **spore**, de 8 μ, est ovoïde et pointillée. L'**habitat** de cette belle espèce est vaste; elle pousse sur les sols calcaires et vient fréquemment dans les forêts montagneuses, aussi bien de feuillus que de conifères, en été et jusqu'à assez tard en automne. On la trouve aussi poussant en grands cercles dans les hêtraies de la haute Alsace. Elle est sévèrement toxique, au même titre qu'*Entoloma sinuatum* (Entolome livide), et il est prudent de se la faire montrer par un connaisseur afin d'éviter toute erreur, car l'apparition des troubles est très rapide.

Identification

Se reconnaît à son chapeau de grandes dimensions, à ses mèches hérissées brun grisâtre, aux larmes de jeunesse de ses grosses lamelles arrondies vers le pied, adnées et devenant verdâtres, à son pied massif légèrement poilu, à sa chair épaisse et de saveur douce, et à son odeur de farine.

Cette espèce est très toxique. Sans être mortelle, elle provoque des gastro-entérites interminables, des vomissements épuisants, des crampes, des frissons et une grande fatigue. On ne connaît pas sa toxine, et on verra au chapitre des intoxications la description du syndrome (p. 295).

Clitocybe nébuleux

Lepista (Clitocybe) nebularis (Fr.) Harmaja

Petit gris

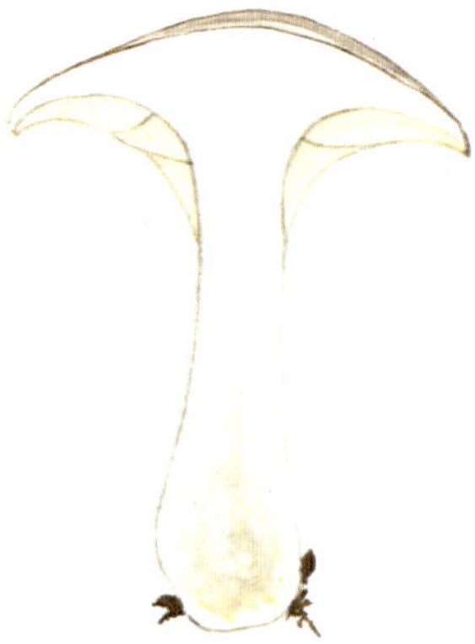

Identification
Espèce bien facile à identifier par son gros chapeau gris régulièrement bombé, puis concave, à ses lamelles décurrentes, serrées et devenant jaunâtres, à son gros pied conique, à sa chair épaisse, blanche et molle, et, surtout, à son odeur spécifique, qu'on peut trouver agréable ou écœurante.

Confusion
Le plus grand nombre des intoxications mineures est du à cette espèce, et 80 % de toutes les intoxications connues ont lieu quand elle est confondue avec Entoloma sinuatum *(Entolome livide, p. 138), qui lui ressemble beaucoup.*

Le **chapeau** de cette espèce peut atteindre 20 cm de diamètre. De forme régulière, il est d'abord convexe plan, puis en coupe, gris clair ou bistré, souvent guttulé, pruineux par le sec, pâlissant avec l'âge, et finalement gris perle. Il est épais au centre, où il est fréquemment infesté de vers. Sa marge est très enroulée, puis étalée. Les **lamelles** sont assez étroites et très serrées, d'abord blanches, puis jaunâtres, adnées au début et enfin décurrentes; elles sont de couleur blanc crème, puis jaunâtre, et se détachent facilement du chapeau. Le **pied** est conique, épaissi à la base, qui est tomenteuse et détient des débris du substrat, de 8 à 10 cm de haut et de 1 à 2 cm d'épaisseur, d'un gris plus clair que celui du chapeau. Il est spongieux, et creux à la fin. La **chair** est épaisse, blanche, molle et humide, de **saveur** douceâtre et exhalant une **odeur** bizarre, à la fois de farine et de moisi. La **spore**, pruniforme, a 8 μ. Cet ancien Clitocybe, dont on a fait un *Lepista*, est commun en automne dans toutes les forêts, aussi bien sous les feuillus que sous les conifères, qui représentent pourtant son **habitat** préféré, et parfois aussi en plein pâturage, en plaine et en montagne. Il vient le plus souvent en cercles bien fournis, qui permettent d'abondantes récoltes. C'est un champignon très populaire, qui, dans l'est de la France, est récolté en masse sous le nom de Petit gris; rares sont les personnes qui supportent son odeur étrange. Il en existe une variété toute blanche, dont l'odeur est encore plus accusée et presque insupportable. Elle est beaucoup plus rare et de taille moindre.

Cette espèce est appréciée par certains amateurs, mais beaucoup de personnes ne peuvent supporter son odeur, à laquelle il est possible d'être allergique. C'est pourquoi nous la rejetons comme espèce comestible. Parfois elle provoque des gastro-entérites; voir le chapitre consacré aux intoxications (p. 295).

Tricholome nu

Lepista (Tricholoma) nuda
(Bull. ex Fr.) Cooke

Pied bleu

Également connu sous le nom de Pied bleu, c'est un des champignons les plus populaires. Son **chapeau** a de 8 à 15 cm de diamètre, voire davantage. Il est absolument glabre, et humide au toucher, d'un violet parfois très vif sur le tour, mais brunâtre au milieu. La marge, enroulée au début, puis redressée, est plus pâle et souvent blanchâtre. Les **lamelles**, sinuées, minces, serrées, un peu décurrentes à la fin, sont d'un superbe violet améthyste et permettent de reconnaître l'espèce, quelle que soit la couleur qu'ait pu prendre son chapeau. Le **pied** est haut de 8 à 12 cm, cylindrique, élastique, tomenteux, poussiéreux, et d'un beau lilas grisâtre. La **chair** est d'un blanc violacé, tendre, humide, de **saveur** douce, et présente une **odeur** légèrement anisée, parfois considérée comme écœurante. La **spore**, de 8 μ, est ovoïde; elle est rosâtre en masse. Cette espèce a un **habitat** très vaste; elle est commune en automne, dans toutes les forêts, surtout de conifères, où elle forme de grands cercles. On la devine à la fin de l'été parce que le mycélium à cette époque apparaît à la surface du sol sous forme d'un feutrage violacé. Il en existe une belle forme entièrement violette. En haute montagne, il arrive que sa saveur soit extrêmement poivrée, au point de la rendre immangeable. Elle y vient dans les pelouses des hauts pâturages. Il arrive qu'on la trouve tout l'hiver quand il ne gèle pas trop fort, et aussi au mois de mai, quand le printemps est à la fois humide et froid. Il semble que des températures basses soient nécessaires à sa fructification.

Identification

Un chapeau brunâtre au centre et violet sur le tour, des lamelles d'un beau violet améthyste, un pied lilas pâle, une chair tendre, d'un blanc lilacé, d'une saveur douce et d'une odeur un peu anisée, signalent cette espèce, ainsi que sa croissance en cercles, surtout sous les conifères.

Confusion

On peut le confondre avec certains Cortinaires de couleur analogue. Mais les Cortinaires ont une cortine, et leurs lamelles, si elles sont violettes au début, tournent rapidement au brun rouillé, alors que celles du Tricholome nu ne changent pas.

C'est un assez bon comestible, quoique son odeur ne plaise pas à tout le monde et qu'il soit un peu laxatif pour les personnes aux intestins sensibles. Le Tricholome nu se prête à toutes sortes de préparations et se conserve également très bien dans le vinaigre ou dans l'huile. En règle générale, il vaut mieux le consommer cuit que cru.

Tricholome sinistre

Lepista (Tricholoma) personata (saevus) (Fr.) Cooke

Identification
Un chapeau largement convexe et charnu, gris-brun, lisse et humide, des lamelles assez serrées et blanchâtres, un pied épais et vêtu de fibrilles d'un bleu violacé, un habitat en cercles dans les prairies en automne définissent suffisamment cette espèce.

Le **chapeau** de cette espèce est large de 8 à 15 cm. Il est épais, convexe, charnu, lisse et humide sans être visqueux, de couleur brunâtre ou gris-beige, sans aucune trace de bleu ni de violet. La marge est légèrement débordante. Les **lamelles**, épaisses et assez serrées, sont blanchâtres avec un léger reflet rosé. Elles touchent à peine le pied. Le **pied** lui-même, mesurant de 8 à 10 cm de haut et ayant de 1 à 2 cm d'épaisseur, est vêtu de fibrilles d'un bleu violacé plus ou moins foncé mais qui sont souvent si pâles qu'on les distingue difficilement. Et cette teinte est purement extérieure, car l'intérieur du pied est tout blanc. La **chair**, généreuse, est tendre et humide, de **saveur** douce et d'**odeur** faible. La **spore** mesure 7 μ sur 5. Si le Tricholome nu (ou Pied bleu) classique est un hôte à peu près exclusif des forêts, celui-ci n'a son **habitat** que dans les prairies calcaires, dans les pâtures, où il forme des cercles souvent étendus, mais presque toujours irréguliers, se réduisant souvent à des lignes en zigzag de tracé aventureux. C'est une espèce très tardive, qu'on ne voit guère avant la fin du mois d'octobre, et tout le long du mois de novembre si les gelées ne sont pas trop sévères. C'est un bon comestible, malgré son odeur un peu sauvage à la cuisson, et qui permet de belles récoltes à une saison où les gros champignons deviennent rares. Une de ses stations préférées semble être les prés établis sur les alluvions anciennes le long des rivières. Mais, comme c'est le cas de toutes les espèces du même habitat, l'usage des engrais chimiques le détruit irrémédiablement.

C'est un bon comestible, mais qui demande à être relevé par de généreux assaisonnements, car il dégage en cuisant une odeur sauvage qui ne plaît pas à tout le monde et qu'il est préférable de masquer.

Clitocybe en touffe

Lyophyllum connatum
(Schum. ex Fr.) Singer

Clitocybes jumeaux

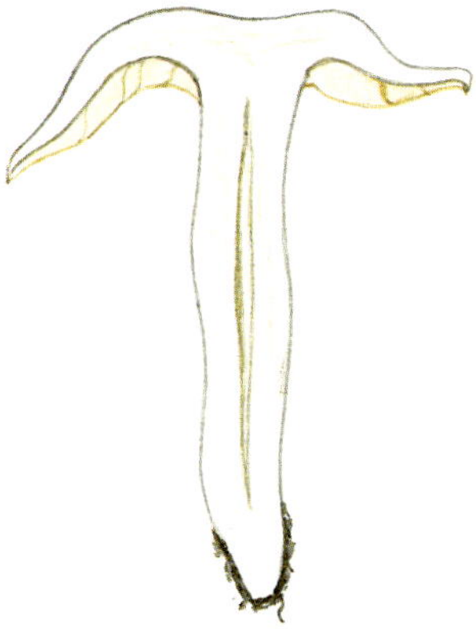

Ce fut longtemps un Clitocybe *(Clitocybe connata)*, mais on l'a versé dans le genre *Lyophyllum* à cause de certaines particularités chimiques qui n'avaient pas encore été remarquées et qui ont justifié ce changement. Cette espèce se présente d'habitude en touffes très denses, souvent d'une trentaine d'individus. Le **chapeau** de chacun a de 8 à 16 cm de diamètre. Il est convexe, lisse, tout blanc et comme glacé, se déprimant à peine avec le temps. Les **lamelles** sont arquées, adnées ou un peu décurrentes, espacées, d'abord d'un blanc glauque, puis crème. Le **pied** est curieusement gonflé, creux, et il se fend facilement dans le sens de sa longueur, qui est de 6 à 15 cm, avec un diamètre très variable. Il est comme couvert de farine dans le haut. Bien que naissant en touffe, chaque pied pousse verticalement, parallèlement aux autres pieds. La **chair** est blanche (mais devient violet foncé — preuve de sa comestibilité — quand on la frotte avec de la poudre de sulfate de fer), élastique, ferme, et dégage une **odeur** qu'on dit spiritueuse, mais qui évoque plutôt celle de la fleur de trèfle blanc. Sa **saveur** est absolument douce. Sa **spore**, de 6 μ, est ovoïde. Son **habitat** favori est constitué par les forêts de conifères des montagnes, où ses grosses touffes d'un blanc éclatant s'organisent en cercles impressionnants, mais on le trouve aussi sous les feuillus. On peut également le rencontrer en se promenant au bord des routes. Il est beaucoup plus fréquent dans les terrains siliceux que sur terrain calcaire, et il se récolte en été et en automne, plus particulièrement dans les endroits humides.

Identification
Les grosses touffes de ce champignon au chapeau convexe et d'un beau blanc glacé, ses pieds gonflés et creux poussant parallèlement les uns aux autres, sa saveur douce et son odeur aromatique font reconnaître immédiatement cette remarquable espèce.

Cette espèce, assez rare, mérite la récolte et la cuisson. Elle se prête à toutes les préparations. Quand on le peut, on doit la préparer seule (en rejetant le pied fibreux) pour bien apprécier son arôme particulier.

Tricholome de la Saint-Georges

Calocybe (Tricholoma) gambosa (georgii)
Fr. Donk

Mousseron de printemps,
Mousseron vrai, Avrilet

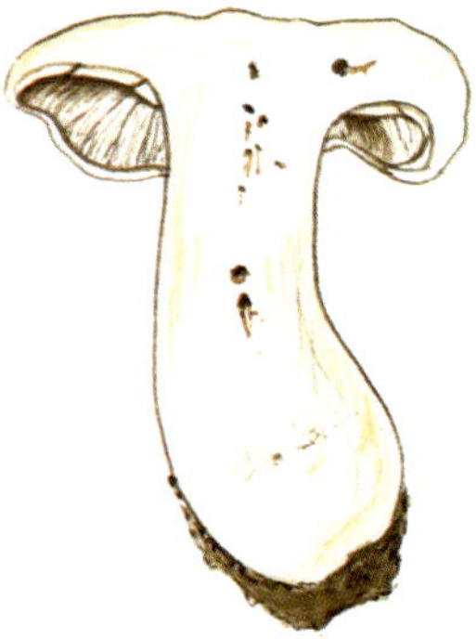

Identification
Se reconnaît à son chapeau épais et charnu, variant du blanc au brun clair, à ses lamelles serrées et blanches, à sa chair épaisse et blanche, à son pied épais et charnu.

Confusion
On peut le confondre avec Agaricus campester *(Agaric des champs, p. 78),* Inocybe Patouillardi *(Inocybe de Patouillard, p. 157). Voir* Confusions, *p. 277.*

Cette espèce présente un **chapeau** de 8 à 15 cm de diamètre, glabre, humide, bombé, épais, à marge recourbée en dessous, tantôt tout blanc, tantôt crème, tantôt brun couleur de croûte de pain. Les **lamelles** sont blanches, puis crème, minces et très serrées, droites, émarginées. Le **pied** est épais de 1 à 3 cm, tout blanc, et hérissé de filaments mycéliens à la base. La **chair** est parfaitement blanche, tendre et ferme à la fois, d'une **saveur** agréable, et elle exhale une **odeur** qu'on compare à celle de la farine fraîche, mais mêlée à un parfum de fleurs indéfinissable, peut-être rappelant un peu celui du jasmin. La **spore**, de 6 à 8 μ, est ovoïde, légèrement piquetée. C'est une espèce printanière, qui se montre en avril-mai, mais parfois avec un regain en juillet et une autre poussée, mais rare celle-là, en octobre. Ce « Mousseron » (c'est le seul champignon qui puisse officiellement porter ce nom) peut se trouver au milieu des prés, où il dessine de beaux cercles verts, mais le plus souvent son **habitat** se situe le long des haies ou en lisière des bois, parfois en pleine forêt, mais toujours en terrain calcaire, et aussi bien en plaine qu'en haute altitude. Il arrive dans certains cercles qu'ils soient si serrés qu'ils se déforment les uns les autres. Quand on en trouve d'importants cercles serrés, il permet de magnifiques récoltes.

C'est un délicieux comestible et, selon beaucoup de mycologues, le meilleur de tous les champignons. Pour mieux l'apprécier, il mérite d'être cuit seul : mettez-le dans une poêle avec un peu de beurre; il se couvrira bientôt de son eau de végétation, que vous laisserez s'évaporer. Vous lui ajouterez ensuite un peu de crème fraîche battue avec un jaune d'œuf, et c'est tout.

Tricholome noir et blanc

Melanoleuca melaleuca (Pers. ex Fr.) Maire

Mélanoleuque noir et blanc, Tête noire

Cette espèce appartenant au genre *Melanoleuca*, formé d'espèces plutôt élancées, est le type même d'une série dont beaucoup sont de détermination assez difficile. Celle-ci est bien caractérisée par un **chapeau** convexe plan, légèrement mamelonné, de 5 à 12 cm de diamètre, absolument glabre, humide, roux, brun ou bistre, pâlissant par le sec, où il devient brillant, avec toujours son mamelon plus foncé et souvent presque noir. Les **lamelles** sont émarginées, très serrées, planes et d'un blanc pur. Le **pied**, de 8 à 10 cm de haut et de 1 cm de diamètre, est élastique, strié souvent de brun sur un fond blanchâtre, plein, blanc à l'intérieur, mais avec souvent une chair plus foncée à la base, qui est élargie, et terminée par de nombreux filaments mycéliens. La **chair** est blanche, molle, douce, grisonnant à la fin. Elle répand une **odeur** à la fois farineuse et un peu écœurante. Sa **saveur** est sans intérêt. La **spore**, de 8 μ, est elliptique, hérissée de petites pointes. On trouve cette espèce communément à la fin de l'été et en automne ; elle a son **habitat** aussi bien dans les prairies que dans les bois de feuillus, où elle vient soit par petits groupes, soit parfois en cercles assez étendus. Elle est comestible, mais assez peu recherchée, car sa chair devient très molle à la cuisson et son odeur ne plaît pas à tout le monde. Son intérêt est de donner surtout une bonne idée d'un genre qui pose à l'amateur de grandes difficultés, car il semble qu'il y ait entre les espèces déjà décrites beaucoup de formes qui font entre elles une sorte de chaîne, qui rend souvent leur détermination exacte très aléatoire, mais il s'agit d'espèces inoffensives.

Identification
Se reconnaît à son chapeau sombre, mamelonné, brun noirâtre sur le mamelon, à ses lamelles d'un blanc pur, à son pied blanc, strié le plus souvent de traces brunâtres et presque toujours brun à l'intérieur à la base, à sa chair molle et à son odeur un peu écœurante.

Cette espèce est mangeable, mais ce n'est pas un comestible de premier choix. Il sera bon de la mélanger avec des espèces plus savoureuses pour la rendre acceptable, ou de l'assaisonner fortement pour lui donner un goût qu'elle n'a pas.

Clitocybe géotrope

Clitocybe geotropa (Bull. ex Fr.) Quél.

Tête de moine, Mousseron d'automne

Identification
Très facile à reconnaître à sa grande taille, à sa curieuse croissance qui va de la forme « bouchon de champagne » à un vaste entonnoir, à son mamelon persistant, à ses lamelles décurrentes, à sa couleur paille, à son odeur si particulière et à sa croissance en cercles étendus.

Confusion
Son éventuelle confusion avec la mangeable Lepista nebularis *(Clitocybe nébuleux, p. 108) n'est pas trop grave, mais avec la toxique* Entoloma sinuatum *(Entolome livide, p. 138), c'est dangereux. Voir* Confusions, *p. 280.*

Qui voit ce Clitocybe à l'état naissant et le voit développé peut à peine croire qu'il s'agit de la même espèce. En effet, au début, il se présente comme un gros **pied** presque sphérique, surmonté d'un chapeau minuscule et pointu, ce qui lui a valu un de ses noms vulgaires. Mais, bientôt, le pied s'élance, atteint de 10 à 15 cm de haut. Il est conique et mesure de 2 à 3 cm de diamètre à la base, et 1 cm en haut. A la fin, il devient élastique, cortiqué, fibrilleux, et de la même couleur que le chapeau. Le **chapeau** s'étale alors largement et peut atteindre 20 cm de diamètre, en conservant toujours un fort mamelon en son centre. Il est de couleur jaune paille, ou couleur de cuir, pâlissant par le sec. La marge, mince, est d'abord enroulée, puis se déploie peu à peu. Elle est au début légèrement poilue et pruineuse. Les **lamelles** sont longuement décurrentes, serrées, blanc crème à reflet incarnat, et chatoyantes quand on fait tourner le champignon à la lumière. La **chair** est blanche, ferme, de **saveur** douce, et elle exhale une **odeur** très agréable de foin coupé ou de lavande. Les **spores** sont piriformes, de 5 à 7 μ. Cette espèce a son **habitat** dans les pâturages calcaires et dans les forêts de conifères des montagnes, où elle forme des cercles parfois immenses. La fructification est tardive, en octobre-novembre, et elle est souvent surprise par les gelées. Récoltée jeune, cette espèce est de qualité excellente. Quand elle est plus développée, son parfum devient moins agréable et sa chair devient fibreuse et coriace.

Le Clitocybe géotrope, cueilli jeune, à l'état de « tête de moine », est délicieux et se prête aux mêmes préparations que le Tricholome de la Saint-Georges (ou Mousseron de printemps). Évitez les vieux exemplaires, car ils sont particulièrement coriaces et filandreux.

Clitocybe à pied en massue

Clitocybe clavipes (Pers. ex Fr.) Kummer

Clitocybe des pins

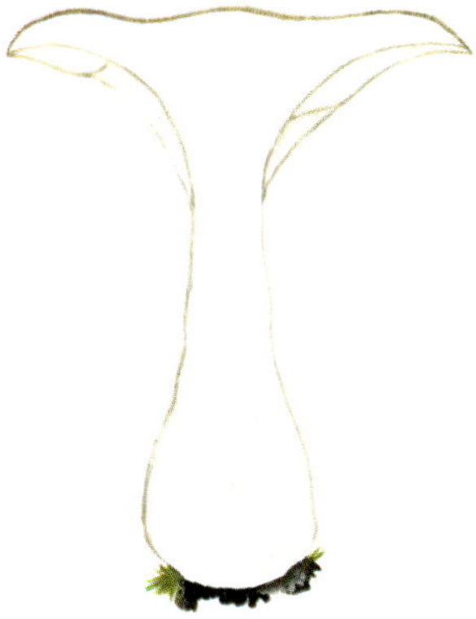

C'est un Clitocybe modeste, dont le **chapeau** a de 6 à 12 cm de diamètre au plus. Il est d'abord campanulé, puis plan, en gardant un mamelon arrondi en son centre. Il paraît lisse, mais sous la loupe il se montre chagriné et même parfois orné de petites mèches apprimées. Sa couleur est d'un gris cendré, mais son centre est plus foncé et va jusqu'au bistre noirâtre. Ses **lamelles** sont très décurrentes, larges, espacées, blanches ou jaune très pâle. Le **pied** est très caractéristique, blanc, spongieux, conique, largement épaissi à la base, et presque toujours un peu de travers, c'est-à-dire que sa base est régulièrement déportée sur un côté. C'est là le signe qui permet de distinguer cette espèce presque à coup sûr. Ce pied est de couleur bistre pâle, fibrilleux, et velu vers la base. La **chair** est d'un blanc teinté de bistre, molle, douce, et elle répand une **odeur** suave très particulière, rappelant un peu celle de la cannelle. La **spore**, de 7 μ sur 4, est ellipsoïde. Cette espèce a son **habitat** çà et là dans les forêts de feuillus et de conifères, surtout en terrain calcaire. On la trouve, par petites troupes, en été et en automne. Elle semble bien ne pas paraître tous les ans. On n'est pas très fixé sur sa comestibilité, mais elle n'est sûrement pas toxique, car elle doit être souvent confondue avec *Lepista nebularis* (Clitocybe nébuleux), dont elle semble un peu une miniature, et on ne lui attribue aucun accident. En tout cas, les flores classiques sont muettes sur ses propriétés, peut-être parce que le Clitocybe à pied en massue n'est pas assez commun pour avoir tenté les mycophages.

Identification

Se reconnaît à son chapeau bombé, gris et très foncé en son centre, à ses lamelles peu serrées et très décurrentes, à son pied caractéristique terminé en massue et déjeté, à sa chair molle d'un blanc bistré, et à son parfum spécial rappelant celui de la cannelle.

On semble ne posséder aucun renseignement sérieux sur les propriétés alimentaires de ce Clitocybe. Il est très probablement comestible, mais on ne peut en dire davantage. Son parfum agréable, très proche de celui de la cannelle, donnerait toutefois envie de l'essayer.

Clitocybe en entonnoir

Clitocybe gibba (infundibuliformis) (Pers. ex Fr.) Kummer

Clitocybe bossu

Identification
Se reconnaît à sa petite taille, à sa forme en entonnoir du champignon adulte, à sa couleur chamois, à son mamelon central, à ses lamelles très décurrentes, serrées mais peu larges, à sa chair blanche, douce et parfumée. Son habitat parmi les feuilles mortes ou les aiguilles aide également à l'identifier très facilement.

Ce petit Clitocybe est sans doute le plus commun du genre. Son **chapeau**, d'un diamètre de 5 à 9 cm tout au plus, est très mince, toujours mamelonné au centre, pointu d'abord, puis en entonnoir. Sa couleur est très fidèle, chamois clair, nuancé d'incarnat et pâlissant un peu par temps sec. La marge est mince, régulière ou lobée. Les **lamelles** sont très décurrentes et font de cette espèce le type *Clitocybe* parfait. Elles sont serrées, pas très larges, blanches, puis passent à l'incarnat jaunâtre. Le **pied** est relativement court, de 3 à 5 cm de haut et de 5 mm de diamètre, spongieux, élastique, grêle, renflé et cotonneux à la base. Le haut du pied est presque de la même couleur que le chapeau. La **chair** est assez tenace, molle et élastique à la fois, blanche, de **saveur** douce, et elle exhale une **odeur** voisine de celle de *Clitocybe geotropa* (Clitocybe géotrope), mais moins accusée. La **spore** est ovoïde sphérique, pointillée, et mesure 7 μ. L'**habitat** de cet aimable Clitocybe est très vaste. Sur tous les continents, on le rencontre très communément dans toutes les forêts de conifères et de feuillus, de l'été à l'automne, chaque fois que la couche des feuilles ou des aiguilles est bien mouillée par la pluie. C'est en effet un saprophyte absolu, qui ne vit que de la substance des feuilles ou des aiguilles tombées, qu'il enveloppe du feutrage léger de son mycélium. Malgré sa minceur, c'est un comestible agréable, surtout quand il est encore jeune. Ce dernier point vaut d'ailleurs pour tous les Clitocybes, car ils deviennent fibreux en vieillissant et, en même temps, prennent une odeur forte et peu agréable.

Comme cette espèce est souvent très commune avant que d'autres, plus charnues, ne se soient montrées, elle offre au récolteur un intérêt certain, surtout quand elle est encore jeune. Il faut en éliminer le pied, qui est fibreux et coriace. Contrairement à beaucoup d'autres champignons, le Clitocybe en entonnoir demande une cuisson prolongée en raison de sa chair un peu coriace.

Clitocybe rouge brique

Clitocybe sinopica (Fr. ex Fr.) Kummer

C'est une espèce à peine moyenne et de présentation variable selon le lieu de récolte. Le **chapeau** est d'abord bombé, puis presque plan, et enfin en entonnoir; il est rarement régulier, souvent lobé-ondulé, et ne dépasse guère 6 cm de diamètre; sa couleur est assez uniforme : roux croûte de pain à brique ocre, et sa surface est lisse sur l'adulte. Les **lamelles** sont décurrentes, parfois fourchues ou irrégulières, d'une couleur crème jaunâtre qui tranche sur le chapeau et le pied. Le **pied** est très variable en forme et en dimensions. Le plus souvent il est court, mince (0,5 cm environ) et de la même couleur que le chapeau, mais dans certaines récoltes, il peut aussi bien être plus ou moins long, tordu ou comprimé, voire bifurqué et porter deux chapeaux. La **chair** est tendre dans le chapeau et fibreuse dans le pied, blanche à l'intérieur et roussâtre vers la surface; elle dégage une agréable **odeur** de farine qui est le trait le plus caractéristique de l'espèce. La **spore** est elliptique, mesure 7 à 8,5 μ, lisse, et la sporée est blanche. C'est une espèce relativement rare et peu connue. Son **habitat** est varié, mais il n'a pas encore été étudié sérieusement; néanmoins, on sait qu'elle a deux préférences marquées : d'une part, les places brûlées parfois depuis de nombreuses années; et d'autre part, les pinèdes sablonneuses. Mais on peut aussi la rencontrer sous les feuillus de plaine ou les épicéas de haute montagne. Son époque d'apparition est souvent double en plaine, où l'on peut observer une poussée de printemps en avril-mai, puis, plus rarement, une seconde en octobre, alors qu'en altitude elle apparaît surtout vers août-septembre. Ce sont les pluies qui conditionnent sa poussée apparemment fantasque. Cette espèce passe pour comestible, mais, vu sa rareté relative, on manque de données sérieuses à ce sujet. Pour l'amateur, sa rencontre sera donc plus une découverte botanique que la perspective d'un bon plat.

N'ayant que peu de renseignements sur ce Clitocybe, qui, vraisemblablement, est tout à fait inoffensif, et bien qu'il jouisse d'un préjugé favorable, on s'abstiendra de le consommer. Il est exceptionnel de le rencontrer.

Identification

Parmi les Clitocybes, dont elle possède le caractère essentiel — les lamelles décurrentes —, on reconnaîtra cette espèce à sa couleur rougeâtre brique, à sa chair tendre dans le chapeau et fibreuse dans le pied, blanche en son intérieur et roussâtre en surface, et surtout à son odeur de farine.

Confusion

Cette espèce de Clitocybe est très voisine de Clitocybe gibba *(Clitocybe en entonnoir, p. 116), dont elle a la taille et le port, mais sa couleur nettement plus foncée, sa forme, qui est le plus souvent irrégulière, et son odeur de farine l'en distinguent aisément.*

Clitocybe blanc d'ivoire

Clitocybe dealbata
(Sow. ex Fr.) Kummer

Identification
Se reconnaît à son petit chapeau plat, blanc grisâtre, glacé, à ses lamelles blanchâtres, minces et serrées, à son pied court, élastique et recourbé vers la base. Sa silhouette est si caractéristique qu'on ne l'oublie pas quand on a vu une fois cette espèce.

Confusion
On la confond le plus souvent avec Camarophyllus niveus *(Hygrophore blanc de neige, p. 144), qui croît dans les mêmes stations. Mais celui-ci a de grosses lamelles, épaisses, écartées et toutes blanches. Et il ne présente jamais ce glacé particulier sur le chapeau.*

C'est une petite espèce dont le **chapeau** va de 3 à 6 cm de diamètre au plus. Il est d'un blanc sale, un peu translucide et souvent recouvert d'une sorte de glacé blanc et brillant par le sec. Il présente le plus souvent sur les bords, qui sont retroussés, des zones un peu plus foncées et tirant sur le roux. Les **lamelles** sont adnées, serrées, minces et d'un blanc grisâtre. Le **pied** est court, de 2 à 3 cm de haut pour 5 mm de diamètre, farci, puis fistuleux, tenace, recourbé vers la base, farineux au sommet, blanchâtre, passant au roux avec le temps. La **chair** est mince, blanche, de **saveur** douce et à **odeur** de farine assez agréable. La **spore** est ovoïde allongée, de 5 à 6 μ. Cette espèce a son **habitat** dans les prairies, où on la trouve à la fin de l'été et en automne ; elle se montre le plus souvent en petits cercles, également dans les pelouses et dans les bruyères. Elle est très toxique, et l'empoisonnement qui lui est dû provoque des sueurs d'une surabondance prodigieuse, ainsi que des troubles oculaires et cardiaques impressionnants. Sa toxicité est due à la muscarine, dont elle contient une forte proportion. Curieusement, si elle n'est pas mortelle pour l'homme, qu'elle rend seulement bien malade, elle est mortelle pour les chats. Il est donc recommandé de bien apprendre à la reconnaître, car elle provoque chaque année des accidents spectaculaires. Sa petite taille n'incite pas à y voir malice, mais il faut apprendre à s'en méfier quand on récolte en particulier les petits Hygrophores blancs de l'arrière-automne, qui peuvent se montrer en même temps. On l'appelle aussi Clitocybe à sueur et Clitocybe des bords des chemins.

Espèce à intoxication muscarinienne qui se manifeste par d'énormes sueurs, par des troubles oculaires, nerveux et cardiaques passagers. S'accompagne également de troubles gastro-intestinaux souvent violents. Voir le chapitre sur les intoxications (p. 295).

Agaric tricholome

Ripartites tricholoma
(A. et Sch. ex Fr.) Karst.

Faux Tricholome

C'est un champignon très modeste et qui passe le plus souvent inaperçu. Son **chapeau** ne dépasse pas 3 ou 4 cm de diamètre. Il est convexe, bossu, blanc paille, à la fin déprimé en forme de coupe. Il est d'abord un peu visqueux, mais sèche rapidement et devient velouté, avec une marge hérissée de poils blancs qui le font reconnaître tout de suite. Les **lamelles** sont nombreuses, pâles, légèrement ocracées, adnées, décurrentes, serrées et étroites. Le **pied**, de 5 à 8 cm de haut sur 5 mm de diamètre, est plein, cylindrique, légèrement écailleux, blanc mais rougissant par places. La **chair** est blanchâtre, sans **odeur** ni **saveur** particulières. La **spore** est ovoïde et mesure de 4 à 5 μ. Cette espèce a un assez vaste **habitat** mais pousse presque toujours isolée, çà et là dans les bois de feuillus, où on la rencontre en été et en automne. On n'a aucun renseignement sur sa comestibilité. Elle est sûrement inoffensive. Cette espèce a eu une curieuse carrière. Elias Fries en avait fait un Inocybe, Lucien Quélet un Paxille, Jean-Baptiste François Bulliard une Flammule, jusqu'à ce que P.-A. Karsten, au vu de ses spores ocre, ait créé pour elle toute seule le genre *Ripartites*, dans lequel sont venues se ranger ensuite deux autres espèces aux caractères analogues. Ces changements font toucher du doigt la difficulté qu'on rencontre en mycologie dans la définition de la notion de genre, qui bien souvent reste tout à fait aléatoire. Mais dans le cas présent, le genre nouveau présente assez de caractères propres pour être considéré comme tout à fait légitime.

Identification
Se reconnaît à son chapeau blanc, plan, hérissé de poils sur la marge, à ses lamelles décurrentes, serrées, étroites, blanches devenant ocre, à son pied cylindrique blanc, mais rougissant par places, à son absence d'odeur, et, surtout, à ses spores ocre.

On ne sait rien sur la comestibilité de cette espèce, qui n'est pas assez commune ni assez charnue pour avoir jamais tenté les gastronomes. Ce champignon est peut-être tout à fait inoffensif, mais mieux vaut s'abstenir.

Laqué améthyste

Laccaria amethystina
(Bolt. ex Hooker) Murr.

Laqué violet, Clitocybe laqué

Identification
On reconnaîtra cette espèce entre toutes à sa silhouette mince et élancée, à son petit chapeau campanulé d'un beau violet pâlissant, à ses lamelles très larges, espacées et violettes, à son pied fibreux, allongé et de la même couleur, et à sa chair mince, violette et de bonne odeur.

Les Laqués comprennent une série de champignons qui ne diffèrent guère entre eux que par la couleur, du moins à l'œil nu. Cette espèce-ci a un **chapeau** campanulé, de 3 à 4 cm de diamètre, souvent ombiliqué, mince, strié par transparence par la marque des lamelles, non pas lisse mais légèrement velu ou méchuleux à la loupe, d'un beau violet franc et foncé quand il est humide, et blanchissant quelque peu par temps sec. Ses **lamelles** sont larges, espacées, épaisses, crénelées sur les bords, violettes, et elles touchent largement le pied. Le **pied**, proportionnellement, est assez long et peut avoir de 8 à 10 cm de long. Il est mince, de 5 mm de diamètre, fissile, creux à la fin, fibreux, d'aspect farineux, de la même couleur que le chapeau. La **chair** est très mince, violette, de **saveur** douce et de bonne **odeur.** La **spore**, ovale, a 8 μ de long. C'est une espèce assez commune ; comme **habitat**, il lui faut un terrain acide, ou le terreau et la mousse des sapinières. Il arrive alors qu'elle s'y montre en masse compacte ; dans ce cas, et malgré sa petite taille, il vaut la peine d'en tenter la récolte, car ces Laqués sont de bons comestibles et de saveur agréable. On la trouve en été et en automne. Une espèce voisine, *Laccaria laccata*, qui lui est exactement semblable, sinon qu'elle est de couleur rose rougeâtre, est de la même qualité, mais peut-être un peu plus fréquente. Les anciens mycologues avaient fait de cette espèce tantôt un Clitocybe, tantôt une Omphale, tantôt une Collybie. Ce sont ses particularités microscopiques qui ont conduit finalement à créer pour leur ensemble le genre *Laccaria*, qui est maintenant devenu très classique.

En éliminant le pied, qui est coriace, c'est un champignon de saveur fine et de consistance plaisante. Il faut le récolter avec précaution, car son chapeau est fragile. Entassés en vrac, ces Laqués se réduiraient en une bouillie peu appétissante. Il est préférable de partir à la cueillette avec plusieurs petits paniers plutôt qu'avec un seul grand.

Armillaire couleur de miel

Armillariella (Armillaria) mellea
(Vahl ex Fr.) Karst.

Tête de méduse, Pivoulade

C'est un champignon bien remarquable par sa croissance en touffes puissantes au pied des arbres. Son **chapeau** va de 8 à 20 cm de diamètre dans les formes géantes. Il est de forme convexe, avec un mamelon obtus en son centre, de couleur fauve, qui peut varier à l'ocracé plus ou moins foncé. Il est parsemé de fines mèches brunes appliquées et plus ou moins serrées selon les exemplaires. Les **lamelles** sont blanches, serrées, décurrentes, puis elles se couvrent de petites taches de la couleur du chapeau. Le **pied** est élastique, fibreux, souvent épaissi à la base, et il porte en haut un **anneau** membraneux tantôt solide, tantôt fugace. Dans certaines formes, il est bordé de flocons jaune vif très épais. La **chair** est blanche, floconneuse, de **saveur** un peu acide et d'**odeur** faible. La **spore**, de 8 μ, est ellipsoïde. Cette Armillaire, très commune, a son **habitat** sous les conifères et sous les feuillus, où on la trouve en été et en automne (elle marque la fin de la saison dans les bois), en touffes souvent énormes, au pied des vieux arbres, au pied des pommiers, qu'elle parasite et fait périr, car ses lanières mycéliennes noirâtres s'insinuent entre l'aubier et l'écorce, si bien qu'elle se détache et que l'arbre meurt. Mais elle vient aussi bien sur les souches mortes ou sur les branches tombées, et elle est parfois solitaire. Il est probable que c'est une « espèce collective » dont toutes les formes n'ont pas encore été dénombrées.

Cette espèce comestible est très appréciée, parfois même plus que le Cèpe, dans l'est de l'Europe, mais elle est négligée chez nous. Il est recommandé de la consommer jeune et *d'éviter de la manger crue car elle serait toxique.* Sa chair devient noirâtre à la cuisson ; il est préférable de n'utiliser que celle du chapeau et du haut du pied, celle du bas étant fibreuse et dure. Il semble que sa meilleure préparation soit de la confire au vinaigre comme les Chanterelles, en éliminant la totalité du pied, dont la chair est trop coriace.

Identification

Elle pousse en touffes, au pied des arbres vivants ou morts. Chapeau de 8 à 20 cm de diamètre, ocracé, couvert de mèches brunes appliquées, lamelles blanches et décurrentes, se tachant de roux. Pied fibreux, portant un anneau blanc et floconneux, souvent fugace.

Confusion

On ne peut guère confondre cette espèce qu'avec Pholiota squarrosa *(Pholiote écailleuse,* *p. 168**), qui vient aux mêmes endroits, mais qui est jaune vif et hérissée de grosses mèches brunes.*

Tricholome rutilant

Tricholomopsis rutilans
(Schaeff. ex Fr.) Singer

Identification
On reconnaît aisément le Tricholome rutilant. Son chapeau jaune soufre ou or, parsemé, surtout au centre, de mèches pourpres ou rouge vif, enroulé au bord chez les jeunes, son pied cylindrique et épais, jaune et mou, ses lamelles ordinairement jaunes, parfois bordées de rouge en haute montagne, sont si caractéristiques qu'il n'est pas possible de le confondre avec une autre espèce. Son habitat exclusif sur les souches de conifères, en fin d'été et en automne, est également un repère sûr.

Cette espèce, d'une couleur superbe, jaune d'or, parfois pourpre sombre, attire immédiatement l'attention. Son **chapeau** a de 8 à 15 cm de diamètre et ne présente pas de cortine. Au centre, il est de forme largement convexe et s'aplatit légèrement sur les bords. De couleur jaune soufre pâle ou jaune d'or, il est entièrement moucheté de mèches granulées et de fibrilles serrées purpurines du plus bel effet. Le **pied,** haut de 8 à 10 cm, de même teinte que le chapeau, ne présente ni volve ni anneau. Il est épais de 1 à 2 cm, trapu, charnu, mou, flexible et orné vers le haut de flocons purpurins. Les **lamelles,** non décurrentes, échancrées, sont serrées, sinuées, adnées, sulfurines, avec une arête épaisse et floconneuse. Chez certains *Tricholomopsis* venant en haute montagne sur les souches de conifères, cette arête est bordée de rouge. La **chair**, assez épaisse, jaune, est molle, humide et de **saveur** amère. La **spore** sphérique, très petite, ne dépasse pas 4 μ de diamètre. On a séparé ce *Tricholomopsis* des Tricholomes vrais pour des raisons anatomiques, mais il a tout à fait la silhouette classique de cette espèce. Il a son **habitat** sur les souches de bois mort des conifères, des pins et des épicéas, et croît aussi bien en plaine qu'en montagne à la fin de l'été et en automne. Il arrive, notamment en montagne, de rencontrer des exemplaires de taille exceptionnelle. C'est toujours une trouvaille agréable et amusante. Les traités classiques donnent cette espèce comme toxique. Selon toute vraisemblance, il n'en est rien mais, de toute façon, son amertume la rend immangeable. Sa seule utilité est de contribuer à faire disparaître les vieilles souches que son mycélium digère et transforme en terreau.

Ce Tricholome, parfois classé parmi les Pleurotes, est considéré, sans doute à tort, comme suspect. En tout état de cause, son amertume le rend sinon impropre à la consommation du moins de peu d'intérêt culinaire.

Armillaire impériale

Catathelasma imperiale (Fr.) Singer

C'est une des espèces les plus curieuses de nos régions. Son **chapeau**, souvent énorme, atteint de 10 à 20 cm de diamètre, voire davantage. Il est très épais, chamois, brillant, couvert de plaques membraneuses blanc crème. La marge, complètement enroulée dans le jeune âge, se déploie progressivement. Le **pied** est épais de 2 à 4 cm, pointu et radicant; sa base est profondément enfoncée dans le sol au point que, souvent, on ne voit apparaître que la surface du chapeau. Sa principale caractéristique réside dans la présence d'un double **anneau**. L'anneau supérieur, retombant, ample, épais, se sépare du bord du chapeau au cours de sa croissance. L'anneau inférieur, plus étroit, brun, est le reste d'un voile général, presque semblable à une volve, qui entourait tout le champignon à l'état naissant. Les **lamelles** sont très décurrentes, blanches puis ocre clair. La **chair** est ferme, pesante, très blanche. Elle dégage une **odeur** puissante et peu agréable de concombre, et sa **saveur** est amère. La **spore**, fusoïde, a de 11 à 14 μ de long. L'**habitat** de cette espèce, autrefois considérée comme très rare, se trouvait exclusivement sous les épicéas de montagne, de préférence en terrain calcaire. Mais, depuis que cet arbre a été planté en plaine, on la rencontre fréquemment, principalement sous les jeunes plantations, quand les sujets ont une vingtaine d'années; après quoi, cette Armillaire disparaît. Elle se montre à la fin de l'été, quand il fait encore chaud. Les premiers froids arrêtent sa croissance. La prestance aussi bien que l'architecture remarquable de cette espèce lui ont valu son nom d'« impériale ».

Identification

Jeune, l'Armillaire se présente comme une masse ovoïde sortant à peine de terre. C'est pour cette raison qu'on l'appelle en Vénétie « Champignon pomme de terre ». Adulte, son allure monumentale, sa marge enroulée, ses deux anneaux, ses lamelles décurrentes, son pied ventru au centre et pointu à la base, son odeur de concombre suffisent pour la reconnaître, d'autant qu'elle pousse exclusivement sous les épicéas, tant en plaine qu'en montagne.

La fermeté de sa chair, son âcreté et son odeur bizarre bannissent l'Armillaire impériale de toute recette culinaire. La vente de cette espèce est interdite en Suisse, où elle aurait provoqué quelques désordres intestinaux.

Collybie du chêne

Collybia dryophila (Bull. ex Fr.) Kummer

Collybie de toute saison, Marasme du chêne

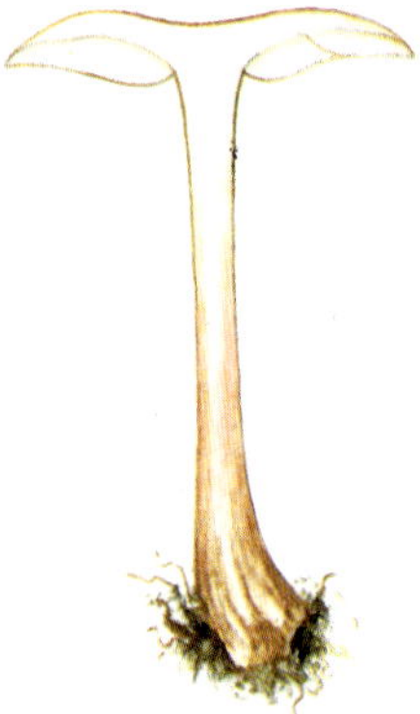

Cette Collybie est un fin champignon à la silhouette légère et élégante. Son **chapeau** a de 2 à 4 cm de diamètre au plus. Il est à peine convexe, voire plat ou déprimé. Sa couleur varie du brun au roux, et vire à l'ocre clair et même au blanc selon les stations et l'état de l'atmosphère. Il est absolument lisse et dépourvu de tout ornement tels que poils ou écailles. Le **pied** est cylindrique, fluet, striolé, tenace, brillant, jaune vif ou fauve. Les **lamelles** sont minces, blanches virant au crème, très serrées, sinuées ou adnées. La **chair** est mince et blanche ; par temps pluvieux, elle est cendrée ou jaunâtre. Son **odeur** est assez puissante et agréable et sa **saveur** prononcée bien que douce. La **spore**, blanche, prunéiforme, est de 7 μ. Malgré son nom, l'**habitat** de cette espèce n'est pas exclusivement sous les chênes, car on la trouve de préférence sous les sapinières, dont elle colonise en masse les aiguilles tombées. On la trouve pratiquement en toute saison pourvu qu'il pleuve, car ce sont les précipitations qui provoquent ses levées. On la voit souvent apparaître dès les premières annonces du printemps et elle survit encore très tard en automne. Il existe une variété de Collybie plus rare, à chapeau jaune doré, et une autre dont le pied se gonfle à la base en une sorte de petit bulbe très caractéristique. Les mycologues modernes hésitent encore sur la position générique de cette espèce ; on peut en effet aussi bien la ranger dans les Marasmes, entre autres à cause de son chapeau fort mince et peu putrescible. C'est, au fond, une affaire de sentiment.

Identification
Se reconnaît à sa petite taille, à sa fragile élégance, à sa couleur variant du blanc au fauve, à ses lamelles blanches, à son pied grêle, coriace et lisse. Son habitat est un facteur d'identification plus complexe puisque ce champignon pousse sous tous les arbres avec, toutefois, une préférence pour les conifères et qu'il est présent en toute saison.

Confusion
Il serait gênant de la confondre avec les formes pâles du Mycène pur (Mycena pura, *p. 133*), *qui a de grosses lamelles espacées et une odeur de radis, et que l'on dit un peu toxique.*

Bien fraîche, cette espèce mérite la cueillette. Sa saveur est très fine et son parfum si pénétrant qu'une petite quantité suffit pour relever une sauce ou une omelette. Le pied, dur et fibreux, doit être enlevé.

Collybie tachetée

Collybia maculata (A. et Sch. ex Fr.) Quél.

Cette Collybie est un beau champignon dont le **chapeau** mesure de 6 à 12 cm de diamètre. Il est tout blanc, compact, hémisphérique puis plan convexe, se tachetant peu à peu de rouille ou de brun sombre, absolument nu et lisse. La marge est très mince, enroulée à la naissance, elle devient irrégulière par la suite. Le **pied** a un diamètre de 2 à 3 cm et mesure de 9 à 12 cm de hauteur. Il est blanc, coloré de roux-brun à la base, fibreux à l'extérieur, médulleux ou creux à l'intérieur, souvent gonflé dans sa partie médiane. Les **lamelles** sont libres, d'abord blanches puis jaunâtres, pointillées de rouge-brun à leur déclin. Elles sont extrêmement serrées et denticulées, comme une scie à métaux, sur les bords. La **chair** est blanche, humide, épaisse et coriace ; son **odeur** est faible, mais sa **saveur** est légèrement amère. La **spore**, presque sphérique, est de 6 μ. Cette espèce, assez commune, a un **habitat** assez divers : pendant l'été et l'automne, on la trouve aussi bien sous les feuillus que sous les conifères, où elle est cependant beaucoup plus fréquente. Elle y vient à la fois en touffes et en cercles parfois étendus. De loin, elle fait illusion, car la vue de ses beaux chapeaux d'un blanc pur fait penser aux excellentes Psalliotes de même couleur. De près, on est détrompé par les lamelles toujours blanches et par l'absence d'anneau. Cette Collybie n'est sûrement pas toxique, mais son amertume la fait immanquablement rejeter. Remarquons à ce propos qu'un grand nombre de champignons sont affligés de cette fâcheuse amertume qui fait que beaucoup d'espèces, sans être vénéneuses, sont pour le moins bien décevantes quant à leur qualité culinaire.

Identification
Champignon tout blanc, puis tacheté de roux ou de brun, à lamelles extrêmement serrées, blanches, tachées de roux, denticulées sur leurs bords. Pied blanc et solide, cette espèce vient en cercles et en touffes, surtout dans les forêts de conifères, en été et en automne.

Malgré sa mauvaise réputation, ce champignon est inoffensif. Cependant sa saveur amère et sa chair coriace n'engagent pas à consommer cette espèce qui n'a pour elle que le joli spectacle qu'elle offre lors de ses poussées.

Collybie à pied en fuseau

Collybia fusipes (Bull. ex Fr.) Quél.

Souchette

Identification
Se reconnaît très aisément et sans doute possible à son chapeau irrégulier, chamois, souvent tacheté de brun, à ses grosses lamelles écartées et blanchâtres brunissant avec le temps, à son pied tenace et en fuseau, brun clair mais tout noir à la base, à sa croissance en touffes souvent considérables au pied des vieux chênes et des hêtres.

C'est une bien curieuse Collybie. Son **chapeau**, de forme convexe, mesure de 5 à 8 cm de diamètre. Il est généralement difforme, bosselé vers le centre, fendillé. De couleur chamois plus ou moins foncé, pâlissant par temps sec, il est tacheté en son centre, souvent percé de petits trous, charnu et élastique. Le **pied**, d'un diamètre de 1 à 1,5 cm, est tordu, plein, puis creux, souvent gonflé en forme de fuseau dans sa partie médiane, d'où le nom attribué à l'espèce. Fibreux, cannelé, longuement radicant, tout noir à la base, il plie sans se casser. Les **lamelles** sont larges, ondulées, adnées et sinuées. Elles sont réunies en une sorte de collier par des veines d'abord blanches puis incarnates et, enfin, brunes, voire entièrement tachées de brun-pourpre. La **chair** de *Collybia fusipes,* blanchâtre, un peu élastique, pratiquement sans **odeur**, possède une **saveur** assez douce et agréable. La **spore**, de forme ovoïde, est de 7 μ. Cette Collybie a son **habitat** préféré dans les forêts de feuillus, au pied des chênes et des hêtres, où elle croît en été et en automne, souvent même dès le mois de juin ; la rapidité de sa croissance est étonnante. Si l'on dégage l'extrémité du pied, on s'aperçoit qu'il naît d'une sorte de tubercule tout noir, formant souche unique, qui est vivace et reproduit des carpophores l'année suivante. Par période de sécheresse, cette espèce a tendance à se ratatiner complètement mais reprend sa forme dès la première pluie. Il faut se rappeler cette particularité, car si dans sa pleine fraîcheur c'est un très bon champignon comestible, le pied mis à part, il peut devenir toxique après cette dessiccation et cette apparente résurrection, du fait des éléments indésirables produits par son début de putréfaction.

Cette Collybie comestible, sauf le pied, est d'une grande finesse lorsqu'elle est jeune, ce qui se reconnaît à la blancheur des lamelles. Les vieux exemplaires doivent être absolument rejetés, car ils peuvent provoquer désordres et malaises dus, principalement, aux ptomaïnes élaborées durant le commencement de leur décomposition.

Collybie à larges lamelles

Oudemansiella (Collybia) platyphylla
(Pers. ex Fr.) Moser

Cette Collybie a un **chapeau** de 8 à 15, parfois 20 cm de diamètre, presque plat et à peine renflé en son centre. Il est gris ou brun-gris, strié de fibrilles noirâtres, souvent légèrement écailleux. Le **pied**, d'un diamètre de 2 cm, est long, cylindrique, d'abord plein, puis creux à la fin. Les **lamelles** sont très larges, jusqu'à 2 cm, aucunement décurrentes, très espacées, blanches, et leur arête est parfois bordée de bistre. La **chair** de ce champignon est extrêmement mince, au point que, coupé en deux, il ne semble fait que de lamelles. Son **odeur** est nulle et sa **saveur** assez fortement résineuse. La **spore** mesure 7,5 μ; elle est de couleur blanche. L'**habitat** préféré de cette Collybie, pour laquelle on a créé le genre d'*Oudemansiella*, se trouve dans les forêts de feuillus, sous les hêtres, mais aussi sous les chênes et sous les conifères, où elle pousse depuis le printemps jusqu'à l'automne. Le caractère le plus curieux de cette espèce est son mycélium. Quand on la retire doucement du terreau de feuilles qui lui sert de nourriture, on voit que le pied est rattaché à de gros filaments blanchâtres courant sous les feuilles mortes et pouvant atteindre une longueur extraordinaire. Ces filaments sont charnus, et les premiers mycologues qui les ont observés sans voir qu'ils étaient le mycélium d'une espèce classique leur ont donné le nom, évidemment sans valeur, de *Rhizomorpha xylostroma*. La consistance fibreuse et la minceur de la chair de ce champignon n'engagent guère à le consommer bien qu'il ne soit certainement pas toxique.

Identification

Se reconnaît à son chapeau large et plat, gris et fibrilleux, à ses lamelles larges et espacées, à son pied plein puis creux, à sa chair très mince et, surtout, aux filaments mycéliens qui prolongent longuement le pied, caractéristique que l'on ne rencontre chez aucun autre champignon. Son habitat, en revanche, est assez peu distinctif.

Cette Collybie peut se consommer quand elle est très jeune, encore que son goût résineux et sa chair quasi inexistante n'y incitent guère. Son seul mérite est d'apparaître au printemps et d'annoncer des espèces plus intéressantes.

Mucidule visqueuse

Oudemansiella (Collybia) mucida
(Schrad. ex Fr.) Hoehn.

Morve du hêtre,
Collybie mucide

Identification
Se reconnaît à son chapeau tout blanc, d'une viscosité extrême qui lui donne presque l'apparence de la pierre polie, à son petit anneau blanc, également mucilagineux, à son habitat presque exclusif sur les hêtres blessés, qu'il colonise souvent en troupes innombrables et très serrées.

C'est un champignon tout blanc dont le **chapeau** a de 3 à 10 cm de diamètre ; on le distingue de tous les autres à sa viscosité, qu'on peut qualifier d'exceptionnelle. Il est presque impossible de le saisir entre les doigts tant il est glissant et échappe à la prise. Le **pied** est très caractéristique : il est court, de 3 à 5 cm de long, mince, de 0,5 cm de large, blanc, épaissi à la base, raide et orné à sa partie supérieure d'un **anneau** blanc, ténu et cannelé. Les **lamelles** sont sinuées, arrondies et décurrentes par un filet. La **chair** est très mince, sans **odeur** ni **saveur** particulières. La **spore** est presque sphérique, de 13 à 18 μ de diamètre. On le voit surtout en automne et même parfois assez tard en saison quand il n'a pas gelé trop fort. L'**habitat** préféré de cette curieuse espèce est à peu près uniquement le tronc des hêtres vivants, ou récemment tombés, là où un coup de vent a brisé une branche et laissé une cicatrice, ou bien là où un coup de foudre a lacéré l'écorce. Il lui faut une blessure de ce genre pour que le mycélium trouve une entrée propice. Si bien que, souvent, on voit ces champignons en troupes très nombreuses, écrasés les uns sur les autres, à une grande hauteur dans les arbres. Les hêtres ainsi envahis n'en meurent pas, mais le bois entamé par le mycélium se tache de noir sur une assez grande profondeur et il est ainsi déprécié. La viscosité insupportable de cette espèce n'engage aucunement à la récolter, quoiqu'elle ne soit sûrement pas toxique.

La Mucidule visqueuse n'est sûrement pas toxique et pourrait être consommée sans aucun inconvénient si, dès l'abord, son aspect et sa grande viscosité vraiment très peu appétissants ne faisaient repousser toute idée de cueillette.

Collybie à pied velouté

Flammulina (Collybia) velutipes
(Curt. ex Fr.) Singer

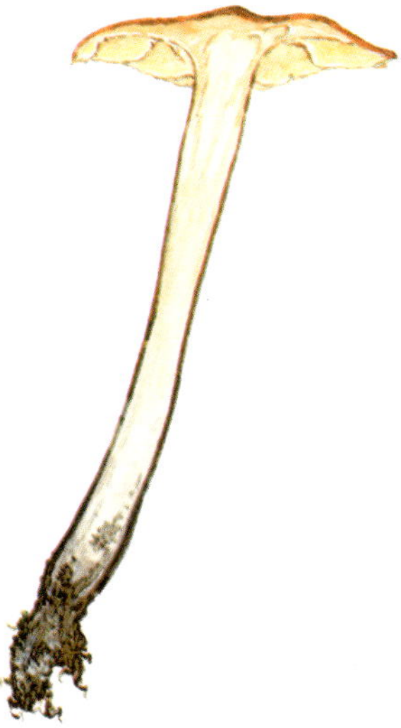

Comme tant d'autres, ce fut une honnête Collybie dont on a fait un genre nouveau sans grande nécessité, et la voici devenue une Flammuline. Mais, dans le langage courant, on conserve l'appellation ancienne, telle est la force de l'habitude. Son **chapeau** a de 5 à 12 cm de diamètre. Il est rouge orangé, plus jaune sur les bords, parfois plus pâle et presque décoloré. Il est régulièrement visqueux, car les cellules de son épiderme se gélifient, comme on dit, c'est-à-dire se transforment en une sorte de gelée molle et un peu poisseuse. Le **pied** est très particulier : haut de 5 à 8 cm, épais de 4 cm, il est fibreux, souvent courbé, radicant, excentrique, d'abord citrin pâle, mais bientôt recouvert d'un velours d'un brun safrané virant au noir. Les **lamelles** sont minces, serrées, blanches puis couleur paille. La **chair** est molle, blanche, sans **odeur** et de **saveur** douce. La **spore** est arquée en forme de saucisson et mesure de 7 à 10 μ de long sur 3 à 4 de diamètre. Cette espèce, assez commune, a son **habitat** au pied des vieux arbres, où elle vient à la fin de l'automne et même en hiver. C'est une des dernières qu'on puisse récolter. Elle vient généralement en touffes nombreuses et se montre fidèle à ses stations. Elle est comestible et très appréciée dans l'est de l'Europe, où l'on a tenté avec succès sa culture. Mais sa qualité est insuffisante pour qu'il vaille la peine de s'en occuper. Notons qu'il en existe une forme fréquente sous les vieux robiniers dont le velours du pied, au lieu d'être d'un brun noirâtre, est d'un beau jaune d'or.

Identification

Se reconnaît à son chapeau roux orangé, à son pied revêtu d'un épais velours noirâtre, qui ne se rencontre chez aucune autre espèce, à son habitat auprès des vieux arbres et à la saison tardive pendant laquelle il croît et où la rareté des cryptogames le fait d'emblée remarquer.

Ce champignon est comestible, à l'exclusion du pied, toutefois, qui est assez coriace. Il faut ôter la cuticule visqueuse qui le recouvre et l'assaisonner fortement, car il est de saveur faible et de peu de parfum.

Collybie tenace

Strobilurus (Collybia) tenacellus
(Pers. ex Fr.) Singer

Identification
Il est facile de reconnaître ces espèces qui poussent sur les cônes de pins ou d'épicéas au printemps. Mais il est parfois très compliqué de démêler entre les trois ou quatre espèces presque identiques celle à laquelle on a affaire. Comme elles sont toutes comestibles, il suffit de les goûter pour vérifier qu'elles ne sont pas amères.

Ce champignon est le type parfait d'une série de petites espèces qui, toutes, présentent la particularité de pousser uniquement sur les cônes de pins ou d'épicéas tombés à terre et parfois profondément enfouis dans le sol, dans lesquels elles insinuent quelquefois un long filament. Son **chapeau** ne dépasse guère 1 ou 2 cm de diamètre. Il est en forme de cloche et ne s'aplatit pas, ou presque, quand il vieillit. Mais, même lorsqu'il s'étale, il conserve toujours un mamelon distinctement marqué. Il est de couleur brun uni mais vire au grisâtre dès que le temps devient sec. Sa surface n'est jamais visqueuse. Le **pied**, très grêle, coriace, n'a que 2 ou 3 mm de diamètre; roussâtre et blanc dans le haut, il est dépourvu d'anneaux. Les **lamelles** sont serrées, ventrues, plus ou moins sinuées; elles ne touchent pas le pied. La **chair** est très mince, blanche, d'**odeur** agréable et de **saveur** douce. La **spore** est blanche, comme celle des autres Collybies. Cette espèce a son **habitat** dans les forêts de conifères, puisqu'elle croît en particulier sur les cônes des pins. On la voit apparaître dès le début du printemps alors que la neige n'est pas encore fondue et elle ne persiste pas au-delà de cette période. Dans les Alpes, elle pousse parfois en abondance extrême, et, si l'on a suffisamment de patience pour cueillir cette très petite espèce, elle mérite la récolte. En effet, son chapeau, seul comestible, car le pied est coriace, est agréablement parfumé et peut relever la saveur d'une sauce. Toutefois, on prendra la précaution de goûter des échantillons de Collybies tenaces, car il en est une dont l'amertume est très prononcée.

La Collybie tenace, qui vient en très grande abondance sur les cônes d'épicéas dans les forêts des Alpes à la neige fondante, a un parfum subtil et relève agréablement les sauces. Son seul défaut est sa petite taille.

Marasme des oréades

Marasmius oreades (Bolt. ex Fr.) Fr.

Faux Mousseron, Bouton de guêtre, Pied dur, Nymphe des montagnes

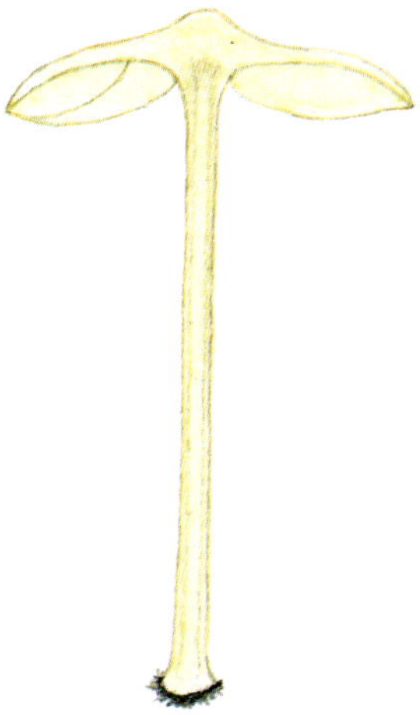

C'est un champignon très commun. Son **chapeau** mesure de 3 à 6 cm de diamètre. Il est d'abord convexe, puis mamelonné, souvent bossu. Il est de couleur jaune chamois sur les bords, qui, par temps humide, présentent des stries, et de teinte plus foncée vers le centre. Le **pied**, dont le diamètre ne dépasse pas 2 ou 3 mm, peut atteindre une hauteur de 4 à 7 cm. Il est cylindrique, quelquefois plein, souvent légèrement fistuleux, très tenace et fibreux, un peu renflé à la base, qui est souvent velue. D'abord blanc, il devient à peu près de la même couleur que le chapeau ; à l'état jeune, il est recouvert d'une villosité blanche. Les **lamelles** sont espacées, larges, ventrues, assez distantes les unes des autres et de couleur chamois pâle. La **chair**, épaisse au centre, blanchâtre, offre une **odeur** cyanique particulière, d'ailleurs agréable, et une **saveur** douce. La **spore** est ovoïde, de 6 à 7 μ. Cette espèce, qui pousse en cercles, a son **habitat** dans les prairies sèches et jusqu'au bord de la mer. Shakespeare lui a donné ses lettres de noblesse en signalant dans *la Tempête* (1611) ces curieux cercles, appelés aussi « ronds de sorcière », où l'herbe est si amère que les moutons refusent de brouter. L'observation est exacte, car le mycélium de ce Marasme accumule une si grande quantité de nitrates que l'herbe devient beaucoup plus verte et, parfois même, en est intoxiquée et dépérit. C'est un phénomène identique qui se produit là où sont tombées des bouses de vache : les bestiaux refusent de paître. Cette espèce peut se montrer en plusieurs poussées dans le courant de l'année, suivant la pluviosité ou la sécheresse du temps.

Consommé cru, ce Marasme est un excitant léger, sans doute à cause des traces d'acide cyanhydrique qu'il contient. Cuit, il est de saveur délicate, mais le pied est dur, fibreux et ferme. Mais c'est surtout sec qu'il exhale un parfum très agréable et qu'il peut prendre place dans les assaisonnements raffinés. Certains auteurs le considèrent comme indigeste. Ce défaut n'existe que chez les exemplaires adultes.

Identification

Cette espèce se reconnaît à son chapeau bombé et chamois, à ses lamelles épaisses et peu serrées, à son pied dur et tenace, et à son odeur cyanique. Mais c'est surtout sa disposition en cercles réguliers dans les prairies qui attire l'attention, cercles qui s'agrandissent d'année en année.

Confusion

D'autres petits Marasmes ou Collybies ressemblent un peu à cette espèce, mais ils n'ont pas les lamelles espacées et ne poussent pas en cercles dans l'herbe. Aussi il semble bien qu'aucun ne soit vraiment toxique.

Marasme à odeur de poireau

Marasmius scorodonius (Fr.) Fr.

Marasme échalote

Identification
Se reconnaît parmi les espèces à odeur alliacée à sa petite taille, à son chapeau en forme de cloche, à sa couleur roussâtre et, surtout, à son pied très court, glabre, brillant, roux ou brun-rouge, ferme et assez nettement épaissi dans le bas.

Ce petit Marasme appartient à une série d'espèces caractérisées par des odeurs alliacées plus ou moins plaisantes. Celui-ci est de petite taille. Son **chapeau**, qui a de 2 à 3 cm de diamètre, est charnu, membraneux, assez tenace. D'abord campanulé, il s'étale ensuite et a tendance à se déprimer en vieillissant. De couleur jaune roussâtre, parfois noisette clair, il pâlit dans sa vieillesse et prend un ton blanc pâle par temps sec. Il est d'abord lisse puis strié et, enfin, ridé. Sa marge est mince, d'abord repliée vers le pied, puis étalée. Sa cuticule est lisse puis étalée. Le **pied**, mince, élancé, tubulaire, mesure de 2 à 4 mm de diamètre et de 2 à 4 cm de haut. Il est ocre rougeâtre ou brun sombre, tenace, cartilagineux, glabre et luisant. La **chair**, blanche, très mince, présente une **odeur** caractéristique de poireau, moins violente que celle du Marasme à odeur d'ail, mais sa **saveur** est assez franchement alliacée. Sa **spore**, en forme de larme, est de 8 μ sur 5. Communément, cette espèce a son **habitat** dans les bois de conifères, parfois aussi sous les feuillus, où elle peut croître en troupes nombreuses, surtout après un temps pluvieux; elle est généralement greffée sur des brindilles, mais on la trouve aussi dans les bruyères et dans les friches, presque toujours en exemplaires isolés. On la rencontre principalement en fin d'été et en automne, mais, comme toutes les espèces qui vivent sur les débris végétaux, sa croissance est déterminée par la saturation de son support. Comme son odeur d'ail, ou plutôt de poireau, est assez agréable, elle est utilisée dans les assaisonnements au même titre que les herbes aromatiques, la ciboulette par exemple.

Compte tenu de son pied coriace et de la faible consistance de sa chair, on utilise essentiellement ce champignon comme condiment, séché ou réduit en poudre. Il se digère beaucoup mieux que l'ail et surtout il ne laisse pas mauvaise haleine.

Mycène pur

Mycena pura (Pers. ex Fr.) Kummer

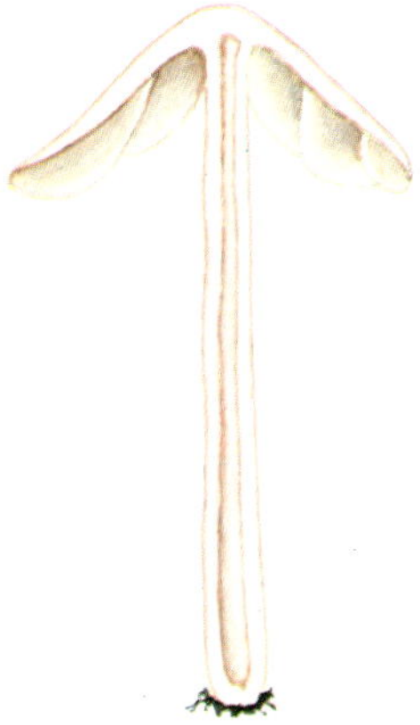

Ce champignon est presque un géant parmi les Mycènes qui, d'une manière générale, sont de très petite taille. Le **chapeau** de *Mycena pura* mesure de 2 à 4 cm de diamètre, il est d'abord campanulé puis étalé, mamelonné au centre, à peine charnu; ses bords sont très minces et striés. Les couleurs qu'il arbore sont remarquables et souvent de nuance délicate : il peut varier du violet — c'est le cas le plus fréquent — au purpurin, au lilas, en passant par le rose ou le blanc rosé. Le **pied**, très fragile, a un diamètre de 2 à 3 mm et mesure de 5 à 7 cm de hauteur. Il est fistuleux, blanchâtre, raide mais assez fragile, lisse, laineux à la base. Les **lamelles** sont larges, espacées, sinuées, réunies par un réseau de veines blanchâtres à reflets roses ou mauves. La **chair,** mince, présente une forte **odeur** de radis, très écœurante, et sa **saveur** est âcre. La **spore**, pruniforme, a 6 μ de longueur. L'**habitat** de cette espèce très commune est vaste : elle peuple toutes les forêts en été et en automne, et vient tantôt isolée, tantôt par petites troupes dans les tapis de feuilles mortes ou d'aiguilles. Elle peut d'abord étonner par ses variations de coloris, que certains auteurs ont voulu distinguer par des noms, démarche sans aucune utilité tant ces variations sont aléatoires. Avec un peu d'habitude, on distingue très vite sa silhouette trapue, son chapeau plat et mince, ses larges lamelles très espacées et, surtout, son odeur très désagréable de radis gâté. On considère, peut-être à tort, cette espèce comme un peu toxique, mais qui d'ailleurs aurait l'idée de consommer un champignon à l'odeur si peu alléchante ?

Identification

Cette espèce se reconnaît facilement à sa taille considérable pour un Mycène, à son chapeau plat et mince, à ses couleurs qui occupent toute la gamme des violets, des pourpres, des lilas, des roses et même des blancs, mais surtout à ses lamelles rares et à son odeur très déplaisante de vieux radis. Malgré ses couleurs fantaisistes, on ne peut la confondre avec une autre.

Certains prétendent que cette espèce est un peu toxique. Quoi qu'il en soit, elle est trop peu charnue pour être consommée et son odeur insupportable et repoussante dissuaderait quiconque de l'utiliser en cuisine.

Mycène Zéphyr

Mycena zephirus (Fr.) Kummer

Identification
Cette espèce se reconnaît à son port élancé, à son chapeau campanulé de 2 à 3cm de diamètre, à sa couleur blanche au début qui vire au brun-rouge à la fin, à son pied qui, de blanc, devient rougeâtre, et à ses lamelles blanches se teintant de rouge.

Confusion
Pourrait être confondu avec Mycena pura, *mais* zephirus *est bien plus grêle, plus élancé, plus campanulé, et passe du blanc pur au brun rougeâtre, alors que* Mycena pura *possède dès le début sa couleur violette ou lilas, qui reste fixe pendant tout le cours de sa végétation.*

Ce joli Mycène se caractérise par son **chapeau** campanulé, à moitié transparent, de 2 à 3 cm de diamètre, submembraneux, d'abord très pâle, d'un blanc à peine teinté d'isabelle ; puis il devient plus foncé, passant au brun sur le disque jusqu'à être complètement taché de brun vineux sur toute sa surface à la fin de son épanouissement. Il est toujours strié jusqu'en son milieu par les lamelles, qui apparaissent en transparence à travers la cuticule très mince qui les supporte. Le **pied**, haut de 6 à 10 cm, est fistuleux, grêle, ne dépassant pas 3 ou 4 mm de diamètre, striolé, d'abord blanc puis devenant très vite rougeâtre ; il est parfois parsemé, au début de sa croissance, de légers flocons blanchâtres qui disparaissent rapidement. Les **lamelles** sont adnées, uncinées, blanches, réunies par des veines, et finissent par se tacher de rose. La **chair** est si mince qu'il est impossible de la définir. L'**odeur** de cette espèce est insignifiante, de même que sa **saveur**. La **spore**, de forme presque cylindrique, a 8 μ de long. Ce Mycène a son **habitat** préféré sous les conifères, où il pousse communément en automne ; on le trouve beaucoup plus rarement sous les feuillus. Il ressemble un peu à *Mycena pura*, mais il est plus grêle, plus élancé, plus pâle, et conserve davantage sa forme campanulée, alors que *Mycena pura* s'étale jusqu'à avoir un chapeau à peu près plat. Il est aussi beaucoup plus gracieux et c'est ce qui lui a fait octroyer par Fries son adjectif spécifique de *zephirus*. De plus, il est presque inodore, alors que *Mycena pura* répand une odeur de vieux radis désagréable.

Comme tous les Mycènes, celui-ci est si mince et insignifiant qu'on ne peut le consommer. Il n'est qu'un des types d'un genre très nombreux et difficile à reconnaître, et sera pour l'amateur un utile point de repère.

Mycène à pied laiteux

Mycena galopoda (Pers. ex Fr.) Kummer

En dépit de ses divers déguisements, ce Mycène est cependant le plus facile à reconnaître de tous. Son **chapeau** membraneux est toujours de forme campanulée ; il mesure de 1 à 2 cm de diamètre, il est strié, pruineux, d'une couleur qui peut varier du blanc pur au gris cendré, au bistre, au noirâtre ; cependant, le centre est tout à fait noirâtre. Le **pied**, de 1 à 2 mm de diamètre, est grêle, raide, blanchâtre ou gris, et il est terminé à sa base par des fibrilles radicantes. Il est très caractéristique et rompt le doute qu'on peut avoir au premier abord, quand on rencontre cette espèce. Il suffit en effet de briser le pied pour être immédiatement fixé : il est creux et laisse échapper une grosse goutte de lait très blanc, qui ne change pas de couleur à l'air. Ce lait blanc est unique dans le genre. Certes, il existe d'autres Mycènes qui donnent du lait, mais celui-ci est toujours coloré de jaune ou de rouge. De plus, ce Mycène est le seul dont le lait ne soit pas oxydable au contact de l'air. Les **lamelles** sont blanches ou glauques, larges et adnées. La **spore** est grande, subcylindrique, et peut atteindre 14 μ de longueur. La **chair** est quasi inexistante, sans **odeur** ni **saveur**. L'**habitat** préféré de cette espèce très commune est surtout sur les souches mortes, mais aussi sur des brindilles enterrées ou des plaques de mousse. On la trouve parfois dès le printemps, mais plus souvent en été et en automne. On a voulu distinguer des variétés dans ses formes blanches et ses formes noires. C'est absolument superflu : il suffit de savoir que la couleur de ce Mycène peut varier du blanc au gris et même au noir pour l'identifier avec certitude.

Le Mycène à pied laiteux ne présente, c'est évident, aucun intérêt culinaire. Il n'est pas toxique, mais sa comestibilité est nulle, puisque sa chair, absolument inodore et sans saveur, est quasi inexistante.

Identification

Cette espèce se reconnaît à son chapeau membraneux et campanulé, dont la couleur peut varier du blanc au noir en passant par tous les tons de gris. Son caractère unique et principal réside dans le lait blanc que laisse échapper le pied quand on le brise. Il est à remarquer que ce lait ne s'oxyde pas à l'air.

Confusion

Au premier abord, on peut confondre cette espèce avec d'autres Mycènes qui possèdent une silhouette très voisine. Mais la blancheur absolue de son lait doit éviter toute méprise si l'on prend la peine de rompre d'emblée le pied.

Meunier

Clitopilus prunulus (Scop. ex Fr.) Kummer

Mousseron, Clitopile petite prune, Langue de carpe

Identification
Ce champignon est facile à reconnaître à son chapeau gris perle presque blanc, charnu et pruineux, à ses bords minces et enroulés quand il est jeune, à ses lamelles décurrentes, blanches puis roses, et à son odeur violente de farine fraîche qui exclut qu'on puisse le confondre avec une quelconque autre espèce.

Le **chapeau** de cette espèce a de 2 à 12 cm de diamètre. Il est d'abord convexe et régulier, aplati ensuite, voire ondulé et déprimé ; il présente alors en coupe une forme dissymétrique ou bosselée. Il est épais, pruineux, d'abord de couleur gris perle puis blanchâtre. Les bords sont minces, enroulés à l'état jeune, évasés vers l'extérieur par la suite. Le **pied** a environ 1 cm de diamètre et 3 à 4 cm de haut. Plus ou moins robuste, il est plein, mou, cotonneux à la base, pruineux dans le haut, lisse ou à stries. Les **lamelles** sont minces, très serrées, longuement décurrentes, d'abord jaunâtres puis rose chair. La **chair**, compacte mais fragile, est blanche, tendre, humide ; elle répand une **odeur** violente mais agréable de farine fraîche, analogue à celle du Tricholome de la Saint-Georges *(Calocybe gambosa)* mais moins fine et moins suave. Sa **saveur** est agréable. La **spore,** de 12 μ sur 6, a la forme d'un petit tonneau et elle est ornée de côtes longitudinales. Cette espèce a son **habitat** dans les bois de feuillus et de conifères, en bordure ou à l'intérieur, et croît en été et en automne. Elle préfère cependant les arbres isolés des pâtures et c'est là que l'on trouve les plus beaux exemplaires. Une particularité notable : les spécimens vigoureux sont mycorhiziques, tandis que les plus chétifs sont saprophytes et se contentent de la terre pour nourriture. Ce champignon comestible est justement recherché, d'autant que ses lieux d'abondance coïncident presque toujours avec une poussée de cèpes, qui aiment les mêmes stations.

C'est un comestible très fin mais qui demande à être cueilli frais et récolté avec de grandes précautions dans des récipients solides, où les exemplaires seront rangés avec soin, car la chair de cette espèce est très fragile et la moindre brutalité la réduit en bouillie.

Entolome d'avril

Entoloma aprile (Britz.) Sacc.

Macaron de printemps

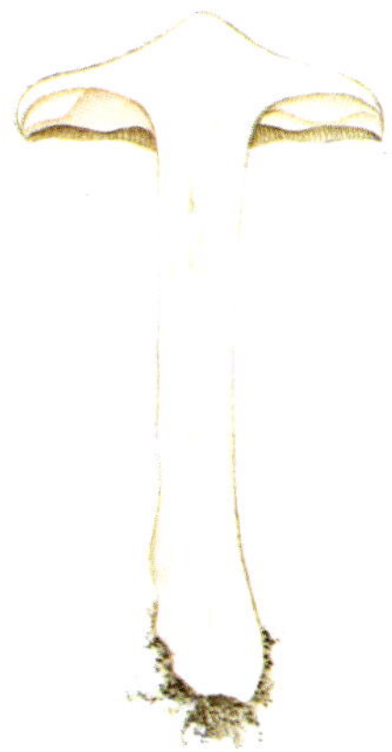

C'est l'un des représentants des Entolomes de printemps, qui, dans l'ensemble, ont beaucoup de caractéristiques communes; aussi n'est-il pas toujours facile de les distinguer. Cependant, ils sont tous comestibles, sauf un dont nous parlerons plus loin. *Entoloma aprile* est une espèce robuste. Son **chapeau** mesure de 8 à 12 cm de diamètre. Il est assez mince, un peu translucide, à marge légèrement striée par les lamelles vues en transparence, visqueux et gras sous les doigts. Il est d'un brun bistre foncé par temps humide et pâlit par temps sec. Le **pied** a environ 1 cm de diamètre. Parfois plus. Plus ou moins fibrilleux et laineux, il devient rapidement creux et sa cavité s'étend souvent jusque dans le corps du chapeau. Il est de couleur gris-brun plus ou moins foncé. Les **lamelles** sont larges, peu serrées, blanc grisâtre au début de la croissance, se teignant de rose et virant au saumon par la suite. La **chair** est fragile, cassante, blanche par temps sec, mais brunissant par temps humide. Son **odeur** est agréable mais peu marquée, sa **saveur** douce. La **spore**, de 10 μ sur 7, est polygonale, comme celle de tous les Entolomes. Alors que l'**habitat** des Entolomes de printemps est presque toujours sur les racines des pruniers de toute espèce et, donc, dans les vergers, *Entoloma aprile* semble préférer le voisinage des haies d'ormes ou de charmes. Il apparaît en avril ou en mai, parfois en troupes très nombreuses. Il est comestible, sans être un mets de première qualité. Il succède bien souvent au Tricholome de la Saint-Georges *(Calocybe gambosa)*; ce champignon présente la caractéristique de pousser en cercles très serrés.

Identification

Cette espèce se reconnaît facilement à son chapeau de couleur sombre et comme translucide, à son pied massif et brun, à sa chair brunâtre mais blanche par temps sec, à ses lamelles larges, espacées et saumon, et à sa saveur douce. Son apparition printanière est un autre indice.

Cette espèce est comestible. Sans doute n'est-elle pas de premier choix, mais elle est néanmoins agréable à consommer, compte tenu de la saison à laquelle elle croît, puisque, lorsqu'elle apparaît, au printemps, les gros champignons sont encore très rares.

Entolome livide

Entoloma sinuatum (lividum)
(Bull. ex Fr.) Kummer

Entolome perfide

Identification
On reconnaît cet Entolome à sa couleur d'un gris livide particulier, à sa grande taille, à ses lamelles larges et espacées, d'un beau rose saumon, à son pied robuste et d'un blanc brillant.

Confusion
La plupart des intoxications mineures sont dues à la confusion entre cette espèce extrêmement toxique, et Lepista nebularis *(Clitocybe nébuleux,* p. 108*), espèce comestible mais d'odeur peu agréable. Le doute est également possible devant* Clitocybe geotropa *(Clitocybe géotrope,* p. 114*). Voir* Confusions, *p. 280.*

Cet Entolome, le géant de la famille, atteint parfois une taille relativement importante. Son **chapeau** peut mesurer de 10 à 20 cm de diamètre. Il est tantôt arrondi et convexe, tantôt, dans les formes les plus grandes, ondulé sur les bords, d'où son nom de *sinuatum*, qui signifie « ondulé ». Selon qu'il prend l'une ou l'autre forme, les anciens mycologues ont adopté une classification qui distingue deux espèces. On a aujourd'hui renoncé à ces subtilités tant il y a d'états intermédiaires entre ces deux formes. Il est d'un gris livide, d'où sa dénomination de *lividum*, plus connue que la première, et a tendance à pâlir encore par temps sec. Il est fibrilleux, sec, et largement umboné en son centre. Le **pied** mesure de 1 à 3 cm de diamètre et 10 à 15 cm de haut. Il est blanc, brillant, massif, ferme, plein puis spongieux. Les **lamelles** sont larges, espacées, à l'état naissant d'un jaune particulier qu'on définit comme un « jaune de buis ». Mais, rapidement, elles deviennent rose saumon, car les **spores** qui viennent à maturité sont roses et leur couleur se superpose à celle des lamelles. La **chair** est épaisse, blanche. D'abord d'**odeur** agréable, elle devient fétide sur son déclin. Sa **saveur** est douce. Cette espèce superbe a son **habitat** dans les forêts de feuillus, notamment près des charmes, des chênes et des châtaigniers, en terrain sec et argilo-calcaire. Elle semble ne pas apprécier les forêts de conifères et n'existe pas en montagne. Elle vient en été et en automne, et forme de grands cercles très réguliers. Comme elle est très toxique, il est nécessaire de bien connaître son aspect et toutes ses formes.

Sans être mortel, à moins d'être consommé en quantité importante, cet Entolome provoque des désordres gastro-intestinaux violents et durables, une à trois heures après l'ingestion. Il est curieux qu'on n'ait pas encore réussi à isoler la toxine incriminée. Il faut donc apprendre à reconnaître ce champignon et prendre garde, surtout, à ne pas le confondre avec *Lepista nebularis* (Clitocybe nébuleux, p. 108), car cela conduit à l'hôpital 80 % des intoxiqués recensés en France.

Hygrophore de mars

Hygrophorus marzuolus (Fr.) Bres.

Le **chapeau** de cet Hygrophore mesure de 8 à 12 cm de diamètre. Il est convexe puis aplani, souvent difforme et ondulé, épais, charnu et ferme. Le revêtement est sec ou humide, non visqueux, mat, un peu pruineux, difficilement séparable. Il est d'abord blanc puis gris perle ; il se tache en vieillissant de gris noirâtre et devient, finalement, entièrement noirâtre. La marge est incurvée, pruineuse et blanche, puis étalée et même relevée, et présente souvent une ondulation plus ou moins accentuée. Le **pied** est épais, court : il mesure de 2 à 4 cm de diamètre et de 4 à 5 cm de haut, mais plus large au sommet qu'à la base, il se termine en pointe. D'abord blanc, puis grisonnant, il est souvent courbé, fibrocharnu, plein, ferme, sec, et présente parfois quelques petites écailles à son sommet. Les **lamelles** sont arquées, étroites, épaisses, blanchâtres, puis grisonnantes et légèrement verdâtres ; elles sont réunies par des veines et brièvement décurrentes. La **chair** est très blanche, légèrement grise dans le chapeau, d'**odeur** faible et de **saveur** douce. La **spore** est allongée et mesure 7 μ sur 5. L'**habitat** de cette espèce, qui pousse en terrain siliceux, se situe sous les sapinières de montagne. Elle vient à la fin de l'hiver et au printemps, dès que la neige est fondue, puisque les carpophores se forment sous la couverture de neige. C'est cette particularité qui a valu à ce curieux champignon le qualificatif de *marzuolus*, c'est-à-dire « venant en mars », d'autant qu'il est le seul de la famille à posséder cette caractéristique. C'est un bon comestible, et il est d'autant plus apprécié que son apparition est très précoce : c'est vraiment le premier champignon à fructifier, parfois même sous la neige.

Identification

Son gros chapeau blanc, puis gris, virant ensuite au noirâtre, sa chair épaisse, blanche et grisonnante, son gros pied court et massif, ses lamelles blanches et grisonnantes, la saison à laquelle il apparaît et qui exclut toute confusion avec une autre espèce, puisqu'il est alors seul dans la nature, permettent de reconnaître immédiatement ce champignon, moins rare que méconnu.

Sans être de saveur particulièrement fine, *Hygrophorus marzuolus* est assez agréable à consommer, à condition de l'assaisonner fortement, afin de relever son parfum très discret. A la cuisson, son odeur n'est pas toujours bien supportée par l'entourage.

Hygrophore à lamelles arquées

Hygrophorus camarophyllus
(A. et Sch. ex Fr.) Fr.

Identification
Se reconnaît à son chapeau d'un gris uniforme, charnu, rayé radialement par des fibrilles, à ses lamelles blanches grisonnantes, à son gros pied gris, blanc à la base et au sommet, et à sa station exclusive dans les forêts de conifères en terrain acide.

Confusion
Cet Hygrophore pourrait à la rigueur être confondu avec quelques Tricholomes gris, mais leur port est très différent, leur chapeau est toujours plus ou moins écailleux ou poilu, et ils viennent très communément dans n'importe quel terrain.

Le **chapeau** de cette espèce mesure de 8 à 10 cm de diamètre. Il est convexe, puis aplani, et parfois même un peu déprimé. Il apparaît de temps à autre légèrement mamelonné, surtout dans sa jeunesse. Il est assez mince sur les bords, mais charnu au centre, et ferme. Le revêtement est sec ou humide, non visqueux, mat, bistre, noirâtre, et rayé radialement par des fibrilles innées. Par temps sec, il se décolore un peu par endroits et devient brun olivâtre. La marge, plus ou moins ondulée, est recourbée au début; elle se relève ensuite, sans varier de couleur. Le **pied** mesure de 1 à 1,5 cm de diamètre et de 5 à 8 cm de hauteur. Il est à peu près cylindrique, fibro-charnu, ferme, sec, de couleur gris-brun; plus ou moins foncé dans son ensemble, il est blanc à la base et au sommet. Les **lamelles**, blanches, puis grisonnantes, sont arquées, atténuées à leurs extrémités, larges, épaisses, distantes, réunies par des veines, fortement décurrentes. La **chair**, ferme, présente une **odeur** forte comparable à celle de certains Cortinaires, mais sa **saveur** est douce, voire même un peu sucrée. La **spore**, de 8 μ sur 5, est longuement ellipsoïde. L'**habitat** de cette espèce, qui n'est pas très commune, se trouve exclusivement dans les forêts de conifères, en terrain siliceux ou au bord des tourbières, notamment dans le Jura et dans les montagnes dont le sol est de même nature. Elle est voisine d'*Hygrophorus marzuolus*, mais, au lieu d'apparaître dès la fin de l'hiver, elle ne vient qu'à la fin de l'été et en automne. De plus, elle est grise dès le début et ne modifie pas sa couleur comme l'Hygrophore de mars, qui vire au noirâtre.

Cette espèce est sans doute comestible, mais elle n'est pas assez commune pour qu'on l'ait testée de manière absolument satisfaisante. Elle ne présente, en tout cas, aucun risque, mais aucun véritable intérêt culinaire non plus.

Hygrophore à odeur agréable

Hygrophorus agathosmus (Fr.) Fr.

Cet Hygrophore a un **chapeau** de dimensions modestes puisqu'il ne mesure que de 4 à 7 cm de diamètre. Très visqueux, il est de couleur gris pâle, nuancé de bistre en son milieu et blanc sur le bord. Sa marge est souvent ornée de petites papilles blanches et glutineuses. Le **pied**, d'environ 2 cm de diamètre, d'abord ferme, devient vite mou ; il est fibrillé, blanc, farineux au sommet, et se termine en pointe à la base. Les **lamelles**, toutes blanches, sont épaisses, espacées, molles et décurrentes. La **chair** est blanche, tendre et, si elle répand une **odeur** puissante de laurier-cerise mêlée d'anis, sa **saveur** est douce. La **spore** est ovoïde, oblongue, de 10 μ. Ce champignon a son **habitat** dans les forêts de conifères, où il est fort commun ; il pousse à toutes les altitudes et en tout terrain. Il apparaît dès la fin de l'été et persiste jusqu'aux gelées, qu'il ne semble guère craindre. Il vient généralement en troupes nombreuses, et curieusement, tantôt il affecte des formes minuscules, tantôt il semble avoir des ambitions de gigantisme. Le plus souvent, cependant, les formes normales prédominent et elles ne présentent aucune difficulté d'identification. On dit cette espèce comestible, mais sa viscosité n'est guère engageante, et, d'autre part, son parfum est trop fort pour se prêter à des assaisonnements classiques. Ce champignon fait partie d'une série d'Hygrophores plus ou moins visqueux, dont certains sont d'excellents comestibles ; ils sont pour la plupart liés aux conifères. Certains d'entre eux ne sont pas faciles à identifier, car presque chaque année on signale de nouvelles espèces, du moins des espèces qui n'ont encore jamais été déterminées correctement et qui sont généralement assez mal connues.

Cette espèce est comestible, mais son odeur risque de gâcher la délicatesse d'un mets en lui conférant un parfum de laurier trop puissant. Il suffira d'en introduire un seul ou deux dans un plat pour le relever.

Identification

C'est une espèce facile à reconnaître, grâce à son chapeau gris et visqueux, à son pied farineux vers le haut, pointu à la base, à ses lamelles blanches et décurrentes et, surtout, à son odeur pénétrante de laurier-cerise. Sa préférence pour les forêts de conifères est aussi un indice précieux.

Hygrophore olivacé et blanc

Hygrophorus olivaceoalbus (Fr.) Fr.

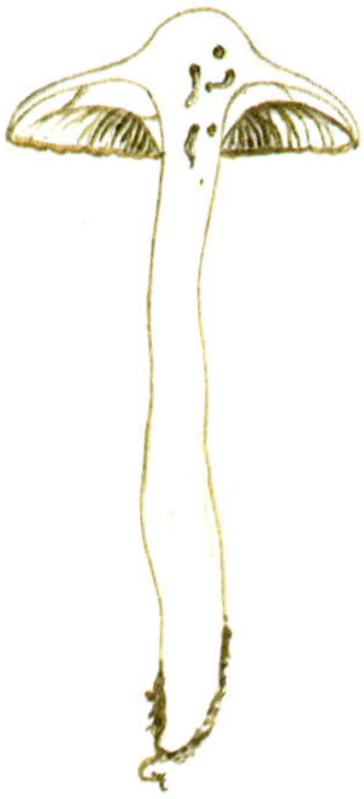

Identification
On reconnaîtra cette espèce à son chapeau modeste, brun olive, très visqueux, à son pied couvert de flocons brun bistre, également visqueux, blanc au-dessus de la zone annulaire brune, à ses lamelles blanches, et à son absence d'odeur.

Le **chapeau** de cette espèce mesure de 4 à 7 cm de diamètre. Il est campanulé, puis convexe, mamelonné et très visqueux. De couleur brun foncé ou bistre olive, tacheté, il pâlit en vieillissant. Le **pied**, élancé, est très caractéristique. Son diamètre est de 5 mm et il est haut de 10 cm. Aminci dans le bas, il est tout couvert de gros flocons visqueux de couleur bistre ou olive qui rendent la cueillette de cette espèce, des plus désagréables. Mais, à 1 ou 2 cm du sommet, au-delà d'une sorte d'**anneau**, également de consistance visqueuse, qui s'est constitué lors de la séparation du chapeau, le pied est sec, tout blanc et même farineux. Les **lamelles** sont blanches, épaisses, espacées, réunies par des veines et légèrement décurrentes. La **chair** de ce champignon est blanche, molle, tendre, d'**odeur** faible et de **saveur** agréable. La **spore** est grande, ovoïde, de 12 à 14 μ de long. L'**habitat** privilégié de cette espèce essentiellement montagnarde est dans les bois de conifères, mais on la trouve aussi, de temps en temps, sous les feuillus. Elle pousse à la fin de l'été et en automne. On rencontre parfois, en terrain calcaire, sous les pins, une espèce voisine beaucoup plus développée, dont le pied, en particulier, revêt une forme ovoïde caractéristique. Le chapeau de cette espèce atteint de 15 à 20 cm de diamètre et les lamelles des exemplaires qu'on découvre sont très souvent complètement rongées par les écureuils, qui n'ont pas touché au reste du champignon.

C'est un champignon peu tentant à cause de sa faible taille et de sa viscosité excessive. C'est pourtant un comestible acceptable. A la cuisson, sa chair dégage une odeur d'ananas qui n'est pas déplaisante. Une fois sautés à la poêle, ces champignons accompagneront agréablement des pâtes fraîches.

Hygrophore blanc d'ivoire

Hygrophorus eburneus (Bull. ex Fr.) Fr.

Le **chapeau** de cet Hygrophore mesure de 4 à 8 cm de diamètre. Comme beaucoup d'autres espèces de ce genre, il est de couleur blanche. Il est extrêmement visqueux, cotonneux sur les bords, et mamelonné. Le **pied** mesure de 4 à 6 mm de diamètre et de 4 à 6 cm de haut. Il est blanc, mou, floconneux dans le haut et tout aussi visqueux que le chapeau. Les **lamelles** sont blanches, veinées à la base, décurrentes. La **chair**, blanche et molle, est dépourvue d'**odeur** et de **saveur** douce. La **spore**, de 4 à 5 μ, est ovoïde-allongée. Cette espèce a son **habitat** dans toutes les forêts, où elle est extrêmement commune, et croît volontiers en lisière des sentiers. Elle vient à la fin de l'été et en automne. C'est, selon l'expression admise, une espèce collective. Il existe, en effet, plusieurs formes voisines qui se distinguent d'*Hygrophorus eburneus* par leur odeur fétide. C'est le cas, en particulier, de la variété *cossus*, qu'on reconnaît à son jaunissement, mais aussi de *chrysapsis*, une variété à pied rose, et de *carneipes*. Mais il existe encore beaucoup d'autres formes qui, jusqu'ici, n'ont pu être correctement répertoriées. On peut cependant se contenter de la définition générale en attendant de pouvoir, grâce à l'expérience, les distinguer les unes des autres. Étant donné l'extrême viscosité de cette espèce, son odeur dans l'ensemble souvent nauséabonde, son insipidité et sa faible taille, on ne la récolte jamais. On remarquera que la viscosité est une caractéristique commune à beaucoup d'Hygrophores et, également, que beaucoup d'espèces ont une odeur déplaisante ou bizarre et un goût amer. Mais il faut se garder de généraliser, car certains de ces champignons sont d'excellents comestibles recherchés à juste raison.

Identification

Hygrophorus eburneus *se distingue sans trop de difficulté parmi les formes voisines grâce à son chapeau blanc cassé, extrêmement visqueux au centre et floconneux sur la marge, à ses lamelles blanches, à son pied également visqueux et blanc, à sa chair blanche. En fait, c'est l'ensemble de cette blancheur qui attire aussitôt l'attention.*

Ce champignon n'est sûrement pas toxique, mais sa viscosité le rend si répugnant qu'il ne mérite aucune attention. De plus, la variété *cossus* répand une odeur insupportable qui dissuade d'emblée sa cueillette.

Hygrophore blanc de neige

Camarophyllus (Hygrophorus) niveus (Scop. ex Fr.) Karst.

Bouton de guêtre

Identification
On reconnaît cet Hygrophore à sa petite taille, à sa couleur tantôt blanchâtre, tantôt carrément blanche, à ses grosses lamelles espacées, à ses bords légèrement striés, à son habitat exclusif dans l'herbe des prairies et à son odeur vraiment très particulière.

C'est un aimable petit Hygrophore tout blanc. Son **chapeau** ne dépasse pas 4 cm de diamètre. Il est d'abord campanulé, puis ébauche une forme de coupe, mais en conservant au centre une zone plus ou moins bombée. Il est presque membraneux sur les bords, qui sont striés par les lamelles vues en transparence. Par temps humide, il est tout à fait translucide, « hygrophane » selon le terme traditionnel, mais son centre demeure opaque. Par temps sec, il devient entièrement blanc, et c'est l'origine de son adjectif spécifique, *niveus*. Le **pied** mesure de 4 à 5 mm de diamètre et ne dépasse pas 2 à 4 cm de hauteur. Il est blanc, fragile et spongieux, et se termine en pointe à la base. Les **lamelles** sont larges, épaisses, espacées, blanches, d'aspect cireux et brièvement décurrentes. La **chair**, blanche, tendre, a une **odeur** particulière très agréable et une bonne **saveur**. La **spore**, de 8 μ, est de forme ovoïde. L'**habitat** préféré de cette espèce très commune se situe dans les vieilles prairies, dans les bruyères et, d'une manière générale, en tous terrains pourvu qu'ils ne soient pas amendés par des engrais chimiques qui lui sont néfastes et amènent sa disparition. Elle est mycorhizique des graminées, au milieu desquelles elle croît toujours. En dépit de ses dimensions réduites, cet Hygrophore est couramment récolté, car son abondance compense sa faible taille, et c'est un comestible très agréable, d'autant qu'il est très tardif et que sa saison la plus faste est en général au début de novembre. Il fait partie d'une série d'Hygrophores praticoles, dont il est le représentant le plus commun et le plus facile à identifier.

C'est un très bon comestible de saveur délicate. On le prépare tout simplement avec de la crème fraîche, qui met en valeur son parfum. Étant donné sa petite taille, il faut évidemment avoir fait une récolte assez abondante, car, en plus, il perd son eau à la cuisson.

Hygrophore rouge ponceau

Hygrocybe (Hygrophorus) punicea (Fr.) Kummer

Ce champignon est peut-être le plus beau des Hygrophores. Son **chapeau** mesure de 6 à 12 cm. Conique à la naissance, il est ensuite largement campanulé. Mou et fragile, d'apparence fibrilleuse, légèrement visqueux, il est parcouru radialement par des fibrilles d'un beau rouge coquelicot, pourpre ou sang sur fond sulfurin. Il pâlit par temps sec et prend alors des reflets argentés. Le **pied** mesure de 1 à 1,5 cm de diamètre et de 8 à 12 cm de hauteur. Souvent un peu ventru, tout au moins atténué aux deux extrémités, fibrillé, il est de couleur jaune-orange ou rouge cerise avec une base blanche. Les **lamelles** sont d'abord adnées, puis libres, larges, fragiles, crème jonquille passant au rouge brique, mais leur bord reste jaune. La **chair**, jaune ou jaune rosé, n'exhale qu'une faible **odeur**, mais agréable, et sa **saveur** est douce. La **spore** est blanche, de forme elliptique et sa taille varie de 7 à 11 μ. L'**habitat** de cette espèce est varié. On la rencontre çà et là en automne, dans les vieux prés, dans les bruyères, dans les endroits moussus. L'Hygrophore rouge ponceau ne craint pas l'altitude, et c'est souvent très haut en montagne qu'on trouve les plus beaux exemplaires. Ils sont faciles à découvrir, car leur couleur éclatante tranche sur les tons neutres des herbes et des mousses, qu'il affectionne. Une de ses stations favorites se situe à la lisière des bois, dans l'herbe, là où se trouvent des noisetiers, dont il aime le voisinage, bien qu'il soit un mycorhizique de l'herbe.

Identification

On reconnaît immédiatement cette espèce à sa grande taille, à son chapeau conique, puis campanulé, un peu visqueux, à sa couleur d'un rouge superbe qui fait tache dans l'herbe des prés, où elle a son habitat de prédilection, à son gros pied charnu, rouge ou jaune.

C'est un bon comestible, dont la saveur évoque celle des cuisses de grenouille. Pour obtenir de bons résultats, il suffit de le faire rissoler avec du beurre ou de l'huile d'olive et de le parsemer de cerfeuil.

Hygrophore perroquet

Hygrocybe (Hygrophorus) psittacina
(Schaeff. ex Fr.) Karst.

Identification
On reconnaît immédiatement cette espèce à sa couleur verte, unique parmi les Hygrophores et, de toute façon, très rare chez les champignons, à sa viscosité, à son pied, encore plus vert que le chapeau mais jaunâtre à la base, et tout aussi visqueux.

On peut donner la dénomination d'Hygrocybe à ce champignon si l'on accepte la division de l'ancien genre Hygrophore en trois genres nouveaux, mais ce n'est pas obligatoire. Le **chapeau** de ce petit Hygrophore mesure de 2 à 3 cm de diamètre. Il est mamelonné, très visqueux, d'une belle couleur verte qui prend une nuance souci olivâtre selon les conditions atmosphériques. Il lui arrive même de changer complètement de couleur lorsqu'il commence à dépérir et peut alors devenir carrément purpurin. Ce sont ces surprenantes variations de couleur qui lui ont valu le nom de « perroquet ». Le **pied** est, lui aussi, d'un beau vert, tournant au vert-bleu dans le haut. Il mesure de 5 à 7 cm de hauteur et de 3,5 à 9 mm de diamètre. A la base, cependant, il a une couleur jaunâtre qui s'accentue nettement avec le temps, jusqu'au jaune franc. Il est tout aussi visqueux que le chapeau. Les **lamelles** sont sinuées, adnées, de teinte crème jonquille. La **chair** est jaune, dépourvue d'**odeur** et de **saveur**. La **spore**, de forme ovoïde, est de 7 μ. L'**habitat** favori de cette espèce est l'herbe des pâtures, où elle croît à l'ombre des pins. L'Hygrophore perroquet est très commun à la fin de l'automne. Il prolonge sa croissance au début de l'hiver et même après les premières gelées dans les vieux prés, les bruyères et les friches. Son intérêt réside principalement dans sa couleur verte, teinte extrêmement rare chez les champignons, et dans la gamme de nuances vraiment très étendue qu'il est capable de parcourir. Il ne peut être question de le récolter pour la table, son extrême viscosité étant assez déplaisante. De toute façon, sa faible taille exclut la possibilité d'une cueillette abondante.

Cet Hygrophore ne présente absolument aucun intérêt sur le plan culinaire, encore qu'il soit sûrement inoffensif. Il est d'ailleurs si petit qu'il faudrait en cueillir une quantité considérable pour préparer ou assaisonner un plat.

Cortinaire vulgaire

Cortinarius trivialis Lge.

Cortinaire gluant

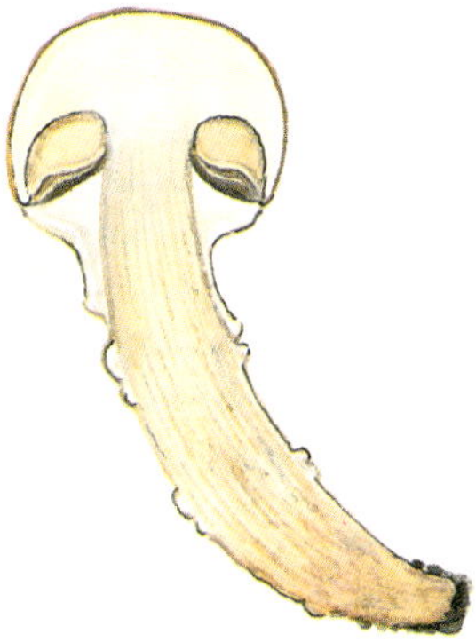

La silhouette de ce Cortinaire est très particulière en raison de la disproportion entre l'étroitesse relative du chapeau et la longueur étonnante du pied. Le **chapeau** ne dépasse pas 10 cm de diamètre. Il est d'une couleur sale, brunâtre argileux, fauve olive, dans des tons généralement terreux. Il est souvent bossu, irrégulier et ondulé sur les bords. Il est recouvert d'un mucus épais extrêmement gluant. Le **pied**, qui mesure environ 1 cm de diamètre et de 15 à 18 cm de hauteur, est cylindrique, atténué à la base. Il est aussi visqueux que le chapeau, car il est entièrement couvert d'un mucus d'abord continu et qui, peu à peu, se fragmente en bracelets annulaires bruns sur fond blanc. Cette particularité confère au pied de cette espèce une allure unique dans le genre qui permet de reconnaître ce Cortinaire au premier coup d'œil. Les **lamelles** ont, au début, une couleur lilas pâle qui vire rapidement à l'ocre rouillé quand les spores viennent à maturation. La **chair** est blanche, sans **odeur** perceptible et de **saveur** douce. La **spore**, de 16 μ de long, est grande et fusiforme. Ce champignon a son **habitat** dans les forêts de feuillus, notamment là où les hêtres sont abondants. C'est le premier Cortinaire de la saison : il peut se montrer dès le mois de juillet, si les pluies sont suffisamment abondantes, et perdurer tout l'automne. Il est le représentant typique d'une série de Cortinaires entièrement visqueux groupés dans le sous-genre *Myxacium*, dont les espèces sont cependant moins difficiles à déterminer que celles des autres groupes; une de ces variétés présente des lamelles violettes, une autre est tout à fait naine et son pied est nettement moins annelé que celui de *Cortinarius trivialis*.

Ce champignon est partout donné comme comestible, mais sa viscosité rend sa récolte si désagréable qu'il est généralement dédaigné, d'autant qu'à l'époque de sa croissance, d'autres espèces apparaissent en nombre.

Identification

Se reconnaît à son chapeau lisse et visqueux, à son pied dont la longueur est caractéristique et aux bracelets glutineux et bruns qui le ponctuent, à sa chair de saveur douce et à la précocité de son apparition sous les hêtres, qu'il affectionne particulièrement.

Confusion

Ce Cortinaire ne peut être confondu avec d'autres espèces si l'on observe attentivement les anneaux glutineux de son pied. Le doute est possible avec deux ou trois de ses espèces voisines qui sont plus petites et moins colorées.

Cortinaire pailleté

Cortinarius paleaceus Fr.

Cortinaire purpuracé

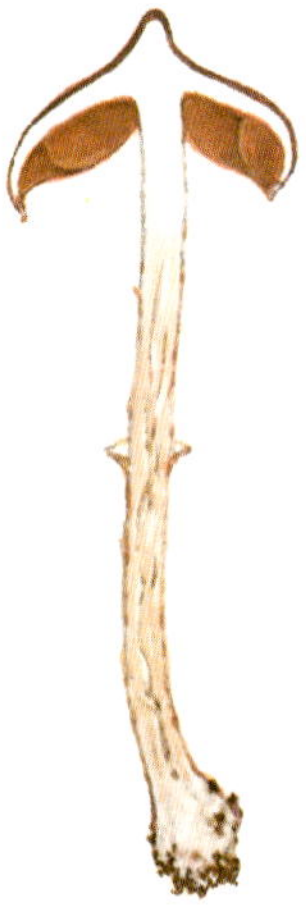

Identification
Cortinarius paleaceus *se reconnaît à sa petite taille, à son joli chapeau en forme de cloche à l'état naissant, puis plan, avec un léger mamelon dès qu'il s'épanouit, à ses mèches retroussées et blanches sur le fond brun de la cuticule, et à son odeur très personnelle de fleur de géranium.*

Confusion
Ce champignon ne ressemble guère qu'à deux ou trois autres espèces de la même série, d'ailleurs beaucoup plus rares. Aucune d'elles, de plus, ne présente l'odeur caractéristique, reconnaissable entre toutes, du charmant Cortinaire pailleté.

C'est un gracieux et tout petit Cortinaire. Son **chapeau** ne dépasse guère 2 à 3 cm de diamètre. D'abord conique, campanulé, il s'aplanit assez vite en gardant pendant un temps une forme de clochette, puis il s'étale largement, ne conservant qu'un mamelon prononcé au centre. Il est entièrement couvert de petites fibrilles se condensant en minuscules écailles blanches et poilues qui tranchent sur le fond brunâtre d'une façon très élégante. La cortine est faible et fragile, blanche, et peut passer inaperçue, sauf à l'état naissant. Le **pied** mesure de 2 à 3 mm de diamètre. Il est tubulaire, fluet, blanchâtre ou chamois, lilacin vers le sommet, et orné de flocons qui forment un faux **anneau** blanchâtre. Les **lamelles** sont d'abord blanc crème, mais deviennent rapidement brunes à mesure que les spores viennent à maturation. La **chair** est d'un blanc brunâtre et elle exhale une **odeur** caractéristique de pétales de pélargonium froissés (le géranium des fleuristes) qui est vraiment une spécificité de cette espèce. On ne lui connaît pas de **saveur** particulière. La **spore** mesure 8 μ sur 5. Cette espèce a son **habitat** dans toutes les forêts, particulièrement sous les conifères, où elle est assez commune bien qu'elle passe souvent inaperçue à cause de sa faible taille. On ne la voit jamais en masse ; elle vient le plus souvent en groupes de deux ou trois individus, notamment à la base des vieux arbres, où le terreau accumulé entre les racines semble lui plaire, encore qu'elle soit mycorhizique, comme tous les Cortinaires. On ne sait rien de sa comestibilité, mais sa petite taille et sa relative rareté lui ôtent tout intérêt, bien qu'elle soit probablement inoffensive.

On ignore tout de la comestibilité de ce petit Cortinaire, bien qu'il soit, selon toute vraisemblance, inoffensif. De toute façon, sa petite taille et sa discrétion n'encouragent pas la cueillette. Il a trop de rivaux plus « aimables ».

Cortinaire à odeur de bouc

Cortinarius traganus Fr.

Si, bien souvent, les Cortinaires sont assez difficiles à distinguer les uns des autres puisqu'ils sont plus de sept cents rien qu'en Europe et qu'on en découvre de nouveaux tous les ans, *Cortinarius traganus* fait exception à la règle et on l'identifie au premier coup d'œil. C'est, parmi ces espèces de taille généralement réduite, un gros champignon : son **chapeau** atteint de 10 à 15 cm de diamètre. Il est charnu, d'abord lilacin azuré très pâle, puis il vire à l'améthyste. Il est en effet entièrement couvert d'un épais voile soyeux et blanc qui devient fauve au sommet, si bien que la tonalité violacée s'efface rapidement. Le **pied** mesure de 2 à 3 cm de diamètre et peut atteindre de 8 à 12 cm de hauteur. Il est très épais, tendre, ovoïde à la base, lilacin, mais très vite brun rouillé à l'intérieur. Les **lamelles** sont sinuées, lilacines puis fauves. La **chair**, épaisse, humide, d'abord lilacine, devient vite de couleur fauve rouillé ; elle a une **saveur** agréable. Elle exhale une **odeur** fétide qu'on a comparée tantôt à celle du bouc, tantôt à celle de corne ou de cheveux brûlés. Cette odeur devient franchement insupportable avec le temps, alors qu'au début elle est simplement camphrée. La **spore**, de 9 μ, est pruniforme. L'**habitat** préféré de cette espèce est dans les forêts de conifères, notamment en montagne, où elle forme de grands cercles composés de nombreux individus. Elle est assez commune en été et au début de l'automne. L'odeur déplaisante de ce Cortinaire le bannit de la liste des comestibles. C'est, en tout cas, un bon représentant du groupe des Inoloma qui, à l'intérieur du genre Cortinaire, rassemble les champignons qui ne sont ni visqueux ni transparents et dont le pied, à la base, ne comporte pas de bulbe marginé.

Identification

Ce Cortinaire se reconnaît à son chapeau épais, sec, massif, lilas voilé de blanc qui vire aux teintes fauves vers le déclin, à son gros pied obèse, à sa chair lilacine devenant couleur rouille et, surtout, à son abominable odeur de bouc ou de corne brûlée qui interdit de le confondre avec aucune autre espèce voisine.

La comestibilité de *Cortinarius traganus* est évidemment nulle. Outre le fait qu'on ignore tout de son inocuité, l'odeur nauséabonde qu'il exhale le rend impropre à la consommation et décourage la curiosité.

Cortinaire blanc violacé

Cortinarius alboviolaceus (Pers. ex Fr.) Fr.

Pied de lilas

Identification
Le Cortinaire blanc violacé se reconnaît à son chapeau d'abord conique, puis convexe, de couleur lilas qui blanchit rapidement, à son aspect sec et soyeux, à son pied cylindrique un peu bulbeux à la base et comme enveloppé d'un léger velours blanc, à sa chair lilas pâle et de saveur douce.

Confusion
On pourrait confondre Cortinarius alboviolaceus *avec quelques espèces de la même série, bien qu'aucune n'ait son aspect à la fois sec et soyeux qui le distingue entre toutes, pourvu qu'on lui prête une attention suffisante.*

Ce Cortinaire est le représentant type d'une petite série d'espèces non visqueuses, à cuticule sèche, caractérisées par des teintes dont la gamme va du violet au lilas. Ce champignon est le plus commun des Cortinaires et il servira de point de repère pour la recherche des espèces voisines. Son **chapeau** mesure de 4 à 10 cm de diamètre, parfois davantage. Il n'est pas translucide mais d'aspect soyeux, d'une belle couleur bleu pâle au début qui s'atténue avec le temps, tandis qu'il devient luisant. De forme convexe, il présente une large bosse centrale. Le **pied** mesure 1 cm de diamètre et de 8 à 10 cm de haut. Il est plein, grêle, cylindrique, mais parfois bulbeux vers le bas et, vers le haut, couvert d'un voile soyeux et blanchâtre qui peut former au sommet une sorte d'**anneau** floconneux et fugace. Les **lamelles** sont à peine adnées, peu serrées, légèrement dentelées, d'un lilas grisonnant qui passe au fauve rouillé. La **chair** est lilas blanchâtre, à peu près dépourvue d'**odeur**, et de **saveur** douce. La **spore**, de 10 μ, est pruniforme, fauve et pointillée. Cette espèce a son **habitat** sous les feuillus, en terrain acide. Elle préfère le couvert des chênes, où elle se montre dès la fin de l'été, parfois assez tardivement, et en abondance, dans le courant du mois d'octobre. Il est à noter, bien que la chair de ce champignon soit de bonne consistance et de saveur neutre, que si quelques Cortinaires sont à la rigueur comestibles, il n'en est aucun qui mérite l'attention du gastronome. Un mycologue sévère disait d'ailleurs des Cortinaires que « le meilleur ne vaut pas mieux que le pire ».

C'est un comestible convenable, voire assez recherché dans certaines régions de France comme la Bourgogne, où on le vend sur les marchés sous l'appellation « pied de lilas ». De saveur très légère, il demande à être fortement assaisonné.

Cortinaire variable

Cortinarius varius Fr.

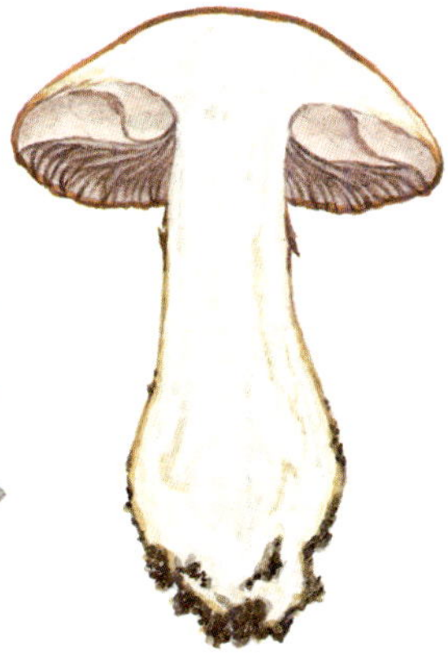

Ce Cortinaire porte bien son nom. En effet, son **chapeau**, qui mesure de 8 à 12 cm de diamètre, est d'une couleur étrange, assez difficile à définir, qui varie du souci nuancé de blanc bleuâtre au fauve vers le milieu et au jonquille sur le bord. Par ailleurs, ces couleurs ne sont pas fixes et passent d'une partie à l'autre du chapeau selon l'âge de l'exemplaire ; mais ce mélange inattendu de jaune et de violacé est, en fait, une indication assez précieuse pour l'identification. Ce chapeau est de forme hémisphérique, lisse et visqueux. Le **pied** mesure de 1 à 2 cm de diamètre et de 5 à 8 cm de hauteur. Il est sec, court, conique, largement bulbeux à la base mais sans rebord ; il est couvert de fins flocons apprimés. De blanc ou crème, il devient bleuâtre au sommet. On notera que la cortine de cette espèce est remarquablement épaisse, soyeuse et blanche. Les **lamelles** de cette espèce sont émarginées, minces, serrées, améthyste au début mais bientôt ocracées ou cannelle ; l'arête reste toujours violacée. La **chair** de ce champignon est compacte, ferme et blanche. Son **odeur** est assez proche de celle du champignon de couche et sa **saveur** est douce. La **spore**, de 10 μ, est pruniforme. Cette espèce a son **habitat** dans les forêts de feuillus, en montagne ; les saisons où on la rencontre sont l'été et l'automne. Elle affectionne aussi bien les terrains calcaires que les terrains siliceux. Ce champignon fait partie d'une série de Cortinaires à chapeau visqueux mais à pied sec, dont il est le type, et ses caractéristiques sont faciles à reconnaître, d'autant que son parfum agréable est une rareté chez cette espèce.

C'est un des Cortinaires les plus recommandables pour la table, car il est le seul à avoir un parfum agréable. C'est un comestible acceptable, sans plus, et il ne peut prétendre à aucune distinction culinaire.

Identification
Ce champignon se reconnaît à son chapeau convexe et charnu qui revêt des couleurs mélangées où le jaune et le roux alternent avec le lilas et le fauve, à ses lamelles d'abord violettes puis rouillées, à son gros pied, souvent obèse mais sans marge, à sa chair blanche et douce.

Confusion
Cortinarius varius *pourrait éventuellement être confondu avec quelques espèces du même groupe, mais il est le seul qui présente à la fois un chapeau presque fauve et des lamelles violettes au début de la poussée.*

Cortinaire couleur de rocou

Cortinarius orellanus (Fr.) Fr.

Cortinaire montagnard

Identification
Cette espèce se reconnaît à son chapeau conique, puis aplani, d'un rouge feu ou orangé particulier, d'où son nom de « rocou ». Ses lamelles sinuées, adnées sont espacées. La chair tendre dégage une odeur de rave.

Confusion
On peut le confondre avec Cortinarius speciosissimus *(Cortinaire superbe, p. 153), et, surtout à cause de sa couleur flamboyante, avec* Cantharellus cibarius *(Chanterelle comestible, p. 224) qui est un bon comestible. Voir* Confusions, *p. 281.*

Ce Cortinaire a un **chapeau** qui mesure de 2 à 10 cm de diamètre. Campanulé, puis plan convexe, il est soyeux et fibrilleux. Il est de couleur mordorée nuancée de purpurin et passe au rouge feu par temps sec. Le **pied** mesure 1 cm de diamètre et 10 cm de hauteur environ. Il est d'un jaune-roux plus clair que le chapeau, pratiquement nu et sans trace bien visible de cortine ; il se termine de façon irrégulière mais souvent en pointe. Les **lamelles** sont sinuées, adnées, larges, espacées ; d'abord jonquille, elles virent au fauve safrané mais conservent une bordure jonquille. La **chair** est tendre, jonquille, rose sous la cuticule ; elle dégage une **odeur** de rave un peu vireuse, et sa **saveur** est acidulée et amère. La **spore**, de 8 μ, est pruniforme et de couleur jaune fauve. L'**habitat** de cette espèce se trouve un peu partout dans les forêts de feuillus et de conifères, en terrain aussi bien calcaire que siliceux. Elle croît en cercles réguliers à la fin de l'été et en automne. On a longtemps cru qu'il n'y avait pas de Cortinaires toxiques. Cette légende a pris fin en 1957, quand on a signalé dans les pays de l'Est, et notamment en Pologne, de nombreux et graves empoisonnements dus à une espèce qu'on a identifiée comme *Cortinarius orellanus*. En faisant des études plus élaborées sur des espèces voisines, toutes de couleur rouge ou d'un jaune éclatant, on a constaté qu'on y trouvait les mêmes toxines que dans *orellanus*. Il est bon de le savoir et de bien connaître au moins cette espèce et *Cortinarius speciosissimus*, très proche d'elle et qui partage les mêmes funestes propriétés. D'ailleurs, il est préférable de se méfier de tous les Cortinaires qui présentent des couleurs éclatantes.

Cortinarius orellanus est extrêmement toxique. L'empoisonnement qu'il provoque, dû à l'orellanine, peut ne se manifester que quelques jours après son absorption, quand tout traitement est devenu illusoire. L'agonie dure parfois plusieurs semaines et la mort survient par décomposition irréversible des tissus rénaux. Cette espèce est d'autant plus dangereuse que le diagnostic de l'intoxication est souvent difficile à établir (voir le chapitre sur les intoxications, p. 295).

Cortinaire superbe

Cortinarius speciosissimus
Küh. et Romagn.

Le **chapeau** de cette espèce mesure de 3 à 5 cm de diamètre. Il est de forme conique à l'état jeune puis plus ou moins surbaissé. Il conserve toujours en son centre un gros mamelon pointu qui le fait ressembler à un chapeau chinois ; tout autour, il présente une série de ridules. Il est d'abord d'un superbe fauve orangé puis vire au fauve brun orangé. Il est toujours sec et d'aspect soyeux. Le **pied** mesure 1 cm de diamètre environ et de 8 à 10 cm de hauteur. Il est presque cylindrique, mais il est légèrement renflé à la base et forme une sorte de bulbe discret qui se termine souvent en pointe. Il est de même teinte que le chapeau, mais un peu plus doré. Il est souvent couvert de chinures jaunâtres disposées irrégulièrement et qui, parfois, forment un léger **anneau**. Mais la prudence est de rigueur, car ce caractère n'est pas constant et, par ailleurs, ces chinures peuvent facilement passer inaperçues. Les **lamelles** sont larges, ventrues et adnées. D'abord jaunes, elles deviennent brunes quand les spores parviennent à maturité. La **chair** est jaune, humide et de **saveur** amère. La **spore**, de 8 à 10 μ, est presque sphérique. Ce Cortinaire, plus rare que *Cortinarius orellanus*, a son **habitat** dans les forêts de feuillus et de conifères. On ne le trouve guère que dans les tourbières ou sur leurs bords desséchés. Il croît en solitaire ou en groupes peu nombreux, en été et en automne. Très voisin du Cortinaire couleur de rocou, il est tout aussi toxique, comme l'ont prouvé des expériences réalisées sur des animaux. Il faut donc apprendre à le bien connaître et, en règle générale, se méfier de tous les Cortinaires qui se parent de couleurs attirantes : feu, orange, jaune éclatant, cannelle ; ils sont tous également dangereux.

Cortinarius speciosissimus est extrêmement toxique, au même titre que *Cortinarius orellanus*. Il est probable que si les intoxications qui lui sont dues en France sont très rares, c'est que cette espèce y est moins connue que dans d'autres pays et que sa couleur, si l'on peut dire, ne semble pas « comestible » et met en garde les amateurs.

Identification

On reconnaît ce champignon à son chapeau de taille modeste, pointu et mamelonné, de couleur vive. Il tire en effet très nettement sur l'orange et le doré. L'habitat de ce Cortinaire, dans les tourbières, est un autre point de repère.

Confusion

Ce champignon peut être confondu avec Cortinarius orellanus *(Cortinaire couleur de rocou, p. 152), dont il partage les propriétés dangereuses et, également, avec* Cantharellus cibarius *(Chanterelle comestible, p. 224), qui est un excellent comestible. Voir* Confusions, *p. 281.*

BASIDIOMYCÈTES AGARICALES CORTINARIACÉES

Cortinaire couleur de cannelle

Dermocybe (Cortinarius) cinnamomeolutea (Ort.) Mos.

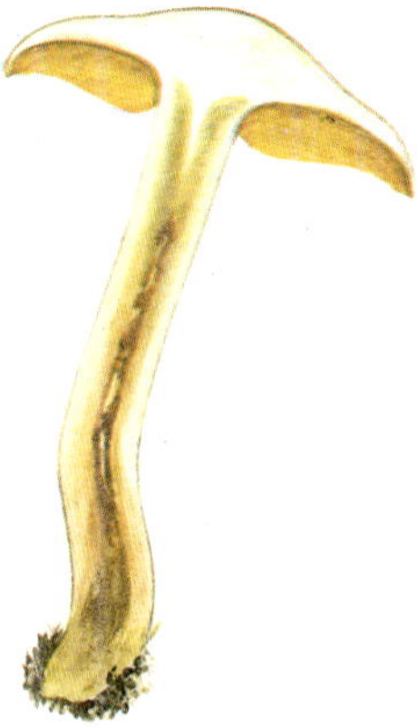

Identification
Cette espèce se reconnaît aisément à son petit chapeau d'une couleur chaude qui est exactement celle de la poudre de cannelle, à ses lamelles jaune vif passant à l'ocre fauve, à son pied jaune vif et à sa saveur écœurante.

Ce Cortinaire est l'une des nombreuses espèces qui forment une série très naturelle, caractérisée par la petite taille de ses représentants, par la couleur du chapeau, dont la gamme se situe entre le brun chaud et le jaune safran en passant par les tons cannelle, et par celle de leurs lamelles, dont les teintes sont plus variées. On peut, avec l'expérience, apprendre à distinguer ces formes en apparence peu différentes, mais pour commencer, on se contentera d'englober sous la dénomination « Cortinaire cannelle » toutes les formes de ce vaste ensemble ; on étudiera en temps voulu leurs caractéristiques. Une des raisons qui motivent l'examen poussé de ce groupe est sa toxicité. A la suite d'études récentes, il est en effet apparu qu'il contenait les mêmes toxines que *Cortinarius orellanus*. Et si, jusqu'à présent, on ne connaît pas d'accident qui soit lié à l'absorption de cette espèce, c'est que sa petite taille et sa couleur n'ont pas attiré les amateurs. *Cortinarius cinnamomeolutea* présente un petit **chapeau** de 2 à 4 cm de diamètre, mamelonné, mince, fibrilleux, cotonneux, ocre fauve ou cannelle. Le **pied** mesure de 4 à 5 mm de diamètre et de 2 à 4 cm de hauteur. Il est plein puis creux, grêle, fibrillé, jonquille ocracé, ainsi que la cortine. Les **lamelles** sont d'abord jaune vif, puis ocre chaud. La **chair**, jaune elle aussi, est d'une **saveur** écœurante. La **spore**, de 8 μ, est pruniforme, fauve pâle. L'**habitat** de cette espèce se trouve dans les forêts de feuillus, notamment sous les bouleaux, en été et en automne.

Bien que cette espèce n'ait pas encore provoqué d'accidents connus, on a constaté qu'elle recelait les mêmes toxines que *Cortinarius orellanus* (Cortinaire couleur de rocou): elle est donc capable de provoquer les mêmes dommages. Il ne faut pas la consommer.

Leucocortinaire bulbeux

Leucocortinarius bulbiger
(Alb. et Schw. ex Fr.) Singer

Faux Cortinaire bulbeux

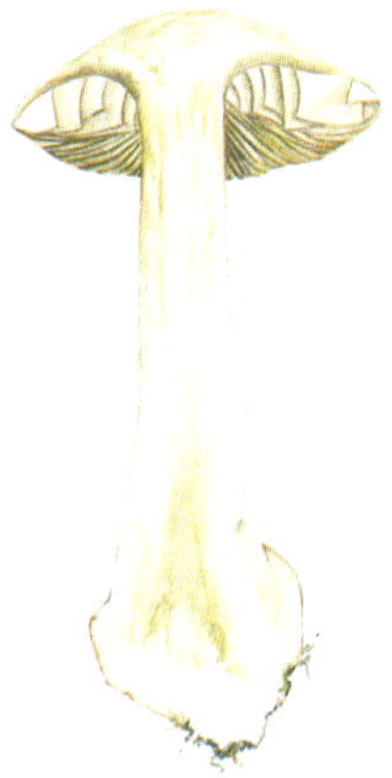

Ce champignon a tout à fait l'aspect extérieur d'un Cortinaire de la série des *scauri*, c'est-à-dire de ceux dont le pied se termine à la base par un bulbe présentant un rebord bien accusé. Son **chapeau** mesure de 8 à 12 cm de diamètre. De forme convexe à l'état naissant, il ne s'étale jamais complètement à maturité. Il est charnu et sec. Il est ordinairement de couleur brun pâle et souvent parsemé de plaques aranéeuses brunâtres provenant de la dilacération du voile général qui enveloppait le champignon à l'état naissant. Il peut cependant adopter les couleurs les plus variées de la gamme des bruns : miel foncé, cuir, ou se nuancer de rosé pour prendre des tons brun-rouge, brun-cuivré. Le **pied** mesure de 1 à 2 cm de diamètre et de 8 à 10 cm de hauteur. A sa base, il se dilate largement en un bulbe profondément marginé qui peut atteindre 4 cm de diamètre. C'est ce caractère spécifique qui le fait ressembler à un Cortinaire, dont, au surplus, il possède la cortine. Mais c'est une cortine plus membraneuse que filamenteuse. Ses **lamelles** blanchâtres, toutefois, le font remarquer aisément, et c'est là une particularité qui permet de le reconnaître sans hésitation, en dépit des variations de couleur que peut subir le chapeau. La **chair** de cette espèce est blanche, d'**odeur** agréable et de **saveur** douce. La **spore** est elle aussi de couleur blanche et elle est lisse, ce qui la différencie nettement de celle des Cortinaires, qui est brune et piquetée. L'**habitat** préféré de cette espèce se trouve dans les forêts de feuillus, et notamment en montagne. Ce champignon se rencontre dès l'été et il poursuit sa croissance jusqu'en automne.

Identification

Ce champignon attire d'abord l'attention par son aspect général, qui évoque un Cortinaire, mais ses lamelles blanches le trahissent à coup sûr, de même que son pied largement bulbeux. Les couleurs changeantes du chapeau, qui, cependant, restent dans la gamme des bruns, ne sont pas, non plus, un élément capable d'égarer l'observateur attentif.

Le Leucocortinaire bulbeux est un comestible convenable du fait de sa taille et de son chapeau charnu ; mais, sans grande saveur, il demande à être fortement assaisonné afin d'acquérir parfum et goût qu'il n'a pas.

Pholiote ridée

Rozites caperata (Pers. ex Fr.) Karst.

Champignon des Tziganes, Pholiote des chèvres

Identification
Ce champignon se reconnaît à son chapeau conique, puis étalé campanulé, de couleur abricot, couvert d'un voile blanchâtre, ensemble qui lui donne une silhouette très personnelle, à son pied blanc jaunâtre, orné d'un anneau membraneux et d'un embryon de volve à la base, à sa saveur douce et agréable. En cas de doute, son anneau suffirait à le distinguer des divers Cortinaires avec lesquels on peut lui trouver une ressemblance.

Cette jolie espèce a été longtemps considérée comme une Pholiote à cause de son anneau, mais on l'en a séparée depuis : son voile général n'est en effet pas celui d'une Pholiote et la nature de ses spores est, elle aussi, très différente. On a donc créé pour ce champignon un genre monospécifique, c'est-à-dire qui ne comprend aucune autre forme. Néanmoins, comme cette espèce est très voisine des vraies Pholiotes, le langage courant lui a conservé cette appellation, celle de Rozite, qui lui avait été donnée par Karsten en hommage au mycologue français Roze, étant trop peu connue. C'est, en tout cas, une occasion de constater combien la notion de genre est fragile en mycologie, et il faut s'attendre tous les ans à devoir remettre en question des identifications prétendument acquises. *Rozites caperata* présente un **chapeau** de 8 à 14 cm de diamètre. Il est ovoïde, puis campanulé convexe. Sa couleur varie du jaune abricot au jaune citrin ou paille. Il est lustré et, jeune, couvert d'un voile aranéeux, farineux, blanc, peluché au sommet et caduc sur la marge; celle-ci est mince, ridée, striée et fissile. Le **pied** mesure 1 cm de diamètre et de 8 à 10 cm de hauteur. Il est cylindrique, charnu, fragile, peluché au sommet, blanc teinté de jonquille, parfois orné d'une petite volve à la base; il présente toujours un **anneau** membraneux et fragile. Les **lamelles** sont adnées, dentées, jonquille puis brunes. La **chair** est humide, blanchâtre, d'**odeur** agréable et de **saveur** délicate. La **spore**, très grande, mesure de 15 à 20 μ. Cette espèce a son **habitat** en terrain acide, principalement dans les forêts de feuillus, et vient en fin d'été et en automne. Son nom vulgaire tient au fait que les Gitans l'apprécient tout particulièrement.

C'est un comestible, délicatement parfumé et de saveur assez fine. Le pied, dur et fibreux, est à rejeter. Il vient souvent dans les tourbières; c'est sans doute la seule espèce comestible qui pousse en de tels lieux.

Inocybe de Patouillard

Inocybe Patouillardi Bres.

Si l'on a déjà vu deux ou trois Inocybes, on sait très vite distinguer une espèce appartenant à ce genre. Mais il est parfois difficile de déterminer exactement à quelle forme particulière on a affaire : c'est un travail souvent décevant, car il y a peu de genres où les caractères soient aussi difficiles à apprécier et où les changements individuels soient aussi fréquents. C'est au point que le mycologue, célèbre entre tous, Robert Kühner en est venu, après avoir étudié les Inocybes toute sa vie, à douter de la notion d'espèce en mycologie. Toutefois, l'Inocybe de Patouillard est de ceux qu'il est facile de reconnaître, même pour un profane. Son **chapeau** mesure de 2 à 6 cm de diamètre. Il est d'abord conique, puis aplati, mais présente toujours un léger mamelon en son centre. Souvent blanc pur, il devient paille ou brunâtre clair et se tache parfois légèrement de vermillon. Le **pied** mesure de 1 à 1,5 cm de diamètre et de 4 à 5 cm de hauteur. Cylindrique, souvent légèrement incurvé, il est remarquablement robuste et se tache, çà et là, de rose, de vermillon ou de rose saumon. Les lamelles sont larges, distantes, pâles puis brunes ; elles aussi peuvent être piquetées de vermillon. La **chair** est blanche et assez épaisse ; elle dégage une **odeur** particulière, un peu écœurante, qu'on qualifie de « spermatique ». Sa **saveur** est inexistante. La **spore**, pruniforme, a 12 μ sur 7. Cette espèce a son **habitat** dans les forêts de feuillus, où elle croît le long des sentiers, sur la terre battue. Elle apparaît au printemps, mais c'est en été qu'elle trouve son plein épanouissement ; elle perdure en automne si les pluies dont elle a besoin pour éclore sont suffisamment abondantes.

Inocybe Patouillardi est une espèce très toxique, car elle contient une forte dose de muscarine. Ce poison provoque des sueurs abondantes, des palpitations, des troubles oculaires et un affaiblissement prolongé. Le traitement consiste à pratiquer des injections de sulfate d'atropine, qui font cesser presque immédiatement tous ces phénomènes.

Identification

On reconnaîtra cette espèce à son chapeau conique, aplani ensuite et légèrement mamelonné, blanc puis taché de jaune et de vermillon, à son pied vigoureux et blanc, à son odeur désagréable.

Confusion

Calocybe gambosa *(Tricholome de la Saint-Georges, p. 112) peut-être confondue avec* Inocybe Patouillardi, *dont l'odeur désagréable devrait être un avertissement. Il peut y avoir confusion avec* Agaricus campester *(Agaric des champs, p. 78), qui a des lamelles pourpre foncé. Voir* Confusions, *p. 277.*

Inocybe à lamelles couleur de terre

Inocybe geophylla (Sow. ex Fr.) Kummer

Identification
Cette espèce se distingue à sa petite taille, à son chapeau conique, lustré et légèrement visqueux. On se souviendra que ce champignon, le seul Inocybe à être généralement tout blanc, peut parfois être violet, mauve, fauve ou brun, mais, dans ce cas, il est légèrement visqueux et absolument lisse, caractéristique qui lui est propre. D'ailleurs, sa silhouette minuscule devrait suffire à le faire reconnaître à coup sûr.

Le nom de ce tout petit Inocybe s'écrit de deux façons : *geophylla* ou *geophila*. Nous avons adopté la première orthographe ; la seconde signifie « qui croît sur la terre ». Le **chapeau** de ce champignon mesure de 1 à 2 cm de diamètre. Il est campanulé, mamelonné, soyeux puis fibrilleux, parfois un peu visqueux dans son jeune âge — c'est d'ailleurs le seul Inocybe qui présente cette particularité. Il revêt les couleurs les plus variées. Souvent, il est absolument blanc, mais on rencontre des formes violettes, lilas, jonquille ou fauve. Malgré cette fantaisie chromatique, on le reconnaît à sa faible taille, à son port étroitement conique. Au toucher, il n'est ni laineux ni méchuleux, comme la plupart de ses congénères. Le **pied** mesure de 2 à 4 mm de diamètre et de 1 à 2 cm de hauteur. Il est court, ferme, tenace, farineux au sommet, blanc ou lilacin. Les **lamelles**, libres, ventrues et serrées, sont blanches ou lilacines, puis elles virent au bistre après épanouissement. La **chair** est blanche, d'**odeur** peu agréable et de **saveur** âcre. La **spore**, pruniforme, fauve bistré, est de 10 à 12 μ. D'après les statistiques, ce champignon serait le plus commun de toutes les espèces connues. Il est vrai que cet Inocybe a son **habitat** dans presque toutes les forêts, particulièrement les forêts de feuillus, et qu'il adopte tous les déguisements. Il vient en été et en automne en troupes innombrables. Sa petite taille n'attire pas l'attention et on passe à côté de lui sans le voir. C'est une chance, car il est aussi toxique qu'*Inocybe Patouillardi*.

Bien qu'aussi toxique qu'*Inocybe Patouillardi*, ce champignon est finalement peu à craindre : compte tenu de sa faible taille, il n'est pas probable que les amateurs prennent la peine de le récolter. Il faut cependant savoir qu'il fait partie des espèces responsables de syndromes à incubation brève et que les signes d'empoisonnement apparaissent parfois quelques minutes seulement après l'ingestion. Son évolution est heureusement tout à fait bénigne.

Inocybe à odeur de corydale

Inocybe corydalina Quél.

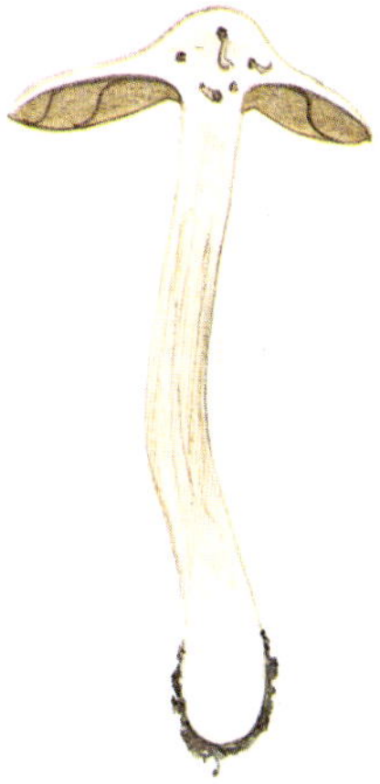

Voici encore une espèce d'Inocybe facile à identifier. Celui-ci a un **chapeau** dont le diamètre varie de 5 à 8 cm, ce qui est beaucoup pour un Inocybe, dont les représentants sont généralement de taille plus modeste. Campanulé, puis aplani, il conserve toujours un mamelon, dont la couleur glauque verdoyant est remarquable. Le **pied** mesure de 1 à 1,5 cm de diamètre et de 8 à 12 cm de haut. Il est puissant, fibro-charnu, fragile, subbulbeux, fibrillé, strié, pruineux et blanc, mais souvent taché de vert bleuâtre à la base. Les **lamelles** ont pour caractéristiques d'être adnées, émarginées, blanches puis brunes, avec un liseré blanc. La **chair**, généralement blanche, présente parfois des reflets lilacins. Elle exhale une **odeur** à la fois suave et pharmaceutique qui rappelle celle d'une fleur printanière appelée *Corydalis cava*. Mais *Inocybe corydalina* ne fait pas là preuve de beaucoup d'originalité : la plupart des espèces de cette famille sont reconnaissables grâce à leurs odeurs étranges et variées. Certaines sentent le géranium, d'autres le fond des vieux tonneaux de vin, d'autres encore le moisi, la poire, etc. Bien souvent même, c'est l'odeur qui permet de nommer l'espèce, et, sans elle, le recours au microscope serait nécessaire. Pour les déterminer, il faut de plus connaître l'aspect exact des **spores**, savoir si elles sont lisses ou bosselées, si elles présentent ou non des cystides, et lesquelles. De là leur vient la réputation légitime d'extrême difficulté de ce genre innombrable. Cette espèce a son **habitat** dans les forêts de feuillus, où elle croît en été et en automne. Elle n'est pas une espèce particulièrement rare, mais, de fait, on ne rencontre le plus souvent que des exemplaires isolés.

Identification

On reconnaît Inocybe corydalina *à sa grande taille, mais surtout à son mamelon aigu teinté de vert, qui est tout à fait spécifique. Son grand pied blanc et son odeur caractéristique de corydale sont des indications également très précieuses.*

On ne sait rien sur la comestibilité de cette espèce. Mais, outre le fait que beaucoup d'Inocybes sont pour le moins suspects, son odeur peu plaisante n'engage guère à la consommer. Il vaut mieux, en tout cas, s'abstenir.

Inocybe à spores étoilées

Inocybe asterospora Quél.

Identification
On reconnaît Inocybe asterospora *à son chapeau conique et mamelonné, à son pied bulbeux recouvert d'une peau détachable, à sa chair qui se fend radialement et, au besoin, par l'examen de ses superbes spores étoilées.*

Confusion
A première vue, rien n'est plus facile que de confondre cette espèce avec d'autres Inocybes qui lui ressemblent. Même un examen attentif et expérimenté peut n'être pas probant. Cependant, le bulbe du pied et surtout l'examen au microscope dissiperont tous les doutes.

Le **chapeau** de cette espèce mesure de 3 à 5 cm de diamètre. Il est conique et mamelonné, comme celui de la plupart des Inocybes, et souvent fendillé radialement. Il est de couleur brune, un peu bistre, et présente des rayures brunes sur le fond blanc de la chair. Le **pied** mesure de 5 à 10 cm de diamètre et de 5 à 8 mm de hauteur. Il est plein, ferme, bulbeux, recouvert d'une peau rayée de brun qui peut se détacher. Cette caractéristique est unique et permet de reconnaître cette espèce au milieu d'autres qui lui ressemblent. Les **lamelles** sont émarginées, ventrues, d'abord d'un blanc bistré, puis cannelle. La **chair** est fragile et se fend facilement à partir du bord du chapeau vers le centre. Elle exhale une **odeur** de moisi très désagréable. Son caractère le plus original est l'aspect de ses **spores**. Il a permis au mycologue Quélet de définir avec sûreté cette espèce. Celles-ci, de 12 μ de diamètre, sont en effet sphériques et hérissées de pointes épineuses du plus bel effet sous la lame du microscope. C'est d'ailleurs par l'examen de leurs spores, qui, toutes, ont une personnalité propre, que beaucoup d'espèces d'Inocybes ont pu être isolées d'autres apparemment voisines. C'est un des nombreux genres qui, à première vue, peuvent prêter à confusion, et même des mycologues expérimentés hésitent souvent à nommer un échantillon qui vient de leur être présenté. Le microscope est ici la règle. Cette espèce, qui a son **habitat** dans les forêts de feuillus, en terrain acide et, souvent, en altitude, n'est guère commune. On la rencontre en été et en automne.

La comestibilité de cette espèce n'a probablement jamais été testée. Son odeur est trop peu engageante pour inciter à la cueillette, et, s'agissant d'Inocybes, il est préférable de ne pas tenter d'expériences sans doute funestes.

Hébélome à centre brun

Hebeloma mesophaeum
(Pers. ex Fr.) Quél.

Les Hébélomes sont représentés par d'assez nombreuses espèces. On pourrait les définir comme étant des Cortinaires à spores non pas fauve-rouille, mais ocre-brun et parfois sans cortine. De plus, comme eux, ils sont légèrement visqueux et leurs couleurs, toujours ternes, ne varient guère que du jaune au brun plus ou moins foncé. Leur apparence est ingrate, leur identification souvent difficile, et ils sont encore si mal connus que le mycologue Bruchet, qui s'est attaché à leur étude, en a découvert plusieurs espèces nouvelles en l'espace de quelques années. Une autre de leurs caractéristiques est l'odeur très désagréable de rave ou de radis qu'ils dégagent. Par ailleurs, leur saveur est communément amère. *Hebeloma mesophaeum* donne une idée claire du genre tout entier, bien qu'en général les autres espèces soient de plus grande taille. Son **chapeau** ne dépasse guère 3 à 7 cm de diamètre. Il est campanulé, un peu visqueux au centre et fibrilleux vers la marge. Il est blanc bistré, fauve ou roux, et présente toujours une tache plus foncée vers le centre, tantôt brune, tantôt noire. Le **pied** mesure 5 mm de diamètre environ et de 3 à 5 cm de hauteur. Il est grêle, souvent creux, tenace, et orné d'une cortine bien visible sur les jeunes champignons, blanc bistré puis roussâtre et brun à l'intérieur, pruineux vers le haut et brun bistré à la base. Les **lamelles** sont sinuées, ténues, blanchâtres, puis argileuses et brunes. La **chair** est mince, humide, blanchâtre ; elle exhale une **odeur** de radis et sa **saveur** est aigre. La **spore**, de 8 μ, est pruniforme. L'**habitat** de cette espèce assez commune se trouve préférentiellement dans les forêts de feuillus, où elle se montre le plus souvent en touffes ; cependant, on rencontre aussi des exemplaires isolés.

Sa faible taille, son odeur peu engageante et sa saveur aigre n'invitent pas à consommer cette espèce. Il semble bien, d'ailleurs, qu'il n'y ait pas ou guère d'Hébélomes comestibles ; celui-ci n'échappe pas à la règle.

Identification
Cet Hébélome se reconnaît à sa petite taille, à son chapeau jaunâtre, dont le centre présente une tache brun visqueux ou noire, à son pied grêle, creux, brun foncé à l'intérieur, pruineux vers le haut, brun à la base et faiblement cortiné.

Confusion
On peut confondre cette espèce avec plusieurs autres petits Hébélomes voisins dont il est le représentant type. Ce serait évidemment sans importance. Toutefois, en apprenant à le bien connaître, on aura un bon point de repère pour parvenir à distinguer les espèces entre elles.

Hébélome radicant

Hebeloma radicosum (Bull. ex Fr.) Rick.

Hébélome à racine

Identification
Bien qu'elle ait été longtemps rangée parmi les Pholiotes, cette espèce ne peut être confondue avec aucune autre. On la reconnaît immédiatement à son chapeau fauve, visqueux et, surtout, à son long pied pourvu d'un bel anneau écailleux et prolongé par une racine noirâtre.

On a longtemps rangé cet Hébélome parmi les Pholiotes, parce que, comme elles, il est pourvu d'un anneau. Mais, d'une part, cet anneau, auquel les premiers mycologues attachaient une grande importance, n'est plus considéré comme un élément déterminant et, d'autre part, les caractères anatomiques de cette pseudo-Pholiote sont ceux d'un Hébélome : on a donc rangé ce champignon dans le genre susdit. Cependant, même parmi les Hébélomes, c'est une espèce aberrante. En effet, tous les Hébélomes sont mycorhiziques ; or celui-ci fait exception et pousse sur le bois mort enterré, ce qui explique la fausse racine, longue et pointue, qui le suit quand on le tire du sol. Le **chapeau** mesure de 8 à 12 cm de diamètre. Il est convexe, visqueux, blanc crème ou ocracé et taché de fauve. La marge présente très souvent une frange de flocons blanchâtres. Le **pied** mesure de 1 à 2 cm de diamètre et de 8 à 15 cm de hauteur. Il est plein, renflé à la base en forme de navet et prolongé par une longue racine noirâtre. Il est grenelé, farineux au sommet, blanchâtre et couvert de mèches fauves au-dessous d'un **anneau** membraneux, écailleux, distant et blanc. Les **lamelles** sont libres, serrées, d'abord crème, puis chamois. La **chair**, blanche, exhale une forte **odeur** d'amande amère, mais sa **saveur** est douce. La **spore** a 8 μ de long et adopte la forme d'une amande. L'**habitat** favori de cette espèce, qui vit soit isolée, soit en petits groupes autour de vieilles souches dont elle colonise les racines, se trouve dans les forêts de feuillus. Elle croît du début de l'été jusqu'à la fin de l'automne.

Bien que *Hebeloma radicosum* n'ait pas la réputation d'être toxique, cette espèce n'est pas considérée comme consommable. En effet, si sa saveur est douce, sa forte odeur d'amande amère empêche quiconque d'envisager son utilisation dans une préparation culinaire.

Flammule pénétrante

Gymnopilus penetrans (Fr.) Murr.

Pholiote pénétrante, Gymnopile pénétrant

Cette espèce est le type le plus courant d'une série de champignons souvent très difficiles à distinguer les uns des autres. Ils ont en commun d'être presque tous spécifiques des souches de conifères et d'avoir une chair d'une grande amertume. La Flammule pénétrante, jadis considérée comme une Pholiote et rangée aujourd'hui parmi les Gymnopiles, a un **chapeau** qui mesure de 2 à 5 cm de diamètre. Il est convexe plan, glabre, tacheté ou rayé, fauve souci, plus foncé vers le centre ; il pâlit vers son déclin. Le **pied**, de 7 à 8 mm de diamètre et de 5 cm de hauteur environ, est fibrocharnu, radicant, strié, blanc, puis jonquille fibrillé par les restes d'une cortine fugace, fauve, qui laisse aussi parfois à son sommet un petit **anneau** submembraneux et blanc, qui souvent a disparu. Les **lamelles** sont serrées, émarginées, sulfurin pâle puis tachetées de fauve safrané. La **chair** est jaune soufre pâle, mince et de **saveur** très amère. La **spore**, de 8 μ sur 4, est pruniforme. Cette espèce, dont l'**habitat** se trouve fréquemment sur les souches et les branches de conifères, en plaine comme en montagne, croît en touffes plus ou moins fournies qui semblent sortir d'une sorte de racine courte et noirâtre. Comme beaucoup de champignons lignicoles, *Gymnopilus penetrans* n'a pas de saison propre ; il attend simplement que le bois dont il dépend soit assez gorgé d'eau pour qu'il puisse fructifier. C'est dire qu'on peut le trouver dès la fin du printemps et jusqu'à l'automne, mais, évidemment, plus fréquemment à partir de la fin de l'été, après des pluies abondantes.

L'amertume extrême de la Flammule pénétrante exclut toute idée de comestibilité. C'est d'ailleurs un puissant purgatif et un émétique violent. Cependant, son manque d'intérêt sur le plan culinaire est compensé par ses caractéristiques qui font de ce champignon le type le plus commun d'une série dont la croissance est liée aux souches de conifères.

Identification

Cette espèce se reconnaît à son chapeau de couleur vive, fauve souci, à son pied pourvu d'un petit anneau fragile, qui de blanc devient jonquille peu de temps après la poussée, et à ses lamelles soufre puis brunes. Une autre de ses caractéristiques est sa pseudo-racine noirâtre enfoncée dans le bois mort qui la nourrit.

Confusion

Gymnopilus penetrans *peut être confondu avec quelques espèces voisines qui viennent dans les mêmes conditions que lui et ne s'en distinguent que par leurs couleurs, en général plus brunes et plus foncées.*

Flammule remarquable

Gymnopilus spectabilis (Fr.) Singer

Pholiote magnifique, Gymnopile remarquable

Identification
On reconnaîtra cette espèce, dont les caractères sont assez saillants pour qu'elle ne puisse pas être confondue avec une autre, à son gros chapeau jaune fauve ou doré, vergeté d'écailles rousses, à sa croissance en touffes importantes sur les vieilles souches d'orme, qu'elle affectionne particulièrement, à son anneau persistant et à ses spores verruqueuses.

Comme beaucoup d'autres champignons de ce genre, cette ancienne Pholiote est aujourd'hui classée parmi les Gymnopiles, car l'analyse anatomique, plus précise, dément les apparences. Toutefois, par commodité, on l'appelle toujours Pholiote dans le langage courant. Son **chapeau** mesure de 8 à 14 cm de diamètre. Il est charnu et convexe, sec, glabre, soyeux, vergeté d'écailles roussâtres, finement gercé à son déclin. Il est de couleur jonquille au début de la poussée, puis fauve-rouille vif après maturité. Le **pied** mesure environ 1,5 cm de diamètre et de 8 à 10 cm de hauteur. Il est plein, ventru, souvent courbé, farineux, striolé au sommet et doté d'un **anneau** membraneux et persistant. Il est d'un beau jaune d'or clair. Les **lamelles** sont adnées, décurrentes en filet, minces, sulfurines puis fauve doré. Son **odeur** est douce, sa **chair**, élastique et jaune, rougit au toucher et sa **saveur** est très amère. La **spore**, de 8 μ, est pruniforme, couverte de grosses verrues et de couleur jaune fauve. Cette superbe espèce, assez rare, a, en principe, son **habitat** dans les forêts de feuillus, où elle colonise les vieilles souches d'orme en été et en automne. Mais il est à noter qu'on la trouve fréquemment sur des souches isolées dans les prés ou au bord des routes. D'ailleurs, il s'agit là d'un phénomène assez fréquent, car les espèces lignicoles, qui ont besoin de plein vent pour fructifier au mieux, ont tendance à s'éloigner de leur habitat caractéristique. Elle pousse parfois en touffes énormes et vraiment spectaculaires, comme le veut son nom, mais, les ormes étant en voie de disparition, il est probable que ce *Gymnopilus* deviendra introuvable à relativement court terme.

Ce champignon est franchement immangeable bien qu'il ne soit probablement pas toxique. En effet, il semble que, jusqu'ici, nul n'ait été assez téméraire pour braver sa redoutable amertume et s'assurer de son inocuité.

Galère marginée

Galerina (Galera) marginata (Fr.) Küh.

Pholiote marginée, Galérine marginée

Cette espèce a été naguère rangée parmi les Pholiotes par Fries, qui, n'utilisant pas le microscope, n'avait pu découvrir certaines de ses particularités. Kühner, après examen anatomique, l'a placée dans un nouveau genre. Cependant, en dépit de sa qualification, ce champignon ne présente nullement une marge apparente, si bien que l'on peut se demander à quelle idée fantaisiste répond son appellation. Son **chapeau** mesure de 3 à 5 cm de diamètre. Il est convexe, obtus, mince, glabre, hygrophane, d'abord ocre fauve, puis pâlissant. Les **lamelles** sont adnées, serrées, étroites, minces, crème, puis cannelle. Le **pied** mesure de 2 à 4 mm de diamètre et de 4 à 6 cm de hauteur. Il est fistuleux, grêle, fibrilleux, striolé, jonquille pâle mais brun à la base et hérissé de fibrilles blanches. Il porte à son sommet un petit **anneau** membraneux, très mince, souvent réduit à l'aspect d'une légère cortine qui disparaît presque toujours à l'âge adulte. La **chair** est jaunâtre ; elle répand une forte **odeur** de farine, mais est dépourvue de **saveur**. La **spore**, de 10 μ, est pruniforme et entièrement verruqueuse. Au microscope, elle semble avoir une double paroi. L'**habitat** spécifique de cette espèce se trouve dans les forêts de conifères, en montagne. Ce champignon colonise en effet les vieilles souches de conifères, où il forme parfois des troupes innombrables. On le rencontre plus rarement sur bois de feuillus où il atteint sa taille maximale. Sa pleine période de croissance est l'automne. Comme il est très toxique, il convient de le bien connaître afin de ne pas risquer de le confondre avec des espèces inoffensives, et, notamment avec la Pholiote changeante.

On s'est aperçu récemment que cette espèce contenait des produits toxiques analogues à ceux des amanites mortelles. Il faut donc s'en méfier au même titre que ces dernières et bien sûr s'abstenir de la consommer, malgré l'odeur de farine rassurante qu'elle dégage.

Identification

Cette espèce se reconnaît à son chapeau d'un bel ocre-fauve uni, à son pied grêle portant un petit anneau qui disparaît assez rapidement, à sa forte odeur de farine et à sa croissance en troupes nombreuses sur les vieilles souches de conifères.

Confusion

Galerina marginata *peut être confondue avec* Kueheneromyces mutabilis *(Pholiote changeante, p. 170) qui est comestible, avec* Hypholoma fasciculare *(Hypholome en touffe, p. 171). Cette dernière espèce n'est pas considérée comme toxique. Voir* Confusions, *p. 282.*

Strophaire vert-de-gris

Stropharia aeruginosa (Curt. ex Fr.) Quél.

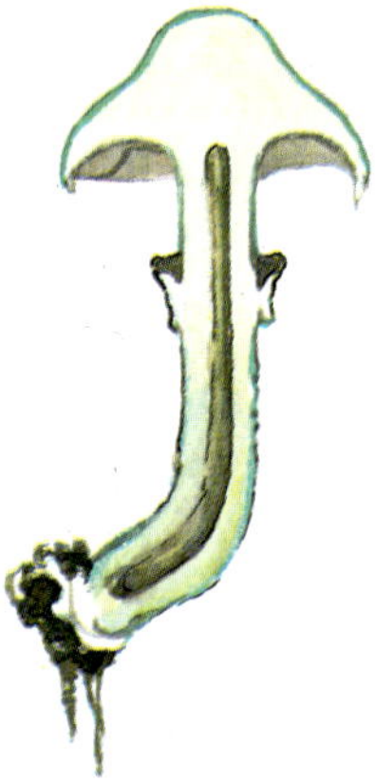

Identification
Cette espèce se reconnaît, sans confusion possible, à son chapeau convexe, jaunâtre au milieu, bleu-vert ou vert-de-gris sur les bords, extrêmement visqueux, à ses lamelles violacées puis brunes, à son pied variant du bleu au verdâtre, visqueux lui aussi, à ses spores brun violacé et à son habitat sur les excréments desséchés ou sur les charognes.

Si l'on a eu l'occasion d'examiner une fois cette Strophaire, on ne l'oublie plus tant elle est particulière. Son **chapeau** mesure de 6 à 10 cm de diamètre. Il est entièrement visqueux et couvert d'un enduit glutineux et brillant. Il est nettement convexe et pourvu d'un petit mamelon en son centre. De couleur jaune verdâtre au milieu, il devient bleu verdâtre ou vert-de-gris sur les bords, qui sont souvent marqués de débris blanchâtres provenant du voile général. Cette couleur est à peu près unique chez les espèces répandues en France. L'épiderme gluant s'enlève très facilement et d'une seule pièce si l'on prend soin de le détacher par la marge. Les **lamelles**, d'abord d'un gris violacé passant peu à peu au brun pourpré ou chocolat, sont adhérentes au pied. Le **pied** mesure de 5 à 10 mm de diamètre et de 5 à 10 cm de hauteur. Il est bleu azuré, grisâtre sale ou verdâtre. Il est robuste, entièrement visqueux, hérissé d'écailles blanchâtres au-dessous de l'**anneau**, qui est étroit, fugace et fragile. La **chair** est blanche, humide, de **saveur** désagréable et écœurante ; son odeur ressemble à celle du radis. La **spore**, de 10 μ, est pruniforme et d'un brun violacé, comme celle des autres Strophaires. *Stropharia aeruginosa* est une espèce commune en automne. Elle a son **habitat** préféré dans les bois de feuillus, mais elle pousse parfois dans les prés. Caractéristique importante, elle ne vient que là où ont été déposés des excréments de carnivores ou bien là où s'est décomposée la carcasse d'un oiseau ou d'un quelconque autre animal. Il va sans dire que cette prédilection pour les charognes, son odeur pour le moins suspecte et sa couleur peu attirante n'engagent pas à la consommer.

La Strophaire vert-de-gris est si répugnante par son aspect général, sa couleur, son odeur détestable, sa viscosité, son habitat vraiment très particulier, qu'il est tout à fait impensable de la consommer.

Strophaire à anneau rugueux

Stropharia rugosoannulata
Farlow ex. Murr.

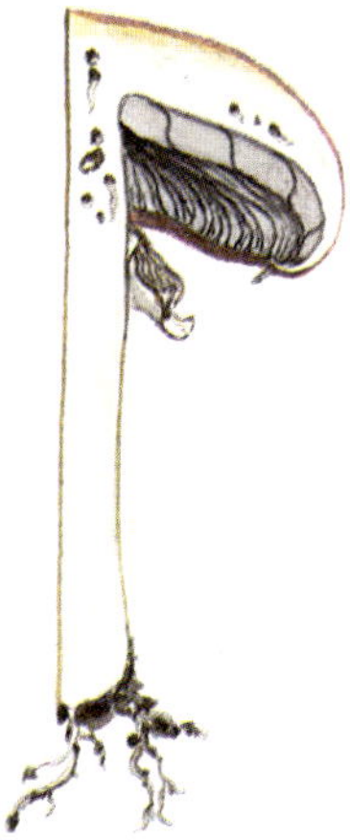

C'est une Strophaire curieuse, à la fois parce qu'elle est très rare, notamment en France, et parce que sa taille passe d'un extrême à l'autre. Son **chapeau**, en effet, varie de 2 à 20 cm de diamètre. Il est convexe, puis plan, à peine visqueux, glabre et nu, tantôt de couleur jaune lavé de rougeâtre, tantôt violacé. Les **lamelles** sont d'abord pâles puis deviennent d'un beau violet. Le **pied**, dont la taille est proportionnelle à celle du chapeau, mesure de 5 mm à 3 cm de diamètre et de 3 à 20 cm de hauteur. Il est blanchâtre et porte un magnifique **anneau;** celui-ci, large, charnu, blanc en dessus et bordé de grosses écailles jaunes, est parfois très gros, parfois inexistant. La **chair** est blanche, d'**odeur** forte et de **saveur** très désagréable après quelques instants de mastication. La **spore**, de 14 μ sur 8, est violette. L'**habitat** de ce champignon se trouve généralement dans les forêts de feuillus, du printemps à l'automne, mais il arrive qu'il soit abondant dans les champs. Cette espèce étrange est commune dans les pays du Nord et en Pologne, mais elle ne croît en Europe de l'Ouest que dans des circonstances particulières, après avoir fait un long voyage. En effet, les agriculteurs français utilisent souvent des semences d'avoine en provenance des pays du Nord, où cette céréale est bien sélectionnée. Or cette Strophaire n'apparaît que dans les champs ensemencés par des graines importées du Nord, qui, sans doute, véhiculent les spores. C'est ainsi qu'on voit parfois des champs complètement envahis par *Stropharia rugosoannulata*, où elle adopte toutes les formes et toutes les tailles.

Cette espèce n'est pas comestible, ne serait-ce qu'à cause de la saveur écœurante de sa chair. En tout état de cause, la rareté de ses apparitions ne favorise pas sa consommation. On prétend qu'elle est appréciée en Pologne.

Identification

On reconnaît cette espèce à sa taille très variable — de 2 à 20 cm de diamètre —, à son chapeau charnu, jaune ou brun, à ses lamelles d'un beau violet, à son pied généralement orné d'un ample anneau charnu, parfois manquant, à son odeur forte et à sa saveur désagréable.

Pholiote écailleuse

Pholiota squarrosa (Pers. ex Fr.) Kummer

Identification
On reconnaît cette espèce à son chapeau sec, qui la distingue nettement des autres Pholiotes, jaune, hérissé de superbes mèches jaunes puis brunes, à ses lamelles jaunes puis vertes, à son pied orné d'un anneau pelucheux et déchiqueté, à sa croissance en grosses touffes au pied des vieux arbres et à son odeur de bois pourri.

Cette espèce est le représentant type d'une série de Pholiotes lignicoles, tantôt sèches, tantôt visqueuses, mais faciles à identifier. Le **chapeau** de la Pholiote écailleuse mesure de 8 à 14 cm de diamètre. Il est sec, charnu, campanulé, convexe, jamais aplati, hérissé de belles mèches retroussées, très serrées, d'abord safranées, puis couleur de rouille. Les **lamelles** sont adnées, uncinées, crème jonquille, puis olive ou rouille. Le **pied** mesure de 1 à 2 cm de diamètre et de 10 à 15 cm de hauteur. De couleur jonquille pâle, il est atténué vers la base, couvert de grosses mèches retroussées, de teinte fauve, au-dessous d'un bel **anneau** pelucheux et souvent déchiqueté. La **chair**, jaune, dégage une désagréable **odeur** de bois pourri. Sa **saveur** est ingrate et légèrement amère. La **spore**, de 6 μ sur 4, est oblongue. Cette espèce assez commune a son **habitat** le plus fréquent dans les forêts de conifères et de feuillus. Elle pousse à la fin de l'automne en touffes parfois énormes au pied des vieux arbres, dont elle entoure la base d'une ceinture complète : on peut voir au pied d'un seul arbre plus d'une centaine d'exemplaires. Quoique manifestement parasite, ce champignon ne paraît pas faire souffrir sa victime, et il peut fructifier pendant des années sans que l'arbre dépérisse. Il est infiniment moins nuisible que l'Armillaire couleur de miel, qui, elle, enfonce son mycélium rubané entre l'écorce et l'aubier, détache l'écorce et provoque la mort de l'arbre à brève échéance. Certains ouvrages donnent cette espèce comme comestible. Cependant, son odeur de bois pourri, qui s'accentue encore pendant la cuisson, la rend immangeable. Elle est en revanche très décorative.

Cette espèce n'est pas toxique. Mais, bien qu'elle soit considérée comme comestible par certains auteurs, elle est, à notre avis, absolument immangeable du fait de son odeur insupportable de bois pourri et de sa saveur amère.

Pholiote gommeuse

Pholiota gummosa (Lasch) Singer

Pholiote collante

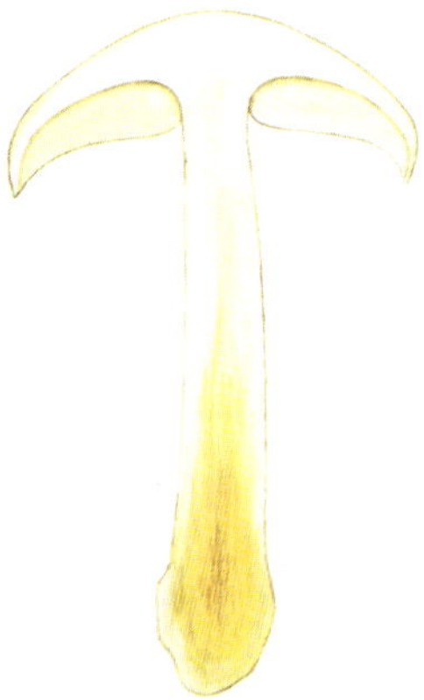

La situation générique de cette espèce est instable, et on l'a classée tour à tour parmi les Pholiotes, puis dans les Flammules, puis, de nouveau, dans les Pholiotes. C'est bien souvent une affaire de sentiment, et rien n'oblige à se soumettre aux oukases de la mode. Le **chapeau** de ce champignon mesure de 3 à 5 cm de diamètre mais, chez certaines formes, il peut atteindre 15 cm. Il est mince, crème citrin ou verdâtre grisonnant, parsemé au début de petites mèches blanches incluses dans une viscosité épaisse et collante. Les **lamelles** sont adnées, serrées, citrin pâle, tandis qu'elles sont jaune citron éclatant dans la variété *citrophylla.* Elles virent rapidement aux tons cannelle à mesure que les spores arrivent à maturité. Le **pied** mesure de 5 à 6 mm de diamètre et de 5 à 18 cm de hauteur. Il est fragile, creux, fibrilleux, floconneux, jaune pâle, glabre au sommet et roussissant à la base. L'**anneau** est mince, fragile et tôt caduc, de la même couleur que le pied. La **chair** est molle, jaune, de **saveur** douce. La **spore**, de 8 μ, est ellipsoïde et de couleur jonquille. Cette espèce, assez commune en automne, a son **habitat** dans les forêts de feuillus, surtout près des hêtres, où son mycélium abondant agglomère les feuilles pourries avec ses nombreux filaments. Elle apparaît généralement en touffes ou en troupes nombreuses, notamment par temps humide. Elle est le plus souvent de taille modeste, mais on rencontre parfois des exemplaires de taille si inhabituelle qu'on hésite à les identifier, d'autant qu'il ne s'agit pas là d'une variété, puisqu'on les trouve mêlés à des exemplaires normaux.

Cette espèce n'est sûrement pas toxique, mais sa chair mince et son extrême viscosité n'incitent guère à l'expérimenter en cuisine. D'ailleurs, on trouve en automne, sa période de croissance, de nombreuses autres espèces comestibles qui sont, sans conteste, bien meilleures.

Identification

Ce champignon se reconnaît dès l'abord à son chapeau glutineux et collant, jaune grisâtre ou verdâtre, parsemé de petites mèches blanches incluses dans sa viscosité, à son pied creux et fragile, à son petit anneau caduc.

Confusion

Dans ses formes les plus grosses, cette Pholiote pourrait être confondue avec certains Cortinaires. Mais son mycélium à filaments établit d'emblée la distinction, puisque les Cortinaires étant mycorhiziques, on ne voit jamais leur mycélium.

Pholiote changeante

Kuehneromyces (Pholiota) mutabilis
(Schaeff. ex Fr.) Singer et Smith

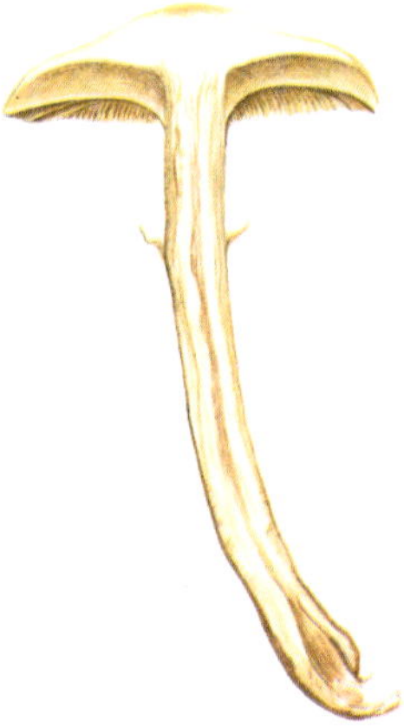

Identification
On reconnaît cette espèce à son chapeau jaune sombre au centre, présentant une marge plus claire et translucide, à son pied brun et couvert de petites mèches sombres, à ses lamelles d'abord pâles puis cannelle.

Confusion
Cette espèce ne doit pas être confondue avec Galerina marginata *(Galère marginée, p. 165), dont le chapeau est d'un jaune plus franc et uniforme.* Hypholoma fasciculare *(Hypholome en touffe, p. 171) peut prêter à confusion, mais la couleur verdâtre de ses lamelles est un repère suffisant. Voir* Confusions, *p. 282.*

Ce champignon était naguère classé parmi les Pholiotes, mais le mycologue Singer a créé pour lui un genre nouveau qu'il a baptisé *Kuehneromyces*, en hommage au maître français Kühner. Celui-ci, cependant, rejette cette coupure générique, qu'il considère comme inutile. Cet exemple illustre une fois de plus la fragilité de la notion de genre en mycologie. Le **chapeau** de cette espèce mesure de 3 à 6 cm de diamètre. Il est globuleux, puis aplati, légèrement mamelonné, jaune brunâtre en son centre, lisse, humide, hygrophane. Sa couleur pâlit avec l'âge. Sa marge, enroulée, puis étalée, est mince et translucide ; elle laisse voir le dessin des lamelles en transparence. Les **lamelles** sont serrées, adnées, légèrement décurrentes, d'abord jaune jonquille, puis cannelle. Le **pied** mesure de 4 à 6 mm de diamètre et de 3 à 5 cm de hauteur. Il est cylindrique et grêle, plein, puis creux à son déclin, tenace, couvert de petites mèches sombres et retroussées. Il est brun et noircit à la base. Il porte en haut un **anneau** membraneux, de même couleur que lui, retombant, lacéré mais persistant. La **chair**, mince, jaune, exhale une **odeur** très agréable ; elle est de **saveur** douce. La **spore**, de 5 μ sur 7, est ovoïde et brune. Cette espèce a son **habitat** dans les forêts de feuillus et de conifères, où elle croît sur de vieilles souches, avec une préférence pour les hêtres et les épicéas. Elle pousse en abondance du printemps à l'automne et forme souvent de véritables tapis. Une seule souche peut fournir une récolte abondante et, même, donner deux ou trois récoltes successives dans une seule année. Mais, pendant les périodes sèches, cette Pholiote peut disparaître complètement.

Bien que d'apparence modeste, cette espèce est un comestible excellent, de bonne saveur et très parfumé. Elle fait merveille dans les sauces, qu'elle relève admirablement. Il faut cependant veiller à ne l'utiliser que dans les sauces colorées, car ses spores teinteraient les sauces à base de lait, comme la béchamel, ou à base de jaune d'œuf.

Hypholome en touffe

Hypholoma fasciculare
(Huds. ex Fr.) Kummer

Hypholome fasciculé

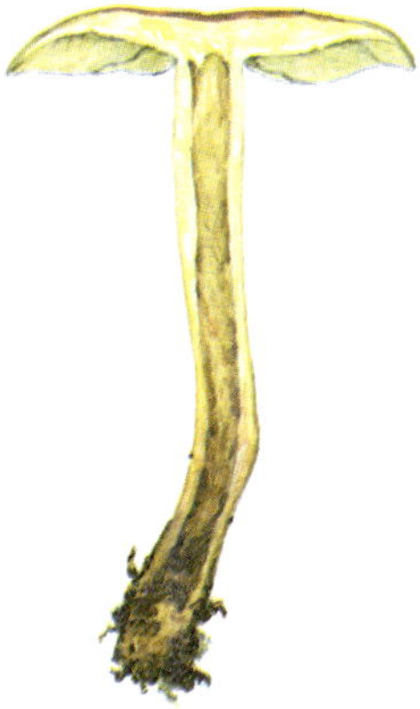

Cet Hypholome est un des champignons lignicoles les plus faciles à reconnaître. Son **chapeau** mesure de 3 à 6 cm de diamètre. Il est mince, convexe, avec un centre légèrement mamelonné. Jaune citron ou jaune ocracé à l'état jeune, il devient roussâtre en vieillissant. Les **lamelles** sont d'abord jaune soufre, mais les spores, de couleur violette arrivant à maturité, modifient rapidement la teinte initiale, qui vire au verdâtre, dans une tonalité très particulière, à peu près unique chez les champignons à lamelles. Le **pied** mesure de 5 à 7 mm de diamètre et de 5 à 10 cm de hauteur. Il est mince, égal ou à peine renflé à la base. Il porte à son sommet les restes d'une cortine blanche très légère qui peut laisser des franges au bord du chapeau. La **chair** est jaune pâle ou citron, de **saveur** extrêmement amère, et l'**odeur**, tout à fait désagréable. La **spore**, violette, de 8 μ, est pruniforme. Cette espèce, très commune, a son **habitat** dans les forêts de feuillus, du printemps à l'automne ; elle y colonise en touffes les vieilles souches de toute nature, avec une préférence marquée, toutefois, pour les souches de charme. On la rencontre aussi sur les branches d'arbre tombées ; elle prend alors une forme minuscule, et son chapeau ne mesure guère plus de 1 à 1,5 cm de diamètre. Sur ce support, elle croît non plus en touffes mais en troupes très serrées d'individus isolés. On trouve assez fréquemment une autre forme d'*Hypholoma fasciculare*, petite et stérile. On la reconnaît à ses lamelles qui restent jaunes, puisque, les spores ne se formant pas, elles ne changent pas de couleur.

Cette espèce n'est probablement pas ou peu toxique, mais l'amertume insupportable de sa chair interdit sa consommation. Malgré sa relative abondance, on respectera son rôle strictement ornemental du printemps à l'automne sur le fond vert des forêts de feuillus.

Identification
L'Hypholome en touffe se reconnaît à son chapeau jaune roussissant, à ses lamelles d'un vert très particulier, à son pied jaune portant les restes d'une légère cortine, à sa chair d'une très grande amertume et à sa croissance en touffes sur les vieilles souches.

Confusion
Cette espèce peut être confondue avec Galerina marginata *(Galère marginée, p. 165), extrêmement toxique, et avec* Kuehneromyces mutabilis *(Pholiote changeante, p. 170), excellent comestible. Voir* Confusions, *p. 282.*

Hypholome à lamelles enfumées

Hypholoma capnoides (Fr.) Kummer

Hypholome enfumé

Identification
On reconnaît cette espèce à son chapeau jaune pâle, à son pied mince et creux, à ses lamelles bleuâtres passant au lilacin, à sa chair de saveur douce, et aussi à sa croissance en touffes épaisses uniquement sur souches de conifères.

Confusion
On distingue cette espèce de Hypholoma fasciculare *(Hypholome en touffe, p. 171) à sa teinte plus pâle, et à ses lamelles violacées et jamais vertes.* Gymnopilus penetrans *(Flammule pénétrante, p. 163) vient dans les mêmes stations, mais sa chair est amère et ses lamelles sont brunes.*

Cette espèce ressemble quelque peu à la précédente. Même taille, avec un **chapeau** de 5 à 8 cm de diamètre, charnu, glabre, ridé, et d'un jaune jonquille pâlissant plus clair que celui de l'Hypholome en touffe. Les **lamelles** sont adnées, minces, larges, serrées, glauques ou bleuâtres, et finalement d'un bistre lilacin. Le **pied**, de 10 à 15 cm de haut, est creux, soyeux, striolé, blanc jaunâtre, fauve à la base. La cortine est blanche et laisse souvent une jolie frange dentée au bord du chapeau. La **chair** est mince, blanche et de **saveur** douce. L'**odeur** est faible et agréable. La **spore**, de 8 μ, est pruniforme. Alors que l'espèce précédente vient sur n'importe quelle souche de toute essence, celle-ci limite son **habitat** exclusivement à celles de conifères, où elle forme souvent, en automne, des touffes de très nombreux individus. La douceur de sa chair en fait un comestible convenable, qui aurait la propriété d'être un hypoglycémiant, c'est-à-dire que son ingestion ferait baisser le taux du sucre dans le sang, et c'est pourquoi les médecins férus de remèdes naturels la recommandent à leurs malades diabétiques. Il en va de même pour *Calocybe gambosa* (Tricholome de la Saint-Georges, ou Mousseron de printemps) et, à un moindre degré, pour *Craterellus cornucopioides* (Trompette des morts, ou Corne d'abondance). Ce sont là de très rares exemples de champignons supérieurs peut-être dotés de propriétés thérapeutiques. Notons que si l'Hypholome en touffe se montre dès le printemps et jusqu'à la fin de la saison, l'Hypholome à lamelles enfumées est véritablement automnal et ne se trouve jamais avant le mois de septembre.

Ce champignon n'est pas un mauvais comestible, et, comme une seule touffe peut faire un plat, il vaut la peine d'être essayé. Il aurait en plus la propriété d'être hypoglycémiant, ce qui peut évidemment intéresser les personnes diabétiques atteintes d'hyperglycémie.

Hypholome couleur de brique

Hypholoma sublateritium (Fr.) Quél.

Cette espèce ressemble beaucoup à l'Hypholome en touffe, décrit précédemment. Mais elle est beaucoup plus développée, car son **chapeau**, qui mesure au plus une dizaine de centimètres ordinairement, peut atteindre jusqu'à 15 cm dans les formes géantes. Il est charnu, épais, convexe, presque lisse, orangé sur les bords et rouge brique au milieu, qui est souvent de couleur plus sombre. Les **lamelles** sont d'abord d'un blanc sale, puis tournent au gris jaunâtre et enfin à l'olivacé, c'est-à-dire d'une nuance verte moins marquée que chez l'Hypholome en touffe; elles sont minces, adnées au pied et très serrées. Le **pied** est plein, épais, de 8 à 15 cm de haut et de 5 à 12 mm d'épaisseur. Il est atténué à la base, toujours courbe, attaché aux autres pieds de la touffe, jaune ferrugineux, blanchâtre au sommet. Il porte à son sommet un **anneau** parfois membraneux, mais le plus souvent aranéeux, frangé, fragile et blanc. La **chair** est blanche, tirant sur le jaune, et de **saveur** moins amère que celle de l'espèce en touffe. Son **odeur** peut être qualifiée d'insignifiante. La **spore**, de 8 à 9 μ, est pruniforme. Comme l'Hypholome en touffe, cette espèce se montre toute l'année mais surtout en automne et a son **habitat** sur les vieilles souches d'arbre, quelle que soit l'essence de celui-ci, mais elle est plus rare. Il en existe une variété assez commune, dite *pomposa*, qui porte régulièrement un véritable anneau, dont le pied se renfle en un bulbe considérable, et qui paraît n'être qu'une forme luxuriante du type. C'est en tout cas une espèce très décorative, du fait de ses formes plantureuses et de ses belles couleurs.

Identification

On reconnaît aisément cette espèce à son chapeau important et charnu, jaune au bord et couleur de brique au centre, à ses lamelles devenant olivacées, à son pied plein attaché aux autres pieds de la touffe, et à sa croissance sur les vieilles souches pourries. Sa couleur en est un signalement suffisant pour la distinguer, même de loin.

Cette espèce est à rejeter, vu l'amertume de sa chair, qui cependant n'est pas constante, mais qui la rend immangeable. En outre, elle pourrait provoquer des troubles digestifs. Mais il est aussi possible que les exemplaires à chair douce soient comestibles.

Agrocybe précoce

Agrocybe praecox (Pers. ex Fr.) Fay.

Pholiote de printemps

Identification
On reconnaît cette espèce à son chapeau de faible taille, ocre pâlissant, à ses lamelles serrées doublées de lamellules, à son pied très long par rapport à son diamètre et se terminant par de longs filaments mycéliens, à son anneau, à sa saveur variable et à ses spores couleur de rouille. Son habitat et sa saison d'apparition permettent également de la deviner.

Cette espèce a été longtemps comptée au nombre des Pholiotes, mais un genre spécial a été créé justement pour une série de champignons à aspect de Pholiotes mais qui en diffèrent par la couleur des spores et par leur habitat, le plus souvent terrestre et non lignicole, comme celui des Pholiotes classiques. L'Agrocybe précoce est un modeste champignon, à **chapeau** de 2 à 5 cm de diamètre au plus, convexe, puis étalé et mince, légèrement mamelonné, glabre, parfois craquelé, humide, blanchâtre, passant à l'ocracé vers la fin. Les **lamelles** sont sinuées, serrées, doublées de lamellules, blanc hyalin ou à peine glauques, puis couleur de rouille. Le **pied** est remarquablement long pour un si petit chapeau ; il a de 8 à 10 cm de haut sur 5 mm de diamètre. Il est un peu renflé à la base, tout blanc, et il porte un **anneau** réfléchi, membraneux, restant souvent attaché en partie au chapeau, blanchâtre et placé très haut. On remarquera aussi que le pied se termine souvent par des filaments mycéliens considérables, qui sont un autre signe distinctif à ne pas négliger. La **chair** est molle, blanche, de **saveur** généralement douce, mais parfois très amère, surtout chez les petits exemplaires, ce qui ferait croire en fait à deux variétés différentes. L'**odeur** est farineuse. La **spore** est de 9 μ sur 7, gris-brun. Cette espèce a son **habitat** aussi bien dans les coupes de bois, dans les jardins, dans les prés et dans les champs cultivés. On la trouve isolée çà et là ou en groupes. Elle fait partie du petit nombre des espèces printanières, et elle est agréable à trouver, parce qu'elle annonce la bonne saison, mais il n'est pas rare de la rencontrer pendant d'autres saisons.

La comestibilité de cette espèce est aussi variable que sa saveur. On devra goûter à la récolte, un à un, les exemplaires ramassés et rejeter ceux qui sont amers, en général les plus petits. Il faut éliminer le pied, trop fibreux, et, vu la minceur de sa chair, il est préférable de la mélanger à d'autres espèces plus savoureuses.

Coprin chevelu

Coprinus comatus (Fr.) Gray

Escumelle

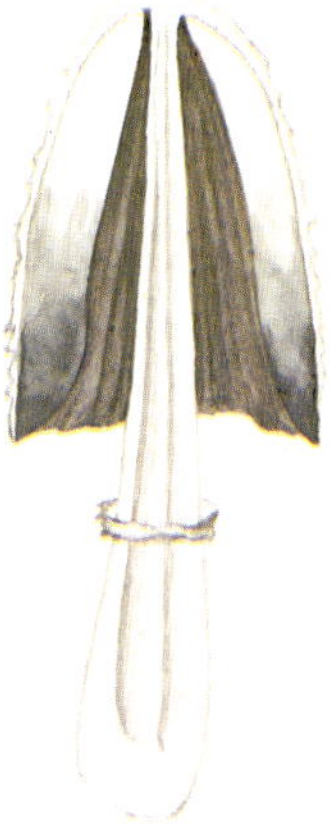

Cette espèce est bien étrange. En effet, elle a un **chapeau** non pas étalé ou convexe, mais cylindrique, d'un diamètre de 4 à 5 cm seulement, mais de 5 à 15 cm de haut et davantage, qui n'est fait que de lamelles et revêtu de grosses mèches blanches et caduques. Rapidement, ces **lamelles** s'écartent du pied par leur extrémité inférieure et en même temps se décomposent, rosissent, puis deviennent toutes noires et se résolvent en une sorte d'encre dans laquelle se trouvent les **spores**, qui seront dispersées non par le vent, mais par le liquide et ensuite par la pluie. Le **pied** est long et cylindrique, de 8 à 20 cm de haut, tout blanc, orné au début d'un petit **anneau** mobile qui disparaît rapidement. Il a de 5 à 10 mm d'épaisseur, il est creux, et à l'intérieur se trouve un filet cotonneux. Cette liquéfaction de l'hyménium est la particularité de tous les Coprins. La **chair** est blanche, de **saveur** et d'**odeur** agréables. C'est une espèce assez commune, qu'on trouve, souvent en grandes quantités, dès le printemps et jusqu'au mois de novembre, dans son **habitat** préféré, les terres rapportées, par exemple dans les pelouses qui entourent les grands ensembles nouvellement construits; car elle vient sur les débris organiques enterrés, qui lui servent de substrat. Après la Première Guerre mondiale, on voyait ce Coprin en masse aux abords et dans les tranchées abandonnées, où il trouvait quantité de débris qui lui étaient favorables. Il en existe une variété à chapeau sphérique et une autre à chapeau ovoïde. Elles diffèrent surtout du type parce que leurs lamelles ne rosissent pas avant de noircir, comme le font celles du type.

Identification

On reconnaît cette espèce entre mille à son haut chapeau cylindrique fait de lamelles minces et serrées, revêtu de mèches caduques, tout blanc, et qui se liquéfie rapidement en gouttes d'encre. Ne ressemblant à aucune autre espèce, on ne risque pas de la confondre.

Le Coprin chevelu est un très bon comestible, à condition d'être récolté très jeune. Sauté à la poêle avec un peu de beurre, il est délicieux. Afin de ralentir sa décomposition rapide, il suffit de lui enlever le pied (qu'on ne consomme pas) dès sa récolte. Une fois que les lamelles commencent à se décomposer, il n'est plus question de le consommer.

Coprin noir d'encre

Coprinus atramentarius (Bull. ex Fr.) Fr.

Coprin atramentaire

Identification
Ce gros Coprin se reconnaît facilement à son chapeau ovoïde jamais ouvert, gris brunâtre à reflets argentés, à ses lamelles libres et blanchâtres, à son pied blanc, lisse et fibrilleux, à sa croissance en touffes et à sa liquéfaction en une encre utilisable comme encre de Chine.

Ce gros Coprin est de forme ovoïde allongée, et son **chapeau** peut avoir de 5 à 15 cm de hauteur pour 4 ou 5 cm de large. La couleur en est gris jaunâtre à reflets argentés, tandis que quelques légères mèches grises se détachent un peu de la cuticule. Le chapeau ne s'ouvre jamais et, comme c'est le cas chez le Coprin chevelu, il s'autodigère à partir du bord des lamelles, qui se résolvent en une encre si noire qu'elle a été utilisée comme encre de Chine. Cette couleur d'un noir absolu est due évidemment à l'abondance des spores noires dont le liquide est saturé. Les **lamelles** sont ventrues, libres, et forment presque toute la substance du champignon, la chair n'étant visible que vers le sommet. Elles sont d'abord blanchâtres, puis noircissent rapidement. Le **pied** est blanc, lisse, fibrilleux, creux, et porte un **anneau** très fragile, souvent impossible à déceler. La base du pied est légèrement renflée en un bulbe à bord saillant. La **chair** est assez charnue, blanche, d'une **saveur** agréable ; elle est sans **odeur**. La **spore** est pruniforme, de 10 μ sur 5, d'un bistre noirâtre. Cette espèce, qui a son **habitat** sous les feuillus, dans les jardins et au bord des routes, est commune en automne, parfois aussi au printemps et en été, et vient en touffes épaisses, dont le mycélium se nourrit généralement de débris ligneux enterrés qui semblent lui être nécessaires. C'est parfois un hôte indésirable tant il est capable de bouleverser les terrains sur lesquels il croît.

Cette espèce est comestible et de bon goût, mais attention ! Quand on consomme ce Coprin en même temps que des boissons alcooliques, même du vin, on peut être sujet à des phénomènes anaphylactiques très déplaisants : œdème de Quinck, gonflement de la langue, difficultés respiratoires, troubles de la vue. Ces malaises sont dus à une substance dans ce Coprin identique au produit chimique utilisé en Suède sous le nom d'Antabus pour dégoûter les alcooliques.

Coprin micacé

Coprinus micaceus (Bull. ex Fr.) Fr.

Le **chapeau** de cette gracieuse petite espèce a de 4 à 6 cm de diamètre. Il est jaune, fauve, ferrugineux, avec des bords inégaux et comme dentelés, ondulés, striés, relevés à la fin vers le dessus, alors qu'au début ce chapeau est tout à fait conique. Il est de plus tout entier micacé de corpuscules, d'un jaune brillant, qui parsèment toute sa surface. Ce sont ces petites granulations brillantes qui ont donné son nom à l'espèce et qui la font reconnaître immédiatement. Les **lamelles** sont adnées, en pointe à chacune de leurs extrémités, blanches au début, puis elles passent au brun purpurin. Le **pied** est blanc, creux, lisse, poilu à la base. La **chair** est très mince ; sa **saveur** et son **odeur** sont nulles. La **spore**, de 10 μ, a la forme d'une mitre bien caractéristique. Comme chez tous les Coprins, cette petite espèce est déliquescente, mais par temps sec elle se dessèche sur pied, et on observe aussi que quand le chapeau a disparu, il reste le pied, qui lui survit quelques jours. Il en va de même pour le Coprin chevelu *(Coprinus comatus),* dont on est surpris parfois de ne plus voir qu'une troupe de pieds tout blancs qui seuls échappent à la liquéfaction du chapeau. Le Coprin micacé est très commun et a choisi comme **habitat** le pied des vieux arbres, dont il colonise la mousse et où il se plaît particulièrement. Mais il peut aussi apparaître dans les lieux cultivés ou dans les endroits les plus inattendus, sur la terre battue, par exemple, qui semble lui plaire également. On le voit du printemps à l'automne, selon les pluies, qui favorisent sa poussée, laquelle est très rapide.

Identification

On reconnaît cette espèce à sa petite taille, à sa forme conique, à sa couleur fauve, aux petites granulations brillantes qui parsèment le chapeau, à son pied blanc, lisse, poilu à la base, à sa chair très mince, et à sa croissance en troupes, souvent très nombreuses, surtout au pied des vieux arbres.

Cette espèce est sans aucun intérêt pour la cuisine, étant donné sa petite taille et sa chair trop mince. Elle n'est pas toxique mais, comme d'autres Coprins, en particulier le Coprin noir d'encre, ce champignon peut provoquer des indispositions passagères après l'absorption d'alcool.

Coprin disséminé

Coprinus disseminatus (Pers. ex Fr.) Gray

Psathyrelle disséminée

Identification
Espèce facile à identifier grâce à sa petite taille, à son chapeau en cloche et strié, blanc ou gris, à son pied relativement haut, mais extrêmement mince et fragile, et à sa croissance en troupes si serrées qu'elles forment de véritables tapis au pied des vieux arbres ou ailleurs.

La situation générique de cette petite espèce n'est pas bien fixée, car, si certains mycologues la classent parmi les *Coprinus*, d'autres en font une *Psathyrella*. Il est permis de choisir selon son sentiment. Son **chapeau** est en cloche, opaque, entièrement strié sur toute sa hauteur par les lamelles, qui constituent toute sa substance. Il a de 5 à 10 mm de large et autant de hauteur. Il est d'abord blanc, mais rapidement il tourne au gris perle ou cendré, selon l'humidité ambiante. Les **lamelles** sont adnées, larges, crème, puis d'un bistre brunâtre. Elles ne sont pas déliquescentes, comme celles des Coprins classiques. Mais tout le champignon est d'une fragilité extrême et semble s'évaporer aussi vite qu'il est apparu. Le **pied**, qui mesure de 3 à 4 cm de haut, est blanc, courbe ou ondulé, très fragile, de 2 à 3 mm d'épaisseur, et creux. Rien à dire de la **chair**, qui n'existe pas et qui est sans **odeur**. La **spore** est de 10 à 12 μ, pruniforme, d'un brun violeté. Cette petite espèce décorative est très commune, et tout le monde a pu observer les troupes innombrables qu'elle forme quand elle fructifie. Son **habitat** de prédilection se trouve au pied des vieux arbres ou dans la mousse qui les recouvre, mais aussi parfois sur des pierres humides, où elle ne semble pas pouvoir trouver la moindre nourriture. Il arrive que son mycélium jaune fasse deviner d'avance sa présence, car il peut s'étaler sur le sol avant les poussées. Celles-ci peuvent avoir lieu presque toute l'année (sauf pendant les mois les plus froids) et sont le caprice même. Certaines de ces poussées peuvent comprendre des milliers d'individus. Ils compensent par leur nombre leur faible taille, et ils sont très éphémères.

On ne peut songer à consommer cette espèce dénuée de toute chair. Par ailleurs, il est difficile de prouver qu'elle est inoffensive, car, comme tous les Coprins, elle peut contenir des substances susceptibles de provoquer un certain nombre de malaises.

Psathyrelle de De Candolle

Psathyrella Candolleana (Fr.) Maire

Hypholome de De Candolle

C'est un champignon très variable. Son **chapeau**, convexe ou aplani, a de 3 à 8 cm de diamètre. Quand il est jeune, il est ocre pâle, puis, avec le temps, il pâlit et devient presque tout blanc. Il est normalement moucheté de fines peluches jaunâtres, et sa marge est bordée de mèches blanches et fugaces qui sont les restes du voile général. Les **lamelles**, très serrées, sont gris lilacin, puis elles passent au brun violacé. Le **pied** est haut de 4 à 8 cm, blanc, fragile, et orné de légères mèches provenant du voile. Il se sépare facilement du chapeau. Les **spores** sont plutôt pâles sous le microscope, pruniformes, de 7 μ sur 4. La **chair** est mince, de **saveur** douce et sans **odeur** spécifique. Cette espèce est très commune du printemps jusqu'à la fin de l'automne. L'**habitat** de cette Psathyrelle est assez vaste ; on la trouve un peu partout dans les bois, sur des souches ou sur le sol, le long des sentiers, dans les feuilles mortes, car c'est une saprophyte qui a besoin de débris ligneux pour vivre, mais qui ne touche jamais les racines des arbres. Et elle peut aussi bien se montrer en exemplaires isolés qu'en touffes plus ou moins importantes. Il est probable que la Psathyrelle de De Candolle est une de ces espèces qu'on dit « collectives », c'est-à-dire qu'il y en a tant de formes encore mal étudiées que plusieurs devraient être séparées et devenir des espèces autonomes. Sans être un grand savant, on peut s'apercevoir qu'il y en a qui sont toutes blanches et d'autres qui sont franchement ocre ou brunes. De plus, celles qui sont blanches peuvent foncer par temps humide et, imbibées d'eau, brunir complètement.

Cette espèce est de saveur agréable, mais sa faible taille et la minceur de sa chair en font un comestible décourageant. On trouve dans nos bois des espèces bien plus savoureuses pour contenter le palais des amateurs.

Identification

On reconnaît cette petite espèce fragile à son chapeau convexe ou aplani, parsemé de petites mèches blanches sur un fond blanc jaunâtre, aux franges qui entourent le chapeau quand elle est jeune, à ses lamelles très serrées et adhérentes, lilacines, puis brunes, à son pied orné de légères mèches et à sa chair mince.

Confusion

Comme il existe plusieurs formes de la Psathyrelle de De Candolle (blanches, brunes, ocre), on ne s'étonnera pas d'être embarrassé pour sa détermination. Mais une éventuelle confusion entre elles est sans gravité.

Psathyrelle hydrophile

Psathyrella hydrophila
(bull. ex Merat.) Maire

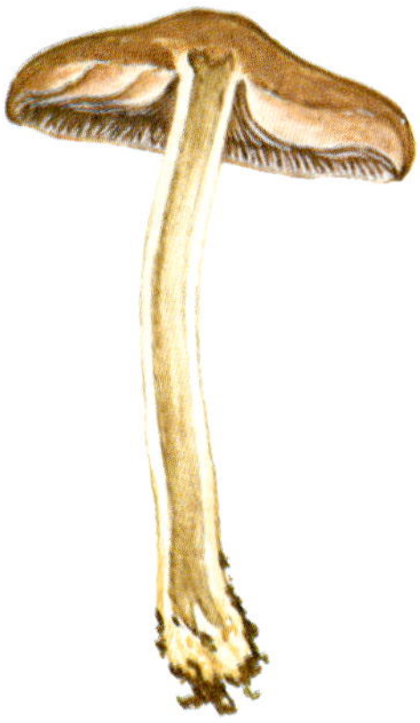

Identification
Cette espèce se reconnaît à son chapeau d'un beau brun foncé, parfois ocre plus clair, campanulé, fragile, à ses lamelles serrées, d'abord beige pâle, puis brunes, à son pied lisse, long, très mince et tout blanc, et à sa chair mince. Sa croissance en grosses touffes au pied des souches attirera tout de suite l'attention.

Cette espèce est le type principal d'une série très difficile, et dont des mycologues comme Romagnesi, qui en est le spécialiste, pensent qu'à leur sujet la notion même d'espèce perd tout son sens. Néanmoins, celle-ci est reconnaissable et assez commune pour mériter un peu d'attention. C'est un champignon peu charnu, de consistance fragile et cassante, et dont le port est à la fois grêle et svelte. Le **chapeau**, campanulé, n'a que de 1 à 1,5 cm de diamètre. Sa couleur est d'ordinaire d'un brun de datte sombre, bai brun foncé par l'humidité, mais pâlissant et tournant à l'ocre clair par le sec. Le bord du chapeau est, au début au moins, frangé de petits débris blancs provenant de la déchirure du voile général. Les **lamelles**, très serrées, adhérentes, sont d'abord beige pâle, puis foncent jusqu'à devenir brun chocolat, et d'autres fois elles sont d'un beau brun cannelle chaud. Ces variations semblent être de pur hasard et dépendent sans doute des conditions atmosphériques. Le **pied**, creux et cassant, a, lui, de 3 à 10 cm de haut sur 3 à 4 mm de diamètre. Il est absolument lisse et même brillant, à peine lavé de brun à la base dans la vieillesse. La chair du pied est blanche à l'extérieur, un peu colorée en jaune pâle à l'intérieur. La **chair** est très mince et fragile, bistre, puis blanchâtre. Sa **saveur** et son **odeur** sont nulles. Cette espèce est sans doute synonyme de *Psathyrella appendiculata*, dont le nom a dû être abandonné parce qu'il avait été donné par les mycologues anciens à trop d'espèces différentes. La Psathyrelle hydrophile est commune et pousse en touffes volumineuses au pied des vieilles souches, avec une préférence pour celles des arbres fruitiers, son **habitat** de prédilection. On la voit surtout en automne et par temps pluvieux.

On donne cette espèce comme comestible, mais sa fragilité et la quasi-absence de chair ne la rendent pas bien tentante; c'est pourquoi nous préférons la rejeter, au même titre que la Psathyrelle de De Candolle.

Pleurote en huître

Pleurotus ostreatus (Jacq. ex Fr.) Kummer

Pleurote en coquille, Poule-de-bois, Noiret, Oreillette

Tous les Pleurotes sont lignicoles et vivent sur les arbres ou sur les racines ligneuses de certaines ombellifères. Celui-ci est le plus connu. Son **chapeau**, presque toujours dimidié, a de 8 à 12 cm de diamètre. Il est d'abord convexe, puis en forme de coquille, d'où son nom d'*ostreatus*, c'est-à-dire « en huître ». Il est mou au toucher, glabre, humide, d'une couleur qui varie du noir violacé au bistre, au gris bleuâtre, ou même au gris clair. Les **lamelles** sont décurrentes, anastomosées à la base, larges, blanches, grisâtres ou crème, avec parfois un liseré bistré sur l'arête. Le **pied** est court, parfois presque inexistant, ferme, oblique, épaissi en haut, velouté et blanc. La **chair** est blanche, assez épaisse, ferme et de **saveur** agréable. L'**odeur** est aromatique et semble bien varier selon l'arbre sur lequel le Pleurote a poussé. La **spore** est allongée, de 10 μ sur 4. Cette espèce a son **habitat** sur les arbres blessés ou morts, où elle pousse en touffes parfois énormes, lesquelles sont formées de chapeaux superposés les uns aux autres. Elle préfère les bois tendres, comme celui du peuplier ou du noyer. Elle vient très tard en saison, souvent en novembre-décembre. On en a réussi la culture industrielle sur morceaux de peuplier spécialement préparés et ensemencés. Mais il est douteux que ce Pleurote puisse jamais évincer notre classique Champignon de couche, qui est de qualité bien supérieure. On peut toutefois tenter cette culture par curiosité. Ajoutons qu'il en existe une variété, *Pleurotus columbinus*, dont le chapeau est d'un beau bleu azur, et qui vient surtout sur chênes et sur conifères.

Identification

On reconnaît cette espèce à son habitat sur les troncs des arbres blessés ou morts, à ses chapeaux superposés les uns aux autres avec leur forme de coquille, à ses lamelles décurrentes sur le pied souvent à peine manifeste, et à son apparition tardive (novembre-décembre).

C'est un comestible agréable, sans plus, mais à condition de le récolter jeune, sans quoi sa chair devient tenace et indigeste. Ce champignon nécessite une cuisson plus prolongée que le Champignon de couche.

Lentin tigré

Panus (Lentinus) tigrinus
(Bull. ex Fr.) Singer

Pleurote tigré

Identification
C'est une espèce facile à reconnaître grâce à son chapeau tigré, d'abord aplati, puis en entonnoir, à ses lamelles étroites et denticulées, à son pied court, aminci en bas, à son anneau membraneux, à sa chair tenace quand elle vieillit, à son odeur suave et personnelle, et à son habitat sur les souches de saule ou de peuplier.

Encore une espèce qui n'a pas eu beaucoup de chance quant à son appellation. Ce fut d'abord un *Lentinus*, et tout le monde était content. Mais le mycologue Singer est venu, l'a transposé parmi les *Panus* sans même dire pourquoi, et tout le monde a suivi sans savoir pourquoi... En tout cas, dans le langage courant, l'appellation de Lentin est la seule qui ait cours. C'est un champignon dont le **chapeau** a de 6 à 10 cm de diamètre (rarement plus), à fond blanchâtre, mais bientôt couvert de jolies écailles ou mèches brunes ou noires qui le tigrent élégamment. Il est d'abord aplati, mais il se creuse rapidement en entonnoir, avec les bords rabattus. Les **lamelles** sont blanc jaunâtre, étroites, denticulées et décurrentes sur le pied. Le **pied** est très court, de 2 à 4 cm au plus, courbé, aminci en bas, blanc, légèrement moucheté de brun, comme le chapeau. Il porte un petit **anneau** membraneux, fragile, fugace, et de couleur crème qui n'est bien visible que sur les sujets jeunes. Il arrive que les pieds, au lieu d'être individualisés, soient réunis en une souche commune d'où partent les chapeaux pour former une touffe. La **chair** est blanche, mince, tendre au début, puis elle devient coriace. Elle est de **saveur** agréable et d'une **odeur** suave particulière. Le Lentin tigré est assez commun, surtout sur les souches de peuplier ou de saule, ce dernier représentant son **habitat** de prédilection ; il semble être plus fréquent sous le climat atlantique. Pour le trouver, il faut explorer les troncs de saules têtards le long des ruisseaux. On le rencontre dès le printemps, et il pousse jusqu'à la fin de l'automne.

Cueilli très jeune, c'est un comestible assez agréable, mais, une fois développé, il devient trop coriace et résiste sous la dent. Ne cueillez donc que les individus qui ne sont pas encore « en entonnoir ».

Les champignons à tubes

La caractéristique de ces champignons est un hyménium, partie fertile placée sous le chapeau, constitué de tubes disposés verticalement. Plus ou moins soudés les uns aux autres, les tubes se terminent à leur partie inférieure par de petits trous appelés pores. Parmi les champignons à tubes, on distingue : d'une part, les Bolets, à chair tendre, poussant à terre et à pied central ; d'autre part, les Polypores (au sens large), à chair coriace et presque tous lignicoles, c'est-à-dire qu'ils se développent sur du bois. Les tubes des Bolets sont séparables de la chair du chapeau, mais non ceux des Polypores.

Cèpe de Bordeaux

Boletus edulis Bull. ex Fr.

Cèpe comestible, Bolet comestible, Gros pied

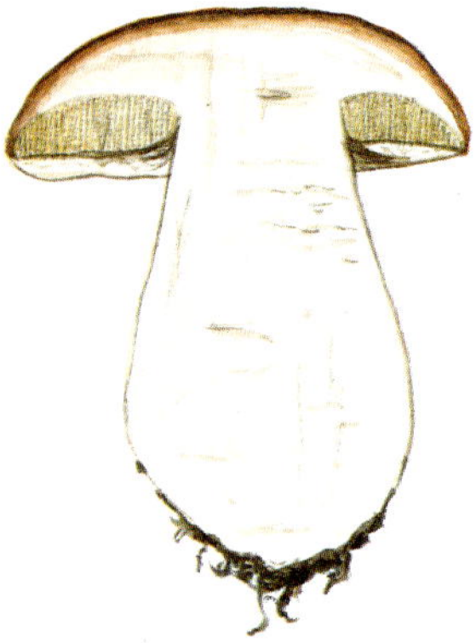

Identification
On le reconnaîtra toujours à son chapeau pouvant atteindre de 15 à 20 cm de diamètre, à sa cuticule au toucher gras, à ses pores d'abord blancs, puis jaunes et verdâtres, au réseau blanc qui couvre le haut du pied, et à sa chair épaisse, rougeâtre sous la cuticule et immuable.

Confusion
On peut le confondre avec Tylopilus felleus *(Bolet amer, p. 193), qui lui ressemble extérieurement, mais qui a les spores roses et une chair atrocement amère. Et aussi avec* Xerocomus badius *(Bolet bai, p. 194), qui a le même habitat et vient à la même saison. Voir* Confusions, *p. 283.*

C'est le Cèpe classique, qui doit son nom de Cèpe de Bordeaux au fait qu'autrefois la ville de Paris en était approvisionnée par les récolteurs de la région bordelaise. Mais en fait, on le trouve partout, à cette réserve près qu'il est beaucoup plus régulier dans ses apparitions dans les régions méridionales que dans celles du Nord. Car il a besoin d'un été chaud pour se montrer en automne, et ce n'est pas toujours le cas au nord de la Loire. Son **chapeau** est convexe, d'abord tout petit et surmontant un gros pied obèse : c'est le stade « bouchon de champagne ». Puis le chapeau se développe en même temps que le pied s'amincit, et il peut atteindre de 15 à 20 cm de diamètre. Il est jaune ou brunâtre, avec des reflets olivacés, jaune citron dans une de ses variétés. Son toucher n'est pas vraiment visqueux, mais gras et comme savonneux. Les **pores** des **tubes** sont d'abord blancs, puis jaunes et verdâtres. Le **pied** est robuste, d'abord trapu, puis cylindrique, mais renflé à la base, de 6 à 20 cm de long, de 2 à 4 cm d'épaisseur, blanchâtre ou jaune clair, et il est orné en haut d'un réseau de mailles blanches. La **chair** est épaisse, tendre, blanche, rougeâtre sous la cuticule, mais ne changeant pas de couleur; sa **saveur** est douce; elle n'a pas d'**odeur** particulière. La **spore** est grande, allongée, brune, de 15 à 17 μ. L'**habitat** de ce Cèpe est assez vaste; on le trouve dans toutes les forêts, avec une préférence pour les épicéas en montagne, les chênes et les châtaigniers en plaine. On le rencontre en automne, mais parfois dès la fin de l'été sous les conifères. Il y a des années à Cèpes, où ils sont surabondants, et d'autres où ils sont introuvables, même si toutes les conditions paraissent requises.

C'est un comestible de premier ordre, qu'on le cuise à la bordelaise, sur le gril, en brochettes, à l'étuvée ou qu'on le fasse sécher. C'est sous cette forme que son parfum est le plus fort et qu'il garnit le mieux les sauces dans lesquelles il a sa place. Il peut également être mangé cru en salade.

Cèpe des pins

Boletus pinicola Vitt.

Cèpe acajou, Bolet acajou

C'est un Cèpe superbe, dont le **chapeau**, de 10 à 20 cm de diamètre, est d'une belle couleur acajou. Il est sec, et comme un peu velouté, très sombre au début, presque vineux noirâtre, mais il prend sa couleur acajou en se développant ; il garde longtemps une sorte de duvet blanchâtre et mat sur la marge. Les **tubes**, plutôt longs, presque adnés, sont blancs, mais leurs **pores** sont au début jaunes et non pas blancs, comme dans les espèces voisines, puis ils brunissent et finissent par devenir verdâtres. Le **pied** est puissant, obèse, brun clair, avec un beau réseau jaunâtre (le pied est généralement plus coloré que chez les Cèpes voisins), et se termine en pointe. La **chair** est blanche, mais rose sous la cuticule du chapeau, épaisse, immuable, et exhale une **odeur** particulière, plus marquée que chez les espèces voisines. Ce beau champignon n'est pas commun partout. Comme son nom l'indique, il a son **habitat** surtout dans les bois de pins secs et bien exposés du Midi, mais il se montre également dans le Nord, et le plus souvent dans les bois clairs de chênes ou de charmes, dans les coteaux exposés au sud. On le rencontre parfois dès la fin de l'été, mais surtout en automne. Il est encore plus capricieux dans ses apparitions que le Cèpe de Bordeaux et, dans le Nord, il peut se passer plusieurs années sans qu'on le voie, puis tout à coup il éclora en abondance. Comme comestible, il vaut l'espèce précédente. Remarquons à ce propos que les récolteurs ramassent pêle-mêle les quatre espèces de Cèpe (le Cèpe de Bordeaux, le Cèpe des pins, le Cèpe d'été et le Cèpe bronzé) sans même essayer de faire la distinction, ce qui est sans aucune importance pratique, puisque les quatre présentent les mêmes qualités en ce qui concerne la comestibilité.

Il est aussi réputé que les espèces voisines, s'il ne leur est pas supérieur, et il le mérite. L'abondance de sa chair, sa fermeté et son parfum en font un champignon délicieux qui se prête à toutes sortes de préparations.

Identification

On reconnaît cette belle espèce à sa couleur acajou lorsqu'elle se développe, à son chapeau sec, à ses pores jaunes au début et non blancs, brunâtres et verdâtres ensuite, à son pied obèse coloré de brun sous le réseau blanc, et à sa chair blanche et épaisse.

Confusion

Peut être confondu quand il est avancé avec les trois Cèpes voisins, car ses caractères propres s'effacent plus ou moins avec l'âge. La confusion avec Tylopilus felleus *(Bolet amer, p. 193) serait plus difficile, car les pores roses de ce dernier sont un signe certain.*

Cèpe d'été

Boletus aestivalis (reticulatus) Paul. ex Fr.

Cèpe réticulé, Bolet d'été

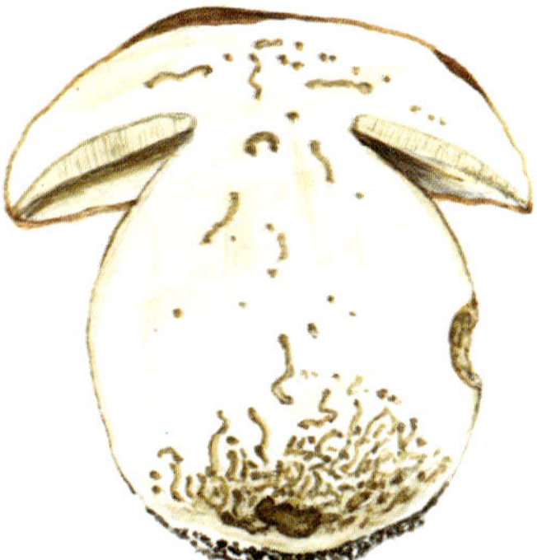

Identification

On reconnaît cette espèce à son chapeau fauve clair, velouté et souvent éraillé ou crevassé par le sec, à son pied revêtu d'un réseau en relief et qui peut descendre jusqu'à la base du pied, à sa saveur parfois sucrée, et cela indépendamment de son apparition printanière, unique dans cette série de Cèpes.

Confusion

Le Cèpe d'été ne peut être confondu que dans la vétusté avec les trois espèces voisines, et, à la rigueur, avec Tylopilus felleus *(Bolet amer, p. 193), mais dont les pores, comme nous l'avons déjà signalé, immuablement roses le distinguent.*

Ce Cèpe a un chapeau de 10 à 20 cm de diamètre ; il est convexe, fauve pâle, velouté et non pas lisse, et très souvent, quand il fait sec, se crevassant et s'éraillant d'une façon particulière ; il arrive qu'il soit comme quadrillé par les fentes qui affectent son épiderme. Les **tubes**, libres ou partiellement adnés, ont des **pores** blancs, qui brunissent et verdissent avec l'âge. Le **pied**, ventru, est brun clair et orné d'un très beau réseau, plus en relief que chez ses voisins, tout blanc, et qui peut descendre sur le pied presque jusqu'à sa base, ce qui a valu à cette espèce le nom délaissé de *reticulatus*. La **chair** est épaisse, blanche, puis jaunâtre sous les tubes, et blanche sous la cuticule. Elle a parfois une **saveur** sucrée, qui se retrouve à la cuisson, mais cette saveur est irrégulière et bien souvent insensible. Son **odeur** est assez agréable et ressemble à celle des trois autres Cèpes. La **spore** est grande et longue, comme chez la plupart des Cèpes, et mesure 16 μ sur 5. Contrairement au Cèpe de Bordeaux *(Boletus edulis)*, qui vient sous n'importe quel arbre, le Cèpe d'été a son **habitat** exclusivement sous les feuillus, hêtres, chênes, châtaigniers et charmes ; on le trouve dès le mois de mai, mais aussi en été et en automne en compagnie des espèces voisines. C'est toujours une surprise agréable de le rencontrer en mai, parfois même dès le mois d'avril, alors qu'il n'y a pas beaucoup d'autres champignons dans les bois. Il se plaît surtout le long des allées d'arbres isolés, où les rayons du soleil peuvent le plus vite pénétrer et réchauffer le sol.

C'est un comestible de premier choix, égal aux autres Cèpes, bien que sa chair soit moins compacte, et même si parfois sa saveur sucrée surprend le gourmet. Il est d'autant plus apprécié qu'il se montre à une saison où les autres Cèpes sont encore introuvables. Comme les espèces voisines, le Cèpe d'été peut être accommodé de différentes façons.

BASIDIOMYCÈTES BOLETALES BOLETACÉES

Cèpe bronzé

Boletus aereus Bull. ex Fr.

Cèpe noir, Tête de nègre, Gendarme noir

Ce Cèpe est en général de taille moins importante que les autres, sauf exceptions, car la taille des Cèpes est très capricieuse, et c'est parmi eux qu'on trouve le plus facilement des exemplaires de dimensions et de poids exceptionnels. Ceux qui pèsent entre 1 et 2 kilos ne sont pas rares. Le Cèpe bronzé présente un **chapeau** dont le diamètre, sauf exceptions donc, ne dépasse guère 10 à 15 cm; il est compact et longtemps hémisphérique, presque velouté, bistre noirâtre au début, avec un duvet blanchâtre sur les bords, puis passant au bai foncé. Les **tubes**, serrés et plutôt longs, sont d'abord blancs, puis passent au jaune jonquille et enfin au brun verdâtre. Les **pores** sont petits et leur couleur, comme celle des tubes, peut aller du blanc au jaune et au brun verdâtre. Le **pied** est obèse, chamois clair, orné d'un beau réseau veineux qui se détache sur le fond plus foncé. La **chair**, blanche, immuable, purpurine sous la cuticule, est épaisse, plus ferme que dans les espèces voisines; elle exhale une **odeur** musquée et a une bonne **saveur**. Les **spores** sont comme chez les espèces voisines, et elles ont de 14 à 16 μ de long sur 4,5 de large. Cette espèce est plutôt méridionale; ailleurs, elle est plus rare que les autres et ne se montre que par les années les plus chaudes. Un proverbe dans l'Est dit que s'il y a des Têtes de nègre, il y a aussi des Oronges. Parce que ces deux espèces ont les mêmes exigences de chaleur et ensuite d'humidité. On le rencontre d'habitude fin septembre ou début octobre, son **habitat** unique se trouvant sous les feuillus, hêtres, chênes et châtaigniers notamment.

Identification

Cette espèce se reconnaît à sa couleur brun noirâtre ou bai foncé, à ses tubes longs et serrés, à son pied brun clair orné d'un beau réseau, à sa chair compacte d'un blanc immuable, à son parfum musqué, à sa taille en général plus faible que celle de ses congénères, et à son habitat sous les feuillus exclusivement.

C'est un comestible très recherché, et les amateurs lui donnent la palme parmi les Cèpes, à cause de son parfum musqué et de la fermeté remarquable de sa chair. On peut le préparer de multiples façons : pané (coupé en tranches s'il s'agit d'un gros exemplaire), farci, sauté au beurre et parsemé de persil frais finement ciselé, etc.

Bolet à beau pied

Boletus calopus Fr.

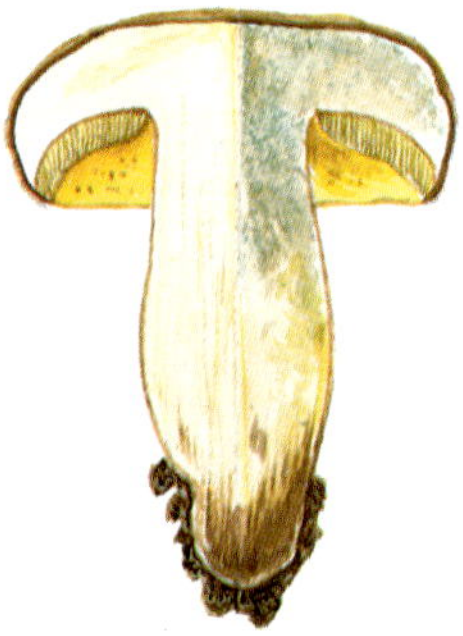

Identification
Cette espèce se reconnaît à son chapeau velouté chamois olivâtre, à ses tubes adnés jaune citron puis vert pâle, à ses pores crème jonquille, à son beau pied d'abord jaune et qui devient tout rouge à partir de la base, et au fort réseau blanc ou rose qui s'inscrit en relief sur le pied, et à sa chair jaune très amère et d'odeur acide.

Ce Bolet a un **chapeau** de 10 à 15 cm de diamètre, parfois davantage. Il est d'abord hémisphérique, puis convexe à mesure qu'il se développe. Il est épais, velouté et souvent presque pelucheux, chamois olivâtre et grisonnant en vieillissant. Les **tubes** sont adnés, fins, jaune citron, puis vert pâle. Leurs **pores** sont ronds, crème jonquille, et ils se tachent de bleu-vert aussitôt qu'on les touche. Le **pied**, relativement court, très épais, est d'abord jaune mais il se tache curieusement de rose vif, puis de rouge, à partir de sa base, et devient ensuite tout entier d'un superbe rouge purpurin. Cette belle couleur disparaît dans la vieillesse pour laisser place à une teinte brunâtre sale. Il est de plus orné d'un très beau réseau en relief, blanc ou rosé. La **chair** est compacte, crème virant au jaune vif, bleuissant à la cassure, d'**odeur** acide et de **saveur** très amère. La **spore** est allongée, de 15 μ sur 7. Cette espèce au pied particulièrement décoratif est assez rare par endroits, mais commune dans les forêts siliceuses, où elle a son **habitat**, qu'il s'agisse de forêts de feuillus ou de forêts de conifères. C'est sans doute sous les châtaigniers qu'on rencontre les plus somptueux spécimens. En règle générale, on trouve ces champignons par exemplaires isolés, ou en tout petits groupes, de la fin de l'été et jusqu'en automne. Il semble que ceux qui poussent sous des conifères sont plus colorés que ceux qui croissent sous des feuillus, mais de moins grande taille. Il est évident que son amertume exclut la consommation de ce Bolet à beau pied sous quelque forme que ce soit. Le Bolet amer, le Bolet tacheté sont doués de la même amertume.

Bien qu'elle ne soit pas toxique, c'est une espèce non comestible à cause de son amertume. Crue ou cuite, elle reste amère, et sa présence dans un plat de champignons rend tout le plat immangeable.

Bolet à pied rouge

Boletus erythropus Fr.

Le **chapeau** de cette espèce est d'une couleur brune tirant sur le bai. D'abord arrondi, il devient convexe et parfois presque plan. Il peut atteindre de 10 à 15 cm de diamètre (mais il est difficile de donner une taille certaine pour les Bolets, car elle peut varier à l'extrême selon les lieux et le temps qu'il fait), est épais et comme couvert d'une fine poussière par le sec. Il ne devient pas visqueux par l'humidité. Les **tubes** sont fins et assez courts, d'un beau jaune, et ils sont terminés par des **pores** d'un rouge sanguin sombre. Le **pied** est épais, d'abord ventru, puis cylindrique. Ce changement s'explique parce que, au début, le pied contient toutes les réserves dont se nourrira le chapeau, qui est l'organe essentiel puisqu'il porte les tubes d'où sortiront les spores. Ce pied est de couleur jonquille par lui-même, mais il est entièrement moucheté d'un pointillé rouge vif, fait de petits flocons granuleux faciles à distinguer sous la loupe. La **chair** est compacte, jaune vif, même sous les tubes, et elle passe au bleu, au violet et au vert au contact de l'air. Son **odeur** est faible et sa **saveur** douce. Les **spores** ont 14 μ sur 5. On trouve communément cette espèce parfois dès le printemps, mais surtout en été et en automne. Elle a son **habitat** dans les endroits herbus des forêts de feuillus (hêtres notamment), et on la voit souvent le long des sentiers. On peut la rencontrer aussi bien en plaine qu'en altitude. C'est un champignon comestible une fois cuit, mais on ne peut toutefois pas le comparer avec *Boletus luridus* (Bolet blafard), ni, à plus forte raison, avec les Cèpes classiques.

C'est un comestible très convenable qui demande à être bien cuit (cru, il est toxique) et assaisonné vigoureusement avec des herbes, de l'ail ou des échalotes. Comme il est souvent précoce, il mérite qu'on pense à lui. Légèrement laxatif.

Identification

On reconnaît cette espèce à son chapeau brun bai, à ses pores rouge sanguin, à sa chair jaune bleuissant rapidement et de saveur douce, et surtout à son pied dont la couleur de fond est jaune, mais qui est entièrement revêtu de ponctuations rouges qui masquent complètement la teinte première.

Confusion

Pourrait être confondu avec Boletus luridus *(Bolet blafard, p. 190). Et aussi avec* Boletus satanas *(Bolet Satan, p. 192), espèce légèrement toxique, mais dont le chapeau est presque blanc ou grisâtre. Voir* Confusions, *p. 284.*

Bolet blafard

Boletus luridus Schaeff. ex Fr.

Faux cèpe, Oignon de loup

Identification
On reconnaît cette espèce à son chapeau épais, charnu et très compact, d'un brun olivâtre nuancé de rouge sur les bords, à ses tubes libres jaune pâle, à ses pores rouges, et surtout à sa chair jaune, mais toujours rouge sous les tubes.

Confusion
Cette espèce peut être confondue avec Boletus erythropus *(Bolet à pied rouge, p. 189), qui a un pied jaune revêtu de ponctuations rouges, et aussi avec* Boletus satanas *(Bolet Satan, p. 192), qui a un chapeau presque blanc ou grisâtre. Voir* Confusions, *p. 284.*

Ce Bolet n'a pas trop bonne mine. La couleur bizarre de son chapeau est chamois olivâtre, ou jaune sale, et souvent teintée de rouge sur les bords. C'est une de ces couleurs sans franchise qui n'inspirent pas confiance. Ce **chapeau** peut atteindre de 10 à 15 cm de diamètre. Il est convexe, velouté, épais, charnu et remarquablement dur et compact. Les **tubes** sont libres, c'est-à-dire qu'ils ne touchent pas le pied, dont ils sont séparés par un léger sillon. Ils sont jaune pâle, puis ils verdissent, mais leurs **pores** sont d'un beau rouge orangé. Le **pied** est cylindrique ou renflé à la base, jaune sale ou ocracé, orné d'un réseau veineux rouge sanguin. Ce caractère est très spécial, car le plus souvent les réseaux des Bolets sont très pâles ou blancs. La base du pied peut être envahie de larves, la chair vermoulue se teintant de rouge. La **chair** est épaisse, très ferme, jaune pâle ou jaune rougeâtre, toujours rouge sous les tubes. A l'air, elle devient purpurine, puis verte. Sous la cuticule, elle est rouge ou rouge orangé. Elle est de **saveur** douce et d'**odeur** à peine perceptible. La **spore** est longue de 12 μ. Cette espèce a un **habitat** assez vaste ; elle est commune dans les bois arides, le long des chemins, et alors que tous les Bolets sont mycorhiziques, celui-ci peut ne pas l'être, car on le rencontre souvent poussant dans des monceaux de détritus forestiers amassés par la pluie où on ne trouve aucune racine à laquelle le rapporter. Comme *Boletus erythropus* (Bolet à pied rouge), il est assez printanier, mais on le rencontre aussi tout au long de l'été et en automne.

C'est un très bon champignon, malgré son apparence étrange. Il ne faut pas le consommer *cru* car il est *toxique* et provoque des vomissements. Il se prépare comme les Cèpes, dont il est un très honnête succédané. Sa chair étant épaisse et très ferme, ce Bolet blafard demande une cuisson prolongée.

Bolet de Quélet

Boletus Queletii Schulz.

C'est un curieux Bolet, voisin de *Boletus luridus* (Bolet blafard), mais d'une couleur très différente. En effet, son **chapeau**, au lieu d'être d'un brun olivâtre, est d'une belle couleur orangée, tirant tantôt sur le jaune et tantôt sur le brun-rouge, parfois même sur le rose ou le briqueté. Il est de taille plus faible que ses voisins et ne dépasse guère 10 à 12 cm de diamètre. Il est finement velouté, et jamais visqueux. Les **tubes** sont courts, jaunes, puis verdissants ; leurs **pores** sont rougeâtres, jaune orangé, mais bleuissent au toucher. Ce qui permet de reconnaître ce Bolet parmi les autres, c'est son **pied**, jaune soufre à jaune orangé, dépourvu de réseau, à base rouge-pourpre « betterave » à l'extérieur comme à l'intérieur, se terminant en pointe radicante. La **chair**, ferme, est blanc jaunâtre, rouge-pourpre à la base du pied et bleuissante à la coupe. Sa **saveur** est douce et elle exhale une bonne **odeur.** La **spore**, allongée, est de 12 μ sur 5. Ce n'est pas une espèce très commune, mais on la rencontre cependant dans toute l'Europe. On ne la trouve guère que dans l'herbe des clairières, et pour ainsi dire jamais sur le sol nu. Quoique le voisinage des arbres lui soit nécessaire, ce n'est que dans l'herbe que ce Bolet a son **habitat**, comme si son mycélium avait besoin de sa protection, à moins qu'il ne s'associe également aux racines des graminées. Il vient presque toujours en exemplaires isolés, en été surtout, mais aussi en automne, et les taches éclatantes qu'il fait dans le fouillis des gazons permettent de le voir de loin et de l'identifier avant même de l'avoir vu de près.

Identification

Cette espèce se reconnaît à son chapeau pas très grand, jaune orangé vif tirant sur le brun, le rose ou le briqueté, à ses tubes jaunes, et surtout à son pied rouge à la base, jaune soufre ailleurs, et terminé en une pointe plus ou moins radicante. Également à son habitat dans les endroits herbeux.

C'est un bon comestible, mais il est trop peu commun pour qu'on ait à son sujet des renseignements sur ce point. Comme sa chair est douce et de bonne odeur, on pourrait l'essayer sans crainte, mais en prenant la précaution de le faire cuire assez longtemps, car, consommé *cru*, ce genre de Bolet est presque toujours *toxique*.

Bolet Satan

Boletus Satanas Lenz

Identification
On reconnaît le Bolet Satan à sa grande taille, à son chapeau presque blanc ou grisâtre, à ses pores rouges, à son pied court et énorme, jaune et orné d'un réseau tout rouge, et à son habitat sur les lisières bien exposées en terrain calcaire.

Confusion
On pourrait le confondre avec Boletus erythropus *(Bolet à pied rouge, p. 189), mais qui a un chapeau brun bai, et aussi avec* Boletus luridus *(Bolet blafard, p. 190), dont le chapeau a une couleur café au lait olivâtre et dont la chair est toujours rouge sous les tubes. Voir* Confusions, *p. 284.*

C'est le géant des Bolets sous nos climats. Son **chapeau**, d'abord hémisphérique, puis convexe, a de 20 à 30 cm de diamètre. Il est compact, comme lubrifié au début, puis pruineux, presque blanc ou blanc grisâtre, avec de vagues reflets verts. Les **tubes** sont libres, c'est-à-dire qu'il y a entre eux et le pied un sillon plus ou moins marqué. Ils sont de couleur jaune vif. Les **pores** sont ronds, d'un beau rouge sanguin. Le **pied** est énorme, souvent de 4 à 8 cm de diamètre, et relativement très court par rapport au diamètre du chapeau, car il n'a souvent que 5 ou 6 cm de haut sur autant d'épaisseur. Il est ovoïde, pruineux, crème ou jaune soufre, orné d'un beau réseau veineux rouge sang. La **chair** est très épaisse, blanche, puis crème, bleuissant ou verdissant à l'air, de **saveur** douce et dégageant une puissante **odeur** écœurante. La **spore** est de 12 μ. Cette majestueuse espèce n'est pas commune partout. On la trouvera, par les années chaudes, sur les lisières des bois, dans l'herbe surtout, son **habitat** de prédilection, à l'extérieur de la forêt elle-même, quoiqu'elle puisse aussi se montrer à l'intérieur, et uniquement en terrain calcaire. Le plus souvent, on la rencontre, en été et en automne, par groupes de quatre ou cinq individus. Cette espèce a longtemps passé pour très dangereuse, et de là est venu son nom vulgaire, qui est passé en latin. Mais sa réputation « infernale » est certainement excessive. Si c'est le géant de nos Bolets, il existe sous les tropiques des espèces qui peuvent peser de 5 à 6 kilos. Le Bolet Satan serait un nain à côté.

Sans être très dangereux, ce Bolet est surtout un purgatif et un vomitif, et cela très violemment à l'état cru, mais également une fois cuit. Il suffit d'en avaler un petit fragment pour en faire l'expérience. Quoique certains mycologues à l'estomac solide disent l'avoir consommé sans inconvénient, il est formellement déconseillé de l'utiliser en cuisine.

Bolet amer

Tylopilus felleus Bull. ex Fr.

Bolet chicotin

On a fait de ce Bolet un genre pour lui tout seul, car il est le seul à avoir des spores roses, alors que celles des Bolets ordinaires sont brunes. Son **chapeau** a de 8 à 12 cm de diamètre. Il est épais, presque poilu, de couleur chamois pâle. Cette couleur est fixe et ne change pas, même dans la décrépitude. Les **tubes** sont blancs, de couleur incarnat rosé, et les **pores** sont relativement larges et anguleux (au lieu d'être ronds comme dans la plupart des espèces), et roses du commencement à la fin de la végétation. C'est ce caractère, unique à ce genre, qui permet de distinguer tout de suite cette espèce parmi les autres, car on pourrait la confondre facilement avec des espèces voisines. Le **pied** est épais et renflé à la base, crème jaunâtre, orné d'un réseau à mailles très profondes et comme incrustées dans la chair du pied, à ce point que les arêtes des mailles forment des sortes de crêtes qui brunissent avec le temps. La **chair** est blanche, d'une **saveur** amère terrible ; elle n'a pas d'**odeur**. La **spore** est grande et varie en taille de 10 à 15 μ, et elle est rose. Cette espèce n'est pas commune partout, car son **habitat** est exclusif des terrains acides, c'est-à-dire que, si on la trouve couramment, en été et en automne, dans les Vosges, le Massif central ou dans les Alpes cristallines, ainsi que dans la forêt de Fontainebleau, elle n'existe pas dans le Jura ni dans les forêts calcaires analogues. Son nom de Bolet chicotin lui vient de ce que « chicotin » désignait dans l'ancienne pharmacopée l'extrait d'aloès, qui est d'une amertume affreuse.

Identification

Cette espèce se reconnaît à son chapeau velouté et chamois, et surtout à ses pores roses ne changeant pas de couleur. Son réseau en relief profond et son amertume sont caractéristiques.

Confusion

Ne peut être confondu qu'avec Boletus edulis *(Cèpe de Bordeaux, p. 184) et avec* Xerocomus badius *(Bolet bai, p. 194), mais qui ont des pores blancs, puis jaunes et verdâtres pour le premier, et jaune-bleu pour le second. Voir* Confusions, *p. 283.*

Il ne saurait être question de consommer une espèce aussi amère, et il faut surtout prendre garde en récoltant des Cèpes de n'en pas cueillir une par inadvertance, car un seul exemplaire gâterait un plat tout entier.

Bolet bai

Xerocomus (Boletus) badius (Fr.) Küh.

Cèpe bai

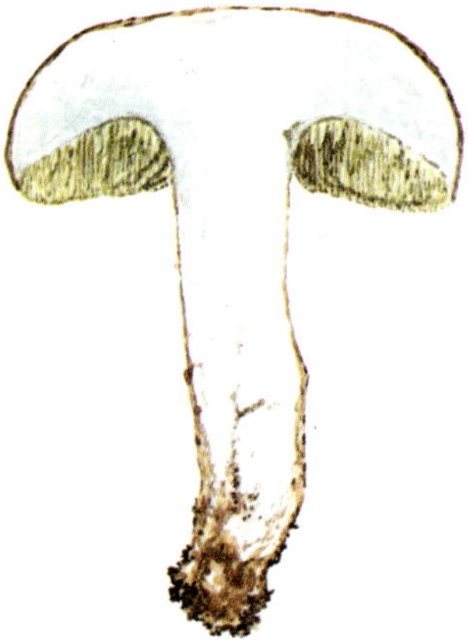

Identification
Ce Bolet se reconnaît à son chapeau fidèlement brun bai, d'abord visqueux, puis velouté, à ses tubes adnés, à ses pores jaunes, bleuissant instantanément au toucher, à son pied jaune velouté de brun, à sa chair douce, et à son habitat en terrain siliceux.

Confusion
Pourrait être confondu avec Boletus edulis *(Cèpe de Bordeaux, p. 184), mais dont le chapeau, plus grand, est de couleur jaune ou brunâtre aux reflets olivacés, avec* Tylopilus felleus *(Bolet amer, p. 193), dont les pores sont immuablement roses. Voir* Confusions, *p. 283.*

C'est un Bolet qui n'a rien de remarquable extérieurement. Son **chapeau** est d'abord hémisphérique, puis convexe ou ondulé. Il mesure de 5 à 12 cm de diamètre. Il est d'abord visqueux, puis il se dessèche avec le temps et devient pubescent et velouté d'aspect. Il est brun, brun rougeâtre, ou simplement bai, comme son nom l'indique; cette couleur n'altère pas. Les **tubes** sont adnés, polygones, jaunes puis verdâtres, et se tachent immédiatement de bleu verdâtre au toucher. Les **pores** des jeunes sujets, fort petits, deviennent à maturité anguleux. Le **pied**, allongé, de 8 à 10 cm de haut et de 1 cm de diamètre, est jaune paille mais couvert d'une pruine ou d'une pubescence brune. La **chair**, très compacte chez l'exemplaire jeune, est blanche, teintée de jaune, bleuissant à l'air, de **saveur** douce et d'**odeur** agréable, voisine de celle des Cèpes. La **spore**, oblongue, a 15 μ. C'est une espèce calcifuge, qu'on trouve souvent en abondance dans les forêts de conifères siliceuses, en été comme en automne, mais son **habitat** s'étend également aux forêts de feuillus, où elle vient à la même saison. Les anciens mycologues les rattachaient aux Polypores à cause de leurs tubes. Mais on s'est aperçu que les tubes des uns et des autres étaient d'une tout autre nature, ceux des Polypores étant impossibles à détacher de la chair, dont ils sont le prolongement, tandis que ceux des Bolets sont séparables et ne sont que des lamelles anastomosées, comme le font voir nombre d'espèces, surtout exotiques, où se distinguent toutes les formations intermédiaires entre tubes et lamelles; nos Paxilles, par exemple, sont en vérité de simples Bolets à lamelles.

C'est un très bon comestible, à condition de le consommer jeune; bien préparé, il peut faire illusion et passer pour un Cèpe véritable. La modestie de son apparence ne doit pas tromper l'amateur.

Bolet à chair jaune

Xerocomus (Boletus) chrysenteron
(Bull. ex St. Amans) Quél.

Bolet tripe d'or

Ce Bolet très commun, pas très grand, est le type principal d'une série d'espèces souvent difficiles à distinguer les unes des autres, surtout quand les exemplaires sont avancés. Le **chapeau**, convexe, de 6 à 8 cm de diamètre, charnu, est fauve bistré terne, mais on peut aussi le trouver rouge purpurin ou rouge-grenat au début, ou même améthyste, puis passant à la couleur abricot. Sa chair est typiquement rougeâtre sous la cuticule, et quand le chapeau se crevasse, comme il arrive fréquemment, on aperçoit cette même teinte dans les fentes. Les **tubes** sont longs de 8 à 10 mm. Les **pores** sont d'un jaune pâle devenant olivâtre, et se tachent à peine de bleu pâle au toucher. Ils sont anguleux, et souvent presque triangulaires près du pied, sur lequel ils descendent quelque peu. Le **pied**, très grêle, parfois sinueux, est jaune jonquille, plus ou moins rayé ou pointillé de rose-rouge, et orné de fines côtes. La **chair** est molle, d'un jaune jonquille très corsé, qui a valu son nom à l'espèce, et peut légèrement virer au bleu. Elle est d'**odeur** faible et de **saveur** assez douce. La **spore**, allongée, a 13 μ sur 4. C'est une espèce qui a son **habitat** un peu partout dans les bois de feuillus, aussi bien en plaine qu'en montagne, sur la terre nue, souvent sur les talus, et sa variabilité est la plupart du temps déconcertante. Mais, quelle que soit la couleur qu'elle affecte, elle a toujours cette particularité d'avoir une chair rougeâtre sous la cuticule, et de bleuir à peine. Sa saison va de l'été à l'automne. Elle est fréquemment parasitée par un champignon microscopique qui la transforme en une masse amorphe, ramollie et d'un jaune éclatant.

Identification

Ce n'est pas à la couleur de son chapeau qu'on reconnaît ce Bolet ; elle varie en effet du brunâtre à tous les tons du rouge, du jaune et même du violet. Son signe distinctif est la couleur de la chair sous la cuticule du chapeau, où elle est toujours rougeâtre, ou au moins rosée, ne virant au bleu que très légèrement.

C'est un champignon comestible, mais, dépourvu de personnalité, sans parfum, sans saveur et très mou, on le dédaigne généralement. Il ne peut guère que faire du volume au milieu d'espèces plus savoureuses.

Bolet orangé

Leccinum (Boletus) aurantiacum
(Bull. ex Fr.) Gray

Cèpe orangé, Bolet roux, Roussille

Identification
On reconnaît ce Bolet à son gros chapeau orangé, parfois brunâtre, à ses pores blancs, à son pied moucheté de mèches d'abord blanches, puis passant au rouge et au brun, à sa chair qui devient violacée à l'air et qui bleuit à la base du pied, et aussi à son habitat sous les trembles.

C'est un gros Bolet, à **chapeau** de 10 à 20 cm de diamètre, parfois davantage, d'un bel orangé pour certains et tirant sur un ton plus sombre, rouge-orange à brun-rouge pour d'autres formes voisines. Il est velouté à l'œil et au toucher, avec une marge parfois débordante en une sorte de dentelle remarquable qui s'appuie aux tubes. Les **tubes** sont blancs, très longs, avec des **pores** blancs très fins et serrés. Le **pied**, charnu, est robuste, long de 10 à 20 cm, épais de 1 à 3 cm, blanc et revêtu de mèches blanches, rougeâtres ou noirâtres sur les espèces voisines. La **chair** est épaisse, molle, blanche, mais elle devient rapidement ardoisée et plus ou moins violacée à l'air, et bleue dans la base du pied. Elle est de **saveur** médiocre et n'a pas d'**odeur** particulière. La **spore** est très longue, jusqu'à 20 μ. Cette belle espèce a son **habitat** surtout au voisinage des trembles, et en particulier sur les lisières des forêts de feuillus, où ces arbres se trouvent le plus souvent. On la voit de loin dans l'herbe dont ses chapeaux brillants émergent au soleil. Mais on trouve aussi ses formes voisines, quoique plus rarement, sous les chênes. Sa saison va de l'été à l'automne. La chair, étant épaisse, douce et tendre, fait de cette espèce un assez bon comestible, recherché dans certaines régions, où on l'appelle abusivement Cèpe orangé, car il n'a ni la saveur ni le parfum des Cèpes véritables. Il mérite quand même la récolte, d'autant plus qu'il est bien plus fidèle que les Cèpes et ne manque jamais au rendez-vous au mois de septembre.

Pas mauvais, mais sans grand caractère. De plus, le pied est vite fibreux et doit être écarté si on veut le consommer, et il a l'inconvénient de noircir à la cuisson. Il lui faut un assaisonnement vigoureux.

Bolet rude

Leccinum (Boletus) griseum (carpini) (Quél.) Singer

Cèpe de rien, Cèpe gris

Il n'y a pas de champignon dont le nom soit aussi controversé. Ce fut longtemps le *scaber* des Français, puis il devint *carpini*, pour devenir ensuite officiellement *griseum*. A vrai dire, il appartient à un groupe qu'on a longtemps cru assez simple, mais qui désormais comprend une quarantaine d'espèces, plus ou moins sûres et distinctes, qui font le désespoir des déterminateurs de bonne volonté. On a établi ces espèces nouvelles sur des détails de structure pour la plupart invisibles à l'œil nu, et, avant d'y croire tout à fait, il faudrait être certain que ces différences sont fixes, ce qui n'est pas du tout prouvé. Quoi qu'il en soit, le Bolet rude est assez facile à reconnaître. Son **chapeau**, de 4 à 10 cm de diamètre, est convexe, jaune-brun tirant sur l'olivacé, et la cuticule apparaît comme chagrinée et souvent irrégulière, et comme bosselée, luisante et glabre, humide au toucher. Les **tubes** sont blanchâtres, avec des **pores** blancs puis crème grisâtre, remarquablement longs. Le **pied** est dur, fibreux, long de 8 à 15 cm, mince, de 1 cm de diamètre au plus, garni d'un grand nombre de petites écailles noires. Ce pied, comme chez tous les Bolets de cette série, se détache du chapeau sans déchirure, ce qui est un signe de plus haute évolution dans ce groupe. La **chair** est blanche, molle, insipide, et elle se colore en rose sale, puis en noirâtre en quelques minutes. Elle n'a ni **saveur** ni **odeur** particulières. La **spore** est de 16 μ. L'**habitat** de cette espèce se situe dans toutes les forêts de feuillus, et surtout sous les charmes. On la trouve en été et en automne.

Identification
On reconnaît ce Bolet à son chapeau convexe, brun verdâtre, lisse et bosselé, humide et mou, à ses tubes très longs, à son pied raide, mince, fibreux et détachable, à sa chair qui noircit au contact de l'air, et à sa présence sous les charmes.

C'est un comestible misérable, car, outre son pied coriace, son chapeau est à peine charnu une fois les tubes éliminés, et la chair très molle noircit complètement à la cuisson et n'a ni parfum ni saveur.

Bolet à pied creux

Boletinus cavipes (Opat.) Kalch.

Identification
On reconnaîtra cette espèce au premier coup d'œil à son chapeau mamelonné, jaune vif et entièrement pelucheux, à ses pores disposés radialement et, surtout, à son pied creux, particulier à ce champignon, à son habitat, enfin, localisé exclusivement sous les mélèzes, en montagne.

Le **chapeau** de ce champignon mesure de 5 à 10 cm de diamètre. Il présente un mamelon pointu, est fortement tomenteux, pelucheux, souvent hérissé au disque de petites mèches pointues et retroussées. Il est d'un beau jaune doré, mais peut virer au brun-rouge et même devenir châtain foncé. Le **pied** est de la même couleur que le chapeau. Comme le nom de l'espèce *cavipes*, qui vient de *cavus* (creusé) et *pes* (pied), l'indique, il est creux, caractère unique dans ce genre, ce qui suffit à l'identifier. Il est tout entier laineux et écailleux, et porte à son sommet un **anneau** blanc très lâche. Les **tubes** sont courts et décurrents jusqu'à l'anneau. Les **pores** assez grands et anguleux sont disposés radialement. Ils sont amples, mesurant parfois 5 mm de long, anguleux et irréguliers, souvent polygonaux, de couleur jaune soufre puis olivâtre. Ils présentent un aspect si curieux qu'on pourrait les prendre, au premier abord, pour des lamelles qui seraient rejointes, de place en place, par des interférences. La **chair** est jaune, élastique dans le chapeau, fibreuse dans le pied, dépourvue d'**odeur** et de **saveur**. Les **spores**, de 9 μ sur 4, sont ellipsoïdes. Cette espèce étrange a son **habitat** dans les forêts de conifères, en montagne, seulement sous les mélèzes, en été et en automne. Contrairement à d'autres champignons familiers du mélèze, il n'est pas descendu dans la plaine où l'on a largement implanté cet arbre.

On ignore tout de la valeur gastronomique de ce champignon. Il est de toute façon trop rare et trop localisé pour qu'on ait pu l'essayer valablement sur le plan culinaire et même juger de son inocuité.

Bolet jaune

Suillus (Boletus) luteus (Fr.) Gray

Nonnette voilée, Baveux

Le **chapeau** de ce Bolet mesure de 8 à 12 cm de diamètre. Il est d'un jaune brunâtre, couleur de terre, d'où son nom latin. De forme convexe puis aplati, il est extrêmement visqueux et sa cuticule est entièrement détachable. Les **tubes** sont jaunes, courts et adhérents au pied. Les **pores** sont remarquablement petits, ronds et de couleur jaune vif. Le **pied** mesure 1 cm de diamètre environ et de 8 à 10 cm de hauteur. Il est dans l'ensemble blanc jaunâtre, parsemé de points bruns au-dessous de l'anneau, brunâtre à la base. Cet **anneau**, rare chez les Bolets, relie complètement le pied au bord du chapeau à l'état jeune. D'abord blanc, il devient peu après lilacé, se réduit considérablement et, finalement, il n'en reste que la trace sous forme d'une bande noirâtre. La **chair**, humide et molle, surtout vers le déclin, est d'abord blanche puis jaunâtre. Son **odeur** est faible et sa **saveur douce.** La **spore**, de 11 μ, est allongée. Ce Bolet a son **habitat** dans les forêts de conifères, plus spécialement sous les pins, notamment là où ces arbres sont isolés dans l'herbe. On le rencontre dans toutes les parties du monde où croissent des pins, à Cuba, au Mexique, à Madagascar, où l'on en a fait d'importantes plantations, à Tenerife, etc. C'est donc une espèce tout à fait cosmopolite. Elle croît dès la fin de l'été, mais on la trouve plus abondamment en automne. Elle est en effet plus tardive que *Suillus granulatus* (Bolet granulé), qui vient dans les mêmes stations et qui est, lui aussi, répandu dans le monde entier. Ce champignon est couramment récolté dans les Landes, où il abonde, sous le nom de Nonnette voilée, et dans le Midi, où on l'appelle Baveux.

C'est un excellent comestible, à condition d'enlever sa cuticule visqueuse et de jeter le pied, qui est coriace. On lui fait rendre ensuite son eau, on le roule dans la farine et on le fait frire. Au moment de le servir, on l'arrose avec un beurre d'escargots brûlant. C'est alors un mets délicieux.

Identification

Ce Bolet se reconnaît facilement à son chapeau brunâtre visqueux, à ses pores jaune éclatant et, surtout, à son anneau blanchâtre qui vire au lilacin, pour finalement se réduire à une zone noirâtre quand il commence à vieillir.

Confusion

Au premier abord, on pourrait éventuellement confondre cette espèce avec Suillus granulatus *(Bolet granulé, p. 201). Mais celui-ci se distingue grâce à sa couleur vive et à l'absence d'anneau. Comme il est également comestible, l'erreur serait sans conséquence.*

Bolet élégant

Suillus (Boletus) Grevillei (elegans) (Klotsch) Singer

Bolet jaune du mélèze

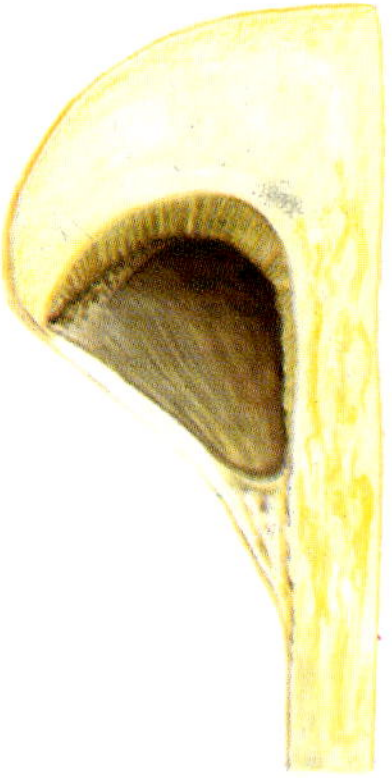

Identification
Ce champignon se reconnaît facilement à sa belle couleur jaune d'or, à sa viscosité, à son pied assez mince, un peu renflé à la base, à son anneau blanc, membraneux et fragile, à son habitat exclusif sous les mélèzes.

Confusion
Il faudrait beaucoup d'inattention pour confondre ce Bolet avec Suillus luteus *(Bolet jaune, p. 199). Sans doute, celui-ci porte également un anneau, mais son chapeau est de couleur terre et il ne vient que sous les pins.*

Le **chapeau** de ce Bolet est de taille modeste : il mesure de 6 à 10 cm de diamètre. De forme convexe, il est d'un beau jaune jonquille doré qui lui a valu son nom d'*elegans* — et il le mérite —, mais il présente parfois une zone plus foncée vers le milieu. La cuticule, très visqueuse par temps humide, est entièrement séparable. Le **pied** mesure 1 cm de diamètre environ et de 6 à 10 cm de hauteur. Il est cylindrique et se termine en pointe à la base. De couleur blanc crème, il devient fauve safrané dans la partie inférieure. Il porte en haut un **anneau** blanc crème, étroit et persistant. Entre l'anneau et le chapeau existe un réseau court mais bien marqué. Il est à noter que les mailles du réseau, chez les Bolets qui en possèdent, sont en fait des tubes avortés mais fertiles. En effet, il s'y forme des basides qui portent des spores, comme les tubes normaux. Les **tubes** eux-mêmes sont courts, légèrement décurrents sur le pied, et leurs **pores** sont anguleux. La **spore**, de 8 μ sur 4, est allongée. Cette jolie espèce a son **habitat** favori près des mélèzes et, qu'ils soient dans leurs stations naturelles ou dans un parc, elle semble les suivre fidèlement. Ce champignon est en effet mycorhizique de cet arbre, et il est possible que le mélèze ne puisse pas se passer de son hôte, pas plus que celui-ci ne peut se passer du mélèze. Cependant, il est à noter qu'il ne vient pas sous les mélèzes du Japon, dont les plantations se multiplient dans nos jardins à cause de la croissance rapide de cette espèce. On rencontre ce champignon en automne, souvent très tard dans la saison.

Ce Bolet, qu'on trouve sans trop de difficultés, a une chair un peu molle et de peu de saveur. Il est, sans nul doute, très inférieur à *Suillus luteus,* plus charnu et plus savoureux, et demande un bon assaisonnement.

Bolet granulé

Suillus (Boletus) granulatus
(L. ex Fr.)
O. Kuntze

Nonnette, Cèpe jaune des pins, Saléro, Cèpe pleureur

Le **chapeau** de ce Bolet mesure de 6 à 12 cm de diamètre. Il est d'abord hémisphérique, puis convexe, enfin plan convexe, de couleur jaune fauve ou brun roussâtre. La cuticule est épaisse, extrêmement visqueuse par temps humide, luisante et entièrement séparable. La marge est incurvée vers le pied chez les exemplaires jeunes, étalée plus tard. Les **tubes** sont adnés, très courts, jaunes, puis jaune verdâtre. Les **pores** sont grénelés, petits, arrondis ou anguleux, jaune soufre, exsudant des gouttelettes laiteuses à l'état jeune. A la cueillette, ces gouttes se déposent sur les doigts et se coagulent en une sorte de goudron très tenace dont on se débarrassera à l'aide d'un produit à base d'acétone. Elles sont sans doute un produit d'excrétion éliminé par les nombreuses cystides de cette espèce. Le **pied** mesure de 1 à 2 cm de diamètre. Il est mince, dur, ne comporte pas d'**anneau**; de couleur jaune citron, il est orné de grains floconneux au sommet, cotonneux et blanc à la base. La **chair** est molle, humide, jaune serin, d'**odeur** agréable et de **saveur** douce. La **spore** est longue de 8 μ. Cette espèce a son **habitat** préféré dans les bois de pins herbeux; elle s'y montre parfois dès le mois d'avril, mais elle croît surtout à la fin de l'été et en automne, où elle peut être très abondante. C'est un excellent comestible, au même titre que *Suillus luteus*.

Identification

Ce Bolet se reconnaît à son chapeau brun clair, visqueux par temps humide, à ses tubes jaune soufre, exsudant des gouttes laiteuses, à son pied sans anneau, à son habitat sous les pins, notamment à la fin d'été et en automne.

Confusion

Suillus granulatus *ne pourrait être confondu qu'avec* Suillus luteus *(Bolet jaune, p. 199). Cette dernière espèce, cependant, est de couleur plus sombre et ne porte pas d'anneau.*

Cet excellent champignon se prépare de la même façon que *Suillus luteus*. Cependant, si on ne lui a jamais imputé d'accidents dans les régions septentrionales, il arrive que dans les régions méditerranéennes il se révèle purgatif, voire même, sous les tropiques, où il est également abondant, drastique. On ignore encore si ses propriétés évoluent avec le climat ou si elles dépendent essentiellement de l'espèce de pin auprès de laquelle il pousse.

Bolet tacheté

Suillus (Boletus) variegatus (Fr.) O. Kuntze

Bolet vergeté

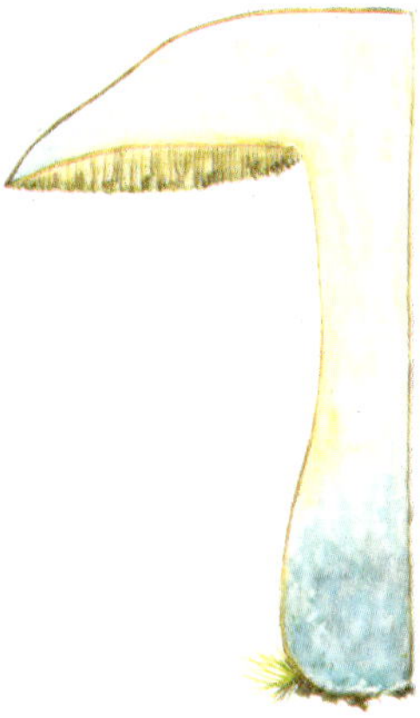

Identification
C'est une espèce particulièrement facile à reconnaître et quasi impossible à confondre avec une autre. Son chapeau fauve, tout moucheté de brun, sa chair jaune, sa forte odeur de chlore, ses larges pores jaunes, puis bistre, sont des caractéristiques suffisantes pour l'identifier d'emblée.

C'est un Bolet sans grande originalité. Son **chapeau** mesure de 6 à 12 cm de diamètre. Il est humide, terne, fauve ou ocracé, et entièrement pointillé ou velouté de mèches ou de flocons granuleux et d'un brun plus sombre. Les **tubes**, de couleur jaune olive, sont adnés et présentent des **pores** assez grands, anguleux et dentés ; ils sont également jaunes mais deviennent bistrés avec le vieillissement. Le **pied** mesure 1 cm de diamètre environ et de 6 à 10 cm de hauteur. Il est cylindrique, dur, de couleur paille, blanc à la base. La **chair** est d'abord jaune jonquille et bleuit légèrement par la suite. Elle dégage une **odeur** caractéristique d'eau de Javel et sa **saveur** est fortement amère. La **spore** est de 12 μ sur 5. Cette espèce assez commune a son **habitat** exclusif sous les pins et en terrain siliceux. Elle vient en troupes parfois assez nombreuses, en fin d'été et en automne. Certaines années, on ne la voit apparaître qu'assez tard en automne. On la range aujourd'hui dans le genre *Suillus*, mais beaucoup considèrent ce genre nouveau comme tout à fait artificiel. On prétend en effet classer les Bolets dans tant de genres différents, et eux-mêmes fournissent tant de genres intermédiaires impossibles à classer rigoureusement, qu'on peut douter de la validité de ces coupures génériques ; elles s'expliquent souvent plus facilement par la vanité de leurs créateurs que par une véritable nécessité scientifique. Cette attitude arbitraire est quelquefois gênante. Ainsi, il eût suffi au Bolet tacheté de conserver le nom de *Boletus variegatus* que lui avait donné Fries, puisque aucune caractéristique nouvelle ne justifie son déplacement d'un genre dans un autre.

Suillus variegatus, à coup sûr, n'est pas comestible. Sa violente odeur d'eau de Javel et sa saveur amère font en effet exclure cette espèce de la catégorie des champignons consommables, quelle que soit son inocuité.

Bolet des bouviers

Suillus (Boletus) bovinus (Fr.) O. Kuntze

C'est un petit Bolet de mauvaise mine. Son **chapeau** mesure de 5 à 8 cm de diamètre. D'abord hémisphérique, puis convexe, il est glabre, légèrement visqueux, fauve incarnat, nankin rougeâtre. Les **tubes** sont décurrents et les **pores** amples, composés, dentelés, de couleur crème olive, puis bistre ou même bruns. Le **pied** mesure 5 mm de diamètre environ et de 3 à 5 cm de hauteur. Il est de forme cylindrique, glabre, fauve incarnat, blanchâtre à la base. La **chair**, de teinte crème rosé, est molle et même flasque, élastique dans le même temps. Elle est dépourvue d'**odeur** et de **saveur** douce. La **spore**, de 8 μ, est crème olivâtre. Cette espèce a son **habitat** dans les forêts de pins dont le terrain est siliceux. Assez commune, elle y forme de grands cercles ou des troupes serrées. Elle apparaît dès la fin de l'été et poursuit sa poussée en automne. Il revient au botaniste suédois Carl von Linné de l'avoir identifiée pour la première fois au XVIIIe siècle. Elle lui doit aussi sa dénomination, inspirée par la tradition. Il s'est en effet référé au nom qu'on lui donne dans les Landes, où ce champignon pullule et où on le rencontre en même temps que le Tricholome équestre *(Tricholoma auratum)*. Celui-ci, d'excellente qualité, était réservé à la consommation des moines de l'abbaye de La Teste-de-Buch, tandis que leurs serfs, les bouviers, n'avaient droit qu'au misérable *Boletus* dont il est question ici. D'où son nom d'espèce : *bovinus*, qui veut dire bovin. C'est de la même façon, un peu folklorique, que Linné a baptisé « délicieux » le Lactaire qui porte encore ce nom, et cela parce qu'il a confondu sa réputation avec celle du Lactaire sanguin *(Lactarius sanguifluus)*, qui est de qualité bien supérieure.

Identification

Grâce à sa silhouette très personnelle, ce Bolet est très facile à reconnaître. Sa petite taille, sa couleur fauve, ses tubes verdâtres et décurrents, sa chair molle et élastique, sa croissance en masse sous les pins en terrain siliceux le distinguent des autres espèces de la famille des Boletacées.

Ce champignon n'est certes pas un poison, mais sa consistance insupportable et son insipidité le font à coup sûr rejeter, et les bouviers, auxquels il était destiné jadis, lui faisaient sans aucun doute subir ce sort.

Bolet placide

Suillus (Boletus) placidus Bonorden

Identification
Le Bolet placide se reconnaît aisément à son chapeau presque entièrement blanc et visqueux, à ses pores de couleur jaune, puis bistre, et à sa liaison avec le pin Weymouth, qu'on distingue à ses aiguilles réunies en bouquets, cinq par cinq.

Ce Bolet de taille modeste nous est sans doute venu d'Amérique du Nord en même temps que le pin Weymouth *(Pinus strobus)*, auquel il est exclusivement lié. Son **chapeau** mesure de 5 à 10 cm de diamètre. Il est convexe, en forme de toupie, d'abord un peu jaune, mais, peu à peu, il se décolore et devient entièrement blanc. Il est extrêmement visqueux. Les **tubes** sont courts, très décurrents, avec des pores sinueux, jaunes puis rougeâtres ou couleur de rouille. Le **pied** mesure environ 1,5 cm de diamètre et de 7 à 8 cm de hauteur. Il est fusiforme au début de la poussée, puis il s'allonge progressivement et devient cylindrique; cependant, il demeure toujours pointu à la base. Il est blanc, fortement tacheté de rouille. La **chair** est blanche, dépourvue d'**odeur** et de **saveur**. Cette espèce a son **habitat** exclusif près du pin Weymouth, en été et en automne. C'est un des rares champignons exotiques, au moins parmi les espèces qualifiées de supérieures, qui aient été capables de s'acclimater en Europe. On sait que les espèces microscopiques, Oïdiums ou Mildious, ont allègrement franchi l'Atlantique et se sont adaptées aux conditions climatiques de notre pays, au point qu'elles ont infesté nos vignes, nos chênes et nos rosiers. Cependant, le phénomène n'est pas habituel. Ainsi, on trouve parfois dans les serres des champignons qui ont été transportés en même temps que des plantes vivantes venues des tropiques, arums ou orchidées en particulier. Mais il s'agit toujours de petites espèces, comme les Mycènes, et elles ne réussissent pas à se maintenir : leur apparition est épisodique et liée à des conditions qu'elles ne trouvent pas habituellement sous nos latitudes.

La rareté de cette espèce fait qu'on n'a aucun renseignement sur sa comestibilité éventuelle. Peut-être est-elle consommée en Amérique, mais il semble que, jusqu'ici, personne ne se soit préoccupé de le vérifier.

Bolet poivré

Chalciporus (Boletus) piperatus
(Bull. ex Fr.) Bataille

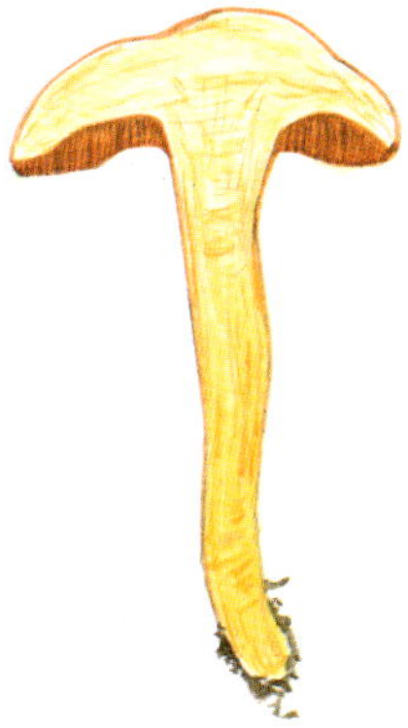

C'est un tout petit Bolet dont le **chapeau** mesure de 3 à 6 cm de diamètre, mais il est parfois un peu plus grand. Il est de forme hémisphérique, lisse, un peu luisant, de couleur brun cuivré ou cannelle clair. Les **tubes** sont décurrents ou quelquefois simplement arrondis près du pied et décurrents par une dent. Les **pores** sont amples, anguleux, dentelés; ils sont d'abord cuivrés, d'où le nom de *Chalciporus*, c'est-à-dire « pores bronzés », donné à cette coupure générique, puis, par la suite, de couleur rouille ou brique. Le **pied** mesure de 4 à 5 mm de diamètre et de 3 à 4 cm de hauteur. Il est grêle, fragile, nankin, fauve, jonquille à la base. La **chair** est tendre, sulfurine, incarnat rosé en haut du pied, et donne un peu de lait transparent à la base. Elle n'a pas d'**odeur** perceptible et sa **saveur** est extrêmement poivrée. La **spore**, de 11 μ sur 3,5, est de couleur fauve purpurin. L'**habitat** de prédilection de cette espèce se trouve dans les forêts de conifères, mais on la rencontre aussi dans les forêts de feuillus, à la fin de l'été et en automne. Elle aime tout particulièrement les plaques de mousse, où elle trouve la fraîcheur nécessaire à son développement. On la remarque à peine, tant la couleur terne de son chapeau se confond avec celle du sol ou des feuilles qui le tapissent. Évidemment, sa saveur poivrée interdit de classer cette petite espèce parmi les champignons comestibles; elle n'est qu'une curiosité mycologique. Certes, il est d'autres Bolets qui ont un goût amer, mais celui-ci semble être le seul à posséder un goût aussi poivré que celui de certains Lactaires.

Identification
On reconnaîtra cette espèce à sa petite taille, à son chapeau hémisphérique de teinte cuivrée, à ses tubes terminés par des pores également cuivrés mais teintés de verdâtre et, surtout, à sa chair terriblement poivrée, caractéristique rare chez les Bolets.

Si l'amertume commune à de très nombreuses espèces de champignons est un défaut insupportable, la saveur poivrée n'est guère plus agréable et on ne peut la faire disparaître à la cuisson. Il n'est donc pas envisageable de consommer cette minuscule espèce de Bolet.

Bolet pomme de pin

Strobilomyces floccopus (strobilaceus) (Fr.) Karst.

Identification
L'aspect de pomme de pin de cette espèce permet de la distinguer au premier coup d'œil, car aucune autre ne lui ressemble. Il n'est qu'à regarder son chapeau subglobuleux brun bistre ou noir cendré, couvert d'écailles pointues ou fibrilleuses, pour en être convaincu. En outre, à la cassure, sa chair devient rouge, puis noirâtre.

Le **chapeau** de *Strobilomyces floccopus* mesure de 10 à 15 cm de diamètre. Il est d'abord de forme hémisphérique, puis convexe, couvert de grosses mèches laineuses, imbriquées ou dressées, gris noirâtre, puis bistre. Les **tubes** sont adnés et leurs **pores** sont amples anguleux, blancs, puis gris; ils rougissent au toucher. Le **pied** mesure de 1,5 à 2 cm de diamètre et de 10 à 20 cm de hauteur. Il est fibro-charnu vers le sommet, qui est nu, sillonné et blanc; plus bas, il est sillonné et couvert de mèches floconneuses grises formant une gaine terminée en **anneau**; ce dernier est plus ou moins épais et, parfois, tout à fait fugace. La **chair**, légère, est gris pâle, puis devient rosée et, finalement, bistre noir. La **spore**, de 15 μ, de couleur pourpre noirâtre, est ovoïde sphérique, ornée d'un réseau de cellules en relief disposées comme un rayon de miel et très décoratives. Cette espèce a son **habitat** dans les forêts de feuillus, où on la trouve çà et là, le plus souvent au-dessus des taupinières; elle n'est donc pas mycorhizique, contrairement aux autres Bolets. C'est là seulement l'une des caractéristiques qui font hésiter à la ranger dans ce genre. Plus qu'aucun autre champignon d'abord identifié comme Bolet classique et reclassé par la suite tant certains d'entre eux inspirent le doute sinon la méfiance, *Strobilomyces floccopus* justifie la réserve de certains mycologues. En effet, ses spores noires, pourvues d'ornements assez étranges, ne sont pas des spores habituelles de Bolet. Son organisation est, elle aussi, complètement différente de celle des Bolets véritables.

On ignore si cette espèce est consommable. Il existe, sous les tropiques, des espèces analogues, jaune d'or et rouge vif : les indigènes en ont grand-peur. Cela, évidemment, n'est pas une preuve suffisante de sa nocivité.

Polypore truffier

Polyporus tuberaster (Forquignoni) Fr.

Polypore écailleux, Polypore de Forquignon

C'est un bien étrange Polypore. Son **chapeau** mesure de 15 à 20 cm de diamètre. Il est d'abord convexe plan puis prend une forme d'entonnoir. Glabre au début de la poussée, il devient à la fin poilu et écailleux. Il adopte une tonalité jaune-roux plus ou moins foncée. Les **tubes**, souvent peu visibles, sont courts et blanchâtres. Les **pores**, finement dentelés, fermes, égaux, subanguleux, sont blancs. Le **pied** est plein, ferme, souvent courbé, de forme variable, blanchâtre ou de même couleur que le chapeau. La **chair** est ferme, blanche, d'**odeur** et de **saveur** très agréables. Cette espèce a pour **habitat** les forêts de feuillus, où elle croît du printemps à l'automne. Ses caractéristiques n'ont, jusqu'ici, rien que d'ordinaire. Il n'en est pas de même de son mode de vie. Ce Polypore est parfois terrestre, contrairement aux Polypores de cette série, qui sont tous lignicoles. Son mycélium agglomère alors toute sorte de débris, finissant par former une masse considérable. Aussi, jadis, en Italie, où l'espèce est commune, on le cultivait en conservant chez soi ces masses mycéliennes qu'on alimentait en leur apportant de temps en temps des éléments nutritifs, puis, le moment venu, on récoltait ses productions. On appelait cet agglomérat mycélien *Pietra fungaia*, c'est-à-dire « pierre à champignon ». Depuis l'espèce a été complètement oubliée, au point qu'on s'est demandé si elle avait jamais existé. Mais on s'est aperçu récemment qu'elle serait identique au très commun Polypore de Forquignon *(Polyporus Forquignoni)*, qui, lui, pousse sur les branches mortes, et qui dans l'aventure a perdu son nom pour prendre celui plus ancien de *tuberaster*. La forme cultivable, considérée autrefois comme un très bon comestible, est connue également en Allemagne et en Espagne, mais elle est probablement plus méconnue que rare ailleurs.

Identification

Cette espèce, méconnue en France, devrait pouvoir être identifiée assez facilement grâce à son large chapeau écailleux, à ses pores finement dentelés et, surtout, à son habitat terrestre, très rare chez les Polypores de cette série, qui sont tous lignicoles.

En Italie, cette espèce était autrefois considérée comme un très bon comestible. On la cultivait en fournissant a son mycélium des éléments nutritifs. Il semble que sa fine saveur attire de nouveau les amateurs.

Polypore d'hiver

Polyporus lepideus Fr.

Identification
On reconnaîtra facilement cette espèce à sa taille modeste, à son chapeau parfois tourmenté, à sa consistance très coriace, à ses pores blancs, à son pied sinueux et à son habitat sur le bois, vif, mort ou ouvré.

Cet élégant petit Polypore a un **chapeau** de 4 à 12 cm de diamètre. Il est charnu, coriace, de forme convexe, parfois bossu puis plan, plus ou moins ombiliqué et déprimé vers le déclin, parfois creusé en entonnoir. Il n'est jamais zoné mais très irrégulièrement villeux velouté, et il arrive fréquemment que ses poils s'agglomèrent en véritables écailles retroussées. Il prend ainsi une allure rugueuse; mais ces ornements sont assez fugaces et, en vieillissant, il devient absolument lisse. Sa couleur est aussi variable que son revêtement. Il est normalement d'un bistre fuligineux, mais peut être gris cendré, parfois même chamois pâlissant. La marge, plus claire, est très mince, enroulée et presque toujours ciliée ou dentelée à l'état jeune. Les **tubes** sont hétérogènes, courts, serrés, décurrents; d'abord blanc pur, ils virent au jaunâtre pâle en vieillissant. Il possède des **pores** petits, arrondis et blancs. Le **pied** mesure 5 mm de diamètre environ et de 5 à 9 cm de hauteur. Il est central ou excentrique, grêle, flexueux, floconneux ou écailleux, gris bistré ou gris jaunâtre. La **chair** est blanche, ferme, coriace, indurée vers le déclin, sans **odeur** ni **saveur** particulières. La **spore**, de 7 μ sur 2,5, est transparente. Cette espèce a son **habitat** dans les forêts de feuillus, sur les troncs des arbres morts ou vivants, sur les vieilles poutres, sur les traces de taille des saules, dans les anfractuosités des tilleuls, etc. Elle croît en automne, mais il arrive qu'on découvre des poussées au printemps et en été. C'est une espèce qui possède beaucoup de synonymes et qui adopte de nombreuses formes, dont on ne saurait dire s'il s'agit de variétés ou d'espèces autonomes.

Bien que sa chair, n'ayant ni goût ni odeur, se prête à toute sorte de préparations, sa consistance particulièrement coriace et ferme exclut toute utilisation en cuisine, même si on prend soin de l'assaisonner fortement.

Polypore des brebis

Albatrellus (Polyporus) ovinus
(Schaeff. ex Fr.) Kotl. et Pouzar

Ce champignon est le représentant type d'une série de Polypores terrestres pour lesquels on a créé, sans nécessité évidente, le nouveau genre *Albatrellus*. Le langage courant ne l'a pas entériné et conserve la première dénomination. Cette espèce a un **chapeau** de 5 à 10 cm de diamètre. Convexe, puis plan et même déprimé, il est difforme, inégal, souvent soudé aux chapeaux voisins, tantôt blanc, tantôt gris jaunâtre. Par temps sec ou lorsqu'il devient vieux, sa cuticule, naturellement glabre et sèche, se gerce et se crevasse en aréoles, en zones quadrangulaires, ou encore devient squameuse. Les **tubes**, blancs, puis jaune citron, sont très courts, décurrents et inséparables du chapeau, comme chez tous les Polypores. Les **pores** sont petits — 0,5 mm de large —, arrondis, égaux, blancs, puis citrins. Le **pied** mesure de 1 à 2 cm de diamètre et de 3 à 5 cm de hauteur. Il est court, cylindrique, renflé dans le haut, de forme irrégulière, pruineux, cassant et comme dépourvu de fibres, blanc. La **chair** est compacte, fragile et cassante, blanche, jaunissant un peu à l'air, d'**odeur** agréable; elle a une **saveur** qui rappelle celle de l'amande. La **spore**, de 4 μ de diamètre, est presque sphérique. Cette espèce a son **habitat** en montagne, dans les forêts de conifères, pins et sapins, et croît à la fin de l'été et en automne. On la rencontre le plus souvent en cercles fournis, et, au premier abord, on croit souvent avoir affaire à des Hydnes communs, tant la couleur et l'aspect sont trompeurs. D'autres fois, cette espèce pousse en touffes de deux ou trois soudées par le bord du chapeau ou le pied.

C'est un comestible d'autant plus agréable qu'il croît en troupes abondantes. Il est très supérieur à l'Hydne commun, mais jaunit à la cuisson. De plus, en montagne, où le choix est des plus restreints quand arrive l'automne, il est le bienvenu.

Identification

Cette espèce ne ressemble à aucune autre. Son chapeau blanchâtre jaunissant, irrégulier, souvent crevassé et lié aux voisins, ses pores très petits, blancs, puis jaune citron, sa croissance en cercles dans les sapinières de montagne sont en effet des caractéristiques qui la définissent clairement.

Polypore en ombelle

Grifola (Polyporus) umbellata Pers. ex Fr.

Liévrot, Poule de bois

Identification
On reconnaît du premier coup cette merveilleuse espèce à ses petits chapeaux gris serrés les uns contre les autres tels une toison ou un plumage et issus d'un gros tronc commun qui pousse sur les racines des chênes, des charmes et des hêtres.

Voici un chef-d'œuvre de la Nature. Si, dans l'ensemble, les Polypores sont d'une morphologie peu variée, celui-ci fait une exception remarquable. Qu'on imagine, issus d'un gros tronc commun, tout blanc et de 2 à 10 cm d'épaisseur, des rameaux qui à leur tour se ramifient, encore et encore, et qui finissent par porter à leurs extrémités une quantité incroyable de petits **chapeaux** gris de 2 à 3 cm de diamètre. Il peut y en avoir des centaines, serrés les uns contre les autres et qui, ensemble, ont l'allure d'un plumage ou d'une toison. D'où les noms vulgaires de Liévrot ou de Poule de bois donnés à cette espèce. Les exemplaires ordinaires pèsent en général de 1 à 3 kilos, mais certains sont monstrueux et dépassent 20 kilos. Sur leur face intérieure, les petits chapeaux sont tapissés de **tubes** courts et de **pores** minuscules, d'environ 0,5 mm de diamètre; ils sont décurrents sur le rameau dont ils dépendent. La **chair** de cette espèce est blanche, tendre, d'une **odeur** exquise et d'une **saveur** parfaite. La **spore**, de 10 μ de longueur, est blanche et ellipsoïde. Ce champignon, qui a son **habitat** dans les forêts de feuillus, vit en parasite sur les racines des chênes, des charmes et des hêtres dès la fin du mois de juin et jusqu'à l'automne. Il forme, entre la racine de l'arbre et le sol, une sorte de tubercule noirâtre qui est vivace et qui assure la fructification de l'année suivante. On a vu de ces tubercules occuper un espace de plus d'un mètre carré, ce qui explique qu'on trouve ce Polypore en troupes de plusieurs individus. Très recherché dans l'est de la France, ses stations sont tenues secrètes et se transmettent de père en fils.

C'est un champignon exquis. Il est préférable de le préparer seul et le plus simplement possible afin de lui conserver son arôme et d'apprécier sa saveur originale. Sa consistance, à la fois tendre et ferme, est des plus agréables. Dans l'est de la France, il est si apprécié des amateurs que, lorsque vient la saison, ceux-ci vont dissimuler les jeunes carpophores sous des amas de ronces pour être sûrs de les retrouver quand ils auront atteint une taille suffisante.

Polypore du bouleau

Piptoporus betulinus (Bull. ex Fr.) Karst.

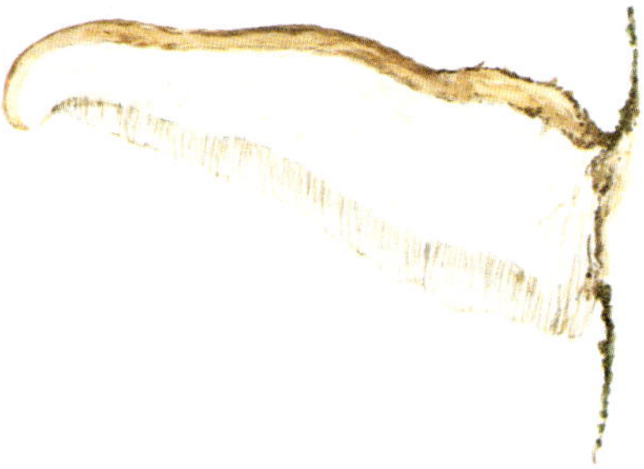

Ce Polypore présente un **chapeau** de forme curieuse. Il sort horizontalement du tronc d'un bouleau : il parasite en effet cette espèce. Et, comme tous les Polypores dans le même cas, son chapeau, au lieu d'être circulaire, se réduit à une sorte de demi-cercle ressemblant à un sabot de cheval. Il mesure de 10 à 20 cm de diamètre et de 2 à 6 cm de hauteur. Le bord est épaissi en bourrelet formant une marge à la face inférieure. La cuticule est mince, tenace, mais séparable. Elle est absolument lisse, grise ou bistrée; blanche sur la marge, elle pâlit et se fendille avec l'âge. Les **tubes** sont très courts, blancs, comme les **pores**, très fins. La **chair**, blanche ou jaunâtre, est d'abord tendre, mais elle devient rapidement subéreuse, c'est-à-dire qu'elle prend la consistance du liège. Elle dégage une **odeur** aigrelette particulière, et sa **saveur** est acidulée. La **spore**, de 9 μ, est pruniforme et transparente. Cette espèce a son **habitat** exclusif sur les bouleaux, mais jamais sur les individus sains, jamais non plus sur les troncs morts. Pour que le champignon se développe, il faut que l'arbre ait été brisé par une tempête ou blessé par le verglas. Alors, les spores germent dans les blessures de l'arbre affaibli et envahissent rapidement tout le bois; bientôt, celui-ci se dégrade et s'écroule. Une fois l'arbre mort, les Polypores disparaissent. Évidemment, cette espèce n'est pas comestible compte tenu de sa consistance particulière. Autrefois, on en tirait des succédanés de cuir à rasoir. Pour cela, on taillait des tranches fines qu'on aplatissait ensuite au maillet, sur une planche. On collait cette lamelle de champignon sur un morceau de bois, on l'enduisait de tripoli et l'on pouvait alors aiguiser les rasoirs, dont le fil atteignait, dit-on, une finesse inégalée.

Identification

On reconnaît ce Polypore à son chapeau dimidié, grisâtre, absolument lisse, à sa chair épaisse et subéreuse, et à ses pores d'un blanc de neige. Il croît uniquement sur les bouleaux malades ou affaiblis par des blessures, mais vivants. Il abandonne son support dès que celui-ci est mort.

La chair de ce champignon n'est pas comestible, puisqu'elle a la consistance du liège. Du moins, autrefois, savait-on en tirer parti : en traitant des lamelles taillées dans le chapeau, on obtenait des cuirs à rasoir.

Polypore soufré

Laetiporus (Polyporus) sulphureus
(Bull. ex Fr.) Murr.

Mort-des-cerisiers

Identification
La masse souvent énorme de ses gros chapeaux superposés, mous et d'un jaune éclatant, permet de distinguer de très loin cette espèce, qui n'a pas d'analogue. De près, son odeur et sa saveur piquante sont des éléments supplémentaires d'identification, et l'hésitation n'est pas permise.

C'est un gros Polypore charnu qui apparaît tout à coup sur le tronc d'un arbre, le plus souvent grâce à une ancienne blessure qui a permis l'entrée des spores. Il présente des **chapeaux** superposés, réduits à leur moitié, sans pied, et adoptant vaguement la forme d'éventails. Chacun de ces chapeaux mesure de 15 à 40 cm de diamètre et de 10 à 15 cm d'épaisseur. De couleur jaune soufre, il est mou et aqueux. En vieillissant, ce champignon se dessèche, devient blanc et cassant comme de la craie. La face inférieure du chapeau est tapissée de **tubes** réguliers, courts et jaunes. Les **pores** sont petits, ronds, sulfurins. La **chair**, jaune, exhale une **odeur** un peu piquante, et sa **saveur** est aigrelette. La **spore**, de 6 μ, est sphérique. Cette espèce très commune a son **habitat** sur les arbres et croît parfois dès le printemps, le plus souvent en automne. C'est en effet un dangereux parasite. Elle attaque à peu près toutes les essences, sans distinction, mais marque cependant une préférence pour les fruitiers, notamment pour les cerisiers, qu'elle condamne à mort. On la rencontre aussi sur les chênes et, en montagne, sur les mélèzes. On ne la voit généralement pas en forêt, mais seulement sur des arbres isolés, en plein vent. Beaucoup de Polypores, d'ailleurs, présentent cette caractéristique. Il est possible que cette espèce ait besoin d'une insolation importante. Pour vivre et fructifier, il lui faut par ailleurs un arbre absolument sain. Son mycélium digère le bois, qui devient complètement mou, si bien que l'arbre finit par s'écrouler. On voit assez souvent ce Polypore dans les rues de Paris, où il parasite les vernis du Japon. Il est à peine comestible, bien qu'il soit apprécié par les Américains.

Les Américains prétendent que ce champignon est un bon comestible; ils lui prêtent même un goût de poulet. Dans nos pays, on est, semble-t-il, moins aventureux, et personne n'a sans doute jamais osé tenter l'expérience.

Langue-de-bœuf

Fistulina hepatica Schaeff. ex Fr.

Fistuline, Foie-de-chêne

Il a fallu créer pour ce seul champignon un genre particulier. En effet, il a cette caractéristique curieuse d'être pourvu de tubes qui, au lieu d'être enchevêtrés les uns dans les autres, comme c'est habituellement le cas, ne sont pas soudés entre eux. C'est là une originalité unique dans la famille des Fistulinacées. Son **chapeau** mesure de 15 à 20 cm de long et de 10 à 15 cm de large. Jeune, il a une forme de tubercule arrondi; plus tard, il s'étale et adopte à s'y méprendre la forme d'une langue de bœuf sortant de vieilles souches de bois. Il est épais, rougeâtre, rouge sang ou lie-de-vin. Sa surface, d'abord veloutée et granuleuse, devient peu à peu visqueuse. Les **tubes** sont courts et fins, les **pores** sont ronds, de couleur crème d'abord, puis deviennent rosés. La **chair** est molle, plus ou moins gélatineuse, pesante, rouge, et présente des stries intérieures plus pâles; elle laisse couler un liquide rouge quand on la presse. La **spore**, de 6 μ, est en forme de virgule. Les chênes et les châtaigniers morts sont l'**habitat** exclusif de cette espèce. Mais sa distribution est très variable : tantôt elle abonde sans qu'on connaisse la raison de sa profusion, tantôt elle est absente de larges secteurs qui, pourtant, sont voisins des premiers. Elle croît à l'automne, après les premières grandes pluies. Si sa forme évoque sans conteste une langue de bœuf, sa chair, quant à elle, fait plutôt penser au foie de cet animal. D'où les noms vulgaires qui lui sont alternativement donnés selon les régions.

Ce champignon est généralement consommé cru et servi en salade, coupé en fines lamelles. L'assaisonnement se fait au tout dernier moment, afin d'éviter que le sel et le vinaigre ne fassent sortir un liquide rouge fort peu appétissant.

Identification

Ce champignon se reconnaît tout de suite à sa couleur rouge, à sa forme caractéristique de langue de bœuf, à sa chair rouge sang, juteuse et molle, à ses tubes séparés les uns des autres, cas unique dans cette famille. Ses particularités sont telles qu'il est impossible de le confondre avec un champignon voisin.

Polypore versicolore

Trametes (Coriolus) versicolor L. ex Fr.

Coriole versicolore

Identification
Cette espèce se reconnaît principalement à ses chapeaux parfois empilés les uns sur les autres le long d'un tronc d'arbre mort, parfois disposés en rosace sur une surface plane, et à leurs zones concentriques colorées de teintes variées, souvent vives, brillantes et très décoratives.

C'est un des champignons lignicoles les plus communs. Son **chapeau** mesure de 3 à 8 cm de largeur, parfois davantage. Il est orbiculaire, dimidié, aplani, ordinairement déprimé en arrière, très mince, à marge aiguë multilobée, blanchâtre ou jaune pâle ; il est souvent imbriqué avec les chapeaux voisins ou disposé en rosace, comme un œillet, quand il se développe sur une surface horizontale. Son épiderme est lisse, velouté, bigarré de zones concentriques alternativement grises, brunes, rouges, verdâtres, violettes ou noires, brillantes et satinées, mates et plus foncées. La face intérieure est tapissée de **tubes** très courts, blancs, lacérés et terminés par des **pores** fins et arrondis, blancs puis roussâtres. La **chair**, mince et blanche, est extrêmement coriace. La **spore**, de 6 à 7 μ, est ellipsoïde cylindrique. Cette espèce a son **habitat** sur toutes sortes de bois et croît d'un bout à l'autre de l'année. Elle provoque une pourriture blanche très active mais ne s'attaque pas aux arbres vivants. Quand ce champignon fructifie sur la face interne d'une planche humide, par exemple, il ne forme parfois qu'une large croûte blanche qui porte les tubes, mais il ne présente pas les zones diversement colorées qui, d'habitude, le caractérisent. Ses coloris sont d'ailleurs très variables. Parfois même, ils sont si vifs et si brillants qu'ils deviennent très décoratifs ; les esprits inventifs n'ont pas manqué d'utiliser cette particularité. Ainsi, à la Belle Époque, les modistes avaient imaginé de s'en servir pour décorer les chapeaux. Disposés avec art, ces champignons aux couleurs vives pouvaient imiter les fleurs les plus rares et recherchées.

Cette espèce n'est évidemment pas comestible. Mais l'ingéniosité des hommes a su utiliser ses qualités décoratives. Elle est aujourd'hui employée par les fleuristes, qui la mêlent à des fleurs séchées pour composer des bouquets.

Tramète sépia

Gloeophyllum (Lenzites) sepiarium
(Wulf. ex Fr.) Karst.

Lenzite sépia

Ce champignon enseigne au mycologue trop confiant à se méfier des apparences. En effet, bien qu'elle appartienne à la famille des Polyporacées, cette espèce présente des lamelles au lieu de tubes; de même, le Paxille enroulé est une Boletacée pour des raisons inverses. Ce Lenzite, comme on l'appelait autrefois, et comme on continue encore de le nommer pour des raisons de commodité, a un **chapeau** mesurant de 3 à 10 cm de diamètre. Il est dimidié, convexe ou aplani, hérissé et presque hirsute, et présente des sillons et des zones nues. Il est de couleur fauve plus ou moins vive, puis, à mesure qu'il vieillit, il devient bai foncé, marron, bistré ou sépia, d'où son nom vulgaire. La marge du chapeau reste fauve jaunâtre. Les **lamelles** sont minces, rigides et serrées; on en compte de 16 à 24 par centimètre à la marge. Elles sont dentées, rameuses, et se rejoignent quelquefois de façon à simuler des pores, notamment vers l'arrière. Elles sont couvertes d'un enduit ou d'une fine poussière blanchâtre disparaissant au toucher. La **chair** est mince, subéreuse, de couleur fauve rouille ou, même, fauve-brun. Les **spores**, de 10 μ sur 4, sont cylindriques arquées. Cette espèce fait son **habitat** privilégié du bois travaillé — planches et piquets de conifères, par exemple —, et c'est sur les barrières des pâturages où elle s'établit aussi très souvent qu'on a le plus de chances de la rencontrer. Elle croît rarement en forêt, mais on la rencontre parfois sur des troncs de conifères morts. Elle provoque une pourriture rouge, sèche, très active. Elle végète généralement en toute saison, du printemps à l'hiver, même par temps froid.

Identification

Ce curieux Polypore à lamelles pourrait être confondu avec d'autres espèces du même genre, mais aucune ne possède cette couleur sépia, brun foncé ou bai bistré qui est sa principale caractéristique. Son habitat sur les bois travaillés, de conifères en particulier, est également un point de repère intéressant.

La comestibilité de cette espèce est évidemment nulle, tant sa chair, d'ailleurs mince, est coriace. Elle détruit rapidement les bois auxquels elle s'attaque, et, en plein air, il est bon de les protéger avec un produit désinfectant.

Amadouvier vivace

Heterobasidion annosum (Fr.) Bres.

Polypore annuel

Identification
Cette espèce peut être reconnue, malgré les multiples déguisements qu'elle adopte, grâce à sa cuticule mince, noire et rigide, à ses pores blancs et à son habitat presque toujours circonscrit aux souches et aux troncs morts de conifères. On la rencontre aussi dans les forêts de feuillus.

Le **chapeau** de ce Polypore est généralement de grande taille, mais il peut varier entre 5 et 20 cm de diamètre, et 5 et 10 cm d'épaisseur. Dimidié, il montre parfois à sa base une sorte de faux pied inégal. Il est tantôt étalé réfléchi, tantôt résupiné, tuberculeux, rugueux ou sillonné de bourrelets concentriques. Il est peu épais. D'abord brun, il acquiert avec l'âge une croûte rigide, mince, noirâtre mat. La marge arrondie est amincie et souvent plus claire que le reste de la surface. Les **tubes** s'organisent en couches superposées, une nouvelle couvrant l'ancienne quand celle-ci est épuisée; les couches s'ajoutent ainsi d'année en année. Les **pores** sont arrondis anguleux, blancs, puis jaunâtres et jaunissants. La **chair** est blanchâtre, dure, presque ligneuse. La **spore**, de 5 μ de diamètre, est à peu près sphérique. Les basides ne portent ordinairement que deux spores au lieu de quatre, comme c'est presque toujours la règle. Cette espèce, qui végète en toute saison, a son **habitat** dans les cavités des troncs d'arbre, sur les souches, les racines de pins et autres conifères, mais on la rencontre aussi dans les forêts de feuillus. On est quelquefois surpris par ce champignon, tant son aspect est changeant. On le reconnaît à travers ses différents déguisements et sous les formes variées qu'il emprunte à sa croûte noire et à ses pores blancs. Ce caractère variable n'est pas une singularité : beaucoup de Polypores se modèlent sur leur support. Si celui-ci leur apporte une nourriture abondante, ils prennent des proportions impressionnantes; si, au contraire, le support n'est qu'une petite branche, ils ne se développent guère; si le support est rond, ils l'entourent; si c'est une souche, ils en sortent comme ils peuvent par la moindre issue.

Ce Polypore n'est pas comestible. Ce n'est pas non plus un parasite dangereux. Il provoque dans le bois qu'il attaque une pourriture blanche très active, mais, comme il ne s'intéresse qu'aux bois morts, cela est sans importance.

Polypore marginé

Fomitopsis (Ungulina) pinicola (marginata)
(Sow. ex Fr.) Karst.

Polypore des pins

Le **chapeau** de ce Polypore mesure de 10 à 30 cm de diamètre. Il a généralement la forme d'un sabot de cheval, mais il peut être aplati ; blanc, jaune ou fauve, il devient rapidement rouge, puis noir. Il est sillonné et recouvert, dans les parties les plus vieilles, d'une croûte d'apparence résineuse, noirâtre, brillante ou glabre. La marge est obtuse, pubescente, jaune ou rouge. Les **tubes** se stratifient au fur et à mesure de la végétation, une couche nouvelle remplaçant continuellement une plus vieille, épuisée. Les **pores** sont petits, ronds, d'abord pâles, puis couleur de bois, se tachant de roussâtre au froissement. La **chair** est dure, blanche ou jaune soufre virant au fauve ; son **odeur** est acide. La **spore**, de 9 μ sur 4, est elliptique. Cette espèce, très commune, a son **habitat** sur tous les troncs d'arbres à feuilles ou à aiguilles, et même sur des arbres exotiques comme les robiniers, les vernis du Japon ou les liquidambars de nos parcs. Elle croît à partir du printemps et ne s'arrête que lorsque le froid s'installe. C'est un parasite redoutable dont la pourriture rouge et sèche est extrêmement active. Il est à noter que certaines régions sont plus favorables que d'autres aux Polypores. La forêt de Fontainebleau est très riche en espèces de cette famille, tandis que les forêts du Jura en possèdent seulement quelques rares exemplaires. Les climats maritimes lui sont plus favorables que les climats continentaux.

Cette espèce n'est pas comestible. Il faut même la supprimer dès son apparition, avant que les carpophores n'aient eu le temps de disséminer leurs spores, car elle est redoutable pour la santé des arbres sur lesquels elle vit.

Identification

Ce Polypore, extrêmement commun, se reconnaît à sa grande taille, à son chapeau en forme de sabot de cheval, à sa croûte épaisse, noire et brillante, à sa marge jaune ou rouge, à ses pores qui rougissent au froissement, à sa chair dure comme le liège et à l'odeur acide qu'elle dégage.

Polypore aplani

Ganoderma applanatum
(Pers. ex Wallr.) Pat.

Identification
Cette superbe espèce se reconnaît facilement à sa grande taille, à sa forme aplanie, à son épaisseur relativement faible, à son épiderme bosselé, fauve et lisse, à sa marge blanche ou gris clair, à ses pores blancs sur des tubes bruns et à la couche de spores qui recouvre parfois son chapeau sur 1 mm d'épaisseur.

Le **chapeau** de cette espèce peut atteindre de 10 à 40 cm de large. Comme il sort des troncs d'arbre, il a toujours la forme d'un demi-cercle ou d'un gros sabot de cheval ; il justifie parfaitement le nom de l'espèce, car, le plus souvent, il est à peu près plan. Il apparaît rarement seul et s'imbrique volontiers avec le chapeau des exemplaires voisins. Au début de sa croissance, il est parfois tout blanc, mais il se couvre peu après d'une croûte lisse et bosselée gris-fauve, fauve briqueté ou fauve-brun ; elle est fragile ou flexible, cédant assez facilement sous la pression de l'ongle. Cette croûte est parfois recouverte d'une couche de poussière brun rouille qui est constituée par le dépôt de milliards et de milliards de spores. La marge est blanche ou gris clair. La **chair**, dont la couleur varie du brun cannelle au marron ou au brun très foncé, est floconneuse, tomentueuse, fibreuse à la déchirure. Son épaisseur est égale à la longueur des **tubes**. Ceux-ci présentent une trame brune à stratification continue ; les **pores** sont fins, d'abord blancs, puis ils brunissent en vieillissant. La **spore**, de 10 μ sur 7, est brun clair. Il est à noter que cette espèce ne sporule qu'en été et avec une abondance tout à fait extraordinaire : un bel exemplaire peut émettre une quantité prodigieuse de spores par jour ; par l'effet de convexion de l'air, elles vont s'entasser sur le chapeau en une couche qui atteint parfois jusqu'à 1 mm d'épaisseur. Ce champignon, plus commun en montagne qu'en plaine, souvent impressionnant par sa taille, a son **habitat** sur tous les arbres, feuillus et conifères, qu'il parasite dangereusement. Il détermine une pourriture blanche très active qui creuse le cœur de l'arbre et le fait périr par épuisement.

Ce champignon n'est pas comestible. Pourtant, au Canada, on racle la surface des spores et l'on utilise la poussière obtenue pour faire une préparation pâteuse et de goût amer qu'on administre comme tonique.

Les champignons à aiguillons

La partie fertile sous le chapeau, ou hyménium, de ces champignons est hérissée d'aiguillons serrés les uns contre les autres. Ces aiguillons sont pointus, pendants et de couleurs variées. Ils sont plus ou moins longs, souvent fragiles et fréquemment détachables de la chair du chapeau. Qu'ils soient charnus ou presque fibreux comme du bois, les aiguillons se présentent comme des tubes à l'envers : si l'on prenait un moulage de l'hyménium d'un champignon à aiguillons, il ressemblerait exactement à l'hyménium de n'importe quel représentant du groupe des champignons à tubes.

Hydne imbriqué

Sarcodon imbricatus (L. ex Fr.) Karst.

Hydne écailleux, Barbe-de-bouc, Hérisson gris

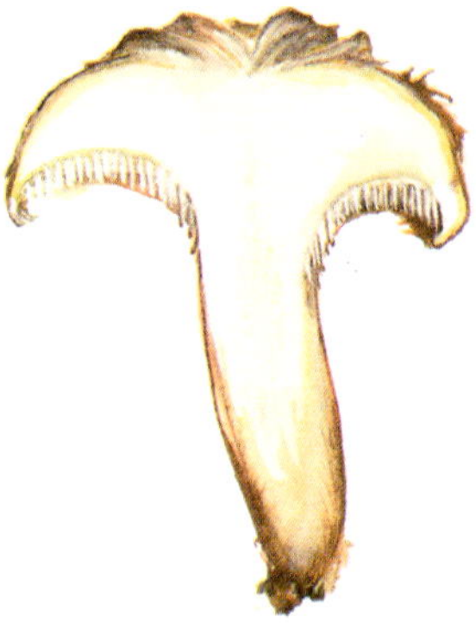

Identification
Cette espèce se reconnaît facilement à sa grande taille, à son chapeau floconneux qui se rompt en grosses écailles gris foncé, à sa marge enroulée et irrégulière, à son pied trapu à reflets livides à la base et, enfin, à ses longs aiguillons d'abord gris, puis bruns.

Le **chapeau** de cette espèce mesure de 6 à 30 cm de diamètre. D'abord convexe, puis de plus en plus étalé, formant un creux ombiliqué en son centre, parfois accentué en entonnoir, il est charnu et compact. Sa cuticule est floconneuse, toute couverte de grosses écailles gris-brun puis bistre filigineux, disposées en cercles réguliers. Elles sont en principe persistantes, devenant même plus grandes, plus grosses, plus foncées et d'un relief plus marqué vers le centre, mais elles peuvent s'effacer par temps très pluvieux. Le **pied** mesure de 2 à 4 cm de diamètre et de 4 à 5 cm de hauteur. Il est donc court et même trapu ; cylindrique ou bulbeux à la base, parfois un peu excentrique, il est lisse ou fibrilleux, plein ou un peu creux, gris-brun légèrement brillant. Les **aiguillons** sont serrés, réguliers, pointus, fragiles et très décurrents ; ils sont blanchâtres puis cendrés ou bruns. La **chair** est blanc sale, puis bistre ; elle est compacte et subzonée. Son **odeur** est légèrement âcre, plus marquée chez les exemplaires mûrs, et sa **saveur** est amère. Les **spores** sont subsphériques, anguleuses, finement tuberculeuses ou aspérulées. Cette robuste espèce a son **habitat** en montagne, dans les forêts de conifères, où elle forme de grands cercles bien fournis. Elle croît dès la fin de l'été, mais elle est en général plus tardive et, selon les latitudes et les altitudes, on la rencontre surtout en octobre et en novembre. Ce champignon est très populaire et assez apprécié, surtout en Suisse, où il fait l'objet d'une recherche intense parce qu'il est facile à récolter et qu'il ne peut être confondu avec aucun autre.

A l'état frais, ce champignon est très médiocre, voire peu appétissant, tant son odeur de cheval est marquée. Mais une fois séché, il devient acceptable. On l'introduit d'ailleurs dans divers pâtés, où il fait office de truffe grâce à la noirceur de son aspect. S'il n'ajoute rien à l'arôme de ces préparations, du moins contribue-t-il à leur décoration.

Hydne commun

Hydnum repandum L. ex Fr.

Pied-de-mouton, Langue-de-vache

Ce champignon est parmi les plus populaires. Son **chapeau** mesure de 10 à 20 cm de diamètre. Il est épais, presque toujours irrégulier, bosselé, tourmenté et souvent soudé aux chapeaux des exemplaires voisins. Il est de couleur blanchâtre ou jaunâtre, crème incarnat, et il est compact, dur et cassant. Les **aiguillons**, d'abord blancs, puis crème incarnat, sont fragiles et plus ou moins décurrents. Le **pied** mesure de 1 à 2 cm de diamètre et de 4 à 5 cm de hauteur. Il est épais, blanc et pruineux. La **chair** est blanche, mais elle brunit rapidement au contact de l'air. Crue, elle a une **saveur** amère qui disparaît ou, du moins, qui s'atténue à la cuisson. La **spore**, de 7 μ, est transparente et plus ou moins bosselée. Cette espèce très commune a son **habitat** aussi bien sous les feuillus que sous les conifères, mais elle marque cependant une préférence pour les hêtres, sous lesquels on trouve les plus gros exemplaires. Elle se montre dès juillet lorsque le temps est pluvieux et poursuit ses poussées quasiment jusqu'à la fin de l'automne. On la recherche tout autant que l'Hydne imbriqué (*Sarcodon imbricatus*) et pour les mêmes raisons : sa récolte est facile et il n'est pas possible de la confondre avec une autre espèce. On en vend de grandes quantités bien que ce ne soit pas un champignon très délicat, car il conserve toujours un peu d'amertume et il est tout à fait dépourvu de parfum. Il existe une variété plus petite, *Hydnum rufescens*, qui semble une réplique miniature de *Hydnum repandum*, mais elle est plus colorée et, souvent, percée d'un trou au milieu du chapeau. Elle est de saveur plus délicate.

C'est un comestible apprécié. Pourtant, sa réputation semble un peu surfaite, car il n'a pas grand parfum et sa saveur amère manque de finesse. Quand il est mélangé à d'autres espèces plus subtiles, on apprécie son volume et on oublie sa médiocrité.

Identification

On reconnaît cette espèce à son gros chapeau charnu et irrégulier, bosselé et tourmenté, épais, souvent soudé aux exemplaires voisins, de couleur blanchâtre ou roussâtre pâle, à son pied trapu, à ses aiguillons serrés, blancs et fragiles, à sa chair amarescente.

Hydne gélatineux

Pseudohydnum (Tremellodon) gelatinosum (Scop. ex Fr.) Karst.

Trémelle gélatineuse

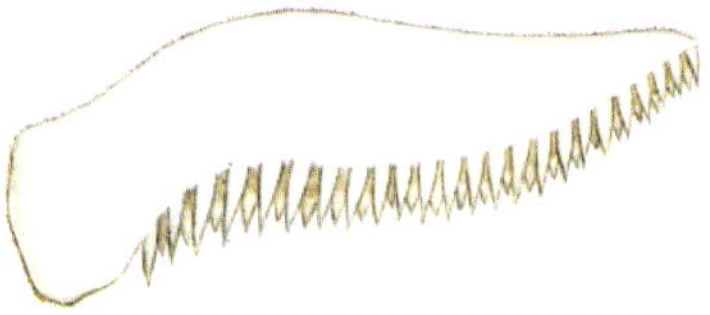

Identification
Cette espèce se reconnaît à ses chapeaux blanchâtres, transparents, de forme vague, hérissés sur la surface inférieure de dents qui ressemblent à celles des Hydnes, bien qu'il n'y ait aucun rapport entre les deux familles. La gélatine molle dont est constitué ce champignon est sa principale caractéristique.

Le **chapeau** de cette espèce mesure de 5 à 8 cm de diamètre. En forme de cuillère à café, il est blanchâtre, quasi translucide, gélatineux, assez tenace, et n'a guère plus de consistance que la gelée confectionnée par les charcutiers. Dans sa partie creuse, en dessous, il est tapissé de dents semblables à celles des Hydnes. A y regarder de près, on s'aperçoit que le dessus des carpophores est à peu près lisse mais que, vers la base, le **pied**, gris bleuâtre puis gris-brun, court, à peine différencié, voire pratiquement inexistant, est revêtu de poils plus ou moins agglomérés en papilles fragiles. Les **aiguillons** sont courts, mous, transparents, de couleur blanche présentant des reflets bleuâtres. La **chair** est gélatineuse et translucide, sa **saveur** légèrement résineuse. La **spore**, de 6 μ sur 5, est ovoïde subsphérique. Cette espèce, qui vient en automne, a son **habitat** dans les endroits les plus frais des sapinières ou des pinèdes; elle se nourrit des débris ligneux tombés à terre. Elle croît en bouquets; l'ensemble ainsi formé est si mou et si inconsistant qu'il suffit de souffler dessus pour le voir trembler. Il existe quelques formes aberrantes de ce champignon; leur chapeau est à peu près sphérique et elles sont hérissées d'aiguillons sur la totalité de leur surface. *Pseudohydnum gelatinosum* n'est sûrement pas toxique, mais sa consistance vraiment très peu appétissante dissuade d'emblée l'amateur de le récolter. Pourtant, à titre de curiosité, il peut susciter l'intérêt de certains.

Cette espèce n'est pas considérée comme toxique. Sa consistance gélatineuse assez répugnante et sa saveur légèrement résineuse la rendent impropre aux préparations culinaires, bien que, parfois, on la consomme en salade.

Les champignons à plis

L'hyménium ou partie comportant les éléments de reproduction des champignons à plis semble parfois fait de lamelles. En y regardant de près, on s'aperçoit que ce ne sont pas de vraies lamelles détachables de la chair du chapeau, mais de simples plis et replis. Le chapeau, souvent creusé en entonnoir, ne paraît être qu'un simple prolongement du pied et est tapissé de ces plis dans sa partie inférieure.
Ces champignons forment un groupe intermédiaire entre les champignons à lamelles, très évolués, et le groupe plus primitif, que l'on classe sous le vocable d'Aphyllophorales, c'est-à-dire champignons sans lamelles.

Chanterelle comestible

Cantharellus cibarius Fr.

Girolle, Girandole, Jaunotte, Chevrette, Crête-de-coq, Gallinace, Roussotte, Girondelle

Identification
Cette espèce se reconnaît à sa belle couleur jaune d'œuf, à son chapeau creusé en entonnoir, ondulé sur les bords, à ses lamelles qui ne sont que des plis très décurrents, à son pied mince atténué à la base et à son odeur fruitée caractéristique.

Confusion
Cette espèce peut être confondue avec Cortinarius orellanus *(Cortinaire couleur de rocou, p. 152) et* Cortinarius speciosissimus *(Cortinaire superbe, p. 153), toutes deux très toxiques. Il convient donc d'être prudent pendant la récolte et d'exclure tous les exemplaires douteux. Voir* Confusions, *p. 281.*

C'est un beau champignon jaune d'œuf dont le **chapeau** mesure de 4 à 15 cm de diamètre. Il est lisse, d'abord hémisphérique, mais vite aplani, puis creusé en entonnoir et ondulé sur les bords. Sur sa face intérieure, il est tapissé de fausses lamelles, qui sont en réalité de simples **plis** jaune vif, irréguliers, bifurqués, entrecroisés par des plis surnuméraires, très décurrents sur le pied. Ce **pied** est mince : il mesure 1 cm de diamètre environ vers le haut, mais s'amincit vers le bas, comme une dent. Il est de couleur jaune orangé. La **chair** est blanche, ferme, légèrement fibreuse, et elle s'évase du pied dans le chapeau sans solution de continuité. La **spore** est blanche ou jaunâtre de taille variable : 4 à 7 μ. Elle exhale une **odeur** très agréable, fruitée, évoquant celle de l'abricot. Sa **saveur** est un peu piquante à l'état cru, mais cette particularité disparaît complètement à la cuisson. Son **habitat** favori se situe dans les forêts de conifères, mais on la rencontre aussi ailleurs. Elle croît dès la fin du mois de juin et jusqu'en automne; elle est très abondante en juillet lorsque le temps est orageux. Il s'agit peut-être d'une espèce collective, car la physionomie des Chanterelles dépend de l'arbre auquel elles sont associées. Les Chanterelles des chênes sont plus élancées et plus jaunes que celles des hêtres, plus massives et plus pâles; celles des sapins sont souvent presque blanches. Toutes ces formes sont tellement voisines qu'il serait vain de vouloir les nommer. Il existe également une variété qui porte sur son chapeau un duvet violacé très partilier, *Cantharellus amethystinus*. Ce champignon a la caractéristique remarquable de n'être pas mycorhizique, comme le sont ses formes voisines. Il vient sur des débris ligneux, et beaucoup plus tardivement.

La Chanterelle est un délicieux comestible, surtout à l'état jeune. De consistance parfaite et de saveur marquée, elle se prête à toutes les préparations. On la conserve aussi dans le vinaigre; c'est un condiment exquis.

Chanterelle en tube

Cantharellus tubaeformis Fr.

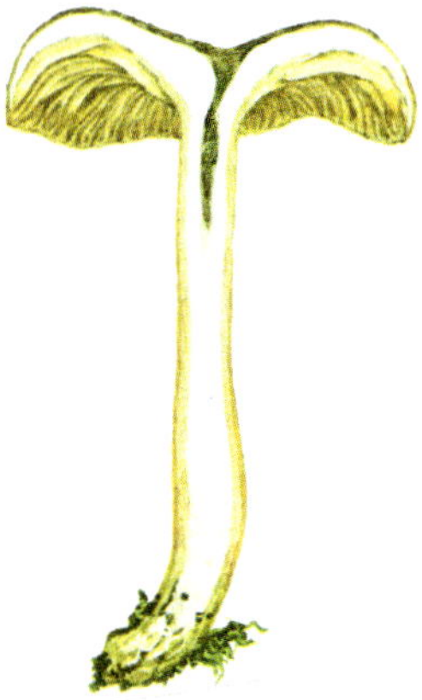

Cette Chanterelle est bien différente de la précédente. Son **chapeau** mesure de 2 à 4 cm de diamètre. Il est très mince, en forme d'entonnoir. Il est souvent percé d'un trou en son centre qui correspond à la cavité traversant le pied de bas en haut. De plus, il est festonné, lobé, finement pelucheux, brun plus ou moins jaunissant, tournant au bai à mesure qu'il vieillit. Les **plis** dont il est pourvu sur sa face inférieure sont larges, décurrents, espacés, rameux; généralement jaune vif, ils peuvent être aussi gris d'étain. Il s'agit, en fait, de deux formes aléatoires de cette espèce, car on les rencontre ensemble, sortant toutes deux du même mycélium. Le **pied** mesure de 5 à 6 mm de diamètre et de 6 à 12 cm de hauteur. Il est tubuleux, souvent comprimé et fendu sur sa longueur, de couleur jaune souci ou fauve. L'**odeur** que dégage cette espèce n'est guère agréable et sa **saveur** quasiment inexistante. La **spore**, de 10 μ, est pruniforme. Cette espèce a son **habitat** préféré tant en plaine qu'en montagne, dans les forêts de feuillus, mais on la rencontre aussi sous les conifères. Elle croît en automne. En montagne, on rencontre une espèce voisine, *Cantharellus lutescens*, plus grande, tant en largeur qu'en hauteur, et plus jaune; l'**hyménium** est également jaune d'or, ainsi que le pied. Elle dégage une odeur de mirabelle, et c'est un comestible beaucoup plus recherché que *Cantharellus tubaeformis*, moins sapide. On ne la voit guère que dans les forêts de conifères; elle est très commune en automne. Leur ressemblance est si grande qu'il est parfois assez difficile de décider à laquelle des deux espèces on a affaire, bien que leurs dimensions soient différentes.

Identification
Cette espèce se reconnaît à son chapeau de petite taille, brun, pelucheux, creusé en forme d'entonnoir et souvent percé d'un trou en son centre, à son pied jaune vif, entièrement tubuleux, et à ses plis espacés et larges, tantôt jaunes, tantôt gris, selon la variété considérée.

Ce champignon est un comestible convenable qui n'a guère d'intérêt, car sa chair est fort mince. On peut le conserver desséché. Mais *Cantharellus lutescens*, qui lui ressemble, est de qualité bien supérieure. On le prépare comme la Chanterelle comestible.

Trompette des morts

Craterellus cornucopioides (L. ex Fr.) Pers.

Corne d'abondance

Identification
On reconnaît cette espèce à sa forme unique en entonnoir, noirâtre en dessus, gris en dessous, absolument membraneux, et à sa croissance en troupes nombreuses dans les forêts de toutes essences, avec une préférence pour les hêtres.

C'est au fond une Chanterelle sans pli sous le chapeau. Cette Trompette des morts se présente avec un **chapeau** gris noirâtre, finement écailleux, évasé en forme d'entonnoir et complètement creux jusqu'à la base du pied, ce qui la différencie des autres Chanterelles. Les bords du chapeau sont sinueux, ondulés, lobés vers l'extérieur, de 3 à 10 cm de diamètre. Le **tube** ainsi formé tient lieu de **pied**, car ce champignon n'a pas de chair et ne consiste qu'en une membrane stérile à sa face supérieure et dont l'hyménium est visible à la face inférieure, qui est lisse, à peine ridée avec l'âge, et d'un gris cendré uniforme, mais noire quand il est humide. La surface interne du champignon est recouverte de petites mèches de couleur toujours plus foncée. La base du pied est toute noire. La **saveur** et l'**odeur** sont agréables. La **spore** est assez grosse, ovoïde allongée, de 13 à 15 μ. On trouve cette curieuse espèce communément dans toutes les forêts de feuillus et de conifères, à la fin de l'été et en automne, mais pas tous les ans. Il y a des « années à trompettes », et alors on peut en voir des stations qui comportent des centaines d'individus collés les uns contre les autres, et, comme on dit, « il faudrait les faucher ». C'est surtout sous les hêtres qu'elle a son **habitat** préféré. Si ce champignon est toujours semblable à lui-même, on a parfois la surprise d'en trouver qui sont jaune d'or au milieu des autres, qui ont leur couleur noirâtre naturelle. Ce manque de coloration serait dû à l'absence dans le sol d'un oligo-élément de zinc qui est à la base de la teinte noire normale.

En dépit de son nom, c'est un bon comestible, savoureux et parfumé, universellement connu et récolté. On a constaté parfois des occlusions intestinales provoquées par une absorption exagérée, qui fait un bouchon au niveau de l'intestin grêle. C'est aussi une espèce facile à faire sécher, ce qui augmente agréablement son parfum, et dont on peut se servir comme condiment.

Les autres champignons

On observe une extraordinaire variabilité des dispositifs hyméniens : un grand nombre de champignons n'ont pas un hyménium (partie fertile placée sous le chapeau) constitué de lamelles, de tubes, d'aiguillons ou de plis. C'est ainsi que l'on peut observer des structures très simples, vaguement globuleuses, en massue, ou bien des coupes plus ou moins régulières qui contrastent avec des constructions beaucoup plus complexes et d'une étonnante fantaisie, prenant l'apparence d'éponges, d'enchevêtrements de rubans contournés ou d'étoiles de mer, pour n'en citer que quelques-unes.

Stérée hérissé

Stereum hirsutum (Wild ex Fr.) Gray

Stérée hirsute

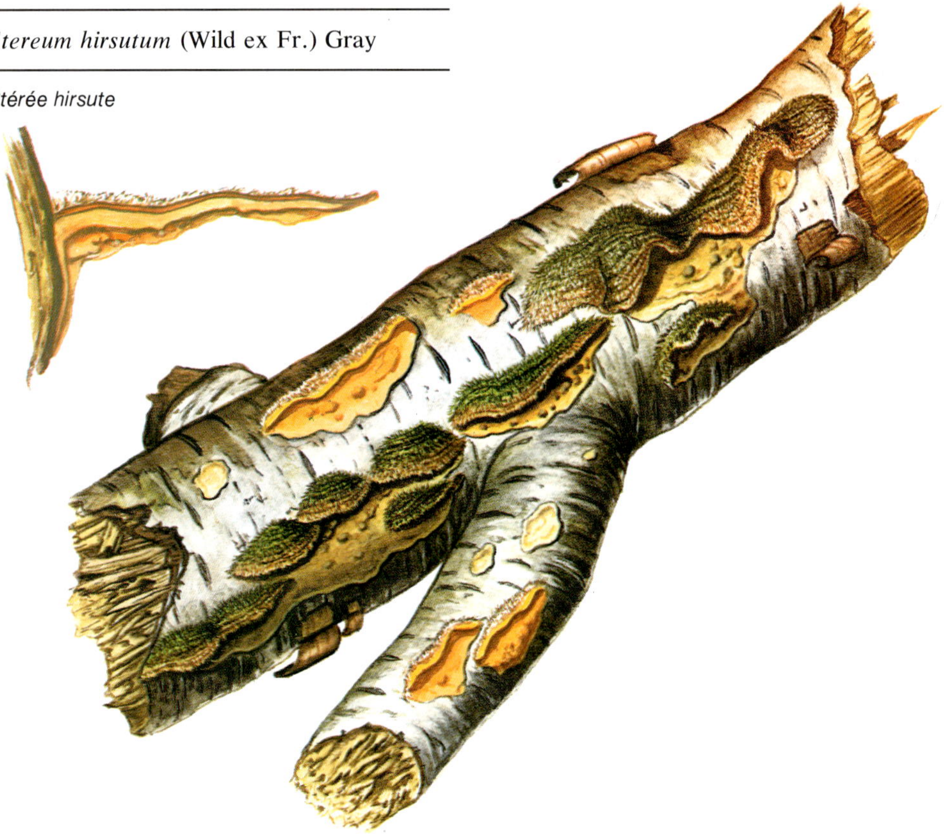

Identification
Cette espèce se reconnaît facilement à sa couleur jaune chamois, à son chapeau couvert de poils grossiers, à son hyménium nu et jaune, ainsi qu'à sa croissance empilée sur les troncs morts et sur les arbres abattus.

Les *Stereum* sont très nombreux en espèces et se présentent comme de petits Polypores qui n'auraient pas de tubes, c'est-à-dire que ce sont de petits chapeaux qui sortent du bois mort qu'ils colonisent et qui se réduisent à une membrane dont seul le dessous est sporifère et sans aucun ornement, pli, ride ou tube. Mais s'il est facile de voir qu'on se trouve en présence d'un *Stereum*, déterminer l'espèce n'est pas toujours aisé, car les différences de forme et de couleur ne sont pas toujours évidentes. Mais cette espèce, qui est sûrement la plus commune, se distingue au premier coup d'œil par ses **chapeaux** jaune chamois, de 1 à 2 cm de diamètre, qui sont presque toujours superposés, attachés au tronc qui les porte et attachés les uns aux autres, si bien qu'en arrachant celui du haut ou du bas, il est fréquent qu'on les détache tous à la fois. Le chapeau est en forme de coquille ou aplani, hérissé de poils rudes, légèrement zoné, avec une marge jaune souci. Les poils du chapeau sont libres ou réunis en mèches grossières. L'ensemble du champignon est élastique et sa **chair** coriace, difficile à déchirer. Il n'a ni **saveur** ni **odeur** particulières. Les **spores** ont 6 μ sur 4. Cette espèce est très commune presque toute l'année et a son **habitat** sur les troncs morts, sur les arbres abattus et, dans les forêts, sur les stères de bois coupés qui attendent un peu trop longtemps qu'on les enlève. Plus commune sur les feuillus, plus rare sur les conifères, on la voit cependant sur les mélèzes. Elle provoque dans le bois une pourriture blanche, très active en profondeur. Quand elle s'attaque au hêtre, le bois devient vite friable, et on dit en termes traditionnels qu'il est « fusé ». Il perd alors toute valeur comme bois d'œuvre.

Étant donné la consistance coriace de cette espèce, sa comestibilité est évidemment nulle. Certaines espèces voisines sont considérées comme des comestibles mais n'ont aucun intérêt pour le mycologue gastronome.

Phylactère palmé

Thelephora palmata (Scop). Fr.

Clavaire puante

Toutes les Théléphores ont une allure plus ou moins semblable. Elles sont faites d'éléments hyménophores plus ou moins membraneux, palmés, ou informes et toujours coriaces. Il y en a une douzaine d'espèces. Le Phylactère palmé se présente comme un bouquet de rameaux bistre violacé, puis bais, avec une couche abondante de spores couleur cannelle, mais l'extrémité des rameaux est aplatie, ils sont plus ou moins soudés les uns aux autres et peuvent se terminer en éventails ou en petits entonnoirs. Ces bouquets sont issus d'un **tronc** commun, et ils peuvent avoir de 6 à 10 cm de haut sur autant de large. La couleur terne de cette espèce fait qu'elle passe souvent inaperçue, ou qu'on la prend pour quelque résidu d'une autre espèce. Mais à la regarder de près, on voit que c'est tout autre chose, et surtout on le sent. Car il n'y a guère de champignons qui aient une **odeur** aussi repoussante. Elle est qualifiée tantôt de stercorale, tantôt d'odeur de viande putréfiée, et tantôt, ce qui paraît plus juste, d'odeur du fond des vieux tonneaux à choucroute quand ils n'ont pas encore été nettoyés. Toutes ces odeurs ont pour base des composés sulfureux qui se trouvent dans toutes les matières organiques, et en particulier dans les choux. Les **spores** sont de 10 μ sur 8, d'un brun rouillé tirant sur la cannelle. Cette Théléphore a son **habitat** dans les sapinières humides, où elle n'est pas rare et pousse souvent en groupes compacts; son odeur est alors telle qu'on la devine avant de l'avoir vue. De plus, si l'on veut la conserver en herbier, il faut l'enfermer dans un sachet imperméable en plastique, car cette odeur s'accentue encore à la dessiccation.

Identification

Cette espèce s'identifie facilement par sa croissance en bouquets issus d'un même pied, ses rameaux palmés d'un brun terne, terminés en éventails bordés de blanc, à son habitat dans les sapinières humides, et surtout à son odeur infecte, qui s'accentue à la dessiccation.

Bien entendu, il ne saurait être question de parler de comestibilité pour une espèce à la consistance aussi coriace et à l'odeur aussi nauséabonde. Ce n'est pas pour rien qu'on l'appelle également Clavaire puante.

Hyménochaète de Mougeot

Hymenochaete Mougeotii (Fr.) Cooke

Identification
Cette espèce se reconnaît surtout à son hyménium rouge sang tout à fait caractéristique et, de plus, aux minuscules soies pourpres qui le hérissent. Son habitat sur les branches récemment tombées, du Sapin pectiné surtout, aide à identifier cette espèce sans aucun risque d'erreur.

Les Hyménochaètes se distinguent des *Stereum* , dont ils sont très voisins, par un curieux détail anatomique. Alors que l'hyménium des *Stereum* est lisse et nu, celui des représentants de ce genre-ci est hérissé de poils microscopiques raides, de couleur variable selon les espèces. L'Hyménochaète de Mougeot se présente sous la forme d'une simple croûte qui tapisse les branches mortes, de conifères surtout. Cette croûte est étalée et peut parfois couvrir des surfaces considérables, selon le support que le champignon a choisi. Ses **bords** sont légèrement relevés et peu visibles, et d'une belle couleur brun mordoré, et l'**hyménium** est bosselé, rouge sang ou purpurin sombre, hérissé de minuscules soies brun-pourpre. Ce sont ces soies qui doivent immédiatement faire penser à une espèce appartenant à ce genre, qui comprend nombre d'autres espèces, mais celle-ci est caractérisée par la couleur unique de son hyménium : le support envahi est comme maculé de peinture rouge. Elle a des **spores** transparentes, cylindriques, légèrement déprimées au milieu, de 7 μ sur 3. Cette espèce, qui se trouve toute l'année, a son **habitat** surtout sur les branches récemment tombées du Sapin pectiné, et notamment en montagne. Elle détermine une pourriture blanche, mais peu profonde, contrairement à celle du Stérée hérissé, qui pénètre profondément le bois atteint. L'Hyménochaète de Mougeot étant commun, il servira de point de repère pour déterminer par la suite les espèces voisines, qui sont plus ou moins rares. Elles font partie de ces champignons à moitié secs qui persistent toute l'année et qui permettent aux mycologues d'herboriser pendant toutes les saisons, même au fort de l'hiver.

Il va sans dire que sa nature de « croûte » interdit l'idée même de consommer une telle espèce. D'ailleurs, jusqu'ici, aucun gastronome n'a encore exprimé le désir qu'on lui en prépare un plat.

Sparassis crépu

Sparassis crispa Wulf. ex Fr.

Chou-fleur, Crête-de-coq, Chou frisé

On est toujours étonné, quand on rencontre cette superbe espèce, à la fois par sa taille et par son étrange architecture. C'est un champignon presque amorphe, puisqu'il n'a pas de direction définie, ni de forme fixe. Il peut être plus ou moins étalé ou, au contraire, s'ériger selon un processus vertical. Il fait sans doute comme il peut et selon les conditions atmosphériques. D'un gros **pied**, de 8 à 10 cm d'épaisseur et de 3 à 4 cm de haut, sortent en grand désordre de nombreux rameaux rubanés, aplatis, confluents, entrelacés et crispés, qui forment une tête de 10 à 40 cm de haut et de large, blanc crème, blanc jaunâtre, avec parfois des reflets lilacins. Malgré son apparence compliquée, il est au fond fort simple : il consiste seulement en une évolution du pied qui se ramifie au hasard en lamelles plus ou moins longues et larges, et qui s'imbriquent les unes dans les autres. La **chair** de ses rameaux est fragile, blanchâtre, très tendre dans le jeune âge, d'**odeur** et de **saveur** agréables, cette dernière rappelant celle de la noisette. Les **spores** sont de 6 μ sur 5 et transparentes. L'**habitat** du Sparassis crépu est limité aux forêts de conifères, en montagne ou en plaine, en été et en automne, surtout au pied des vieilles souches de sapins pourrissantes. C'est une espèce peu fréquente bien qu'elle ne puisse être qualifiée de rare. Elle est notamment assez commune dans les Vosges, où on l'appelle Chou frisé, et dans le Jura. Il en existe une variété, *Sparassis laminosa*, aux lamelles jaune paille, de plus petite taille, mais qu'on trouve seulement çà et là dans les bois de chênes.

Identification

Cette espèce se distingue du premier coup par son aspect qui évoque une masse de rubans assez uniforme, à sa couleur pâle, à sa taille souvent énorme et à sa poussée au pied des conifères.

Cueilli jeune, c'est un bon comestible, tendre, abondant et de bonne saveur. Il demande toutefois un assaisonnement vigoureux. Il est déconseillé de consommer les espèces adultes et foncées, celles-ci pouvant provoquer des troubles.

Clavaire en crête

Clavulina (Clavaria) cristata (Fr.) Schroet.

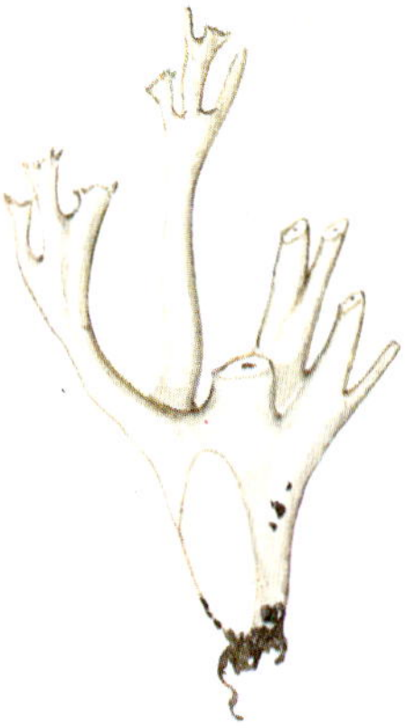

Identification
C'est une espèce facile à reconnaître à sa petite taille, à son tronc mince, lisse, assez tenace et plus ou moins blanc, à ses petits rameaux aplatis terminés en crêtes ou déchiquetés, et à son habitat sur le sol nu. Quand la base est brune et ponctuée de noir, l'espèce est atteinte par un champignon parasite.

L'ancien genre *Clavaria* a été démantelé et divisé en plusieurs genres nouveaux (dont *Clavulina*) sans grande nécessité apparente. Dans le langage courant, on dit toujours « Clavaire » pour toutes les espèces de cet ensemble, dont la ressemblance est tellement évidente qu'on n'hésite jamais sur le nom générique à leur accorder. L'espèce Clavaire en crête est une des plus petites et des plus grêles. Elle n'a guère que de 3 à 5 cm de haut, elle est relativement tenace, d'un blanc plus ou moins pur, lisse, avec des rameaux aplatis et portant à leur sommet des crêtes, à moins qu'ils soient un peu déchiquetés. Les **spores** mesurent 8 μ sur 7 et sont transparentes. Cette espèce est très commune et peu exigeante quant à son **habitat**, dans toutes les forêts de feuillus, où elle préfère cependant les endroits où la terre est nue. C'est pourquoi on la voit souvent sur le bord des ornières ou au bord des chemins où le sol a été débarrassé des feuilles mortes. On la rencontre en été et en automne, selon l'abondance des pluies. On trouve parfois cette espèce toute brune et ponctuée de noir à la base ; c'est qu'elle est alors atteinte par un champignon microscopique et parasite, *Scoletotrichum clavariarum*, qui est responsable de ces changements de couleur. Il en existe quelques formes presque aussi communes : une *Clavulina nivea*, plus blanche que la Clavaire en crête et qui présente une configuration rameuse dès la base du champignon ; une autre, *Clavulina cinera*, qui se teinte de gris cendré ; et puis une autre forme encore, un peu plus rare, *Clavulina lappa*, qui est extrêmement divisée, avec des rameaux couverts de petits aiguillons mous mais bien en relief.

Sa comestibilité est nulle, étant donné sa petite taille et la ténacité de sa substance. D'ailleurs, quoique non toxiques, certaines Clavaires peuvent provoquer des troubles gastro-intestinaux. Mieux vaut donc s'abstenir.

Clavaire pilon

Clavariadelphus (Clavaria) pistillaris
(Fr.) Donk

Clavaire en pilon

C'est le type des Clavaires les plus primitives. En effet, le « progrès », chez les champignons, se mesure au rapport de la surface hyménifère au volume de l'ensemble du carpophore. Cette Clavaire pilon représente un rendement sporal ridicule comparé à la masse de cellules stériles mise en œuvre. Elle se présente dans le jeune âge comme un petit cylindre jaune, presque lisse, qui se développe progressivement et s'épaissit quelque peu près de son sommet. De là cette forme de pilon qui a donné son nom à l'espèce. Cette petite massue, bien enfoncée dans le sol, peut atteindre de 10 à 20 cm de haut sur 4 à 6 cm sur sa plus grande épaisseur. Elle est jaune au début et passe au roussâtre sale, en conservant une tache sulfurine au sommet. La **chair** à l'intérieur est blanche et pleine ; elle est faite de longues cellules parallèles très serrées qui soutiennent l'ensemble. Cette chair, d'abord molle, devient vite à la fois filandreuse et dure ; elle est de **saveur** amère, mais son **odeur** est plutôt agréable. La **spore**, de 14 μ sur 8, est de couleur paille. Cette espèce est commune dans les forêts de feuillus, où elle a son **habitat** surtout sous les hêtres ; elle y vient en cercles, souvent bien fournis, à quelque distance du tronc. Elle aime les endroits humides, riches en humus et ombragés. On la rencontre en été et même tard en automne. La Clavaire pilon vit en mycorhization avec les radicelles de l'arbre. Elle est généralement donnée comme tout à fait comestible, mais peut-être par des gens qui ne l'ont pas essayée, car elle est filandreuse, et son amertume est absolument rebutante.

Identification

Cette espèce se reconnaît à son aspect de tronc tout nu et à sa forme en pilon, à sa couleur jaune sale et terreux, à sa chair pleine, blanche, devenant rapidement filandreuse et dure, à son amertume et à la préférence qu'elle a pour les hêtres.

Confusion

On ne peut confondre cette Clavaire qu'avec une espèce voisine, Clavariadelphus truncatus *(Clavaire tronquée, p. 234), qui lui ressemble, mais dont le sommet est complètement aplati et dont la chair est sucrée, et non pas amère. Et elle ne vient que sous les sapins en montagne.*

C'est une espèce à négliger, vu son amertume et sa nature filandreuse. Éventuellement, prise toute jeune et passée à l'eau bouillante, elle peut alors être confite au vinaigre comme les cornichons.

Clavaire tronquée

Clavariadelphus (Clavaria) truncatus (Quél.) Donk

Identification
On reconnaîtra cette espèce à son port conique et à son sommet aplati, à sa couleur d'un beau jaune, à son aspect côtelé et rugueux, à sa chair blanche et à sa saveur sucrée. Son habitat, sous les conifères en montagne, aidera à l'identifier immédiatement.

Confusion
Ne peut être confondue qu'avec Clavariadelphus pistillaris *(Clavaire pilon, p. 233), qui est plus grande, jaune terreux, et dont le sommet est régulièrement arrondi. La chair est amère; elle se trouve presque exclusivement sous les hêtres.*

Cette Clavaire ressemble tellement à l'espèce précédente qu'elle a été longtemps confondue avec elle, et c'est le mycologue français Lucien Quélet (1840-1902) qui l'a distinguée pour l'avoir vue un peu partout dans les sapinières du Jura. Elle est de plus petite taille que sa sœur et ne dépasse guère 15 cm de haut. Elle est aussi d'un plus beau jaune tirant sur le citrin, avec parfois un reflet lilacin, mais de couleur souci à la base. Son signe distinctif est son sommet, qui, au lieu d'être simplement arrondi, est complètement aplati, et souvent même avec un rebord dentelé. De plus, la forme d'ensemble, au lieu d'être en « pilon », est plus simplement conique. Le corps du champignon est lui-même plus côtelé et plus rugueux. La **chair** est blanche, sans aucune amertume, mais a une **saveur** douce, nettement sucrée; elle est d'**odeur** faible, mais plutôt agréable. La **spore**, ovoïde, est de 11 μ sur 6. Cette jolie espèce ne se trouve qu'en montagne, où elle a son **habitat** sous les sapins (avec une préférence pour les sapins rouges) et les épicéas, où elle forme de beaux cercles; on la rencontre en été et en automne, et elle est un peu plus précoce que la Clavaire pilon (*Clavariadelphus pistillaris*). Comme cette dernière, elle aime les endroits humides et ombragés. Il en existe dans les pinèdes du Midi une forme qui est peut-être une espèce ou pour le moins une curieuse variété qui n'a pas encore été étudiée, d'un jaune vif, et dont la taille ne dépasse pas 3 ou 4 cm de hauteur; mais elle présente le même aplatissement du sommet.

Cette espèce est sûrement mangeable, mais on n'a pas de renseignements précis sur ses qualités gastronomiques. Le mycologue P. Konrad l'a essayée sans dommage, au début du siècle, mais ne dit rien de ses qualités propres. Il est probable que sa saveur sucrée, si elle persiste à la cuisson, doit être pour le moins surprenante et peut-être pas appréciée de tous.

Clavaire dorée

Ramaria (Clavaria) aurea (Fr.) Quél.

Les Clavaires offrent un intérêt esthétique évident. Rien de plus charmant et de plus émerveillant qu'une troupe de ces champignons qui sur le sol de la forêt jouent au corail, dont elles ont les formes et souvent les belles couleurs. La Clavaire dorée représente une série de Clavaires rameuses qui manifestent un grand progrès par rapport aux Clavaires en pilon. En effet, le **tronc**, au lieu de rester tout simple et revêtu d'un **hyménium** continu, se divise en une grande quantité de rameaux souvent très serrés, et épais au sommet et fourchus, qui multiplient de façon importante la surface sporifère. D'où un rendement infiniment supérieur. Cette belle espèce est faite d'un **tronc** épais de 4 ou 5 cm, haut de 10 à 12 cm, élastique, pâle ocracé ou fauvâtre, mais pâlissant avec l'âge. Il se divise en une série de rameaux raides, verticaux, très divisés et très serrés, si serrés qu'ils semblent se toucher et ressemblent à une brosse d'un beau jaune d'or ou jaune d'œuf. Sa **chair** est de **saveur** douce et en principe comestible, mais elle peut avoir une action purgative chez certaines personnes : il faut donc se méfier. Comme, en plus, on peut la confondre avec des espèces voisines dont les propriétés comestibles sont douteuses, il vaut mieux s'abstenir de toutes les Clavaires jaunes et se contenter d'espèces franchement comestibles. La **spore**, pruniforme oblongue, est de 10 μ. La Clavaire dorée a son **habitat** dans tous les bois, avec une préférence pour les conifères et la montagne, où elle est plus commune qu'en plaine. Elle se montre surtout en automne, parfois dès le mois de juillet s'il est pluvieux.

Identification

On reconnaîtra cette espèce à ses rameaux très serrés et très fins, d'un jaune d'or éclatant, et à son gros tronc élastique de couleur ocracée ou fauve. Ce sont là ses signes les plus distinctifs qui ne peuvent tromper. Et n'oublions pas qu'elle a une préférence pour les conifères et la montagne.

Cette espèce peut avoir une action nettement purgative chez certaines personnes et doit être connue pour être évitée. De toute façon, les amateurs de champignons n'y perdent rien, car la plupart des Clavaires sont assez coriaces.

Clavaire pâle

Ramaria (Clavaria) Mairei (pallida) Donk

Clavaire de Maire, Clavaire blafarde

Identification
Cette espèce se reconnaît à ses rameaux serrés de teinte café au lait très clair ou gris clair nuancé d'incarnat, sans traces de jaune ou d'une autre couleur, à la pointe de ses rameaux teintés de lilacin dans le jeune âge (mais pas longtemps!) et à sa chair uniformément blanche qui, chez les jeunes champignons, dégage une odeur de moisissure.

Le tronc de cette espèce est épais de 4 à 5 cm et long de 10 cm. Il est de couleur crème-ocre ou café au lait pâle, presque blanc à la base. De ce **tronc** sortent des rameaux nombreux, qui se divisent à leur tour plusieurs fois, de façon à former un bouquet serré de ramules de plus en plus fines, ridées sur les côtés; les dernières ramifications sont terminées par des dents courtes, obtuses, légèrement nuancées de lilacin, surtout au début; les champignons adultes deviennent d'un ocre clair assez uniforme. La **spore** est crème ocracé en masse, ellipsoïde oblongue, un peu rugueuse, de 10 μ sur 5. Les basides portent tantôt quatre spores, tantôt deux. Sa **chair** est uniformément blanche, peu compacte, de **saveur** à la fois douceâtre et amère, tournant à l'acide à la cuisson. Les sujets jeunes dégagent une **odeur** de moisissure qui change avec l'âge. Elle est toxique, et surtout vomitive. Il sera donc prudent de bien la connaître si l'on veut malgré tout consommer des Clavaires — ce à quoi ne se risquent jamais les mycologues les plus expérimentés, sauf s'il s'agit de *Ramaria (Clavaria) botrytis* (Clavaire en forme de chou-fleur), qui est gris pâle avec des pointes pourpres. Celle-ci est, en effet, excellente et impossible à confondre avec ses voisines suspectes. La gracieuse Clavaire pâle est assez commune dans l'est de la France et a son **habitat** aussi bien sous les feuillus (chênes et hêtres surtout) que sous les conifères (avec une préférence pour le sapin rouge, *Picea excelsa*). Elle se montre en été et en automne, et plus il pleut, plus elle est abondante.

Cette espèce est très toxique, sans être très dangereuse. Le mycologue P. Konrad, qui l'avait essayée au début du siècle, conseillait avec humour et prudence de la rejeter plutôt avant l'ingestion qu'après, car elle provoque des vomissements incoercibles.

Calocère visqueuse

Calocera viscosa (Pers. ex Fr.) Fr.

Au premier abord, on prendrait cette espèce pour une petite Clavaire. Même aspect rameux, mêmes couleurs, mais, au microscope, les Calocères ont de telles particularités qu'il a bien fallu les classer à part : leurs basides, au lieu d'être simplement des cellules plus grandes que les autres d'où émergent des stérigmates qui porteront les spores, sont fourchues et chacune de leurs branches ne portera que deux stérigmates, et par conséquent deux spores. Ce trait primitif fait des Calocères un groupe à part. Quant à la Calocère visqueuse, elle se présente comme un minuscule arbrisseau, de 1 à 8 cm de haut, longuement radicant dans son support. Les **rameaux** sont cylindriques, dichotomes et terminés en pointe. Tout le champignon, et donc la **chair**, est tenace et élastique, d'un beau jaune d'or étant jeune, passant à l'orangé en se desséchant, extrêmement visqueux sur le frais, au point qu'il est parfois difficile de l'arracher à son support, auquel il tient fortement par sa pseudo-racine. Quand l'exemplaire est bien frais, il dégage une **odeur** de réséda. La **spore**, oblongue, a 8 μ sur 4. Cette espèce a son **habitat** dans les forêts de conifères, car elle ne vient que sur les débris de sapin ou de pin, et sur les vieilles souches, dont elle active la pourriture. On la trouve en été et en automne, et, dans le bois mort, souvent toute l'année.

Étant donné la petite taille de cette espèce et sa consistance caoutchouteuse, sa comestibilité est évidemment nulle. D'ailleurs, personne n'a jamais eu envie de goûter la saveur de sa chair. Certains la disent toxique.

Identification

On reconnaît cette petite espèce à sa forme de Clavaire naine, à ses rameaux terminés en pointe, à sa couleur jaune d'or passant à l'orangé en se desséchant, à sa consistance élastique et à son extrême viscosité, sans compter l'odeur de réséda chez le sujet jeune. Sa présence sur les vieilles souches et dans le bois mort de conifères aide à l'identifier.

Trémelle mésentérique

Tremella mesenterica Retz. ex Fr.

Trémelle gélatineuse

Identification
On reconnaît cette espèce à sa petite masse chiffonnée, molle, élastique et visqueuse, de couleur jaune d'or, qui colonise les branches mortes, et à sa base glabre et pruineuse. Au besoin par ses basides divisées en quatre cellules portant chacune une spore. Sa présence sur le bois mort facilite également son identification.

Cette espèce est le type le plus fréquent d'un genre qui comprend une bonne douzaine de représentants, qui se caractérisent tous par la même viscosité, la même élasticité et des basides divisées en quatre cellules superposées qui ne porteront chacune qu'une spore. Ces Trémelles font partie de ces « Protoclavaires » voisines des Dacrymycétacées. Mais elles sont très variées de coloris et de forme, si bien que leur détermination n'offre pas d'habitude de difficultés majeures. La Trémelle mésentérique se présente sous la forme d'une petite masse de 2 à 4 cm de diamètre, hémisphérique, faite de **plis** foliacés ou à demi charnus, imbriqués les uns dans les autres, tenaces et gélatineux en même temps, jaune d'or, puis devenant transparents dans la vétusté. La base de cet ensemble presque amorphe est glabre et pruineuse. Le toucher de la **chair** de cette espèce est curieux : si on la presse avec le doigt, elle semble s'écraser sans effort, mais aussitôt que la pression se relâche, elle reprend sa forme primitive. La **spore** est à peu près sphérique, de 8 μ de diamètre. Cette Trémelle est commune et elle a son **habitat** préféré dans les forêts de feuillus, où on la trouve essentiellement sur les branches mortes tombées à terre ; et elle est surtout fréquente sur les bûches empilées des stères de bois quand celles-ci ont attendu un peu trop longtemps. Elle provoque une pourriture blanche assez active et déprécie évidemment le bois auquel elle s'est attaquée. On trouve généralement cette espèce de Trémelle du printemps à l'automne, selon l'humidité de la saison, et souvent aussi en hiver sur le bois mort.

Étant donné sa viscosité et sa consistance caoutchouteuse, il est exclu d'envisager la consommation de cette espèce. Rien que son nom vulgaire devrait décourager une fois pour toutes le plus hardi des amateurs.

Guépinie en helvelle

Guepinia (Phlogiotis) helvelloides (rufa) Fr.

Oreille-de-lapin

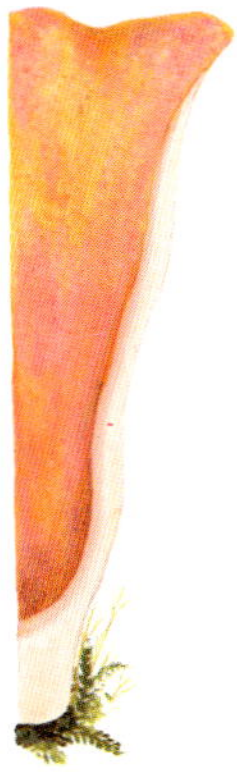

Ce champignon se présente avec un **chapeau** en forme de spatule ou d'oreille, parfois de cuillère ; il atteint de 4 à 10 cm de haut. Sa couleur est d'un rose orangé parfois pourpré qui devient roussâtre en vieillissant. La partie supérieure peut avoir un diamètre de 3 à 10 cm. L'**hyménium** se trouve à l'extérieur, c'est-à-dire sur la partie convexe du champignon. Il est d'abord lisse, puis faiblement veiné et couvert d'une pruine blanche. Le **pied** est de taille très irrégulière, car cette espèce pousse sur les débris pourris de bois de conifères : si le débris est à la surface du sol, le pied sera très court ou même inexistant, mais si le débris est enterré, le pied pourra être enfoncé dans la terre d'une dizaine de centimètres à l'occasion. La **chair** est assez épaisse (jusqu'à 1 cm d'épaisseur), molle, gélatineuse, tremblotante, toujours divisée sur un côté par une large fente qui va de la base du pied jusqu'en haut du réceptacle, où elle s'ouvre complètement en cornet fendu ou en éventail. La **spore**, de 10 μ, est ovoïde, en forme de haricot allongé et finement aculéolée. Cette espèce commune a son **habitat** dans les sapinières des montagnes, mais on la trouve aussi dans la plaine, où elle a quelquefois suivi les épicéas dans les plantations qui y ont été faites. Sa saison va de l'été à l'automne.

Identification

Cette espèce se reconnaît à sa forme spatulée ou en cuillère, à sa chair gélatineuse, à sa couleur rose orangé devenant roussâtre avec l'âge, et à sa croissance sur les débris de bois déjà pourri dans les sapinières ou les pinèdes de montagne, mais aussi en plaine.

On considère cette espèce comme comestible, mais sa consistance gélatineuse ne plaît pas à tout le monde. Mangée crue, en salade bien assaisonnée, elle a ses amateurs. Elle évoque alors quelque peu la salade de museau de bœuf.

Oreille de Judas

Auricularia auricula-Judae
(St. Amans) Berk.

Oreille d'arbre, Oreille de bois, Oreille de nuage

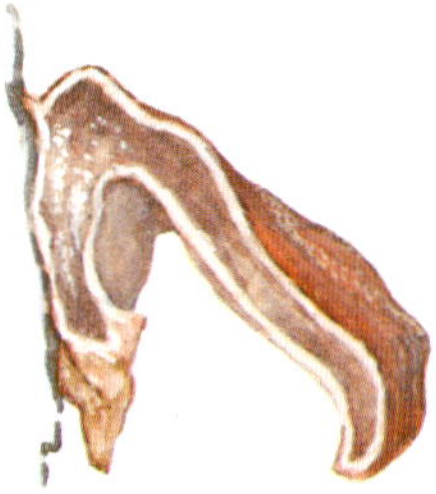

Identification
On reconnaît cette espèce à sa forme de coupe irrégulière appliquée sur les troncs des arbres, les sureaux surtout, à sa couleur d'abord brun-rouge violacée, puis passant au noir, et à sa consistance gélatineuse. C'est le seul champignon à « habiter » les sureaux.

Encore un champignon gélatineux. Celui-ci se présente comme une petite coupe mince, translucide, sans pied, élastique, de forme irrégulière et le plus souvent échancrée d'un côté, et ayant de 2 à 10 cm de diamètre. La face supérieure, recouverte d'un velouté très fin, est d'un rouge-brun qui passe au brun bistre violacé puis au noir à la fin. La face inférieure est de couleur cendré olive puis lilacine, lisse et veinée par des plis s'accusant avec l'âge ; c'est elle qui porte l'hyménium et elle est veloutée. La **spore** est très grande, de 16 à 18 μ, et transparente. Cette espèce n'est pas commune partout. On la voit surtout sur les vieux troncs de sureau, son **habitat** de prédilection, et c'est ce qui lui a valu son nom vulgaire d'Oreille de Judas, car, selon les Évangiles, c'est à un sureau que Judas, pris de remords après sa trahison de Jésus, se serait pendu. Mais elle peut coloniser également les noyers et plusieurs autres espèces de feuillus. On trouve l'Oreille de Judas très tard en automne et souvent même en hiver, s'il ne gèle pas trop fort, et jusqu'au printemps. Ce champignon est comestible, et les clients des restaurants chinois et vietnamiens l'ont sûrement consommé sous le nom de « Champignon noir ». Les cuisiniers orientaux l'ajoutent à leurs sauces non pas à cause de sa **saveur**, qui est à peu près nulle, mais parce que sa nature gélatineuse donne aux sauces une onctuosité particulière et parce que sa présence dans un plat donne de jolis contrastes de couleurs. Comme la production européenne ne suffit pas, les restaurateurs en importent de grandes quantités séchées de leur pays d'origine. Il y est sans doute plus commun que sous nos latitudes, où on ne le rencontre que de loin en loin.

Ce champignon se consomme surtout dans les sauces orientales, auxquelles il donne une onctuosité particulière, mais aussi dans d'autres préparations : avec des légumes divers pour accompagner viandes, poissons et volailles, dans des salades composées, etc. Les champignons séchés doivent tremper dans de l'eau tiède pendant vingt minutes avant d'être cuits.

BASIDIOMYCÈTES LYCOPERDALES LYCOPERDACÉES

Vesse-de-loup perlée

Lycoperdon perlatum (gemmatum) Pers.

Lycoperdon à pierreries

C'est une petite Vesse-de-loup de 3 à 5 cm de diamètre dont le **péridium** est d'abord blanc, puis gris ou brun clair. Il est couvert de petits aiguillons pointus, nombreux, les uns qui sont plus petits se rangeant autour d'autres qui sont plus grands. Le **pied**, cylindrique ou atténué vers le bas, marqué de plis, a de 2 à 4 cm de haut et 1 ou 2 cm d'épaisseur. Comme la tête, il porte des aiguillons fragiles et tôt disparus. La **chair** est molle et dégage une **odeur** assez désagréable. Sa **saveur** est sans intérêt. Cette espèce est extrêmement commune et a son **habitat** aussi bien dans les bois que dans les prairies, les haies et les terrains incultes; on la trouve surtout en été et en automne, isolée ou en touffes. Elle est instructive, car elle est le modèle de véritables Lycoperdons, c'est-à-dire qu'elle possède un pied individualisé, qui est stérile et qui porte une « tête » globuleuse à l'intérieur de laquelle se forment les **spores** dans de petites logettes où s'entassent les basides. Avec le temps, l'intérieur de cette tête se déshydrate, et c'est là un mystère, car cette dessiccation se produit quelle que soit l'humidité extérieure. C'est alors que la tête se déchire et que les spores s'envolent en une sorte de fumée au moindre contact et qui est immédiatement dispersée au loin par le vent. Les espèces de ce genre sont très nombreuses et sont généralement assez difficiles à identifier. La Vesse-de-loup perlée est une des espèces les plus caractéristiques du genre, à cause de ses innombrables aiguillons mous, serrés, disposés en cercles, et à cause de son pied bien différencié.

Identification

On reconnaît cette espèce à sa taille moyenne, à son pied bien différencié, à sa tête couverte d'aiguillons serrés, les plus grands étant entourés de plus petits, à sa chair molle, d'abord blanche puis brune et qui se résout en une poussière de spores, et à son odeur de désinfectant.

Comme tous les Lycoperdons, celui-ci serait comestible dans le jeune âge, mais sa chair est molle et insipide, et il est justement négligé. En plus, ce champignon se transforme facilement en bouillie à la cuisson.

Lycoperdon hérissé

Lycoperdon echinatum Pers.

Vesse-de-loup hérissée

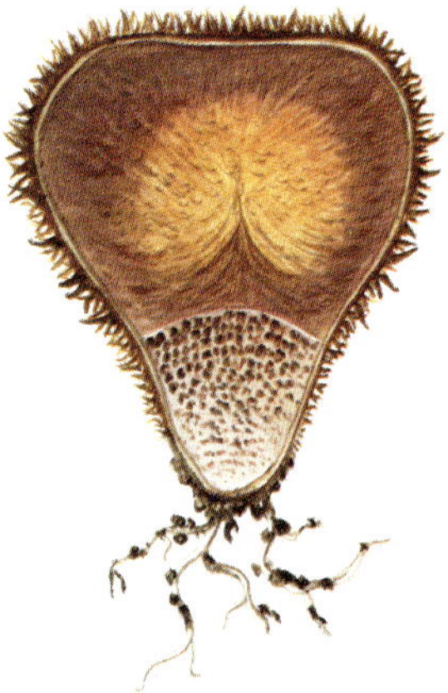

Identification
On reconnaît ce Lycoperdon à sa couleur sombre, rousse ou brune, et surtout à ses aiguillons, longs, serrés et mous qui le hérissent comme une bogue de châtaigne. Son habitat dans le terreau de feuilles de hêtre aide à l'identifier sans aucun risque de se tromper.

C'est le plus hérissé de tous les Lycoperdons. Son péridium est à peu près sphérique ou en forme de toupie, gris ou roux, et il est entièrement couvert de longs **aiguillons** groupés en faisceaux, arqués et non pas raides, comme dans d'autres espèces. Ces aiguillons sont mous et aucunement piquants. Outre ces aiguillons mous qui la hérissent, cette espèce se distingue à sa couleur rousse, qui est unique dans le genre. Ce champignon a de 3 à 5 cm de diamètre sur 4 à 6 cm de hauteur. L'ensemble évoque une châtaigne dans sa bogue. La **spore** est sphérique, de couleur sombre, et pourvue de verrues. Cette espèce, pas très commune, a son **habitat** surtout dans les forêts de hêtres, où elle affectionne les fossés où se sont accumulées les feuilles mortes, dont le terreau lui convient particulièrement. On la trouve, isolée, en été et surtout en automne. C'est un des Lycoperdons dont l'identification est sûre du premier coup. Le genre *Lycoperdon* compte de nombreuses espèces, mais il est moins bien représenté en Europe occidentale qu'en Europe centrale, où il abonde dans les steppes de Hongrie et de Russie méridionale. C'est pourquoi ce sont les mycologues de ces pays qui l'ont le mieux étudié et qui en ont donné de magnifiques monographies. Mais beaucoup des espèces qu'ils ont décrites n'existent pas chez nous ou ne s'y rencontrent que de loin en loin. Cette préférence pour les lieux steppiques s'explique parce que la forme sphérique des Lycoperdons, ainsi que leur cuticule imperméable, leur permet de résister mieux que d'autres espèces aux vents violents et secs qui désolent ces espaces illimités.

Ce Lycoperdon n'est sûrement pas toxique, mais on n'a aucun renseignement sur ses qualités gastronomiques; son aspect peu appétissant n'a encore incité aucun mycologue à en faire l'expérience.

Lycoperdon en forme d'outre

Calvatia utriformis (caelata)
(Bull. ex Pers.) Jaap

Vesse-de-loup ciselée

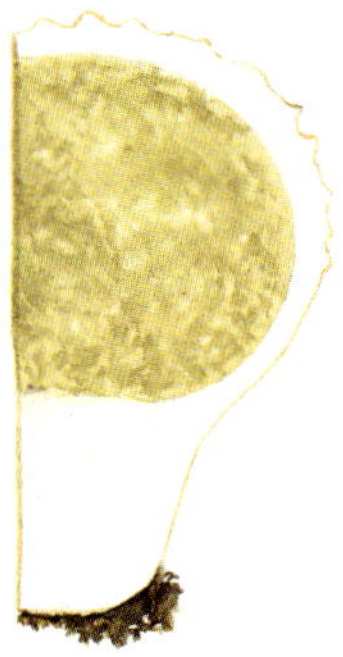

C'est un des plus gros Lycoperdons, mise à part la peu commune Vesse-de-loup gigantesque, qui peut peser plusieurs kilos. Le Lycoperdon en forme d'outre possède un **péridium** épais, de 10 à 20 cm de hauteur et de 10 à 15 cm de large, avec un profil parfois presque cylindrique, sinon que le **pied** est un peu plus étroit que la tête. Le sommet du champignon est régulièrement aplati. Extérieurement l'ensemble du champignon est d'abord tout blanc, puis il grisonne et devient tout brun à la fin. Le revêtement externe, appelé exopéridium, est au début complètement couvert de grosses écailles pyramidales, qui s'aplatissent peu à peu et finissent par ressembler à des ciselures ou à des aréoles qui auraient été entamées dans la paroi. La **chair**, d'une **odeur** désagréable, est d'abord blanche et spongieuse, puis elle brunit et se désagrège en une poussière abondante et rousse. La base du pied, qui est stérile, survit à la tête du champignon sous forme d'une coupe grise, largement ouverte, très légère et élastique, si bien qu'on l'a utilisée autrefois comme coussinet pour consolider les fractures. Cette base est à peu près imputrescible, et il est fréquent qu'on la trouve à sa place l'année suivante. Cette espèce n'est pas très rare ; elle a son **habitat** surtout dans les vergers, les prairies grasses, où elle revient fidèlement dans ses stations. On la voit jusque dans les plus hautes prairies des Alpes. On la rencontre en été et en automne. A noter que ce fut d'abord un *Lycoperdon*, puis un *Utraria*, et qu'elle est provisoirement stabilisée dans le genre *Calvatia*. Le langage courant parle toujours de Lycoperdon.

Son odeur peu agréable et sa chair spongieuse n'incitent pas à consommer cette espèce, qui n'est certainement pas toxique. Comme c'est le cas de tous les Lycoperdons, celui-ci est sans doute insipide aussi.

Identification

Ce Lycoperdon se reconnaît à sa taille considérable pour le genre, à sa large tête aplatie, blanche, puis grise, puis brune, et constellée de grosses écailles polygonales pyramidales qui s'aplatissent peu à peu et ressemblent à des ciselures, et à la base du pied imputrescible.

Boviste noircissante

Bovista nigrescens Pers.

Boviste noirâtre

Identification
La Boviste noircissante est facile à reconnaître par sa double enveloppe, par son péridium noircissant rapidement, ce qui la distingue des vrais Lycoperdons (p. 241-243), qui ne noircissent jamais, et par sa présence fréquente dans les prairies et les pâturages.

Au premier abord, on prendrait facilement les Bovistes pour des Lycoperdons. Mais, avec un peu d'attention, on s'aperçoit qu'elles en diffèrent par des caractères bien précis. En effet, les Lycoperdons n'ont qu'une enveloppe externe, et leurs spores sont brunes ou rousses. Les Bovistes ont une première enveloppe, toute blanche et presque toujours caduque, et, en dessous, une « peau » lisse et tenace, à l'intérieur de laquelle mûrissent les **spores**, qui sont bistre noirâtre. La Boviste noircissante est conforme à la définition du genre. Elle se présente comme une sphère, toute blanche d'abord, de 3 à 6 cm de diamètre. Son enveloppe extérieure tombe rapidement en morceaux et laisse la place à l'enveloppe intérieure, qui est brillante et absolument lisse, et aussi mince que du papier de soie, alors que la première enveloppe est épaisse de 1 ou 2 mm. La **base** est très courte et stérile, vaguement plissée et persistante. La **tête** elle-même brunit, puis noircit très rapidement, et elle se déchire entièrement pour laisser échapper les spores quand elle est complètement déshydratée. Cette espèce a son **habitat** dans les prairies et les pâturages — mais parfois aussi dans les bois —, où on la trouve couramment en été et en automne. On la distingue immédiatement des Lycoperdons à cause de sa double enveloppe et du noircissement complet de son péridium. Ce champignon n'est qu'une curiosité de par son changement de couleur et le « parchemin » qui l'enveloppe avant la maturité.

Le noircissement de son péridium étant extrêmement rapide, il ne saurait être question d'envisager l'utilisation de cette Boviste en cuisine sous quelque forme que ce soit, bien qu'elle ne soit sûrement pas toxique.

Scléroderme orangé

Scleroderma aurantium (Vaill.) Pers.

Scléroderme vulgaire,
Scléroderme commun

Les Sclérodermes sont voisins des Lycoperdons, mais alors que ces derniers ont un voile fragile, les Sclérodermes sont revêtus d'une peau coriace et épaisse, qui persiste longtemps après l'émission des spores. C'est le cas du Scléroderme orangé, dont la **tête** peut avoir de 5 à 15 cm de diamètre. Elle est d'abord jaune, puis devient d'un beau brun doré, et elle est parsemée de verrues ternes, obscures, qui parfois cachent entièrement la couleur vive du péridium. Cette espèce n'a pas de **pied** proprement dit, mais elle est supportée par un faisceau de radicelles blanchâtres et agglomérées. L'intérieur de la tête est d'abord très dur et tout blanc, et, en regardant de près, on voit qu'il est divisé en petites logettes à l'intérieur desquelles se forment les **spores**. Mais bientôt ces logettes disparaissent, la **chair** devient vite grisâtre, puis noir bleuâtre, et enfin l'intérieur se dessèche comme celui des Lycoperdons et s'échappe en poussière à travers une large déchirure. Cette chair a une **odeur** spéciale, qu'on a comparé à celle du gaz d'éclairage, mais cette odeur est aujourd'hui inconnue du public, qui ne connaît plus le gaz de houille. Les **spores**, de couleur très sombre, sont sphériques, ornées d'un réseau et atteignent 15 μ. Cette espèce, très commune, a son **habitat** surtout dans les terrains sablonneux et sur les talus dans toutes les forêts, en été et en automne. Dans certaines forêts, comme celle de Haguenau, en Alsace, c'est par milliers d'exemplaires qu'on rencontre ces Sclérodermes, qui foisonnent partout.

Identification

On reconnaît cette espèce à sa forme sphérique, à sa peau coriace et épaisse, de couleur d'abord jaune, puis brun orangé, à ses verrues ternes et serrées, à sa chair d'abord blanche, puis grisâtre et noircissant à la fin, dure, et à son odeur spéciale rappelant celle du gaz d'éclairage.

Cette espèce n'est pas comestible et passe même pour être quelque peu toxique, ce qui n'a pas empêché certains fabricants de pâtés d'en incorporer des morceaux dans leurs fabrications pour simuler des truffes.

Géastre en étoile

Astraeus hygrometricus (Pers.) Morg.

Étoile hygrométrique

Identification
Cette espèce se reconnaît facilement à son enveloppe extérieure qui se divise en six ou sept segments pointus se recourbant vers l'extérieur pour laisser apparaître le péridium, qui se déchire irrégulièrement à la maturité. De plus, les rayons de l'étoile se recourbent sur le péridium quand il pleut.

Les Astrées, ou Géastres, sont également voisins des Lycoperdons et des Bovistes. Des Sclérodermes aussi, mais leur premier épiderme a la curieuse propriété de s'ouvrir en étoile pour laisser apparaître le **péridium** lui-même, qui ressemble à une sphère qui s'ouvre à son sommet de façon très variable selon les individus, et c'est la forme de l'orifice qui est le signe principal qui permet d'identifier les espèces. L'enveloppe extérieure du Géastre en étoile se divise en six ou sept segments, ou lanières, qui s'ouvrent en étoile et se recourbent sous le péridium lui-même, auquel ils servent d'assise. Mais s'il vient à pleuvoir, ces segments se referment sur le péridium comme pour le protéger, et de là vient son nom vulgaire d'« hygrométrique ». A vrai dire, il n'annonce pas la pluie et ne se referme pas avant qu'il pleuve, mais seulement lorsqu'il pleut. Le péridium lui-même a de 2 à 4 cm de diamètre, et il s'ouvre à la maturité des spores par une déchirure irrégulière, alors que chez d'autres espèces cette déchirure est souvent parfaitement géométrique, dentelée, circulaire, cylindrique, etc. Les **spores** sont sphériques, verruqueuses, de couleur sombre, et mesurent 10 μ. C'est une espèce très commune dans certains endroits et très rare dans d'autres. Elle semble aimer le terreau des vieilles sapinières, son **habitat** préféré, et les terrains sablonneux et légers. On la trouve à la fin de l'été et en automne. Comme son « étoile » est beaucoup plus durable que le péridium, on est parfois surpris de rencontrer ces formations déroutantes quand on n'a pas vu la plante entière. Il existe beaucoup d'espèces analogues, dont la détermination n'est pas toujours facile et dont la position générique n'est pas toujours assurée.

Aucun Géastre n'est comestible. L'épaisseur et la consistance papyracée de leur chair les rendent parfaitement impropres à toute utilisation culinaire. Ce sont exclusivement des curiosités botaniques.

Cyathe strié

Cyathus striatus Huds. ex Pers.

Cette espèce passe presque toujours inaperçue du fait de sa petite taille et de ses couleurs grisâtres, qui n'attirent guère l'attention. Pourtant, elle est bien curieuse à considérer de près. Elle se présente d'abord comme une petite urne de 1 cm de hauteur, ellipsoïde ou conique, de 1 cm de diamètre, tout hérissée à l'extérieur de poils d'un brun roussâtre ou grisâtre. L'intérieur de cette urne est brillant et strié, et renferme cinq ou six grains blanchâtres qui font ressembler l'ensemble à un nid d'oiseau en miniature. Ces grains sont appelés péridioles, c'est-à-dire petits **péridiums**, et ce sont eux qui renferment les spores. Mais au début, le « nid » est fermé par une mince membrane blanche, qui se déchire et disparaît à la maturité. La coupe elle-même persiste longtemps après que les péridioles ont fini de fonctionner, car elle est de consistance coriace, et de ce fait on la trouve souvent vide. Cette étrange production est très commune, et son **habitat** se trouve sur les vieilles branches pourrissantes, sur le bord des abreuvoirs en bois, sur les souches, sur les barrières en bois dans les endroits humides. Elle semble préférer les morceaux de bois déjà couverts de mousse, car la mousse empêche une trop rapide dessiccation du support. On la rencontre en été et en automne. Il existe plusieurs espèces analogues, toutes de petite taille et si discrètes que la plupart des promeneurs passent à côté sans les voir. Pourtant, elles méritent qu'on s'y arrête, car la disposition de leurs organes reproducteurs est d'une extrême ingéniosité. Autrefois, on croyait que les Cyathes annonçaient une période de famine.

Étant donné la taille minuscule de ce champignon et l'absence totale de « chair », il est impensable qu'on puisse le « consommer ». Il faut se contenter de l'intérêt qu'il représente sur le plan biologique pur.

Identification

On reconnaîtra cette espèce à sa forme en nid d'oiseau miniature, à son extérieur entièrement velu et hérissé, à son intérieur d'abord recouvert d'une mince membrane blanche bientôt caduque, puis à ses péridioles disposés comme des œufs dans le fond.

Phalle impudique

Phallus impudicus L. ex Pers.

Satyre puant, Œuf du diable, Phallus obscène, Morille du diable

Identification
Il n'y a pas moyen de se tromper devant cette espèce commune dont la forme (pied haut, blanc et creux, chapeau en forme de dé et de couleur vert foncé) et l'odeur repoussante, qui fait déceler le champignon à plusieurs mètres, suffisent à une identification immédiate.

C'est le plus commun des représentants d'une famille surtout tropicale. Ce champignon extravagant se présente d'abord sous la forme d'un œuf tout mou, comme ceux que pondent les poules en fin de saison, quand elles manquent de calcium. A l'intérieur de cet œuf se trouve une gelée transparente, au milieu de laquelle on voit à la coupe le futur champignon. Il ressemble alors à un noyau verdâtre avec un centre blanc. Mais bientôt l'œuf se déchire, et en une ou deux heures on voit se dresser le **pied** du champignon, qui est blanc, creux et fait d'un tissu de grosses cellules lâches mais fermes qui en assurent l'érection et la rigidité. Ce pied, qui peut avoir de 15 à 20 cm de haut, est terminé par un **chapeau** en forme de dé, ouvert à son extrémité, d'abord vert foncé et lisse, mais rapidement la matière verte dont il est fait se liquéfie en répandant une **odeur** cadavéreuse abominable qui attire les mouches à viande, et ce sont elles qui vont se gorger de cet hyménium déliquescent et transporter au loin les **spores**. Quand l'hyménium est complètement dissous, il reste une « tête », qui ressemble à une Morille blanche, c'est-à-dire faite d'alvéoles, qui ont fait donner aussi à cette espèce le nom de « Morille du diable ». C'est une espèce commune dans les forêts sablonneuses, où elle se comporte en parasite des racines des arbres. On la rencontre en été et en automne, les hêtraies étant son **habitat** préféré. Il arrive qu'elle s'installe dans les plantations de rosiers qu'elle épuise rapidement. A noter aussi qu'elle peut, par son odeur, épouvanter les chevaux, qui parfois refusent d'avancer quand ils la sentent.

On a prétendu que ce *Phallus* était comestible à l'état jeune. Ce doit être une bien mauvaise plaisanterie, car si encore fermé il ne sent que le radis, il n'a rien de bien tentant, et cela d'autant plus qu'il faudrait extraire le jeune exemplaire de la gélatine glaireuse dans laquelle il est solidement pris. Cela ne vaut vraiment pas la peine.

Satyre des chiens

Mutinus caninus (Pers.) Fr.

C'est une miniature de *Phallus impudicus*. Il se présente d'abord avec une volve allongée, blanche ou, plus souvent, ocre pâle, molle et élastique. Elle est pleine de la même substance glutineuse comme du blanc d'œuf au milieu de laquelle prend naissance le champignon lui-même ; cette gélatine lui sert de lubrifiant lors de sa sortie. Le **pied** est long de 10 à 15 cm, ocracé rougeâtre, très grêle, de 5 à 10 mm d'épaisseur tout au plus, et il est complètement criblé de trous. Il est si peu tenace que la plupart du temps on le trouve couché sur le sol comme s'il n'avait pas la force de tenir debout. La tête est ellipsoïde et pointue, granuleuse et réticulée, de couleur rouge rosâtre sous l'**hyménium**, qui lui-même est verdâtre et déliquescent. Son **odeur** est fétide, mais moins violente que celle d'*impudicus*. Cette espèce est moins commune que l'autre, et se trouve à terre dans les bois, mais son **habitat** se situe surtout sur les vieilles souches déjà décomposées de hêtre ou de chêne. Le Satyre des chiens est un champignon de fin d'été et d'automne. Cette étrange famille des Phallacées est principalement représentée sous les tropiques, où l'on en observe des formes étonnantes, qui toutes répandent une odeur abominable. Ces champignons ont résolu le problème de leur dissémination comme les Arums ont résolu celui de leur fécondation, car ils répandent des odeurs analogues, attirant les mouches charognardes, qui en entrant dans la fleur assurent la dissémination du pollen sur les stigmates. Chez les Phallacées, ces mêmes mouches dévorent avidement l'hyménium déliquescent ; les spores traversent leur tube digestif sans dommage, et sont ensuite répandues dans la nature et confiées au hasard.

Identification
Cette espèce se reconnaît à sa taille modeste, à son pied de longueur disproportionnée avec son épaisseur et qui est criblé de trous, à sa couleur ocre, à sa tête mince et aiguë, granuleuse et réticulée, de couleur rosâtre brunissante, et à son odeur repoussante.

L'odeur nauséabonde qu'il exhale et sa consistance en grande partie mucilagineuse rendent ce champignon, qu'il soit jeune ou adulte, totalement impropre pour toute utilisation en cuisine.

Clathre rouge

Clathrus ruber (cancellatus) Mich. ex Pers.

Clathre grillagé, Lanterne

Identification
Il faudrait être aveugle pour ne pas reconnaître du premier coup une production de la nature aussi extraordinaire et qui ne ressemble à rien d'autre. Son corps rouge et grillagé, aussi beau que du corail, surprend le premier regard et fournit son nom tout de suite.

Cette Phallacée-ci est peut-être encore plus étonnante que les deux espèces précédentes. C'est tout d'abord un gros œuf à peu près sphérique, marqué de dessins plus ou moins carrelés, rattaché au sol par de gros filaments mycéliens blanchâtres et tenaces qui s'enfoncent profondément. Quand cet œuf, qui est une véritable volve, s'ouvre, il en sort une masse rouge qui se déploie en forme de cage grillagée, c'est-à-dire que la substance du champignon est faite de grosses mailles molles, rouges à l'extérieur, irrégulières, et qui laissent voir dans leur face intérieure un **hyménium** verdâtre et fétide, selon la nature de la famille. Cet hyménium est rapidement diffluent et les mouches passent à travers les mailles pour l'atteindre et le dévorer. Cette espèce n'est pas commune partout, et son **habitat** se situe surtout dans le Midi et sur les bords de l'Atlantique, et jusqu'en Angleterre. On y rencontre cette belle espèce du début de l'été et jusque tard en automne, aussi bien sous les conifères que sous les feuillus. A l'intérieur du continent, elle est inexistante. En revanche, elle est très commune en Afrique, surtout dans les oasis, où elle se montre sur les bords des fossés d'irrigation parfois en quantités prodigieuses. Dans les Landes, où elle est fréquente, elle répond au nom de « Lanterne », et au Pays basque, on la considère plutôt comme un signe de mauvais augure, et bien évidemment c'est une bonne action que de l'écraser sans aucun regret quand on la rencontre malheureusement sur son chemin. Il semble bien que ce Clathre ait servi au Moyen Age dans les opérations de sorcellerie, mais sans qu'on en sache davantage.

Comme les espèces précédentes, ce champignon étrange dégage une odeur désagréable et presque repoussante qui lui enlève tout intérêt culinaire. Reste le plaisir de rencontrer une aussi belle structure et de l'étudier de près.

Anthurus d'Archer

Anthurus Archeri (Berk.) E. Fischer

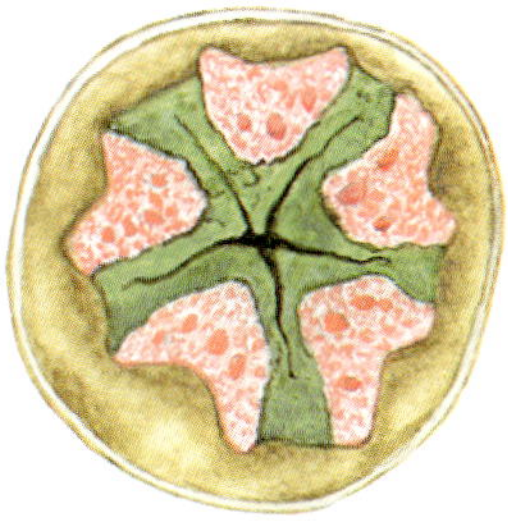

L'histoire de cette espèce est assez extraordinaire. Car elle nous est venue d'Australie ! C'est même un des très rares exemples d'une espèce exotique qui se soit acclimatée chez nous. Il semble bien qu'elle se soit montrée à partir de deux foyers distincts : l'un dans la région de Bordeaux, l'autre dans les Vosges. Dans la région bordelaise, on suppose que des **spores** de ce champignon se trouvaient dans les laines importées d'Australie. Dans la région de Saint-Dié, l'espèce aurait été amenée par des soldats australiens qui étaient passés par là, avec leurs chevaux et leur fourrage, pendant la guerre de 1914-1918. Toujours est-il que cet Anthurus s'est depuis répandu dans toute l'Europe occidentale, parfois avec une abondance étonnante. Comme toutes les autres espèces de la famille, celle-ci commence par un œuf, qui s'ouvre pour laisser s'épanouir une étoile à quatre, cinq ou six branches faite de lanières pointues, molles, retombantes, rouge-pourpre, gluantes et fétides. Une fois éclos, ce champignon est très éphémère et se décompose avec une extrême rapidité. On le trouve çà et là dans les endroits les plus inattendus ; il a son **habitat** aussi bien dans les forêts humides, dans les vergers, dans les jardins que sur les tas de sciure. Sa taille varie de 5 à 15 cm de diamètre selon la richesse du support. Cet Anthurus se montre surtout en été et en automne, par temps pluvieux, et sa puanteur le fait deviner avant qu'on ne l'ait vu. Sous les tropiques, il en existe une autre espèce, encore plus étrange, qui forme une vague étoile jaune parsemée de grains violets comme des Myrtilles. Cette espèce de la Réunion ne semble pas avoir été décrite ni nommée.

Identification
Cette espèce se reconnaît à la disposition en étoile rouge des lanières pointues, molles et gluantes de son hyménium, unique dans le monde des champignons, à son odeur infecte et à sa présence dans les forêts humides, les vergers et les jardins.

Encore une de ces espèces dont il est inutile de rappeler qu'elle ne fait pas partie des champignons comestibles, et cela surtout à cause de sa très forte puanteur. Ce qui ne nous empêche pas d'en admirer la belle construction.

Pezize retroussée

Peziza repanda Pers.

Pezize étalée

Identification
La détermination des Pezizes est souvent ardue et demande le microscope, mais cette espèce se reconnaît (sans microscope) à sa large coupe, brune et un peu rugueuse à l'intérieur, à ses bords souvent déchiquetés, et à sa chair ferme et épaisse. Et aussi à son habitat sur les vieilles souches et sur la terre brûlée.

Toutes les Pezizes sont d'une architecture extrêmement simple. Elles se présentent sans pied, souvent sous la forme d'une coupe plus ou moins régulière, plus ou moins chiffonnée ou contournée, et leur **hyménium** tapisse l'intérieur de ses innombrables asques, qui, au moment de la maturité, projettent leurs spores dans l'air d'une façon curieuse. En effet, quand l'extrémité des asques se déchire, ou bien s'entrouvre grâce à un clapet, les **spores** sont projetées violemment et en masse dans l'atmosphère sous l'effet d'une forte pression interne. Pour s'en rendre compte, il suffit de laisser n'importe quelle espèce de Pezize se reposer un moment, puis de lui imprimer une légère secousse. On voit alors les spores s'envoler en un petit nuage qui en comporte des milliers. La Pezize retroussée est commune. Sa coupe peut avoir de 5 à 10 cm de diamètre. A maturité, elle est plus ou moins étalée, incisée sur les bords, vaguement radicante à la base, et extérieurement d'une couleur blanche et farineuse. L'hyménium lui-même est brun soutenu et uniforme, et un peu rugueux. La **chair** est ferme, cassante, assez épaisse, de la même consistance que la cire, par exemple, et d'une **saveur** assez médiocre. Cette espèce se rencontre assez couramment, dès le printemps et jusqu'en automne, dans les bois, sur les vieux troncs pourris, et surtout sur la terre brûlée, son **habitat** de prédilection. Il y a d'ailleurs beaucoup d'espèces qui aiment ces stations où il y a eu du feu, car il est probable que la potasse des cendres leur soit favorable. Au printemps, on trouve la Pezize retroussée dans les jardins. D'autres Pezizes peuvent se présenter non pas sous la forme d'une coupe, mais sous celle d'une oreille ou d'une toupie.

Quoique sans grande saveur, cette Pezize n'est pas méprisable et peut fournir un mets agréable, surtout lorsqu'elle est mélangée avec des Morilles ou des Tricholomes de la Saint-Georges. Elle demande une cuisson prolongée. Cependant, il ne faut pas la consommer crue, comme la plupart des Pezizes.

Pezize vésiculeuse

Peziza vesiculosa Bull. ex St. Amans

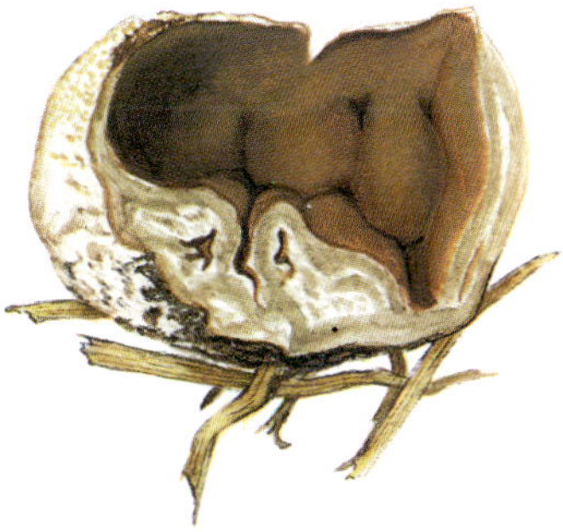

Cette Pezize présente un **chapeau** en forme de coupe de 5 à 8 cm de diamètre. Fragile et translucide, elle est d'abord globuleuse, en forme de toupie, et à peine ouverte. Par la suite, l'orifice s'élargit, et elle devient plus ou moins irrégulière et flexueuse, c'est-à-dire plus ou moins ondulée sur les bords. Vers le déclin, elle adopte le contour d'une vessie campanulée aux bords crénelés, enroulés vers l'intérieur, et, finalement, elle s'évase puis s'affaisse en une coupe dilatée, à la marge relevée vers l'extérieur. La face externe est blanchâtre, parfois teintée de bistre, granuleuse, légèrement veloutée à la base. L'hyménium, à l'intérieur de la coupe, est jaunâtre pâle avec des reflets ferrugineux. Le **pied** est pratiquement inexistant. La **chair** est blanche, cassante, dégage une bonne **odeur** de Morille, et sa **saveur** est douce. La **spore**, elliptique, est lisse. Cette espèce a son **habitat** dans les forêts de feuillus, mais principalement sur les terres riches en substances organiques. Elle vient volontiers sur les vieux fumiers, entre les pavés des cours de ferme, et parfois même dans les appartements humides, de préférence là où sont posés des linoléums moisis. Elle croît aussi dans les caves, où elle atteint des proportions impressionnantes, sans doute à cause du manque de lumière. On la trouve pratiquement en toute saison, mais plus particulièrement du printemps à l'automne. On ne recherche guère ce champignon, dont les poussées sont trop capricieuses, mais lorsqu'on découvre une belle station, il mérite la récolte, car c'est un comestible agréable. Quand il est jeune, c'est en tout cas l'un des plus charnus de cette famille, qui, dans l'ensemble, présente une chair mince dépourvue d'intérêt sur le plan culinaire.

Identification

On reconnaît entre toutes cette Pezize à sa teinte pâle, à son hyménium à peine jaunâtre, à sa forme de vessie qui s'aplatit à mesure du vieillissement et qui présente alors une marge renversée, à sa chair translucide. Son habitat sur les vieux fumiers ou dans les terrains les plus gras est aussi l'une de ses principales caractéristiques.

La Pezize vésiculeuse est un bon comestible généralement méconnu, car ses apparitions sont trop aléatoires. Si l'on découvre une de ses stations, cette espèce mérite la cueillette : son parfum est délicat.

Pezize orangée

Aleuria aurantia (Fr.) Fuck.

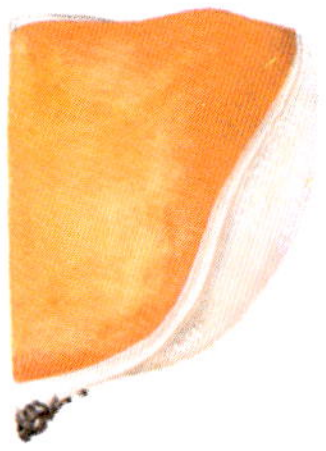

Identification
On reconnaît facilement cette espèce à ses coupes d'un beau rouge orangé qui, au déclin, sont complètement étalées sur le sol, quasiment dépourvues de pied, contournées tant elles sont pressées les unes contre les autres. Son habitat sur les terres battues est un autre indice.

Le **chapeau** de cette Pezize mesure de 3 à 8 cm de diamètre. Il se présente comme un réceptacle en forme de coupe, d'abord rond et régulier, puis fort étalé sur les bords, ondulé, voire déformé par les exemplaires voisins, dont la proximité gêne son développement. Il lui arrive ainsi de se contourner et de se replier sur lui-même au point de ressembler à une rose tourmentée. La face externe est d'un blanc jaunâtre, légèrement pruineuse, veloutée, mais tout à fait glabre à la fin de la poussée. L'intérieur de la coupe, c'est-à-dire l'hyménium, est d'une superbe couleur orangée nuancée de rouge dont l'éclat tranche vigoureusement sur la couleur terne du sol. Le **pied** est pratiquement inexistant. La **spore** est elliptique et mesure environ 9 à 10 μ. Sa **chair** est très mince, fragile, d'**odeur** à peu près imperceptible et sans **saveur**. Cette espèce a son **habitat** dans les forêts de feuillus, et se montre ordinairement en été et en automne sur la terre tassée, au milieu même des sentiers des forêts qu'elle fréquente. Elle croît presque toujours en troupes serrées et en grand nombre, et se répand souvent sur de longues distances. Elle est considérée comme comestible, malgré les très médiocres qualités de sa chair. Certains amateurs, pourtant, la mangent crue, assaisonnée de sucre et de kirsch. Elle ne sert évidemment que de support à l'eau-de-vie, qui lui fournit le parfum dont elle est dépourvue. Ainsi préparée, elle est assez appétissante pour qu'on la déguste volontiers. Néanmoins, c'est un apprêt bien compliqué pour un champignon sans grand attrait, alors que c'est la pleine saison pour des espèces infiniment plus raffinées.

On consomme ce champignon au dessert, cru, saupoudré de sucre et arrosé de kirsch. Cet assaisonnement compense son absence de saveur et de parfum ; c'est une réjouissance pour l'œil que de contempler sa belle couleur éclatante. C'est une des rares Pezizes que l'on puisse manger crue sans réserve.

Oreille-de-lièvre

Otidea onotica (Pers.) Fuck.

Oreille-d'âne

Les Otidées n'ont pas la même silhouette que les autres Pezizes. Au lieu de s'étaler en coupe, elles se dressent verticalement et sont fendues sur le côté, évoquant une oreille de lièvre ou d'âne. *Otidea onotica* est la plus commune et la plus facile à reconnaître de toutes. Elle est le représentant type d'une série rassemblant plusieurs espèces de taille généralement plus faible et diversement colorées, presque toujours dans les tons bistre ou cannelle. L'Oreille-de-lièvre proprement dite a l'aspect d'une coupe fendue sur le côté, mesurant de 5 à 10 cm de haut et de 3 à 6 cm de large. C'est un **réceptacle** charnu, cireux, allongé en cornet, assymétrique; il est finement velouté sur la paroi extérieure et de couleur jaune-ocre. La face interne, l'**hyménium**, est d'un beau jaune clair parfois teinté d'ocre ou légèrement nuancé de rosé. Le **pied** est très court et couvert de poils blancs. Sa **spore** est de forme elliptique et mesure 6 à 7 μ. La **chair** est mince, fragile et cassante, et n'a ni **odeur** ni **saveur**. Cette jolie espèce a le plus souvent son **habitat** dans les forêts de feuillus, notamment sous les hêtres, de préférence en terrain sableux. On la trouve aussi sous les pins, mais plus rarement. Elle pousse généralement en touffes de plusieurs exemplaires réunis par le pied; celui-ci plonge assez profondément dans le sol et se prolonge par de gros filaments mycéliens. L'Oreille-de-lièvre est toujours une jolie trouvaille, même si elle ne présente qu'un intérêt très relatif sur le plan culinaire. Il est à noter que ce champignon perd sa belle couleur appétissante à la cuisson et qu'il a tendance à noircir.

Identification
L'Oreille-de-lièvre se distingue facilement des autres Otidées par sa grande taille, par sa couleur jaune-ocre, par sa position verticale, et surtout par la fente caractéristique qui la sépare du pied et lui donne cette silhouette étonnante, évoquant l'oreille d'un lièvre ou d'un âne.

Cette espèce est un mets de médiocre qualité. Elle se consomme cuite mais, malheureusement, elle noircit à la cuisson. Ainsi, le plaisir esthétique ne compense pas la déception du gastronome. Il faudra donc la mélanger à d'autres espèces plus savoureuses. Ce sera là l'occasion d'un échange de bons procédés : ces dernières lui communiqueront leur parfum, et elle donnera du volume à l'ensemble.

Pezize superbe

Sarcosphaera eximia (coronaria)
(Dur. et Lév.) Maire

Identification

Il n'est certes pas besoin d'un microscope pour reconnaître au premier coup d'œil cette énorme Pezize. Sa forme de large coupe déchirée en étoile, la « pomme de terre » qui caractérise le premier stade de sa poussée, la merveilleuse couleur mauve de son hyménium qui vire ensuite au brun ne permettent pas l'hésitation.

Ce champignon est sans doute le plus curieux d'entre les Pezizes. Il se présente d'abord sous la forme d'une sorte de pomme de terre qui affleure à la surface du sol. Son diamètre varie généralement entre 10 et 15 cm mais dépasse parfois ces dimensions. Peu après qu'il est apparu à la surface, ce tubercule, qui est creux à l'intérieur, commence à s'ouvrir, par le sommet, en forme d'un orifice circulaire, puis il se déchire et forme une étoile à plusieurs branches, dont le nombre varie généralement entre 5 et 8. On voit ainsi apparaître une grosse coupe qui peut atteindre 20 cm de diamètre, voire plus. Blanchâtre et souillé de terre sur sa face extérieure, ce champignon arbore à l'intérieur, sur l'**hyménium**, un magnifique mauve violacé qui évoque les teintes subtiles de certaines porcelaines chinoises. Mais ce merveilleux coloris s'efface bientôt : en effet, les **spores** brunes qui viennent à maturité teintent tout l'hyménium. Finalement, sur le fond sombre ne demeurent plus que des reflets de la somptueuse couleur primitive. La **chair**, blanche, est dépourvue d'**odeur** et de **saveur**. L'**habitat** de prédilection de cette étrange et séduisante espèce se trouve dans les forêts de conifères, mais elle marque une nette préférence pour les pins en terrains sablonneux. Elle ne craint pas les terrains les plus argileux, dont elle crève la croûte pour mettre au jour son tubercule et pour faire éclore ses pétales, et elle apprécie également les terrains calcaires. Elle croît dès le début du printemps, mais sa véritable saison est en automne. On la donne comme comestible, mais on a observé des cas mortels d'intoxication chez des personnes qui s'adonnent à la cuisine naturiste et qui l'ont consommée crue.

Crue, cette espèce est reconnue comme toxique et sa consommation peut entraîner la mort. Elle est considérée comme comestible si elle est correctement cuite. Mais il est préférable de ne pas prendre le risque.

Pezize très large

Discina perlata Fr.

Il s'agit là d'une Pezize pour le moins bizarre. Elle présente une **cupule** concave dont le diamètre varie de 3 à 5 cm. Cette coupe s'aplatit progressivement et devient, finalement, tout à fait convexe. Elle est charnue et de consistance céracée. Extérieurement, elle est couverte d'une fine poussière, légèrement poilue, de couleur blanchâtre plus ou moins teintée de rose pâle. La marge est d'abord incurvée vers la face intérieure, puis elle se déroule et se recourbe vers l'extérieur. Sur la face interne, l'**hyménium** est épais d'environ 1 mm. Il est d'abord de couleur brune, puis devient brun-fauve et pâlit peu à peu; vers le déclin, il est tout ridé, rugueux et très souvent percé de petites fossettes plus ou moins profondes. Le **pied** est très caractéristique : il ressemble à celui de certaines Helvelles. Il est très court et épais d'environ 1 cm. Il est radicant, sillonné, et présente intérieurement des cavités irrégulières. Dans l'ensemble, il est blanchâtre. La **chair**, de 3 à 5 mm d'épaisseur, est ferme, fragile, blanc roussâtre; elle est dépourvue d'**odeur**, mais sa **saveur** est assez agréable. La **spore** a des dimensions imposantes : 30 μ sur 15; elle présente à son extrémité un appendice parfaitement visible. L'**habitat** de cette espèce se trouve en montagne, dans les forêts de feuillus, mais aussi dans les vieilles sapinières, dont elle apprécie les épais tapis d'aiguilles. Elle croît en automne et vient tantôt isolée, tantôt en tapis compacts dont l'importance est assez surprenante.

Ce champignon possède une saveur agréable qui le fait considérer comme comestible. Néanmoins, l'expérience ne venant pas soutenir l'hypothèse, il est préférable de s'abstenir de le consommer.

Identification

Cette Pezize se reconnaît à son hyménium brun au début, pâlissant vers le déclin, rugueux, plissé, pourvu de fossettes, et à ses bords repliés vers l'intérieur à l'état naissant, inclinés vers l'extérieur par la suite. Sa croissance en troupes dans les forêts de feuillus et les vieilles sapinières est également un indice.

Pezize écarlate

Sarcoscypha coccinea (Fr.) Lamb.

Identification
Cette petite Pezize en forme de coupe se reconnaît facilement à son hyménium d'un rouge écarlate éclatant, à sa face externe légèrement ridée et teintée de rosé par temps humide et à sa croissance, au premier printemps, sur les branches mortes des haies, notamment là où se trouvent des prunelliers.

Au printemps, dans un lieu broussailleux, des taches rouge écarlate, éblouissantes, annoncent à n'en pas douter la présence de Pezizes écarlates. Le **réceptacle** de cette espèce mesure de 2 à 4 cm de diamètre. Il se présente d'abord sous une forme turbinée, s'écarte ensuite comme un entonnoir à bords relevés, puis il s'étale en coupe plus ou moins ouverte. La face extérieure est rosée par temps humide et pâlit par temps sec ; elle est ridée et couverte d'un duvet blanchâtre. La face interne, l'**hyménium**, est d'un rouge écarlate unique et d'une luminosité éclatante. Le **pied**, de 2 cm de long environ, prolonge la face externe ; il est cylindrique, plus ou moins épais, villeux, laineux, blanc. Parfois il est complètement absent, et la coupe que forme ce champignon semble alors reposer directement sur son support. La **spore**, de forme variée, mesure de 10 à 12 μ. La **chair** est ferme, élastique et sans **odeur**. Cette jolie espèce a son **habitat** sur les brindilles éparses dans les forêts, dans les buissons, les fossés ou sur le bois mort ; elle marque une préférence pour les branches sèches du prunellier *Prunus spinosa*, appelé aussi Épine noire. On est en effet à peu près sûr de la rencontrer au printemps et en été dans les fourrés où croît cet arbuste buissonneux. *Sarcoscypha coccinea* est parmi les premiers champignons à annoncer le retour de la belle saison. Il a, en outre, joué un rôle historique : en effet, un mycologue hollandais du siècle dernier, saisi d'admiration pour cette espèce au coloris fastueux, conçut du même coup sa vocation. C'était Christiaan Persoon, dont les recherches devaient être de première importance pour le développement de la mycologie. Il fut non seulement le prédécesseur mais aussi l'initiateur de Fries, qui reprit en grande partie ses travaux et qui y puisa les principes de sa propre classification.

Ce champignon est comestible. Toutefois, sa belle couleur écarlate n'est pas un attrait suffisant pour qu'on l'emploie en cuisine : sa petite taille, sa chair élastique et coriace en font un mets de bien médiocre qualité.

Pezize du cèdre

Sepultaria sumneriana
(Cooke) Massee

Cette Pezize vient probablement d'Afrique du Nord. Elle est, en effet, strictement liée au cèdre, essence que nous avons importée des contrées méditerranéennes, et notamment de l'Atlas marocain. Elle a suivi les cèdres dans leur voyage et s'est implantée dans nos parcs et nos jardins. Avec l'Anthurus d'Archer (*Anthurus Archeri*), c'est l'une des rares espèces exotiques qui aient su s'adapter au climat et au sol français. *Sepultaria sumneriana* est une espèce souterraine. Son nom vient du latin *sepelire*, qui signifie « ensevelir », car, avant son éclosion, elle est complètement enterrée. Cette espèce se présente d'abord comme un **tubercule** en forme de sphère creuse mesurant de 4 à 5 cm de diamètre, complètement fermé, ocracé brunâtre et couvert d'un feutrage serré de poils. Il affleure alors à peine la surface du sol. Mais, bientôt, le tubercule émerge, s'ouvre et se découpe en lobes irréguliers, déchiquetés, extérieurement velus, ocracé pâle, qui se déploient comme les pétales d'une fleur. L'**hyménium** est crème, à peine grisâtre. La **chair** est blanchâtre, son **odeur** est agréable et sa **saveur** évoque celle des Morilles. Cette Pezize a son **habitat** exclusif près des cèdres et se nourrit des aiguilles tombées. On la trouve partout où l'on a planté ces nobles arbres, et même dans les parcs de Paris, dès le début du printemps. Si, donc, on sait où trouver des plantations de cèdres adultes, on explorera utilement leurs environs : en mars ou en avril, on est à peu près sûr d'y découvrir des Pezizes. On pourra très souvent en faire une récolte abondante, car elles viennent généralement en troupes assez nombreuses.

Identification
Cette espèce se reconnaît facilement à sa coupe d'abord fermée puis, lorsqu'elle est complètement sortie de terre, à ses lobes brun noirâtre à l'extérieur et crème à l'intérieur, évoquant une fleur épanouie ou une étoile, et à son habitat, semi-enterré, exclusif sous les cèdres. En dégageant les aiguilles tombées, on verra affleurer le tubercule sphérique qui caractérise ce champignon avant qu'il ne soit arrivé à maturité.

C'est, parmi les Pezizes, l'un des champignons de cette série les plus agréables à consommer. Sans doute ce n'est pas un comestible de grand choix, mais sa saveur, qui rappelle celle de la Morille, peut faire illusion.

Helvelle crépue

Helvella crispa Scop. ex Fr.

Oreille-de-chat

Identification
Il est facile de reconnaître cette Helvelle à son chapeau blanchâtre ou jaunâtre pâle, membraneux, contourné irrégulièrement comme un œillet, et à son pied tout blanc et lacuneux. Son apparition tardive est également un signe distinctif.

Il n'y a pas grande différence entre les Pezizes et les Helvelles; ces dernières ne se distinguent souvent que par leur pied apparent lisse ou lacuneux, qui porte à son sommet une sorte de « Pezize » dont la conformation plus ou moins chiffonnée ou lobée conditionne les dimensions de la surface sporifère. L'Helvelle crépue est la plus commune des Helvellacées. Sa tête, ou son **chapeau**, si l'on peut l'appeler ainsi, mesure de 5 à 10 cm de diamètre. Il est blanchâtre ou jaunâtre pâle, pruineux, enflé, lobé, ondulé sur les bords, diversement contourné, formé de lames crispées, redressé en forme de mitre ou de croissant. Il adhère primitivement au pied, puis devient entièrement libre. Le **pied** mesure de 1 à 3 cm de diamètre et de 5 à 15 cm de hauteur. Il est épais, ferme, un peu ventru vers la base, creusé de lacunes profondes ou parcouru de côtes plates, creuses et plus ou moins veinées, anastomosées. Il est pruineux, d'un blanc pur, puis jaunâtre. On remarquera que l'architecture de ce pied est à la fois très économique et très solide : il est en effet entièrement composé d'éléments qui préfigurent ce qu'on appelle en termes de bâtiment le « fer U » et le « fer T », dont la caractéristique est d'épargner beaucoup de matériau sans diminuer pour autant la résistance. Cette belle espèce qui, lorsqu'elle est bien fraîche, évoque une fleur, a une **chair** coriace, sans **odeur** ni **saveur** perceptibles. Elle a son **habitat** tantôt dans les prés, tantôt dans les forêts de feuillus, tantôt le long des routes ou des haies, dans l'herbe ou le gazon. Elle vient généralement en automne, parfois assez tardivement. Elle peut être très commune dans certaines stations et très rare dans d'autres.

Cette Helvelle est considérée comme comestible. Mais sa chair, à la fois coriace et insipide, n'incite guère à l'utiliser, d'autant qu'à l'époque de l'année où elle pousse, il ne manque pas d'espèces savoureuses.

Helvelle à pied blanc

Helvella albipes (monachella) Boud.

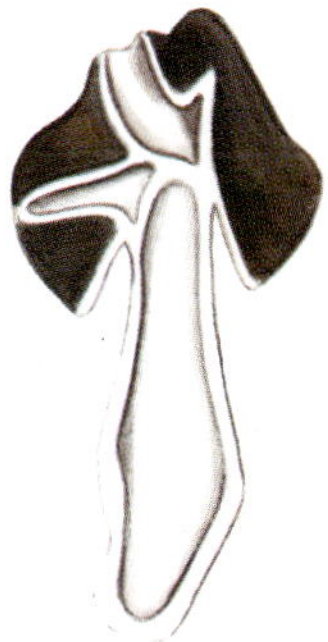

C'est une Helvelle de petite taille ou, tout au moins, de taille moyenne. Son **chapeau** — on devrait plutôt dire son réceptacle — mesure de 3 à 4 cm de diamètre. Il est généralement composé de deux lobes, parfois de trois ; ils ont la forme d'un rein et touchent à peine le pied. Au début, ils sont d'un brun presque noir, légèrement plus clair sur les bords et sur la face intérieure. Le **pied** mesure de 4 à 10 cm de hauteur. Il est cylindrique, creux, tout blanc, un peu velouté, et présente quelques embryons de lacunes à la base ; cette caractéristique, cependant, n'est pas constante, et il arrive souvent qu'il soit absolument lisse. Sa **chair**, très maigre, est dépourvue d'**odeur** et de **saveur**. Les **spores** de cette espèce sont remarquablement grandes : elles mesurent environ 22 μ sur 14. Elles sont transparentes, longuement ovales et présentent deux ou trois guttules huileuses à l'intérieur. Les paraphyses, c'est-à-dire les cellules stériles qui séparent les asques, sont beaucoup plus longues que les asques et se terminent au sommet en forme de massue. Ces derniers détails ne sont pas nécessaires à la détermination de l'espèce, mais ils inciteront les amateurs qui disposent d'un microscope à faire un examen particulièrement intéressant. Cette espèce n'est pas très commune. Elle a pour **habitat** les forêts de feuillus et elle vient en été et en automne sur les terrains sablonneux et calcaires. On la rencontre aussi aux lisières des prés, au bord des sentiers et même dans les jardins. On la trouve rarement en quantités importantes. Elle n'a d'autre intérêt que de satisfaire la curiosité de l'amateur.

Identification

Parmi les Helvelles de petite taille, qui ne sont pas toujours faciles à distinguer les unes des autres, Helvella albipes *se reconnaîtra surtout à son chapeau bi- ou trilobé d'un brun souvent presque noir. Au microscope, sa spore ovale et très grande permet une identification précise.*

On ne sait rien de la comestibilité de cette espèce. Sa taille médiocre, sa chair maigre et dépourvue de qualités gustatives, sa relative rareté n'ont pas excité la curiosité des amateurs. Il est préférable de les imiter.

Helvelle élastique

Leptopodia elastica (Bull. ex St. Amans.) Boud.

Identification
Cette Helvelle se reconnaît à son chapeau composé de deux lobes qui se replient vers le bas et lui donnent la forme générale d'une selle de bicyclette. L'ensemble du champignon est blanchâtre, le pied est mince, cylindrique et creux. Le tout est très élastique et malléable.

On a cru nécessaire de séparer les *Leptopodia* des Helvelles proprement dites à cause de leur chapeau, généralement composé de deux lobes seulement, et à cause de la minceur de leur pied, d'où leur nom (*leptos*, fin, délié ; *podos*, pied). L'Helvelle élastique est conforme à la définition générique. Son **réceptacle** mesure de 2 à 4 cm de large. Composé de deux lobes, quelquefois de trois, il adopte la forme d'une selle de bicyclette. Ces lobes sont vaguement ondulés-contournés et non pas fortement plissés-labyrinthés, comme chez la plupart des Helvelles classiques ; ils sont réfléchis et retombants, blancs, blanchâtres ou faiblement jaunâtres. Ils rappellent plutôt les contours d'une Pezize qui serait posée sur un pied et repliée sur les côtés. Le **pied** mesure de 3 à 4 mm d'épaisseur, ce qui justifie pleinement le nom de l'espèce. Il est pruineux vers le haut et uniformément blanchâtre. Il est creux de haut en bas et devient légèrement plus épais vers la base. La **chair** est élastique et n'a ni **odeur** ni **saveur** particulières. L'ensemble de ce champignon, d'ailleurs, donne une sensation d'élasticité remarquable : on peut le plier et le tordre sans qu'il se rompe, et cette propriété est assez rare pour avoir inspiré l'adjectif qui le définit. *Leptopodia elastica* a son **habitat** dans les forêts de feuillus ; elle pousse ordinairement sur la terre nue, mais on la rencontre aussi parfois sur de vieilles souches en décomposition. Elle commence sa poussée dès la fin de l'été et devient commune en automne. Cette espèce fait partie d'un groupe comprenant plusieurs espèces, mais toutes sont assez rares. Une bonne connaissance de *Leptopodia elastica* sera un bon point de départ pour distinguer entre elles ces charmantes et intéressantes Helvelles.

Cette espèce n'est pas consommable, même si aucun auteur ne met en doute sa comestibilité. Le caractère élastique de sa chair et sa faible taille ne la destinent pas aux préparations culinaires. A cueillir à titre de curiosité.

Pezize vulgaire

Paxina (Acetabula) acetabulum (vulgaris)
(L. ex St. Amans) O. Kuntze

Pezize en coupe

Cette espèce fait la liaison entre les Pezizes proprement dites et les Helvelles. En effet, son **chapeau** — ou son réceptacle — se présente comme une coupe de 3 à 6 cm de diamètre. Il est très fragile et cassant. La face externe est d'abord brun clair, puis devient peu à peu brun foncé et tourne au noirâtre vers le déclin. L'hyménium tapisse la paroi interne, comme chez toutes les Pezizes. Le **pied** constitue l'élément le plus caractéristique de cette espèce. Il est assez court, presque enterré, puisqu'il ne mesure guère que 3 ou 4 cm de hauteur; par ailleurs, il est épais, creux, de tonalité blanchâtre, marqué de sillons profonds et de côtes saillantes qui s'étendent en un réseau de veines ramifiées, qui se répartissent sur la base de la coupe et semblent la soutenir, donnant au champignon un port particulièrement élégant. Ce pied « helvelloïde » a incité certains mycologues à classer cette espèce parmi les Helvellacées. Toutefois, les vraies Helvelles ne présentent jamais un chapeau en coupe creuse; celui-ci a presque toujours un aspect chiffonné. D'autre part, leur pied, au lieu de s'évaser, comme pour servir de support à l'extérieur de la coupe, est toujours nettement séparé du chapeau. Sa **spore** mesure 12 à 15 μ. La **chair** de cette espèce est peu consistante, sans **odeur** ni **saveur**. Elle a son **habitat** dans les terres cultivées, le long des haies principalement, mais on la rencontre aussi dans le terreau des vieilles sapinières. Elle apprécie les endroits ombragés, et, au printemps, il n'est pas rare de la trouver en quantités suffisantes pour mériter la peine d'une récolte.

Identification
Cette espèce se reconnaît à son réceptacle en forme de coupe régulière, porté par un pied épais, entièrement côtelé comme celui d'une Helvelle et enveloppant la coupe jusqu'à ses bords, à sa couleur brun pâle, qui devient progressivement plus foncée et vire au noirâtre quand s'amorce le déclin.

Sans être un comestible de premier choix, cette espèce n'est pas sans intérêt et complète les récoltes un peu maigres du printemps. On peut aussi la mélanger avec des Morilles, puisque celles-ci se montrent au même moment et qu'elles parfumeront agréablement le mets.

Gyromitre

Gyromitra esculenta (Pers.) Fr.

Fausse Morille, Moricaude

Identification
On reconnaîtra cette espèce à son caractéristique chapeau cérébriforme dont la marge blanche adhère au pied, globuleux-lobé, plissé-sinueux, brun roussâtre et creux, à son pied plutôt trapu, irrégulier, blanc ou jaunâtre, et entièrement creux.

Cette Fausse Morille a un aspect bien particulier. Son **chapeau** mesure de 6 à 10 cm de diamètre. Il est enflé, difforme, ondulé et présente des plis contournés en tous sens, un peu comme les circonvolutions du cerveau. Ces replis sont serrés, glabres, d'un brun châtain. Leur marge est blanche et adhère au pied. Le **pied** mesure de 1 à 2 cm de diamètre et de 4 à 5 cm de hauteur. Il est aussi lisse que le chapeau, complètement creux et de couleur blanchâtre ou roussâtre. Sa **spore** elliptique et lisse mesure 10 à 12 μ. La **chair** est mince, mais l'**odeur** et la **saveur** sont agréables, moins délicates cependant que chez les Morilles véritables. L'odeur, en particulier, a un fond musqué auquel s'ajoute une senteur évoquant un peu celle du savon qui persiste après la cuisson. Cette espèce a son **habitat** dans les forêts de conifères, en terrain siliceux. Elle n'est pas très commune en France en dehors des Vosges, où on la rencontre assez fréquemment au printemps. En revanche, dans l'est de l'Europe, elle est très répandue, au point que des pays comme la Pologne, où elle pousse à foison dans les immenses forêts de pins, peuvent l'exporter par tonnes après dessiccation. Son utilisation en cuisine demande quelques précautions. Il faut en effet savoir que, tout comme les Morilles, cette espèce est extrêmement toxique quand elle est consommée crue. Même cuite, elle demeure un violent poison si on en mange plusieurs fois de suite. Il est prudent de ne consommer cette espèce qu'après dessiccation : elle devient alors absolument inoffensive.

Frais, ce champignon contient une toxine dangereuse en cas d'ingestions répétées. Elle a une action anaphylactique provoquant un éclatement des globules rouges. Après dessiccation, en revanche, elle peut être consommée sans danger.

Morille comestible

Morchella esculenta (vulgaris)
Pers. ex St. Amans.

Morille commune

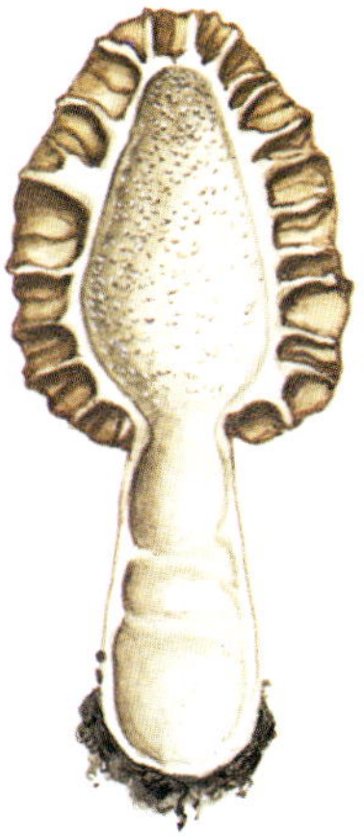

C'est la plus grande des Morilles. On trouve parfois des exemplaires géants qui peuvent peser de 400 à 500 grammes. Dans ce cas, il est fréquent que le pied n'ait pas la force de supporter le chapeau; celui-ci s'affaisse alors sur le côté. Ordinairement, son **chapeau** mesure de 15 à 20 cm de diamètre. Sa silhouette et sa couleur sont très variables, mais le plus souvent ce champignon est de forme arrondie, plus ou moins sphérique; cependant, il peut aussi être ovale ou conique. Sa couleur typique est d'un beau jaune ocracé. Il présente des alvéoles amples, bien ouverts, dont les replis rayonnent vers le centre. Ces **alvéoles**, de 2 à 4 mm de diamètre, sont à la fois arrondis et anguleux. Le **pied**, comme le chapeau, mesure de 15 à 20 cm. Il est blanc, très large, entièrement creux, robuste, à peu près glabre, épaissi et sillonné à la base. L'**odeur** est agréable. La **spore** est ocre-roux, elliptique, mesurant de 10 à 12 μ. Cette espèce a pour **habitat** privilégié les forêts de conifères, mais elle est extrêmement capricieuse et on la rencontre aussi dans les endroits les plus inattendus : le long des haies, dans les parcs, sur les terres remuées ou remblayées, dans les jardins, sous les ormes, sous les frênes et sous les pommiers. On voit même pousser des exemplaires de taille impressionnante dans les ruines des maisons incendiées. Quand cette Morille est bien typique, il est facile de l'identifier, grâce à sa couleur d'un beau jaune-ocre et à sa tête ronde si particulière. Mais il arrive que sa ressemblance avec des espèces voisines soit si grande que la distinction devient hasardeuse, car chez les Morilles, les détails microscopiques sont à peu près inutilisables, à cause de l'uniformité de ces caractéristiques dans l'ensemble du genre.

Identification
On reconnaît cette Morille à sa grande taille, à son gros chapeau rond et alvéolé, à sa couleur jaune-ocre brillant, à son robuste pied blanc, creux et sillonné à la base, à son habitat dans les parcs et les terres remuées, mais surtout sous les conifères, les ormes et les frênes au printemps.

Morchella esculenta est un excellent comestible. Néanmoins, elle est moins parfumée que la Morille conique (*Morchella conica*). Comme toutes les Morilles, elle ne doit jamais être consommée crue, car elle présente alors des propriétés toxiques.

Morille conique

Morchella conica Pers.

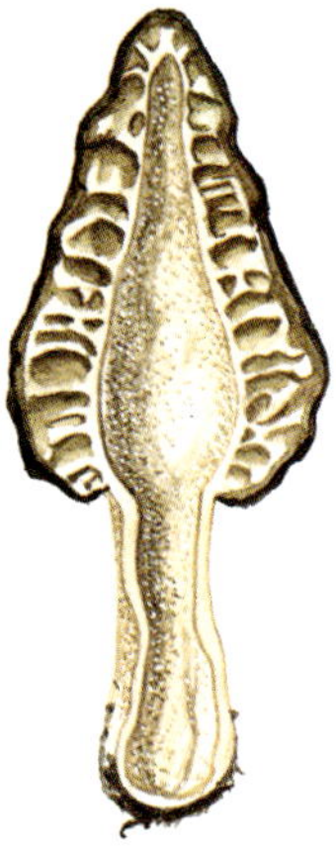

Identification
Cette Morille se reconnaît à sa forme conique, à sa couleur sombre, à ses alvéoles séparés par des côtes longitudinales et des veines transversales, divisés eux-mêmes en alvéoles secondaires, à son pied blanchâtre et à son habitat sous les conifères de montagne.

Alors que chez *Morchella esculenta* (Morille comestible) il n'y a pas de séparation entre le pied et le chapeau, chez la Morille conique un sillon bien marqué, appelé vallécule, se dessine entre les deux parties du champignon. Les Morilles, d'ailleurs, sont classées dans une espèce ou dans l'autre selon que ce sillon existe ou non. *Morchella conica* a un **chapeau** de 2 à 4 cm de diamètre et de 5 à 10 cm de hauteur. Il est nettement conique, voire pointu. Il est de couleur fauve olivâtre et présente des **alvéoles** allongés qui font toute la longueur du chapeau et sont subdivisés par des cloisons transversales. Ces alvéoles sont séparés par des côtes stériles qui deviennent très rapidement toutes noires. Les alvéoles secondaires sont ordinairement bien sériés et allongés, presque rectangulaires ou carrés. La vallécule est assez visible chez les jeunes exemplaires, mais a tendance à s'effacer chez les exemplaires plus âgés. L'intérieur est creux et les parois sont couvertes de fins flocons blanchâtres. Le **pied** a sensiblement la même hauteur que le chapeau. Il est blanc, cylindrique ou atténué à la base, plus ou moins sillonné dans le sens longitudinal, couvert de petites écailles coniques, blanches et serrées. La **spore** mesure de 12 à 15 μ. La **chair** est peu consistante et d'aspect cireux, grisâtre dans le chapeau, plus claire dans le pied. Son **odeur** et sa **saveur** sont peu perceptibles. Cette espèce a son **habitat** dans les forêts de conifères ; elle apprécie particulièrement les sapins argentés ; on la trouve plus rarement sous les épicéas. Elle se montre très tôt après la fonte des neiges. Ce n'est pas une cueillette facile, car la couleur terne des Morilles leur permet de passer inaperçues.

Ce champignon prend toute sa valeur culinaire après cuisson. Elle communique aux aliments qu'elle accompagne un parfum incomparable. Au dire des gourmets, c'est la meilleure des Morilles. La production française étant insuffisante, on en importe de grosses quantités des pays de l'Est. Malgré cela, son prix reste très élevé et ce champignon est devenu un mets de luxe.

Morillon

Mitrophora semilibera (hybrida)
(DC. ex Fr.) Lév.

Mitrophore hybride

Ce Morillon diffère des vraies Morilles par une particularité singulière. En effet, le chapeau des Morilles est tantôt collé contre le pied, tantôt séparé de celui-ci par un sillon plus ou moins marqué. *Mitrophora semilibera* a bien un **chapeau** semblable à celui des Morilles, mais il est partiellement séparé du pied, auquel il n'adhère que par le sommet. D'où son qualificatif d'« à moitié libre », qu'il mérite amplement. Le diamètre de ce chapeau n'excède guère 3 ou 4 cm. Il est conique, pointu, marqué de côtes longitudinales réunies par des veines qui forment des **alvéoles** plus ou moins réguliers. Il est de couleur ocracé pâle ou brunâtre. Le **pied** est tubulaire, de hauteur variable, blanc, un peu granuleux au sommet. Le chapeau et le pied réunis ont entre 5 et 10 cm de hauteur. La **chair** est plutôt fragile et légèrement aqueuse. Cette espèce n'est pas rare. Elle a son **habitat** sur les terres cultivées, mais elle aime aussi les sous-bois humides; sa station favorite se trouve dans les plantations de peupliers, dont les feuilles mortes sont sa nourriture préférée. Elle apparaît au printemps, en même temps que les Morilles. Le chapeau de ce champignon égale en qualité celui des Morilles. L'espèce a le mérite de croître en troupes relativement abondantes; ce n'est pas un mince avantage, si l'on songe à la rareté des Morilles. Toutefois, elle a l'inconvénient d'être plus petite et plus mince que la Morille conique (*Morchella conica*). D'autre part, elle doit être consommée aussitôt après la cueillette, car elle pourrit avec une extrême rapidité. Du soir au matin, elle n'est plus consommable.

Identification
Cette espèce se reconnaît à son chapeau conique et « morchelloïde » qui semble simplement posé sur l'extrémité du pied. Celui-ci est tubulaire, blanc et légèrement granuleux dans le haut. Sa préférence pour les peupliers est un autre signe d'identification.

Le chapeau de cette espèce est aussi délicat que celui des Morilles, mais, plus mince et plus petit, il manque un peu de volume et doit être cueilli en abondance. Le pied n'a aucun goût et doit être rejeté.

Verpe en forme de dé

Verpa conica (digitaliformis) Swz. ex Pers.

Identification
Son chapeau en forme de dé à coudre est très caractéristique de cette espèce peu répandue en Europe et dont la taille est si modeste qu'il faut beaucoup d'attention pour la découvrir. Ce chapeau semble reposer au bout d'un pied blanc, cylindrique et creux, couvert d'écailles elles aussi de teinte blanchâtre.

Le **chapeau** de cette modeste espèce mesure de 1 à 3 cm de diamètre. Il évoque un dé à coudre qui serait posé au sommet d'un pied. Il est de forme conique — ou plutôt tronconique — et ombiliqué à son sommet. Il est plus ou moins côtelé, ruguleux, de couleur brunâtre sur le dessus, blanc sur la face inférieure. Le **pied** mesure 1 cm de diamètre environ et de 4 à 8 cm de hauteur. Il est ordinairement cylindrique sur toute sa longueur, parfois un peu renflé à la base. Il est creux, blanchâtre, et couvert de petites écailles de la même couleur. Cette curieuse espèce n'est pas communément répandue; elle a ses zones d'élection, relativement restreintes. Aussi beaucoup de mycologues pourtant très expérimentés ne l'ont-ils jamais rencontrée. Elle a son **habitat** dans les forêts de conifères, mais il arrive qu'on la rencontre le long des haies, dans les prés moussus, où elle passe facilement inaperçue à cause de sa petite taille. Sa période de croissance commence avec le printemps; elle a généralement disparu au début de l'été. Il existe dans ce genre une autre espèce, plus petite encore puisqu'elle ne dépasse guère 2 à 4 cm de hauteur. Elle est en général un peu plus pâle. Il est probable, cependant, qu'on ait seulement affaire à une variété naine de la *conica*. De toute manière, le genre *Verpa*, peu nombreux en Europe, ne comprend que des espèces de silhouettes semblables. On pourrait dire que ce sont des Morilles sans alvéoles et comparer les Morilles à de petites colonies de Pezizes qui auraient préféré le travail en série pour diminuer les frais et augmenter leur surface sporifère.

On ignore si cette espèce est comestible ou non. A priori, on est tenté de la croire inoffensive. Toutefois, la minceur et la médiocrité de sa chair, son absence de parfum n'excitent guère la curiosité du gastronome.

Spatulaire jaune

Spathularia flavida Pers.

La famille des Géoglossacées comprend un certain nombre d'espèces qui, toutes, adoptent la forme d'une massue allongée ou globuleuse. Leur consistance est très variable : tantôt ferme, tantôt molle ou gélatineuse. L'**hyménium** recouvre la surface de la massue, ou plutôt du réceptacle. *Spathularia flavida* est un représentant type de cette famille. Elle se caractérise par une **tête** oblongue quelquefois arrondie, obtuse, entière ou divisée au sommet en deux ou trois éléments qu'on pourrait appeler des lobes. Le **pied**, qui est épais, droit, cylindrique, semble descendre de cette tête comme le ferait le manche d'un éventail oriental : il traverse et atteint presque le sommet de la spatule; celle-ci l'entoure sans toutefois le recouvrir. Ce pied est d'autant plus apparent que sa couleur blanche tranche nettement sur le centre du chapeau, d'un beau jaune éclatant. La taille de l'ensemble, chapeau et pied, est très variable, mais le plus souvent modeste : en effet, l'espèce ne dépasse guère 6 à 8 cm de hauteur; il arrive pourtant, dans des endroits favorables, qu'elle atteigne de 10 à 12 cm. Sa **chair** ne présente ni **odeur** ni **saveur**. Ce joli champignon a couramment son **habitat**, en région montagneuse, dans les forêts de conifères, dans les endroits particulièrement humides. Il pousse généralement sous les pins et sous les épicéas, mais il arrive aussi qu'on le rencontre à proximité d'autres essences. Il forme de petits cercles qui sont en général d'une parfaite régularité. Parfois, il vient aussi en troupes isolées. Il croît dès l'été et poursuit ses poussées en automne.

Spathularia flavida n'a, semble-t-il, jamais été testée; on ne sait donc rien de sa comestibilité, mais on suppose qu'elle est inoffensive. Sa chair n'ayant ni odeur ni saveur, elle n'a d'autre intérêt que scientifique.

Identification

Le chapeau de cette espèce est si caractéristique qu'on ne saurait la confondre avec aucune autre. Son pied blanc, qui traverse presque de part en part ce réceptacle d'un beau jaune, est un autre trait distinctif de ce champignon. De plus, on ne le rencontre que dans le voisinage des conifères, de préférence sous les pins et les épicéas. On saura d'emblée reconnaître cette charmante et curieuse Spatulaire.

Léotie visqueuse

Leotia lubrica Pers.

Léotie glissante

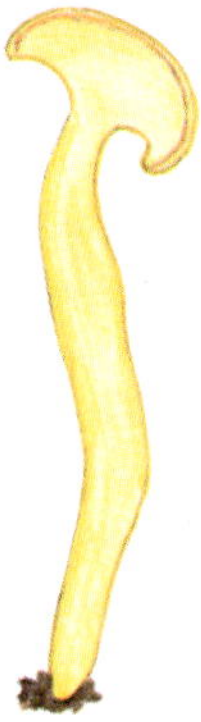

Identification
Cette espèce se distingue grâce à son chapeau gélatineux légèrement déprimé au sommet, débordant et s'enroulant vers l'intérieur, à sa couleur jaune verdâtre, à son pied cylindrique et creux, rempli d'une substance ayant la consistance du blanc d'œuf. Pied et chapeau sont de la même couleur jaune verdâtre.

Le **chapeau** de cette petite espèce mesure de 1 à 2 cm de diamètre. Il est gélatineux mais non gluant, comme celui d'une Trémelle, massif, globuleux convexe, un peu déprimé au sommet, avec des bords anguleux, sinueux, enroulés vers la face inférieure. Il est de couleur jaune brunâtre tirant légèrement sur l'olivâtre. Le **pied** mesure de 3 à 6 cm de hauteur. Il est mince, cylindrique, égal, souvent rempli, au début de la poussée, d'une substance gélatineuse ressemblant à du blanc d'œuf, parfois creux ensuite. Comme le chapeau, sa couleur oscille entre le jaune ocracé et le verdâtre. Ce champignon a son **habitat** dans les forêts de feuillus, sur la terre, mais surtout sur les vieilles souches, qu'il affectionne. Il commence sa croissance en été et on le trouve assez couramment en automne. Il n'est pas comestible. Il appartient à une famille assez nombreuse dont les représentants ont en commun deux caractéristiques importantes : leur forme générale, qui évoque plus ou moins une massue ou une spatule, et leur habitat, toujours situé dans les endroits les plus humides. Presque tous les champignons de cette série sont de petite taille et passent facilement inaperçus. Il faut aller les chercher dans les mousses, dans les sphaignes des marécages, ou même sur les débris qui flottent à la surface des étangs. Certains ont une apparence très gracieuse, mais, dans l'ensemble, ils sont plutôt ternes et n'attirent guère que les spécialistes. Toutefois, il est intéressant de bien connaître quelques-unes de ces espèces qui serviront de point de repère : on pourra ensuite pousser plus loin les investigations et apprendre à mieux connaître ces champignons peu chatoyants, mais aussi importants que les espèces plus spectaculaires.

On ne sait rien des qualités culinaires de ce champignon ; elles sont probablement nulles. En tout état de cause, toxique ou non, sa consistance gélatineuse et sa petitesse ôteraient l'envie à quiconque de tester sa comestibilité.

Xylaire polymorphe

Xylaria polymorpha (Pers. ex Merat) Greville

On voit souvent apparaître sur les vieilles souches des sortes de tubercules noir violacé et de forme tout à fait aléatoire. Portés par une base rétrécie et grêle, ils adoptent les contours les plus irréguliers. Ils sont tantôt cylindriques, tantôt sphériques ou en fuseau, boursouflés, inégaux et tortillés, aigus ou aplatis, au point qu'un œil non averti peut aisément se croire en présence d'espèces différentes. L'adjectif « polymorphe » convient donc à merveille à cette espèce, car peu de champignons sont dotés d'une morphologie aussi variable. Les Ascomycètes ont des asques qui sont toujours enfermées dans de minuscules logettes s'ouvrant vers l'extérieur. Il est à signaler que tous les représentants de ce groupe sont lignicoles : la plupart d'entre eux croissent sur les branches mortes, où ils forment des sortes de pustules noires ou noirâtres d'un aspect peu agréable. Ces excroissances, qui se ressemblent toutes, présentent pourtant des variations, comme le révèle sans ambiguïté l'examen microscopique, toujours passionnant. En effet, l'intérêt de ces champignons réside précisément dans la forme de leurs organes reproducteurs, dont la variété et la beauté compensent l'apparence banale. *Xylaria polymorpha*, quant à elle, est presque le géant du genre. Les tubercules, ou **stomas**, qui le composent mesurent de 10 à 12 cm de hauteur et de 2 à 3 cm d'épaisseur. La **croûte** qui les enveloppe est entièrement noire, rugueuse et percée de minuscules orifices. C'est là que se trouvent les **spores**. L'intérieur est constitué d'une **chair** blanche et fibreuse à la **saveur** inattendue de noisette. Cette espèce a son **habitat** dans les forêts de feuillus. Elle croît dès l'automne, mais sa pleine saison est en hiver.

Identification
Avec un peu d'attention, on reconnaîtra sans difficulté cette espèce à son aspect de tubercule, à sa silhouette irrégulière qui emprunte des formes inattendues, à sa chair blanche, à sa croissance en touffes sur les souches pourries, de préférence de hêtre ou de noisetier.

Quoique d'une agréable saveur de noisette à l'état cru, ce champignon n'a jamais été testé scientifiquement. On ignore donc tout de ses propriétés culinaires et de son inocuité réelle ou supposée. A ne pas consommer.

Hypoxylon du bois

Hypoxylon fragiforme (Pers. ex Fr.) Kickx

Hypoxylon couleur de fraise

Identification
Cette espèce est très facile à identifier : ses boutons rougeâtres puis bruns, durs, qui évoquent une fraise et apparaissent en troupes nombreuses sur l'écorce des branches mortes de hêtre, sont en effet très caractéristiques. Un examen plus attentif révélera les boursouflures du stroma, remarquables sur le fond lisse et farineux de la surface.

Alors que les Sphériales qui colonisent le bois mort sont presque tous de couleur noire ou dans les tonalités noir violacé, *Hypoxylon fragiforme* fait exception. Il est en effet rouge, oscillant tantôt vers le rouille, tantôt vers le saumon. C'est un cas extrêmement rare dans cette famille. Son **stroma**, c'est-à-dire le corps même du champignon, se présente sous la forme de petits tubercules hémisphériques de 1 cm de diamètre au maximum. Ils sont d'abord de teinte saumon rougeâtre, puis virent au rouge et, quand ils commencent à vieillir, deviennent d'un brun fuligineux. La surface du stroma est finement ponctuée de petites verrues, et elle est à la fois farineuse et lisse. Sa consistance est dure et ressemble un peu à celle du charbon de bois. En coupe, avec une loupe, on distingue très bien les **périthèces**, c'est-à-dire les logettes où se forment les asques ; celles-ci mesurent à peine 1 mm de diamètre. Les **spores**, de 12 μ, sont elliptiques, un peu incurvées et de couleur brun sombre. Cette curieuse espèce a son **habitat** dans les forêts de feuillus où les hêtres sont abondants. En effet, ses stromas apparaissent en troupes nombreuses sur les branches mortes de cet arbre, qu'elle colonise de préférence à tout autre. L'arbre prend alors un aspect pustuleux et lépreux caractéristique. Très souvent, on peut observer sur le même arbre les différentes générations qui se sont succédé au cours des ans ; elles sont en général nettement différenciées par la couleur. Ce champignon fructifie dès l'automne, mais on le rencontre aussi en hiver, bien qu'il n'apprécie guère les grands froids. Son architecture est moins évoluée que celle des Xylarias.

Comme beaucoup de champignons lignicoles, *Hypoxylon fragiforme* ne présente aucun intérêt culinaire, encore que sa couleur séduisante puisse attirer des curieux. Ses dimensions et sa texture le rendent inutilisable.

Truffe d'été

Tuber aestivum Vitt.

Truffe de la Saint-Jean

Cette Truffe est une espèce souterraine. Elle se présente comme un **tubercule** globuleux et difforme de couleur brun noirâtre, couvert de verrues ciselées en forme de prisme ou de pyramide tronquée et striées transversalement. La **chair** est d'abord d'un blanc jaunâtre, puis, à mesure du vieillissement, elle se teinte de brun et se marbre de veines blanches très rameuses. Les **spores** sont brunes, réticulées et alvéolées. Cette espèce est assez commune, mais relativement difficile à détecter, puisque sa croissance s'effectue sous terre : on utilise généralement un chien spécialement dressé pour la découvrir, mais on peut aussi se fier au hasard, car ce champignon affleure souvent à la surface du sol ; comme il ne vient jamais en solitaire, on est à peu près sûr qu'il y en a d'autres aux environs. Cette espèce a son **habitat** en terrain calcaire, dans les forêts de feuillus, notamment là où les hêtres sont nombreux, car elle apprécie particulièrement le voisinage de cet arbre. Elle pousse du printemps à l'automne, mais elle est plus abondante au cours de l'été. C'est un assez bon comestible, bien qu'il soit loin de valoir la Truffe noire dite « du Périgord » (*Tuber melanosporum*) dont le parfum est inimitable. On remarquera que chez les Truffes, les asques qui contiennent les spores sont dans des logettes à l'intérieur du péridium. On explique aujourd'hui la formation de ces champignons très particuliers en les assimilant à des Pezizes qui se seraient adaptées à la vie sous terre. Pour ce faire, elles se seraient repliées sur elles-mêmes au point de former un corps sphérique fermé. Par ailleurs, toutes les Truffes vivent en relation mycorhizique avec l'arbre qui les héberge. La Truffe noire, elle, est associée aux chênes et aux noisetiers.

Identification

Cette Truffe, extérieurement de couleur brune, se reconnaît à sa forme de tubercule irrégulièrement sphérique ou oblong, à sa surface piquetée de verrues prismatiques ou pyramidales, à sa chair jaune marbrée de blanc, à son parfum agréable. Sa période de croissance, l'été, est un indice sûr, puisque la Truffe noire vient en automne et en hiver.

La Truffe d'été est un très bon comestible. Cependant, son parfum, pourtant très agréable, n'égale en rien celui de la merveilleuse Truffe noire du Périgord. Elle conférera néanmoins aux mets qu'elle accompagnera ou auxquels on la mélangera une saveur et un fumet appréciables. Tout comme la Truffe noire, on peut la conserver après stérilisation.

Lycogale du bois

Lycogala epidendron L. ex Fr.

Lait-de-loup

Identification
Lycogala epidendron *se reconnaît aux petites sphères rouges qui le constituent. Ces sphères, qui croissent en tous lieux sur les souches de bois mort, contiennent une sorte de lait. A mesure du vieillissement, celui-ci se dessèche et l'ensemble du champignon devient pulvérulent tandis que les spores s'échappent.*

Le Lycogale du bois est le spécimen d'une classe extraordinaire : les Myxomycètes. Au début de leur existence, ces champignons se comportent d'une manière quasi animale. Ils se présentent comme une gelée amorphe, presque invisible, ressemblant à un fragment de blanc d'œuf. Cette gelée est mobile et se déplace sur son support, généralement du bois mort, à la recherche d'une nourriture propice. Quand elle a trouvé un milieu nutritif qui lui convient, elle se fixe, se cristallise, se fragmente et se transforme en organes reproducteurs, souvent de très petites dimensions. Ces organes affectent toutes les formes imaginables et chaque espèce semble faire assaut d'originalité pour dépasser en beauté la voisine. On ne peut malheureusement observer ces espèces qu'à la loupe, mais elles valent la peine d'un regard attentif : elles révèlent au botaniste des spectacles uniques dans le répertoire pourtant infini de la nature. Le Lycogale du bois est une espèce très commune. Elle se développe sur le bois mort et, au stade gélatineux, elle est difficile à observer. Mais une fois la cristallisation opérée, elle forme sur les vieux troncs d'arbres des troupes serrées très visibles. Ces **amas** sont formés de sphères de 2 à 6 mm de diamètre, rose rougeâtre, molles, qui deviennent pulvérulentes. Le **lait** orange vif qu'elles contiennent se dessèche, et les **spores**, déshydratées, s'envolent. La classe des Myxomycètes est répandue dans le monde entier; on la considère comme étant l'un des témoins authentiques de l'état primitif des champignons.

La comestibilité de ce champignon est nulle. S'il ne présente aucun intérêt pour le gastronome, il est en revanche une curiosité pour le botaniste, car il s'agit là d'une des espèces les plus primitives et les plus variées.

Les confusions à éviter

Il est essentiel de détailler très finement les champignons pour éviter les confusions. Une bonne observation est indispensable. Elle doit porter sur la taille, l'âge, la période et le milieu de l'apparition, mais aussi sur la couleur du chapeau, des lamelles, des tubes, de la chair, des spores ou des pores, sur les odeurs dégagées par le champignon, sur la forme du pied, du chapeau, de l'insertion des lamelles et de la présence ou non de volve. L'observation rigoureuse de ces caractères botaniques est l'unique façon d'identifier un champignon avec certitude. Toute autre pourrait avoir des conséquences fatales.

Russules à pied rouge violacé

Les couleurs du chapeau ne sont pas vraiment fiables.
Il vaut mieux s'en tenir aux lamelles, qui présentent différents tons de jaune à maturité.
La diversité des odeurs peut également être déterminante.
Cependant, il vaut encore mieux les tester en les goûtant.

Cuticule veloutée polychrome

Pied rouge vers le haut

Lamelles jaune foncé à maturité

Saveur douce, odeur faible

Russule olivacée
Russula olivacea
p. 58

Cuticule faiblement visqueuse

Lamelles mûres jaune pâle

Pied mauve pâle

Saveur âcre, odeur de groseilles à maquereau cuites

Russule de Quélet
Russula Queletii
p. 64

Cuticule veloutée non polychrome

Spores mûres jaune pâle

Pied entièrement violacé

Saveur douce, odeur de topinambour cuit

Russule amène
Russula amoena
p. 57

Des habitants de prés qui ne sont que des faux frères

Les « Agarics » reproduits ici se distinguent les uns des autres par leur odeur, mais surtout par la couleur de leurs lamelles. Il y a risque de confusion entre mai et juillet, parce que les trois espèces peuvent se présenter ensemble.

Tricholome de la Saint-Georges
Calocybe gambosa
p. 112

Agaric des champs
Agaricus campester
p. 78

Inocybe de Patouillard
Inocybe Patouillardi
p. 157

Oh ! les beaux champignons blancs !

Ni le changement de couleur de la chair ni les différences dans les odeurs ne sont assez sûrs. Avant toute chose, il faut observer la couleur des lamelles et la base du pied. La conjonction de lamelles blanches et d'une volve doit être perçue comme une menace de mort.

Psalliote à pied bulbeux
Agaricus abruptibulbus
p. 81

Amanite vireuse
Amanita virosa
p. 96

Psalliote jaunissante
Agaricus xanthoderma
p. 82

Amanite printanière
Amanita verna
p. 97

Trois Amanites étonnamment ressemblantes

La marge du chapeau et la nature de la volve sont de toute première importance pour distinguer les Amanites. Les débris de volve subsistant sur le chapeau disparaissent avec la pluie et ne sont souvent plus visibles, ce qui peut être la source de confusions dangereuses.

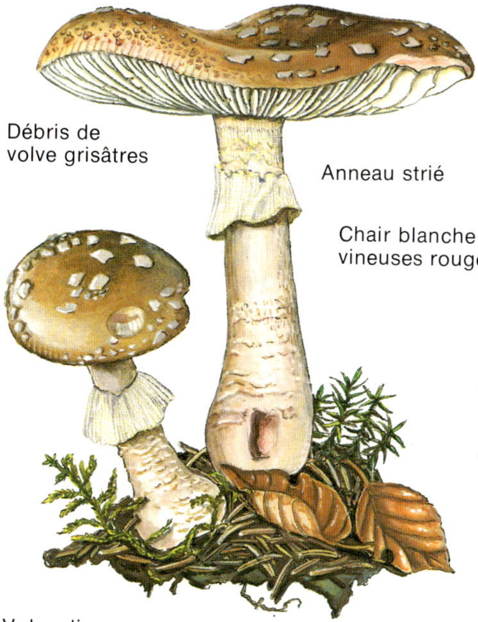

Amanite rougissante
Amanita rubescens
p. 90

Amanite panthère
Amanita pantherina
p. 92

Amanite épaisse
Amanita spissa
p. 91

Champignons de belle taille, gris ou ocracés

Les trois champignons sont de couleur et de taille analogues, mais se distinguent entre eux par la couleur de leurs spores, la présence d'un mamelon sur le chapeau ou l'insertion des lamelles, décurrentes chez les Clitocybes, échancrées chez l'Entolome. Leur odeur est analogue.

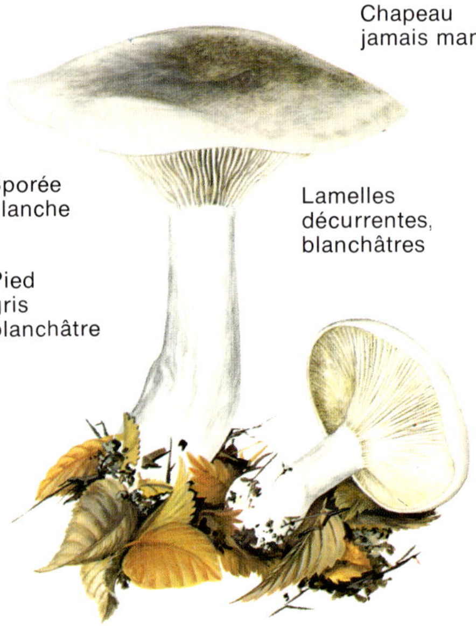

Clitocybe nébuleux
Lepista nebularis
p. 108

Clitocybe géotrope
Clitocybe geotropa
p. 114

Entolome livide
Entoloma sinuatum
p. 138

La Chanterelle et ses semblables

Les deux Cortinaires ont des lamelles échancrées, alors que la Chanterelle a des plis décurrents descendant très bas sur le pied. C'est donc en retournant les champignons qu'on verra le mieux leurs différences. En dernier ressort la couleur des spores permet de lever toute équivoque.

Chanterelle comestible
Cantharellus cibarius
p. 224

Cortinaire couleur de rocou
Cortinarius orellanus
p. 152

Cortinaire superbe
Cortinarius speciosissimus
p. 153

Des Agarics venant sur le bois et difficiles à distinguer entre eux

Les Agarics qui poussent en touffes sur du bois présentent de nombreuses variétés. La couleur des lamelles, le revêtement du pied et leur habitat, sur bois de feuillus ou de conifères, fournissent les caractères les plus importants pour pouvoir les distinguer.

Pholiote changeante
Kuehneromyces mutabilis
p. 170

Galère marginée
Galerina marginata
p. 165

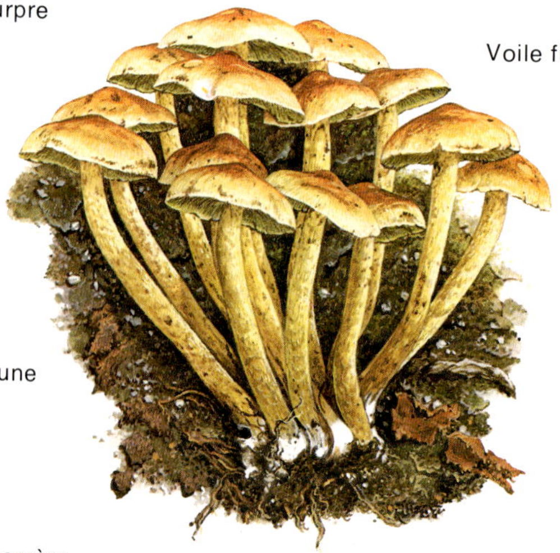

Hypholome en touffe
Hypholoma fasciculare
p. 171

Des Bolets bruns au pied épais

Les Bolets bruns se distinguent surtout par la couleur de leurs spores, de la chair et la présence éventuelle d'un réseau sur le pied. Le bleuissement n'est pas un signe de toxicité à lui seul. Le Bolet amer n'est pas comestible, bien que peu dangereux.

Chapeau brun noisette

Pores verdâtres

Réseau du pied fin et blanchâtre

Chair blanc pur à la coupe ; saveur douce

Cèpe de Bordeaux
Boletus edulis
p. 184

Chapeau bai

Chair jaune blanchâtre, bleuissant à la coupe ; saveur douce

Pores verdâtres

Pied sans réseau

Bolet bai
Xerocomus badius
p. 194

Chapeau brun miel

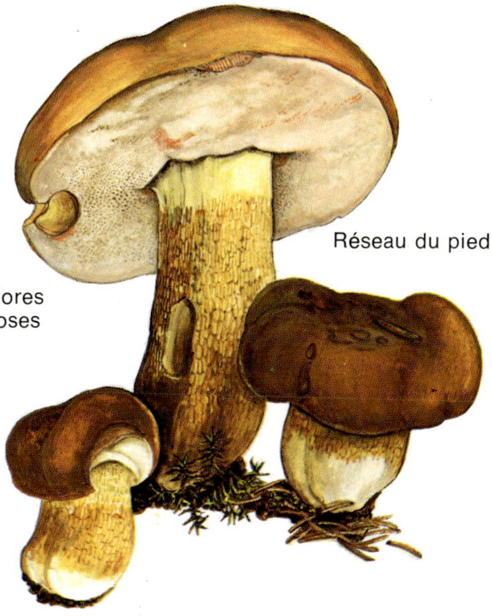

Réseau du pied épais, en relief, foncé

Pores roses

Chair blanche ; saveur amère à la coupe

Bolet amer
Tylopilus felleus
p. 193

Bolets à pores rouges

Tous les Bolets à pores rouges ont la chair bleuissante.
Il faut donc noter la couleur initiale de la chair immédiatement après la coupe.
Pour mieux les distinguer, on peut également observer la surface du pied :
soit elle est mouchetée, soit elle est ornée d'un réseau.

Bolet à pied rouge
Boletus erythropus
p. 189

Bolet Satan
Boletus Satanas
p. 192

Bolet blafard
Boletus luridus
p. 190

Les champignons microscopiques

Au cours de ses promenades en forêt, l'amateur de Cèpes ou de Girolles ne prête guère attention aux minuscules végétations qui percent sous les écorces ou tapissent brindilles et feuilles mortes. Ce sont pourtant là des champignons, dont les structures de petite taille ne sont visibles qu'à l'aide d'une forte loupe ou d'un microscope. L'étude de ces Micromycètes, champignons microscopiques, est une discipline qui révèle une étonnante diversité de formes et de structures. Mais ce n'est pas seulement un divertissement pour chercheurs spécialisés : ces organismes minuscules sont une forme de vie partout présente et active, bénéfique ou redoutable; ils sont impliqués dans le maintien des équilibres biologiques naturels et ils interviennent de multiples façons dans l'économie humaine.

A la différence des plantes vertes, qui se nourrissent « de l'air du temps », les champignons ont besoin d'aliments carbonés complexes, d'origine animale ou végétale. Ils se comportent en décomposeurs de la matière organique, très efficaces grâce à leur équipement enzymatique puissant et varié (les enzymes étant les agents des réactions chimiques), à leur rapidité de croissance et à leur grande capacité de dispersion.

Bon nombre de Micromycètes se développent sur des substrats organiques inertes : feuilles mortes, débris végétaux, cadavres d'animaux, excréments, etc. ; ce sont des saprophytes. Ils dégradent la cellulose, la chitine, la kératine, la lignine en petites molécules assimilables que le champignon absorbe pour construire sa substance vivante, ou qui retournent au sol où elles pourront être réutilisées par les racines des plantes supérieures. Ainsi les champignons contribuent à la destruction des déchets encombrants et assurent le recyclage des éléments indispensables à la vie. Cette biodégradation est exploitée par l'homme pour valoriser des sous-produits de l'agriculture : rafles de maïs, bagasses de canne à sucre ou résidus de manioc. On y fait pousser des moisissures cellulolytiques *(Aspergillus niger)*, qui prédigèrent les fibres peu comestibles; le substrat s'enrichit des protéines du champignon. Un matériau de rebut, à l'origine peu nutritif, peut alors servir d'aliment pour le bétail.

Parasites et prédateurs

D'autres champignons microscopiques empruntent leur substance à ces hôtes vivants, qu'ils condamnent au dépérissement ou à la mort. De nombreuses maladies des cultures sont ainsi provoquées par des champignons parasites : mildiou de la pomme de terre, oïdium de la vigne, maladie de l'orme, rouilles des céréales, chancres, charbons, anthracnoses, etc. ; leurs incidences économiques sont parfois très graves. Les agents de ces affections parasitaires, souvent spécifiques, se recrutent dans tous les groupes de champignons. De nombreux parasites secondaires, peu ou non spécialisés *(Alternaria, Cladosporium, Epicoccum)*, colonisent des végétaux sénescents ou affaiblis ; on les trouve en fin de saison sur les tiges sèches, les feuilles fanées et les chaumes. Ils termineront leur cycle végétatif dans la litière des feuilles mortes, où ils ne tarderont pas à céder la place aux populations de saprophytes.

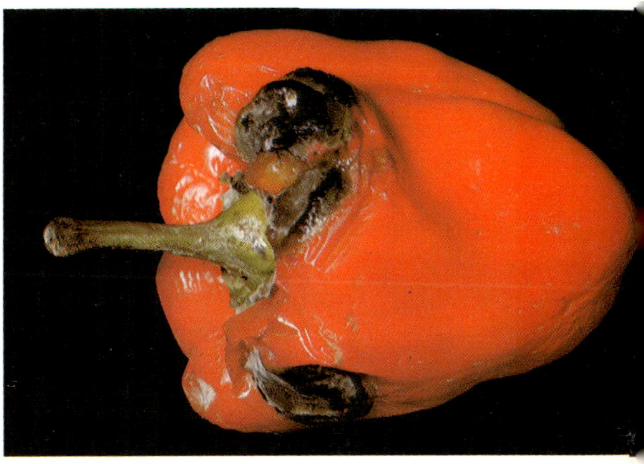

Alternaria solani est responsable des taches noires qui se développent sur certains fruits, tels les poivrons et les tomates, en fin de végétation.

Dans les couches superficielles du sol règne donc une vie intense où se manifestent, entre les micro-organismes de toute nature, des associations, des compétitions, des antagonismes. Les agronomes tentent d'exploiter les incompatibilités naturelles pour la lutte biologique contre les ennemis des cultures, en favorisant le développement des Micromycètes inoffensifs au détriment des parasites des racines.

Ce mode de traitement est efficace aussi contre les attaques des insectes (hannetons, cochenilles) ou des nématodes (vers ronds : anguillules). Ces animaux, comme d'ailleurs les animaux supérieurs et l'homme, sont en effet les hôtes potentiels de champignons parasites : la maladie du ver à soie, causée par un *Beauveria*, est connue depuis cent cinquante ans, et on dénombre actuellement des dizaines de genres de Micromycètes inféodés aux insectes. Quant aux relations des Micromycètes avec les nématodes, elles sont tout à fait remarquables. Certains champignons prédateurs capturent ces vers par toutes sortes de pièges : boutons collants, lacets, colliers étrangleurs; on les utilise avec succès dans les champignonnières pour enrayer toute attaque du « blanc » (mycélium ou appareil végétatif) de champignon par les nématodes.

Les champignons pathogènes de l'homme et des animaux supérieurs sont relativement peu nombreux. Quelques espèces, surtout d'origine tropicale, sont responsables de mycoses profondes (affections dues à des champignons parasitaires), attaquant les organes internes; les aspergilloses pulmonaires ne sont pas rares chez les oiseaux en captivité, et elles existent chez l'homme. Les mycoses les plus fréquentes restent localisées à la peau et aux phanères (cheveux, ongles); leurs agents pathogènes (qui peuvent causer une maladie), ou dermatophytes, c'est-à-dire les champignons microscopiques parasites de la peau, se recrutent exclusivement chez les champignons imparfaits *(Trichophyton)*. Par ailleurs, une levure normalement saprophyte de l'intestin, *Candida albicans,* peut devenir agressive et entraîner divers types de candidoses, variété de mycoses; un nombre indéterminé de saprophytes dits « opportunistes » se développent aux dépens d'organismes débilités. Les effets pathologiques des champignons peuvent encore se manifester, chez les sujets prédisposés, par des allergies respiratoires ou cutanées (l'agriculteur qui manipule du foin moisi).

Dans l'arsenal thérapeutique opposé aux

Les agrumes entreposées sont souvent attaquées par une moisissure bleue due au *Penicillium italicum,* ou par le *Penicillium digitatum* vert olive.

mycoses humaines figure la griséofulvine, antibiotique isolé de *Penicillium griseofulvum*. Les antibiotiques sont des substances toxiques sécrétées par de nombreux microorganismes du sol, dont les champignons, et qui freinent le développement des bactéries ou des autres champignons; leur toxicité vis-à-vis de l'homme en limite le choix. De tous les antibiotiques provenant de champignons utilisés actuellement en thérapeutique (pénicillines, céphalosporines), seule la griséofulvine agit sur les dermatophytes.

Les moisissures

Les Micromycètes saprophytes rencontrent dans notre environnement de multiples substrats organiques convenant à leur subsistance; les produits alimentaires, les grains, les textiles, le papier, le bois, le cuir et bien d'autres matériaux et produits fabriqués s'offrent ainsi au développement des contaminants. On réserve le nom de moisissures aux champignons microscopiques saprophytes qui s'immiscent dans nos activités et notre économie. Ils se recrutent principalement parmi les Mucorales à végétation rapidement envahissante, qui colonisent surtout les produits sucrés ou amylacés (qui contiennent de l'amidon), et les champignons imparfaits; ceux-ci produisent en surface des spores généralement très nombreuses et de petite taille, aisément dispersées dans l'atmosphère *(Penicillium);* leur équipement enzymatique leur permet souvent d'assimiler des produits complexes, telle la cellulose.

Les produits alimentaires — même les confitures — se couvriront certainement de moisissures fort variées si le taux d'humidité est excessif.

Les moisissures se développent habituellement sur des supports humides. Traditionnellement, on conserve les produits alimentaires en les desséchant, ou en fixant l'eau par le sucre (confitures) ou le sel (salaisons); toutefois, les *Aspergillus* du groupe *glaucus* et d'autres moisissures dites xérophiles, c'est-à-dire capables de végéter sur des produits secs, par exemple dans les silos de grains si la teneur en eau atteint 13,5 %. L'optimum de température se situe, pour la plupart des espèces, entre 20 et 25 degrés; mais on trouve des moisissures psychrophiles (qui vivent à de basses températures) jusque sur la viande congelée et dans les réfrigérateurs; quelques autres, thermophiles (qui supportent des températures élevées), survivent à la cuisson du pain ou à la stérilisation en bocaux. En fait, il est pratiquement impossible dans la vie courante d'éviter le développement des contaminants. Les remèdes les plus efficaces contre les moisissures sont les mesures préventives d'hygiène et de protection.

Les effets des moisissures sont multiples et souvent déplaisants. On qualifie de biodétérioration toute modification indésirable des caractéristiques d'un produit économiquement intéressant, par l'effet des organismes vivants. Leurs manifestations vont du simple défaut d'aspect à la détérioration profonde du produit, littéralement « mangé ». Les substances chimiques produites par le champignon contribuent secondairement à l'altération des matériaux. L'eau et la chaleur dégagées par la respiration entretiennent des conditions favorables aux moisissures ; des pigments noirs ou rougeâtres tachent le papier, les tissus, le plâtre des murs moisis ; des substances suintantes et corrosives troublent le verre des instruments d'optique. Les produits alimentaires — foin, tourteaux, farines pour le bétail — souillés par ces contaminants peuvent être toxiques et parfois cancérigènes pour les animaux qui les consomment ; les mycotoxicoses humaines sont heureusement exceptionnelles.

Levures et fermentations

Les levures sont des champignons microscopiques constitués par des cellules bourgeonnantes qui s'assemblent en colonies. En cultures aérées, elles se multiplient activement. Par leur richesse en acides aminés, et notamment en lysine, elles sont une source non négligeable de protéines, utilisées surtout en complément de l'alimentation animale. Le support carboné est fourni par des résidus organiques variés : sous-produits de laiterie, effluents de papeterie, déchets de sucrerie, et même les parafines du pétrole.

Fortement grossi, voici le *Penicillium roqueforti* qui se développe dans les cavités de la pâte d'une tranche de roquefort et contribue à sa saveur.

En l'absence d'air, *Saccharomyces cerevisiae* et d'autres espèces transforment les sucres en alcool et gaz carbonique. La fermentation alcoolique est à l'origine de la fabrication empirique ou industrielle des boissons fermentées : bière, vin, cidre, etc. Le produit de base est un jus sucré (fruits) ou de l'amidon (orge, riz) préalablement hydrolysé (l'orge est « malté ») ; le gaz carbonique (CO_2) qui se dégage des cuves de fermentation peut être récupéré comme neige carbonique. Dans la panification, c'est le gaz de la fermentation qui fait lever la pâte et donne au pain sa structure spongieuse.

Certaines moisissures *(Rhizopus, Mucor, Aspergillus)* ont les mêmes propriétés enzymatiques (les enzymes étant les agents des réactions chimiques) que les levures et sont utilisées pour les fermentations, surtout en Extrême-Orient.

Dans l'industrie fromagère, des champignons spécifiques interviennent au stade de la maturation des fromages : *Penicillium caseicolum* pour les produits à pâte molle et « croûte fleurie » (camembert, brie, carré de l'Est) ; *Penicillium roqueforti* dans les fromages à pâte dite persillée (roquefort et bleus).

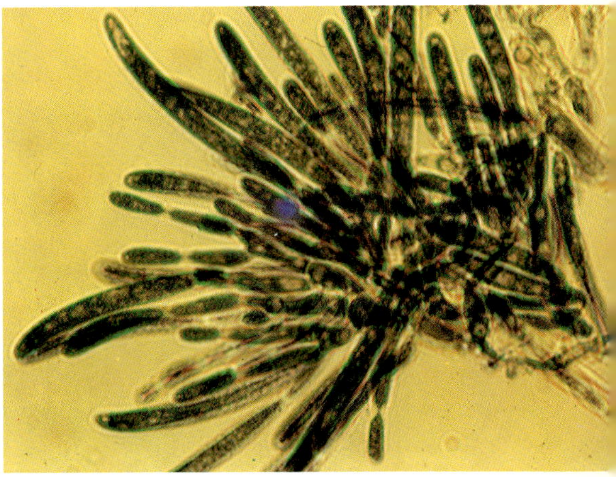

Le *Fusarium solani,* observé ici au microscope, peut être à l'origine d'une pourriture sèche des tubercules de pommes de terre.

Le comportement des champignons dans la nature révèle des aptitudes biochimiques variées ; la technique de culture en fermenteurs permet de contrôler et d'exploiter les réactions de synthèse et les bioconversions réalisées par les moisissures. C'est ainsi que sont fabriqués les antibiotiques. Dans certaines conditions de développement, des acides organiques s'accumulent dans les milieux de culture de champignons spécifiques : *Penicillium* et *Aspergillus ;* quelques-uns sont exploités industriellement.

Les levures sont des sources importantes de vitamine B et d'ergostérol. Les gibberellines, hormones de croissance utilisées en horticulture, sont produites par un *Fusarium.* L'emploi dans diverses industries d'enzymes empruntées aux champignons tend à se généraliser. Enfin, les spores de moisissures rendent possibles des transformations chimiques délicates, comme celle des stérols.

Un petit nombre d'espèces de moisissures ont été jusqu'ici explorées. La recherche dans ce domaine ouvre des perspectives d'application de leurs potentialités biochimiques, tant dans la technologie alimentaire que dans les industries chimiques et pharmaceutiques.

A LA RECHERCHE DES CHAMPIGNONS

La cueillette des champignons

Au début, on est souvent très embarrassé devant les espèces si diverses qu'on rencontre au cours d'une promenade, et on a envie de connaître leurs noms. La méthode la plus sûre est de partir des espèces les plus communes, pour lesquelles aucune erreur n'est possible, puis, par analogies successives, de reconnaître d'autres espèces faciles, et ensuite de s'aventurer peu à peu vers les plus ardues.

Le matériel de ramassage

Mais il y a quelques précautions à prendre. Pour commencer, veillez au matériel de récolte. Il semble que ce n'est rien, mais faites attention. Pour récolter des Cèpes, un panier solide vous suffira sans doute. Mais si vous voulez cueillir des espèces fragiles ou minuscules pour les étudier ensuite, il vous faudra prévoir des récipients convenables. On peut conseiller l'usage des boîtes en plastique rigide et transparent dont se servent les pêcheurs pour ranger leurs hameçons et leurs amorces. Ces boîtes sont divisées en compartiments, ce qui vous permettra de conserver en bon état les espèces les plus ténues. C'est indispensable pour les Mycènes, les Marasmes et beaucoup d'autres petites espèces, qui méritent autant que des espèces plus volumineuses d'être identifiées et connues. Si vous essayez de ranger une petite Mycène au milieu d'espèces plus grandes, il n'en restera rien quand vous serez rentré chez vous. Elle sera écrasée et réduite en bouillie, ou elle sera complètement déshydratée et aura perdu toute son apparence originale. Tandis que dans une boîte hermétique, à l'abri du contact avec des espèces plus massives, elle restera intacte et pourra se prêter à tous les examens et toutes les analyses possibles.

Vous aurez avantage aussi à vous munir de boîtes un peu plus grandes en carton pour les espèces moyennes et fragiles qui demandent une protection dans le transport : enfermées ainsi, leur odeur se confine et devient bien plus perceptible que dans la nature. Il existe, par exemple, des espèces toxiques, presque inodores sur le frais, mais qui, enfermées, dégagent une odeur permettant de les identifier sans risque d'erreur.

Ayez aussi une bonne loupe, que vous porterez en sautoir, selon la tradition. Elle vous sera très utile pour examiner de près certains détails de la structure d'un spécimen mal visibles à l'œil nu. Tel pied furfuracé, tel ornement du bord des lamelles, telle ponctuation sur le chapeau ne se révéleront souvent que grâce à un grossissement suffisant.

Commencez toujours par observer de très près vos trouvailles. Voyez si elles ont un pied — et comment il est fait —, car sa forme vous donnera déjà des renseignements importants. Il peut être charnu, creux, cortiqué, tubulaire, filiforme, cassant, tenace, élastique... Il peut être pourvu d'une volve et d'un anneau. Cet anneau peut avoir des formes très différentes, et vous le noterez. Voyez ensuite s'il a des lamelles, et quelle en est la couleur. Car des lamelles blanches vous diront que les spores sont blanches ; des lamelles brunes vous préciseront que les spores sont ocracées, et des lamelles passant du rose au pourpre noirâtre donneront des spores pourpres. Notez ensuite la couleur du chapeau, voyez si sa cuticule est ou non séparable, respirez son odeur, qui peut être caractéristique, et goûtez-en au besoin un fragment pour savoir si votre exemplaire est doux, âcre ou amer.

Vous verrez aussi si votre champignon est pourvu de tubes sous son chapeau, et ce sera un Bolet ou un Polypore au sens large ; s'il a des aiguillons, ce sera un Hydne ; ou bien, s'il ne possède aucun ornement, il appartiendra à l'immense ordre des Aphyllophorales, c'est-à-dire des champignons sans lamelles.

Si vous rencontrez des champignons en forme de coupe plus ou moins développée, parfois minuscules, vous serez presque sûrement en présence de Pezizes, qui sont fort rares et difficiles à identifier. Ce sont des Ascomycètes, de constitution très simple et sans intérêt gastronomique. Dans cette classe, il n'y a que les Morilles, reconnaissables au premier coup d'œil, qui méritent les honneurs de la table.

On ne devrait jamais récolter pour la table avant de connaître parfaitement les espèces dangereuses, qu'elles soient mortelles ou toxiques. Autant que possible, il faut donc commencer par connaître ces espèces. Lisez leur description et étudiez leur reproduction avec le plus grand soin pour être sûr de les reconnaître dans la nature, recensées dans le chapitre sur les champignons vénéneux (p. 295).

Récoltez toujours très proprement et prenez bien soin de ne pas déterrer le mycélium, c'est-à-dire l'appareil végétatif. Vous débarrasserez les espèces comestibles de toutes leurs parties gâtées ou terreuses, mais les autres devront être rapportées entières, pour n'en perdre aucun détail. En règle générale, vous rapporterez votre récolte à la maison, en mettant à part les espèces que vous connaissez déjà, et en réservant celles que vous espérez pouvoir identifier ensuite. Un ouvrage comme celui-ci vous mettra sur la voie, et le plus souvent vous donnera au moins le genre auquel appartient votre espèce.

Ces champignons jaunes sont de délicieuses Chanterelles comestibles *(Cantharellus cibarius)*, appelées aussi Girolles. Ceux au chapeau noirâtre s'appellent Trompettes des morts *(Craterellus cornucopioides)*.

Enfin, si vous le pouvez, faites vos débuts avec quelqu'un qui ait déjà de l'expérience. Il n'y a pas de sciences pour lesquelles la tradition orale soit aussi importante. La compagnie d'un bon mycologue vous évitera beaucoup de tâtonnements et beaucoup d'erreurs qui font perdre du temps.

Le microscope

Plus tard, vous aurez besoin d'un microscope. Au début, un microscope qui vous donnera un grossissement de 1 000 diamètres vous suffira largement pour voir la forme et la taille des spores, moyennant une grille spéciale facile à adapter. Pour se servir d'un microscope, il est bon de prendre quelques leçons, par exemple auprès de votre pharmacien ou au laboratoire de l'hôpital le plus proche. Et si vous voulez vous perfectionner, vous achèterez un bon microscope binoculaire, avec lequel vous verrez les moindres détails de structure des espèces que vous examinerez.

L'usage du microscope ne va pas sans celui des réactifs, car beaucoup de détails ne sont visibles que si on peut les colorer convenablement. Le plus utilisé de ces réactifs est celui dit « de Melzer », du nom du mycologue qui l'a inventé. C'est un réactif qui colore en violet noirâtre les ornements de spores des Russules et des Lactaires, entre autres, et qui permet de distinguer certaines espèces d'autres qui leur ressemblent terriblement à l'œil nu. D'autres réactifs sont utilisés pour leurs effets sur la chair ou la cuticule du champignon, et beaucoup des réactions ainsi obtenues sont tout à fait spécifiques. La plus célèbre est la réaction verte au sulfate de fer présentée par toutes les Russules du groupe *xerampelina,* et pas du tout par les autres. Mais ce n'est là qu'un exemple entre des centaines.

Constituer un herbier

Pour conserver des champignons, s'il s'agit de faire des conserves pour la cuisine, vous trouverez tous les détails au chapitre « Les champignons et la cuisine ». Mais si vous voulez faire un herbier de champignons, il faut simplement les faire sécher. Le meilleur moyen est de les couper en morceaux s'ils sont gros et de les mettre sur un grillage au-dessus d'une source de chaleur douce qui les déshydratera rapidement. Le plus simple pour ce faire est de construire une grosse cage en carton surmontée d'un grillage, et au fond de laquelle vous allumez une ampoule électrique de 40 watts. Après avoir fait dessécher les spécimens, ce qui vous permettra ensuite tous les examens microscopiques possibles, vous les enfermerez dans des sachets en plastique hermétiques avec une pincée d'insecticide pour éviter qu'ils soient dévorés par des larves qui les réduiraient en poussière.

L'habillement du cueilleur

Il y a enfin un accoutrement de mycologue qui n'est pas à négliger. Comme il faut sortir par tous les temps et herboriser dans des milieux souvent boueux ou marécageux, le mieux est d'avoir un bon imperméable, avec un capuchon de préférence. Aux pieds, des chaussures qui réellement ne prennent pas l'eau, ou, quand on les supporte, des bottes en caoutchouc : elles permettent de s'enfoncer dans la tourbe ou dans les bourbiers sans dommage. En arrière-saison, n'oubliez pas un cache-nez, ou un gros foulard, car un mauvais rhume est vite attrapé sous une averse glaciale et par grand vent. Une canadienne n'est pas à dédaigner dans certains cas. Mais ce sont là des questions purement personnelles, et chacun doit se vêtir selon son tempérament.

Où trouver des champignons ?

On peut en trouver partout, puisqu'ils colonisent tous les milieux disponibles. Mais il y a quand même des endroits privilégiés où on aura plus de chances qu'ailleurs de les rencontrer. A la campagne, ce sont les prairies naturelles et les forêts qui sont le plus fertiles.

Prairies et pâturages

Il faut vraiment parler de « prairies naturelles », car, de plus en plus, au lieu de laisser l'herbe pousser comme elle veut, on retourne les vieux prés, on les gave d'engrais, et on y sème des espèces de Graminées à haut rendement qui procurent un fourrage plus nourrissant que celui que donne la nature laissée à elle-même. Or, ces prés ainsi traités sont très pauvres en champignons et on n'y trouve pas grand-chose d'intéressant. Il faut en effet que les mycéliums, c'est-à-dire l'appareil végétatif, aient le temps de s'installer, et il semble que ces milieux enrichis artificiellement ne leur soient pas favorables.

Il en va de même, mais à un moindre degré, des vieilles prairies sur lesquelles on aura épandu des nitrates ou des phosphates pour les « régénérer ». S'il est vrai que ces engrais provoquent une belle poussée de l'herbe et y font venir des Légumineuses, les mycéliums n'y résistent pas et disparaissent purement et simplement. La preuve : alors qu'autrefois les prairies étaient ocellées de cercles verts dessinés par les mycéliums en pleine activité, ces « ronds de sorcières » sont devenus très rares, ou même ont complètement disparu.

C'est un grand dommage, car c'est dans ces cercles qu'on pouvait récolter en automne toute une série de *Lepista,* surtout *rebularis* (Clitocybe nébuleux), *personata* (le Tricholome sinistre), ainsi que *Marasmius oreades* (Marasme des oréades). On trouve aussi là toute la série des Hygrophores d'automne et qu'on ne voit que dans les prés : le délicieux Hygrophore blanc de neige *(Camarophyllus niveus)* qui ne demande que de la patience pour sa récolte, l'Hygrophore rouge ponceau *(Hygrocybe punicea),* charnu et qui a le goût de poulet, et toutes les tribus des petits Hygrophores vivement colorés de jaune, de rouge et de vert, qui sont sans intérêt culinaire mais extrêmement gracieux et plaisants à voir et à déterminer. Si les techniques culturales d'aujourd'hui continuent et se font encore plus sévères, toutes ces espèces seront bientôt des souvenirs historiques, et les jeunes mycologues envieront les vieux qui leur raconteront que dans l'ancien temps ils les avaient vues.

Dans les pâturages de montagne, les engrais à la mode sont toutefois d'un usage plus rare, et c'est là qu'on peut encore rencontrer ces espèces qui dans la plaine deviennent de véritables raretés. Il en va de même pour le Clitocybe géotrope *(Clitocybe geotropa),* qui de tous nos champignons est celui qui forme les plus grands cercles. Heureusement, s'il disparaît des prairies, il semble se réfugier dans les forêts, et on a la chance de le trouver fréquemment, surtout sous les conifères en terrain calcaire. Le Tricholome de la Saint-Georges *(Calocybe gambosa)* en fait autant, et s'il a été chassé des prairies, il a trouvé refuge dans les bois et dans les haies où il se trouve à l'abri des nuisances chimiques qui le tuent en terrain cultivé.

Forêts et bois

Mais c'est évidemment dans les forêts qu'on trouvera le plus grand nombre d'espèces. La raison en est évidente : d'abord, le terreau formé par les résidus des feuilles mortes et des branches pourries est un milieu riche et sans cesse renouvelé. Et surtout, les arbres hébergent en symbiose une quantité d'espèces qui ne peuvent vivre sans eux et réciproquement. La conséquence en est que plus une forêt est variée, et plus grand sera le nombre des espèces disponibles. Ainsi, dans une hêtraie pure, on ne trouvera que les champignons attachés spécifiquement au hêtre, plus ceux qui sont indifférents aux arbres qui les hébergent et qu'on trouvera aussi bien sous les feuillus que sous les conifères, comme l'Amanite rougissante. Mais si la forêt est mêlée de chênes, de charmes, de trembles et de bouleaux, alors se montrera une variété considérable, faite des champignons associés à ces essences. Si, de plus, comme il arrive en montagne, il s'y mêle des conifères, pins, sapins et épicéas, ce sera la grande fête, et il n'y a guère d'espèces classiques qui ne puissent trouver place dans ce milieu privilégié.

Les Bolets de toute sorte notamment préfèrent ces forêts mêlées, et c'est là que vous en ferez les plus belles récoltes, avec des surprises à chaque pas. Les Chanterelles aussi se trouvent dans ces milieux à texture variée, mais elles sont capricieuses, et il semble bien que dans certaines régions elles soient en régression du fait d'une récolte excessive.

Les forêts de conifères pures sont peut-être les plus attrayantes. Outre qu'une plantation régulière d'épicéas est particulièrement confortable, le sol parfaitement uni et dépourvu de végétation herbacée permet de voir de loin la moindre espèce qui pointe et qui se repère facilement. De plus, les épicéas — dont les écologistes disent tant de mal — sont dans la plaine une rare aubaine pour les mycologues. En effet, on trouvait autrefois beaucoup d'espèces qui leur sont associées uniquement dans la montagne, qui est leur lieu naturel de reproduction. Mais ces espèces les ont heureusement suivis dans la plaine, où vous verrez maintenant une quantité de Cortinaires sur lesquels pâlira votre patience de déterminateur. Un exemple curieux est celui de l'espèce peu commune *Psalliota augusta,* ce merveilleux champignon, souvent géant, qui étale son chapeau charnu et tout couvert de belles mèches brunes appliquées au-dessus d'un pied puissant et massif, et dont le parfum de bergamote est unique. Cette espèce superbe était donnée par les mycologues anciens comme ne se trouvant que dans les hautes montagnes. Or, depuis qu'on a planté partout des épicéas, elle les a suivis, et elle s'est si bien adaptée que désormais elle est plus commune en plaine que dans ses montagnes d'origine.

Il faut noter encore que, si les arbres dits « sociaux », c'est-à-dire ceux qui peuvent à eux seuls former des peuplements complets, comme les pins, les chênes, les hêtres, sont suivis régulièrement de champignons associés à leurs racines, il y a en revanche des arbres qui n'ont jamais de commensaux. Ainsi les érables, les frênes, les ifs n'ont pas de compagnons attitrés, et c'est peut-être pourquoi dans les forêts ils vivent toujours isolés.

Que dire de l'altitude ? Certaines espèces ne se trouvent que « là-haut », et beaucoup de Cortinaires ne descendent jamais dans la plaine. En revanche, un grand nombre d'espèces ne se trouvent pas en altitude. Par exemple, l'Amanite phalloïde *(Amanita phalloides)* est extrêmement rare au-dessus de 700 ou 800 mètres. L'Amanite des Césars *(Amanita Caesarea)* elle-même, si elle se rencontre assez haut dans le Midi ou en Corse, où elle est montagnarde, dans les régions du Nord où elle est toujours assez rare, on ne la voit qu'en plaine et dans les endroits les plus abrités, sous les chênes ou les châtaigniers. C'est là une affaire d'expérience, et aussi de conditions locales qu'on apprend à connaître quand on herborise depuis longtemps sur un seul et même territoire.

Le terrain

Il est bon de connaître aussi la nature du terrain sur lequel on travaille. Ainsi, si les Cèpes sont indifférents à la composition du sol, et se trouvent aussi bien dans les Vosges que dans le Jura, le Bolet amer *(Tylopilus felleus)* ne se voit qu'en terrain siliceux ou acide. De même, si vous voyez des Amanites citrines, c'est que le sol est acide. L'Amanite printanière ne vient que sur le calcaire, tandis que l'Amanite vireuse, qui lui ressemble, ne croît que sur la silice. Les espèces les plus acidophiles sont celles qui viennent dans les tourbières, dont le pH peut être de 4,5 tout au plus. Mais si ces espèces-là font le bonheur des déterminateurs à cause de leur rareté, elles désespèrent le mycophage, car elles sont souvent si maigres qu'il n'y en a pas, ou presque pas, qui méritent la récolte pour la table.

Les jardins

Un autre milieu intéressant est constitué par les parcs et les grands jardins. En effet, il s'y trouve un grand nombre d'espèces d'arbres, et de larges pelouses y sont ménagées entre les ombrages. C'est souvent dans ces parcs qu'on peut trouver des espèces rares. C'est là, sous les tilleuls, que vous verrez la

Au pied des souches des vieux chênes, vous trouverez l'été durant ces touffes de Collybies à pied en fuseau *(Collybia fusipes)*. Le pied mis à part, ce champignon est d'une grande finesse lorsqu'il est jeune.

superbe et délicieuse Amanite solitaire *(Amanita solitaria)*, et, tout près de Paris, au parc de Vincennes, il est fréquent de voir dans les pelouses de superbes poussées de « champignons roses » (Agaric des champs, *Agaricus campester)* ou de « pieds bleus » *(*Tricholome nu, *Lepista nuda)*, entre autres.

Les souches

Et n'oubliez jamais de vérifier ce qui peut pousser sur les vieilles souches. Elles hébergent souvent de très beaux champignons tels les Polypores, des Plutées, des Pholiotes, dont l'étude est presque toujours facile et instructive. Vous verrez que ces champignons jouent leur rôle en digérant peu à peu ces souches et les font retourner à l'humus originel, en les mettant ainsi à la disposition des arbres, qui s'en nourrissent à leur tour.

L'ensemble des champignons se trouve aussi bien en Belgique, en Suisse et en France. Mais les sites et les forêts n'y sont pas les mêmes. Les forêts du midi de la France sont surtout faites de pins, et on y trouvera certaines espèces très rares dans le Nord. Ainsi l'Amanite des Césars *(Amanita Caesarea)* est très rare au nord de la Loire. De même certaines Amanites ne poussent en France que dans les Landes ou sur le rivage de Provence. Mais certains sites du Midi, en apparence assez revêches, comme les garrigues ou les maquis, sont très riches en espèces de toutes sortes et doivent être explorés de près. On ne peut guère espérer récolter la Truffe à spores noires *(Tuber melanosporum)* en dehors de son aire naturelle : le Périgord. Dans le Nord, on ne trouvera que les Truffes d'été *(Tuber aestivum)* d'une qualité tout à fait inférieure.

Enfin on peut être mycologue sans sortir de son laboratoire et sans quitter son microscope ou ses réactifs. Mais c'est aussi de la Mycologie que d'être ce qu'on appelle un mycologue de terrain, qui sait comprendre ce qu'il voit, et entend le langage de la nature.

Le droit de ramasser et de cueillir les champignons

EN FRANCE

A-t-on le droit de ramasser les champignons dans les bois, les forêts, les propriétés privées?

1. La législation ne donne pas au public le droit d'accès aux terrains cultivés affectés à l'élevage ou boisés, mais n'empêche pas cet accès à condition qu'il n'entraîne aucun dommage.

2. Les textes qui déterminent dans quelles conditions on peut ramasser des champignons ou des fruits sauvages en particulier dans les forêts ou les propriétés privées sont :

— l'article R 331.2 du Code forestier;
— les articles 388, R 26.9°, R 38.7°, R 40.8° du Code pénal;
— les articles 547 et 583 du Code civil.

3. Dans les bois et les forêts, il est interdit de cueillir ou d'enlever quoi que ce soit sans autorisation.

En effet, aux termes de l'article 9 du décret du 3 décembre 1958 (intégré à l'article R 331.2 du Code forestier), il est prévu que « l'extraction ou l'enlèvement non autorisé de champignons, glands, faines et autres fruits et semences des bois et forêts donne lieu à une amende de 60 à 80 francs par litre de produits extraits ou enlevés, sans pouvoir dépasser une amende totale de 6 000 francs ».

En fait, au moins dans les forêts domaniales et même dans les forêts privées, il existe une tolérance, dans la mesure où le ramassage des champignons ne se fait pas de façon industrielle et avec discrétion, la cueillette n'est alors pas réprimée. Mais la Cour de cassation, dans un arrêt du 12 mai 1911, a jugé que l'enlèvement non autorisé de Truffes, dont la production est due à une véritable culture, constituait le délit de vol de récoltes dans les champs et bois.

4. En ce qui concerne les propriétés privées, le propriétaire peut interdire, par une clôture ou la pose de panneaux, l'entrée du public dans ses terrains.

Dans tous les cas, le propriétaire peut installer des pancartes :

— soit pour interdire le ramassage des champignons;
— soit pour aviser qu'il accorde le droit de récolter moyennant redevance.

Mais cette mention, bien que fréquemment employée, ne saurait faire illusion. Cependant sont sanctionnés les contraventions et délits caractérisés commis par ceux qui pénètrent dans une propriété quelconque, même si celle-ci, n'étant pas entourée d'une clôture ou de panneaux d'interdiction, est censée être ouverte au public.

Lorsqu'il n'est pas permis par le propriétaire, le ramassage des champignons hors forêt est punissable en vertu de l'article R 38 (7°) du Code pénal. Ce texte prévoit que « seront punis d'une amende de 160 francs à 600 francs inclusivement et pourront l'être en outre de l'emprisonnement pendant huit jours au plus ceux qui dérobent sans aucune des circonstances prévues à l'article 388 du Code pénal des récoltes ou autres productions utiles de la terre qui, avant d'être soustraites, n'étaient pas encore détachées du sol ».

Ainsi un tribunal a condamné quatre personnes pour vol et maraudage à une amende pour un enlèvement estimé en tout à 15 kilogrammes de Chanterelles (tribunal de police de Sarrebourg, 18 mars 1968).

En conclusion, les promeneurs qui consacrent leur jour de repos à se retrouver dans la nature et qui se transforment en cueilleurs de champignons ne doivent pas oublier que, lorsqu'ils se trouvent sur des propriétés privées appartenant soit à des particuliers, soit à des communes, soit à l'État, ils jouissent d'une tolérance tacite qu'il ne faudrait pas considérer comme un droit.

EN SUISSE

Le ramassage des champignons est déterminé par une loi fédérale du 1er juillet 1966, article 19 et l'article 699 du Code civil sur la protection de la nature et du paysage.

Ces articles donnent au public le libre accès aux forêts et pâturages privés. Ils permettent le ramassage des baies, champignons et autres fruits sauvages conformément à l'usage local, à moins que l'autorité compétente n'ait édicté, dans l'intérêt des cultures, des interdictions spéciales concernant les lieux, les époques et les quantités. Il faut de toute façon prendre connaissance de la loi cantonale auprès des administrations cantonales.

Les champignons vénéneux

Grâce à des techniques de pointe comme la chromatographie en phase gazeuse ou la radio-immunologie, on commence aujourd'hui à mieux connaître les champignons toxiques. C'est ainsi que les spécialistes ont pu établir l'inventaire des principales substances élaborées par les champignons. Mais il subsiste bien des mystères; toutes les toxines ne sont pas identifiées, et certains champignons contiennent tellement de poisons différents que leurs effets sur l'organisme peuvent s'annuler ou s'exacerber selon des conditions qui échappent encore aux toxicologues. Toute classification est donc théorique, et les mycologues, comme les médecins, tiennent surtout compte des symptômes dominants. On pourrait croire que les amateurs, sans cesse prévenus par les écrivains mycologues, largement conseillés par la presse ou la télévision sont enfin capables de se mettre à l'abri d'un accident grave. Les amateurs devraient savoir qu'il n'existe aucun moyen infaillible d'identifier un champignon, sinon par ses caractères botaniques. Il n'existe pas non plus de procédé infaillible pour distinguer un bon champignon d'un mauvais.

Voici quelques-uns de ces procédés qu'il faut combattre avec la plus grande vigueur. On a dit que les champignons dont la chair change de couleur à la cassure sont toxiques, et que les autres sont comestibles ; c'est faux : la chair de l'Amanite phalloïde est immuable... et mortelle. On a dit qu'un champignon attaqué par les limaces était comestible, mais les limaces se régalent aussi de l'Amanite phalloïde ! D'autres naïfs incorporent à leur friture une pièce d'argent (objet qui se fait rare et que l'on peut remplacer par une gousse d'ail):si la pièce noircit à la cuisson, le champignon est mauvais et l'on jette le tout (sauf la pièce); si la pièce a gardé son éclat, voire si elle a été décapée par le brouet, le plat est comestible. Malheureusement, d'excellents champignons, qui dégagent des composés organiques, noircissent le « témoin » ; l'Amanite phalloïde et bien d'autres champignons toxiques ne réagissent ni sur l'argent ni sur l'ail. Certains prétendent que seuls les champignons à volve sont mortels, mais le Cortinaire couleur de rocou ou la Lépiote brune n'ont pas de volve et ils sont mortels. D'autres ne ramassent que des champignons sans anneau, « qui sont tous comestibles » : nous leur souhaitons de ne pas faire connaissance avec l'Entolome livide, ou avec quelque Inocybe bien virulent... Bref, il nous faut bien répéter, comme le dessinateur français du XIXe siècle Paul Gavarni, que « les champignons, c'est comme les hommes : rien ne ressemble aux bons comme les mauvais ».

Les champignons mortels

Il y a une cinquantaine d'années, après avoir réhabilité l'Amanite citrine *(Amanita citrina)* et la Volvaire gluante *(Volvaria gloiocephala),* on ne connaissait plus que trois champignons mortels : le « trio » des Amanites. Maintenant que les gens consomment de plus en plus de champignons sauvages, les accidents se multiplient et les toxicologues font une inquiétante découverte : nous ne connaissons pas encore tous les champignons mortels ! En fait, nous devons nous intéresser aux « champignons mortels ou susceptibles de l'être » (Pr Guy Privat et Pr Claude Andary; mycologues et toxicologues), et nous les définirons ainsi : « Sont considérés comme mortels tous les champignons susceptibles d'amener la mort dans certaines conditions, avec ou sans traitement. » Les ouvrages de vulgarisation divisent les intoxications mortelles en syndromes phalloïdiens (empoisonnements par les trois Amanites mortelles) et en syndromes paraphalloïdiens (empoisonnements par les autres champignons mortels). Cette distinction est dépassée : si l'empoisonnement est dû à des phallotoxines, il est authentiquement phalloïdien, quel que soit le champignon qui le provoque ; *a contrario,* si l'intoxication est due à d'autres poisons, elle n'est ni phalloïdienne ni paraphalloïdienne ! Le caractère essentiel de tous les syndromes mortels, c'est la longue durée d'incubation : au-delà de six heures, et jusqu'à plusieurs jours.

Les syndromes phalloïdiens

Ils ont une caractéristique commune, ils sont provoqués par les mêmes poisons découverts pour la première fois dans la chair de l'Amanite phalloïde. On distingue :

1. Le syndrome phalloïdien vrai par les trois Amanites mortelles : Amanite phalloïde *(Amanita phalloides),* Amanite printanière *(Amanita verna)* et Amanite vireuse *(Amanita virosa).* Ces champignons sont responsables de 98 % des intoxications mortelles en France (96 % pour la phalloïde, 1 % environ pour chacune des deux autres). Plus de 80 % des victimes sont des citadins.

L'AMANITE PHALLOÏDE a donc été qualifiée à juste raison d'ennemi public numéro un. C'est un champignon commun, d'aspect engageant et de très bon goût. Son palmarès est éloquent : 100 morts par an dans

Amanita phalloides (Amanite phalloïde). Sans conteste, l'ennemi public numéro un, elle a tué des dizaines de milliers d'imprudents au cours des siècles. De bel aspect, de bonne odeur à l'état frais, d'un goût agréable, elle porte les caractères des amanites : volve, anneau, lamelles et spores blanches. Son chapeau, habituellement verdâtre, mais dont la couleur peut varier du blanc pur au vert olivâtre, est strié de très fines fibrilles noires.

Amanita verna (Amanite printanière). Ce champignon rare est d'apparition plus précoce que l'Amanite phalloïde. Il se distingue par sa couleur blanchâtre, parfois teintée d'ocracé, par son chapeau satiné dépourvu de fibrilles noirâtres, son pied allongé, souvent plus grêle, et sa volve en sac, plus engainante que celle de la phalloïde. Il est réputé méridional et peut provoquer de dramatiques confusions de par sa ressemblance avec les Psalliotes.

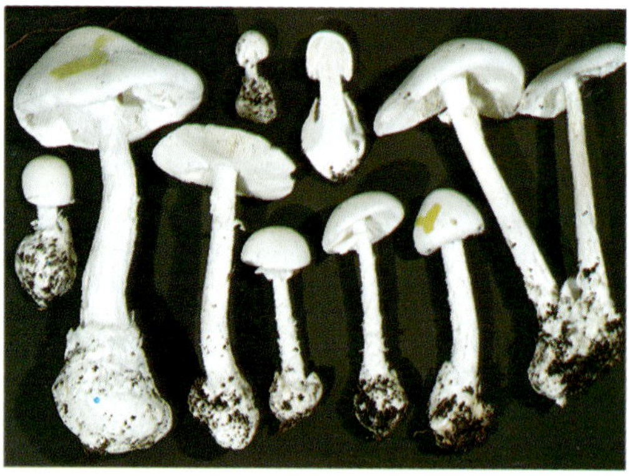

Amanita virosa (Amanite vireuse). La troisième des Amanites mortelles n'est pas rare dans les bois humides de montagne, en terrain siliceux. On l'identifie à son chapeau blanc, conique ou campanulé, à son pied élancé, grêle, pelucheux, à son anneau floconneux, oblique, déjeté sur le côté, à sa volve épaisse et membraneuse, à ses lamelles serrées. Elle renferme des amanitines et un poison particulier, la virotoxine.

Lepiota groupe *helveola* (Lépiote jaune carné). Sous ce nom discutable, on regroupe plusieurs petites Lépiotes à chapeau écailleux, ocracé ou rose incarnat, et à chair rosissant à l'air. Comme la plupart des Lépiotes, ces champignons des prés et des jardins sont caractérisés par leur pied cylindrique et annelé, creux à la fin, par leurs lamelles blanches, ventrues et serrées et par leurs spores blanches.

Lepiota pseudohelveola (Lépiote fausse-jaune carné). L'un des éléments les mieux connus du groupe helveola. On l'identifie à son chapeau mamelonné à revêtement brun rosâtre, entier au centre du chapeau, rompu tout autour en mèches concentriques, et à son pied grêle, annelé, lavé de brun carné dans sa partie inférieure. Ce champignon contient des amanitines.

▲

Lepiota brunneoincarnata (Lépiote brun incarnat). C'est une Lépiote du même groupe que la Lépiote brune *(ovisporae)* et probablement la plus dangereuse parce que la plus fréquente et la plus charnue. Le chapeau est moucheté de petites écailles brunes qui sont confluentes vers le mamelon et donnent une calotte noirâtre caractéristique. Le pied, dépourvu d'anneau, porte une ceinture floconneuse brune sous laquelle il est teinté de rose vineux. ▶

◀
◀

Galerina marginata (Galère marginée). On l'identifie à un chapeau ocre-fauve, un pied grêle et fibrilleux, un petit anneau qui disparaît rapidement. Ce n'est que récemment qu'on a découvert qu'elle renfermait des amanitines. Même si on pense que ce champignon n'a pas encore tué en France, les amateurs doivent être vigilants, car elle ressemble à un champignon recherché, la Pholiote changeante *(Kuehneromyces mutabilis).*

◀
◀

Cortinarius orellanus (Cortinaire couleur de rocou). Le premier Cortinaire mortel connu. Il fut démasqué par les savants polonais en 1955. On sait maintenant que ce champignon contient plusieurs poisons, les orellanines. Le chapeau campanulé attire l'attention par ses couleurs éclatantes (rouge feu, orangé), le pied, plus clair, est lisse et les lamelles, jonquille ou fauve safrané, sont espacées.

▶
▶

Cortinarius speciosissimus (Cortinaire superbe). C'est un proche parent d'*orellanus.* On le rencontre surtout sous les feuillus, dans les tourbières. Il contient les mêmes substances toxiques et a prouvé son efficacité en frappant plusieurs fois ces dernières années. Noter la couleur du chapeau, d'un beau roux orangé, qui est un signal d'alarme : tous les cortinaires rouges, ocre, roux ou orange sont suspects.

le Sud-Ouest à la fin du siècle dernier, 100 dans le seul mois de septembre 1912, 40 pendant l'année 1924, 153 en quinze jours en 1930, 40 en une seule semaine en 1942, etc.

CARACTÉRISTIQUES : toutes les Amanites mortelles renferment des cyclopeptides connus depuis les travaux des toxicologues allemands contemporains Theodor Wieland et H. Faulstich. Les principaux poisons sont des phallotoxines et des amatoxines :

— Les phallotoxines sont des peptides à 7 acides aminés qui entravent le processus cellulaire hépatique en se liant à l'actine polymérique dans la cellule. La phallotoxine la plus agressive est la phalloïdine qui lèse précocement les membranes à la manière des radicaux libres.

— Les amatoxines renferment 8 acides aminés et se fixent sur le foie ; le plus virulent de ces polypeptides est l'α amanitine qui bloque la synthèse protéique au niveau des noyaux cellulaires du foie par association de la polymérase B à l'ARN.

CLINIQUE : c'est le classique « syndrome tardif » (incubation de six à vingt heures). Débute par des gastralgies et des vomissements très douloureux. La lésion principale est une hépatite, et l'évolution vers la mort se fait en dix jours, ou plus, avec des rémissions, le malade étant conscient jusqu'au bout.

TRAITEMENT : la plupart des thérapeutiques, bien qu'on les mentionne encore dans beaucoup d'ouvrages spécialisés, ont été abandonnées parce qu'elles étaient inefficaces, ou inutiles, ou dangereuses, ou les trois à la fois ! Aujourd'hui, le traitement d'une intoxication phalloïdienne est strictement du ressort d'un Centre antipoison.

1. *Dans le doute, tout empoisonnement par les champignons est réputé mortel.* Il faut mettre en place systématiquement la thérapeutique conseillée.

2. Le protocole du docteur Pierre Bastien doit être appliqué immédiatement sous la surveillance d'un médecin :

- 2 gélules de nifluroxazide (ercéfuryl 200) ;
- 2 comprimés de dihydrostreptomycine (abiocine) ;
- l'injection intraveineuse de vitamine C (1 gramme).

Le docteur Bastien propose de faire ingérer des carottes cuites en purée (ballast), et le mycotoxicologue contemporain René Charles Azéma préconise l'absorption d'eau salée selon la méthode du docteur Le Calvé. A tenter si la victime ne vomit pas trop.

3. Sur place, par le médecin (ou à l'hôpital local en attendant le transfert) : mise en place d'une perfusion « d'attente » (sérum salé).

4. Transfert dans les plus brefs délais vers le Centre antipoison le plus proche.

L'AMANITE PRINTANIÈRE contient les mêmes cyclopeptides toxiques, dans des proportions voisines.

CARACTÉRISTIQUES : les bases fortes (potasse) colorent la chair de sa cuticule en jaune orangé (mais moins vivement que pour l'Amanite vireuse). Malgré son nom, cette espèce n'est pas exclusivement printanière ; heureusement ce champignon est assez rare.

L'AMANITE VIREUSE est un champignon blanc, à pied pelucheux, d'odeur assez forte (vireuse). Les principes toxiques sont différents. Il existe bien des phallotoxines et de l'α amanitine en quantité moindre (1,3 mg/g de tissu sec contre 2,1 mg à la phalloïde), mais aussi des virotoxines, qui sont des substances encore mal connues.

CARACTÉRISTIQUES : la cuticule est très jaunissante sous l'action des bases fortes (contrairement à la variété blanche de l'Amanite phalloïde).

2. Le syndrome helvéolien : il s'agit d'intoxications mortelles provoquées par de petites Lépiotes du groupe *helveola*, mais *Lepiota helveola* (Lépiote jaune carné) est pour beaucoup de mycologues un *nomen dubium*, qui rassemblerait de nombreuses espèces, toutes caractérisées par la coloration orangée ou rouge du carpophore. Sont incriminées d'ores et déjà, mais les recherches ne sont pas terminées : *Lepiota helveola* (Lépiote jaune carné), au sens des mycologues hollandais et français contemporains H.S.C. Huijsman et de Marcel Josserand, *Lepiota pseudohelveola* (Lépiote fausse-jaune carné), *Lepiota brunneoincarnata* (Lépiote brun-incarnat), *Lepiota brunneolilacea* (responsable d'intoxications graves à Marseille en 1973 et en 1976), *Lepiota subincarnata, Lepiota flammeotincta, Lepiota ochraceofulva, Lepiota Heimii, Lepiota Kuehneri, Lepiota Langei* et, sans aucun doute, bien d'autres petites Lépiotes du même groupe.

Le syndrome helvéolien est peu connu, pourtant les premières intoxications graves ont été signalées par les mycologues Menier et Monnier dès 1898. En 1902, le mycologue Dupain alerte ses confrères, et Marcel Josserand, à Lyon, en 1930, rapporte un nouveau cas mortel. Des expériences pratiquées sur animaux par les mycologues Robert Henry (1931) et Marcel Josserand (1934) confirment la nécrose hépatique. Le mot « syndrome paraphalloïdien » semble avoir été créé par Henry, et repris par Petroff en 1934. On sait qu'aujourd'hui il n'a plus de sens, car ces Lépiotes contiennent bien des amanitines. Les signes cliniques sont identiques à ceux de l'intoxication phalloïdienne.

3. Le syndrome galérinien : empoisonnement provoqué par la Galère marginée *(Galerina marginata)*. En France, quand on apprit, en 1964, que ce champignon pouvait être très dangereux, ce fut d'abord l'incrédulité. Et pourtant, le mycologue américain Peck, en 1912, avait décrit une série d'empoisonnements mortels aux États-Unis par un champignon voisin, *Galerina autumnalis*. En 1954, les Américains décrivaient une nouvelle série d'intoxications mortelles par une Galère inconnue, baptisée *Galerina venenata*. En 1963, les toxicologues américains Tyler et

Smith avaient découvert des α et ß amanitines dans *Galerina marginata*. Ce n'est qu'en 1975 que les professeurs L. Girre et A. Gérault devaient confirmer la présence d'amanitines dans la *marginata* française. Il y a donc identité chimique : « Cette constatation, écrivent Girre et Gérault, jette un doute sur la comestibilité supposée des espèces voisines. Le nombre des espèces mortelles de la flore européenne est donc plus important qu'on ne le supposait, et nul doute que l'on en décrira bientôt de nouvelles espèces. » Affirmation prophétique ! Sans doute *Galerina marginata* n'a-t-elle pas encore tué en France, parce qu'il s'agit d'un petit champignon, peu appétissant, et qu'il faudrait de nombreux chapeaux pour représenter la valeur, en poids sec, d'une seule Amanite phalloïde.

Les syndromes non phalloïdiens

Il s'agit d'empoisonnements provoqués par des champignons mortels ne contenant pas d'amanitines. Certains étaient classés autrefois dans les syndromes paraphalloïdiens, d'autres dans le fourre-tout de la toxicologie mycologique. Un seul point commun : ces champignons peuvent tuer, et ont tué !

1. Le syndrome orellanien, ou plus exactement syndrome mortel par les Cortinaires rouges, roux, fauves et ocre : syndrome tardif de destruction rénale; l'incubation est longue, et, pourtant, quelques heures après l'ingestion il se produit une petite gastro-entérite qui n'attire pas l'attention (Kubicka, pharmacologue tchèque). Il ne s'agit donc pas d'un authentique « syndrome tardif », mais où le classer ?

Les Cortinaires responsables sont vraisemblablement très nombreux (un certain nombre appartiennent au genre *Dermocybe*). Beaucoup contiennent de l'orellanine, mais certainement pas tous. L'orellanine est d'ailleurs un complexe toxique mal connu. Pour le mycologue autrichien contemporain Meinhart Moser, il s'agirait d'une dizaine de polypeptides classés en deux groupes, dont la grzymaline, la cortinarine et les benzonines A et B. Pour le professeur Gérault, il existerait au moins cinq poisons, dont plusieurs orellanines et une orelline. « On connaît mal, ou on ne connaît pas, les toxines responsables, ni leur composition, ni la façon dont elles se développent, ni les raisons de leur variation de virulence, et pas encore le nom des espèces qui les sécrètent. » (R.C. Azéma, 1981.)

PREMIER GROUPE : Cortinaires, contenant de l'orellanine, sûrement mortels : *Cortinarius orellanus* (Cortinaire couleur de rocou), *Cortinarius orellanoides* (Faux Orellanus), *Cortinarius speciosissimus* (Cortinaire superbe) ; plusieurs intoxications graves en Finlande, en 1972, et en Écosse, en 1980, *Dermocybe phoenicea, Cortinarius gentilis* (qui serait moins toxique chez l'homme que chez les animaux ?). Il n'y a pas bien longtemps, deux grands contemporains de la mycologie, Pierre Konrad et André Maublanc, avaient affirmé : « Il n'existe pas de Cortinaire toxique. » Avec beaucoup d'honnêteté, ils avaient même consommé d'innombrables Cortinaires, dont... *orellanus !* Hélas, en 1952, ce même *orellanus* frappait en Pologne : 102 intoxications graves, 11 décès.

CLINIQUE : syndrome tardif de destruction rénale, caractérisé par son incubation très longue (jusqu'à trois semaines). Il n'y a pas d'autre traitement à cette néphropathie qu'une suppléance rénale : épuration jusqu'à guérison, ou dialyse substitutive et greffe de reins. Malgré ces énormes moyens techniques, la mortalité est encore de 15 % (S. Grzymala, toxicologue polonais contemporain). Il semble que tous les Cortinaires toxiques agissent de la même manière, sauf peut-être ceux du deuxième groupe, et cette toxicité serait exacerbée par une consommation répétée.

DEUXIÈME GROUPE : Cortinaires qui ne contiendraient pas d'orellanine, mais de l'émodine et d'autres substances encore inconnues. Ce sont de très beaux Cortinaires (Dermocybes) rouges : *Dermocybe sanguinea, Dermocybe semi-sanguinea, Dermocybe cinnabarina* et *Dermocybe concinna*. Ils sont mortels pour les animaux de laboratoire (Pr Lucien Oddoux, toxicologue contemporain). Chez l'homme, ils seraient moins agressifs sur le rein, mais violemment toxiques pour l'intestin.

TROISIÈME GROUPE : Cortinaires suspects qui ont tué des animaux de laboratoire et qui font actuellement l'objet de recherches toxicologiques : peut-être la totalité des groupes *limonii* (30e section de la Flore de Kühner et Romagnesi), *saniosi* (53e section), *bolares* (29e section) et surtout *cinnamomei* (34e section) ; et là, il faut citer le Cortinaire couleur de cannelle *(Dermocybe cinnamomeolutea)* et ses variétés, le Cortinaire couleur grenade *(Dermocybe malicoria)* et le Cortinaire aux feuillets d'or *(Dermocybe aureifolia)*.

QUATRIÈME GROUPE : en automne 1979, un événement dramatique a bouleversé nos connaissances en mycotoxicologie. Un champignon considéré jusqu'alors comme inoffensif, le Cortinaire resplendissant *(Cortinarius splendens)*, a empoisonné gravement 18 personnes, causant 1 décès : après une longue incubation, une néphropathie, de type orellanien, a touché la plupart des victimes. La substance responsable serait un dérivé anthraquinonique, peut-être voisin de l'hydroxy-méthyl-flavomannine découverte en 1973 par le toxicologue autrichien contemporain Steglich chez un champignon du même groupe *(Cortinarius vitellinus)*. Tous les champignons de la 17e section *(splendentes)*, de la 16e *(fulminei)* et de la 18e *(orichalcei)* deviennent suspects jusqu'à ce qu'une étude toxicologique ait été entreprise pour chacun d'entre eux. Si l'on compte toutes les espèces voisines décrites par les mycologues contemporains Meinhart Moser et Robert Henry, il y

▲
Cortinarius gentilis (Cortinaire typique). Ce champignon des sapinières tourbeuses est facile à identifier, grâce à son chapeau campanulé et mamelonné, de belle couleur safran. Le pied est jaune souci, orné de fibrilles en zigzag citron jonquille. Il appartient à un groupe bien différent d'*orellanus* mais contient pourtant de l'orellanine.

▲▲
Dermocybe phœnicea (Cortinaire pourpre). Ce superbe champignon se reconnaît à son chapeau bai, à ses lamelles d'un rouge sang et à son pied fauve, souvent strié de fibrilles rouges. Il contient de l'orellanine et appartient au groupe des cortinaires sanguins, voisin d'orellanus et de ses satellites. Bien que l'orellanine n'ait pas encore été découverte chez tous les champignons du groupe, ils sont suspects, et doivent être considérés comme mortels.

▲
◄ *Dermocybe cinnamomeolutea* (Cortinaire couleur de cannelle). Le groupe *cinnamomeus* comprend une dizaine de variétés poussant surtout sous les conifères. Ils sont caractérisés par un chapeau et des lamelles fauve cannelle, un pied fauve au sommet, souvent safrané à la base, avec une zone annulaire assez nette. La chair, jaune-ocre, contient un poison mortel.

▶
▶
Dermocybe sanguinea (Cortinaire rouge sang). Un cortinaire spectaculaire dont le pied et le chapeau deviennent d'une belle couleur rouge sang. C'est une espèce des conifères, comme son voisin le *Dermocybe semi-sanguineus*, au chapeau jaune olivâtre et aux lamelles d'un pourpre sanguin sombre. Sous les hêtres, on rencontre une espèce rouge écarlate ou couleur de cinabre *(Dermocybe cinnabarina).* Ces champignons sont présumés mortels.

▲

Cortinarius splendens (Cortinaire resplendissant). Ce Cortinaire d'aspect agréable et de bonne réputation s'est hissé, en automne 1979, au rang de champignon mortel. Les intoxications graves qu'il a provoquées, dont une mortelle, nous rappellent que nous devons considérer comme suspectes, et peut-être mortelles, toutes les espèces ocre et jaunes proches du Cortinaire resplendissant. ▶

◀
◀

Gyromitra esculenta (Gyromitre). Ce champignon cérébriforme au pied creux, blanchâtre ou roussâtre, proche des Morilles, est responsable d'empoisonnements inconstants, irréguliers mais parfois mortels. Sa toxicité a été longtemps discutée, et certains mycologues pensaient qu'il n'était toxique qu'à l'état frais. Cette opinion optimiste n'est plus admise et plusieurs pays ont interdit la vente des gyromitres, même desséchés.

▶
▶

Paxillus involutus (Paxille enroulé). Surnommé la Chanterelle brune, ce champignon est très commun, surtout sous les pins, et se distingue par un chapeau ocre, tomenteux, à bords enroulés, des lamelles séparables et une chair jaune. Sa toxicité inconstante mais parfois fulgurante a été longtemps contestée par des mycologues qui l'ont consommé et le consomment encore. Des accidents graves, incontestables, ont clos cette discussion.

▲

Sarcosphaera eximia (Pezize superbe). Cette Pezize surgit du sol, comme une boule et s'ouvre en une large coupe déchirée en étoile, dévoilant un hyménium teinté de mauve. Champignon magnifique, agréable à consommer quand il est cuit, bien qu'un peu coriace, il est redoutable à l'état cru. Certains Ascomycètes contiennent des poisons thermolabiles, et les amateurs de champignons en sont parfois victimes.

Leucocoprinus Badhami (Lépiote de Badham). Elle vit dans le terreau, dans les parcs et les jardins. Le chapeau est taché de brun purpurin sur le disque ; tout autour, le revêtement se déchire en petites écailles concolores. Le pied creux est muni d'un anneau médian et d'un gros bulbe basal. La chair et les lamelles sont blanches mais prennent au moindre froissement une couleur roux safrané.

▼

a là une bonne cinquantaine de suspects! Après avoir observé « des amas de pigments d'une forte fluorescence orangée » dans les coupes de reins des animaux de laboratoire et dans les biopsies rénales des personnes intoxiquées, le toxicologue Alain Gérault, qui s'est occupé de l'empoisonnement collectif par *Cortinarius splendens,* a insisté sur « le danger de la consommation des Cortinaires colorés en jaune, orangé ou rouge, qui renferment des composés fluorescents sous l'action des rayonnements ultraviolets ». C'est un avertissement dont tous les amateurs de champignons devraient tenir compte, d'autant que les Cortinaires, tous les Cortinaires, ont deux graves défauts : ils sont de médiocres comestibles et ils sont trop difficiles à déterminer pour le commun des mortels !

2. Le syndrome gyromitrien : empoisonnements inconstants, incohérents, irréguliers, mais parfois mortels par *Gyromitra esculenta* (le Gyromitre... comestible) et peut-être d'autres espèces voisines. Selon certains mycologues optimistes, le Gyromitre serait surtout dangereux à l'état cru ou lors de consommations répétées, mais pour d'autres auteurs il demeure suspect, même desséché et vendu frauduleusement sous le nom de Morille. En Pologne, où sa commercialisation à l'état frais est interdite, les ouvriers travaillant dans les entreprises de séchage sont souvent victimes d'irritations oculaires et respiratoires et de troubles digestifs, simplement par inhalation (Pr Guy Privat et Pr Claude Andary, mycologues et toxicologues). Quelques auteurs, imprudents, qualifient encore ce champignon de comestible; nous leur conseillons de méditer la phrase des mycologues suédois H.K. Print et Olle Persson : « Les journaux qui publient des recettes à base de Gyromitre sont criminels ! »

Cette toxicité est pourtant connue depuis longtemps (Paulet, 1793 ! mycologue), et les statistiques des mycologues du XIXe et du XXe siècle Krombholz, Koppel, Cordier, Grzymala, etc. font état de dizaines de cas mortels. Forquignon, un mycologue français du XIXe siècle des plus réputés, s'est même empoisonné sérieusement avec *Gyromitra esculenta.* Et si certains auteurs français continuent à attribuer à ce champignon des « fourchettes de gustativité » (R.C. Azéma), les Américains et les Allemands le déclarent mortel, quel que soit son mode de préparation; l'ouvrage de vulgarisation le plus célèbre d'outre-Rhin, fait par Edmund Michael et Bruno Hennig, lui accorde même 3 croix de toxicité, comme à l'Amanite phalloïde ! En France, des intoxications mortelles ont été rapportées par les mycologues du XIXe et début du XXe, Cordier, Boudier, plus récemment, par le professeur Coulet, toxicologue.

CARACTERISTIQUES : la substance toxique a été identifiée récemment. Il s'agit de la gyromitrine (N-méthyl-N-formy-acétal déhydrazone) qui s'hydrolyse en méthylhydrazine, un redoutable poison cytotoxique. La méthylhydrazine est d'ailleurs utilisée dans la lutte anticancéreuse pour ses propriétés cytotoxiques (procarbazine). La méthylhydrazine est aussi... un carburant : c'est elle qui a propulsé les fusées *Titan !*

CLINIQUE : syndrome tardif original; c'est le seul empoisonnement par les champignons qui soit fébrile (probablement par irritation des centres thermiques cérébraux); c'est peut-être aussi le seul qui touche l'organisme (pancytotoxicité avec hépatite, néphrite, hémolyse, syndrome neurotoxique). Le traitement, on s'en doute, est du ressort des services de réanimation spécialisés.

3. Le syndrome paxillien : intoxications inconstantes, mais souvent graves et parfois mortelles, par le Paxille enroulé *(Paxillus involutus).* Ce champignon a tué au XIXe siècle le mycologue autrichien Schaeffer et sa femme. Il est responsable chaque année en Allemagne de nombreuses intoxications graves, souvent mortelles, à tel point que « l'espèce est redoutée au même titre que la phalloïde », affirment les professeurs Girre et Gérault. Et n'oublions pas que le mycologue allemand H. Straus a relevé 16 intoxications mortelles dans la seule année 1946 à Berlin et dans le Brandebourg. « Il vient au troisième rang des intoxications graves en Pologne » (Prs Privat et Andary, mycologues et toxicologues). Et en France? Le docteur Bastien, plus connu pour ses agapes phalloïdiennes, a goûté quelques fragments crus de ce champignon : il a subi un malaise tardif, avec sueurs et diarrhée. Ce Paxille ne serait toxique que cru... ou mal cuit. Le principe toxique, inconnu, est sans doute voisin de la méthylhydrazine. Le syndrome clinique a une analogie certaine avec les intoxications par les Gyromitres : il s'agit d'un syndrome tardif avec cytolyse et congestion de tous les organes.

4. Le syndrome helvellien (à ne pas confondre avec le syndrome helvéolien provoqué par les Lépiotes du groupe *helveola*) : intoxications graves, parfois mortelles, provoquées par la Pezize superbe *(Sarcosphaera eximia).* L'abbé Louis Grelet, mycologue contemporain, avait déjà noté que cet Ascomycète n'était toxique que cru ou « insuffisamment blanchi », mais même en le faisant bien cuire, « il n'est pas sûr que l'on puisse être exempt de toute inquiétude ». Le principe toxique demeure inconnu, malgré les différentes hypothèses émises.

5. Le syndrome Badhamien : intoxication parfois très sévère, d'évolution totalement imprévisible, provoquée par l'ingestion de la Lépiote de Badham *(Leucocoprinus Badhami).* Ce champignon est certes d'origine exotique (subtropicale), mais il est adapté en Europe. Les intoxications, de mécanisme inconnu, sont fréquentes avec les champignons mal cuits. Dans le doute, espèce à considérer comme mortelle selon Roger Heim, de même que certaines Lépiotes voisines, purement européennes : *Lepiota Pilatiana, Lepiota rufovelutina, Lepiota jubilaei...*

Les champignons toxiques

Les champignons toxiques sont des champignons dont l'ingestion provoque des désordres physiques ou psychiques plus ou moins importants, mais n'entraîne généralement pas la mort. Il s'agit toujours de syndromes d'incubation courte.

LE SYNDROME SUDORIEN OU MUSCARINIEN

Ce syndrome est provoqué par les champignons contenant de la muscarine; ce sont surtout des Clitocybes blancs comme *dealbata* (Clitocybe blanc d'ivoire), *rivulosa, cerussata, phyllophila* et *pityophila,* mais aussi des Inocybes comme le célèbre *Inocybe Patouillardi* (Inocybe de Patouillard), *Inocybe fastigiata, Inocybe geophylla* (Inocybe à lamelles couleur de terre), etc. La toxine est un alcaloïde quaternaire qui fut découvert pour la première fois, mais en très petite quantité, dans les tissus d'*Amanita muscaria* (Amanite tue-mouches). L'incubation est très courte, d'une demi-heure à deux ou trois heures. Le syndrome est surtout caractérisé par une augmentation considérable de toutes les sécrétions organiques : larmoiement, hypersalivation, hypersudation, hypersécrétion nasale et bronchique, diarrhée, vomissements abondants; mais aussi de troubles cardiaques, de troubles nerveux et d'un myosis intense. Le traitement spécifique est l'atropine en injection sous-cutanée, ou intraveineuse si nécessaire. Le résultat est immédiat, car l'atropine est l'antidote de la muscarine.

LES SYNDROMES DIGESTIFS SÉVÈRES OU SYNDROMES ENTÉRO-TOXIQUES

On a décrit quatre groupes d'intoxications bien caractérisées :

1. Le syndrome entolomien, dû à l'Entolome livide *(Entoloma sinuatum)* caractérisé par sa gravité et sa brutalité, avec des vomissements incoercibles et une diarrhée intense. On cite des intoxications collectives graves, parfois mortelles (Saint-Aignan, en 1961). Le principe toxique n'est pas identifié avec certitude.

2. Le syndrome pardinien, dû au Tricholome tigré *(Tricholoma pardinum),* caractérisé par une gastro-entérite moins violente mais désespérément longue, avec des crampes, des frissons et une fatigue intense. Le principe toxique est inconnu.

3. Le syndrome oléarien, provoqué par l'ingestion de Pleurotes luminescents : *Omphalotus* (ou *Clitocybe* ou *Pleurotus) olearius,* le Pleurote de l'olivier, et ses voisins *Omphalotus illudens* (Clitocybe trompeur) et *Omphalotus subilludens.* Il s'agit d'un syndrome mixte, avec action muscarinienne, algies, petits troubles psychiques.

LES SYNDROMES DIGESTIFS BÉNINS OU RÉSINOÏDIENS

Les champignons responsables de ces syndromes sont très nombreux, et leurs toxines sont « des corps chimiques instables à groupements cétoniques ou anhydriques d'acides qui entraînent une irritation de la muqueuse digestive analogue à l'action des purgatifs drastiques » (Pr André Larcan, toxicologue contemporain). Ces corps, résinoïdes, cétones ou quinones, sont voisins des poisons de l'ipéca, de l'hellébore et de la coloquinte. Il existe une bonne centaine de ces champignons irritants, habituellement âcres, mais quelquefois comestibles et même savoureux. Quelques-uns ont une réelle « personnalité toxicologique », et peut-être faudrait-il les honorer d'un syndrome particulier. Ainsi le Bolet Satan *(Boletus Satanas),* émétique à l'état cru, mais entéro-toxique, et quelquefois même très violemment, à l'état cuit; ainsi le Clitocybe nébuleux *(Lepista nebularis),* fort prisé dans le Jura et dans les Vosges, et qui est l'un des rares champignons comestibles à provoquer parfois des gastro-entérites... à début tardif; la Psalliote jaunissante *(Agaricus xanthoderma),* dont la toxicité est très controversée, mais qui est au moins très indigeste; l'Armillaire couleur de miel *(Armillariella mellea),* que les auteurs italiens viennent d'incriminer : ce champignon provoque parfois des syndromes toxiques spectaculaires, d'incubation longue et d'évolution bénigne, ce qui remet en question toutes les classifications actuelles. Accordons encore une mention spéciale à un Polypore proche d'*Albatrellus ovinus, Polyporus similis,* responsable, en 1973, de plusieurs intoxications, et à deux Clavaires : *Clavaria formosa* et surtout *Ramaria Mairei,* qui provoquent régulièrement des empoisonnements apparentés aux syndromes entéro-toxiques. Les Entolomes : *Entoloma rhodopolium* et *Entoloma nidorosum* contiennent des vinyloglycines, comme l'Entolome livide *(Entoloma sinuatum).* Les Tricholomes : *Tricholoma album, Tricholoma sudum* et *Tricholoma sulfurescens* se comportent un peu comme leur « grand frère », le Tricholome tigré *(Tricholoma pardinum),* mais ils sont moins méchants. Il existe des Russulacées âcres et irritants, comme les Lactaires *Lactarius torminosus* (Lactaire à toison), *Lactarius cilicioides*, les Russules *Russula emetica* (Russule émétique), *Russula fragilis* (Russule fragile), *Russula Mairei,* des Bolets vomitifs à l'état cru comme *Boletus purpureus, Boletus luridus* (Bolet blafard) et *Boletus erythropus* (Bolet à pied rouge), d'autres purgatifs, parfois drastiques, même cuits, comme *Boletus castaneus, Suillus granulatus* (Bolet granulé).

Clitocybe dealbata (Clitocybe blanc d'ivoire). Petit champignon des jardins et des pâturages, il possède un chapeau blanc glacé, un peu zoné. Le pied est plein, dur ; les lamelles, de couleur claire, sont adnées puis décurrentes. On le confond parfois avec l'excellent Meunier *(Clitopilus prunulus)*. La plupart des Clitocybes blancs sont d'ailleurs toxiques.

Inocybe Patouillardi (Inocybe de Patouillard). Les Inocybes sont de petits champignons à spores brun ocracé, à lamelles généralement adnées, de couleur ocre, bistre ou olivâtre. Plusieurs parmi eux contiennent de la muscarine et sont responsables d'un syndrome toxique de courte incubation. L'Inocybe de Patouillard passe pour l'un des plus dangereux. On le reconnaît à son chapeau charnu, fendillé, blanc jaunâtre, rougissant par places, et à son odeur forte, caractéristique.

Omphalotus illudens (Clitocybe trompeur). Il existe deux formes, sinon deux espèces, de ce champignon lignicole qui a été classé parmi les Clitocybes et les Pleurotes : *illudens*, qui vient sous feuillus divers et qui se distingue par sa belle couleur orangée uniforme, et *olearius*, hôte exclusif des oliviers, dont le chapeau brun-fauve contraste avec les lamelles jaune orangé.

Entoloma sinuatum (Entolome livide). Voici le plus perfide des champignons toxiques. Malgré son aspect engageant et son odeur agréable de farine fraîche, il est très vénéneux. On le reconnaît à son chapeau charnu, ondulé, gris ou fauve cendré, à ses lamelles d'abord d'un jaune de buis, puis teintées de rose saumon par les spores. Il fréquente les bois feuillus.

Tricholoma pardinum (Tricholome tigré). C'est le seul Tricholome dangereux, et il cause de nombreux accidents dans les régions de montagne qu'il affectionne (Jura, Vosges). Il est facile à identifier grâce à son chapeau charnu, bossu, hérissé de fines mèches fibrilleuses plus serrées au centre, et à ses lamelles jaunâtres. On peut le confondre avec les Tricholomes de la série de ceux dont le chapeau est couvert d'écailles noires ou grises, tous comestibles.

Lepista nebularis (Clitocybe nébuleux). Recherché ou totalement ignoré selon les régions. Son odeur est forte, entêtante, son goût musqué. Il est souvent indigeste. Parfois il est franchement toxique, surtout lorsqu'il se couvre d'une pruine blanche (fine pellicule cireuse sur la surface du chapeau). C'est un grand champignon d'un gris nébuleux, à lamelles décurrentes.

Boletus satanas (Bolet satan). Un champignon dont le nom seul donne le frisson. Il n'est pourtant qu'indigeste, et surtout violemment émétique à l'état cru. Certains le consomment après cuisson prolongée, ce qui n'est pas à conseiller ! C'est le type même des Bolets à chair bleuissante, reconnaissable à son volume imposant, à son chapeau pâle, à son pied à la fois strié et taché de rouge et à sa chair blanchâtre (jaune chez les autres Bolets bleuissants).

Agaricus xanthoderma (Psalliote jaunissante). Il a une mauvaise réputation exagérée. Il est indigeste et mal toléré. L'anneau est membraneux et persistant. La cuticule se teinte de jaune et la chair, blanche, jaunit ou roussit instantanément dans la base du pied. Il émet une odeur forte, désagréable, d'iodoforme. Les lamelles blanches se teintent de rose, puis de brun pourpre.

Armillariella mellea (Armillaire couleur de miel). Champignon fasciculé qui pousse sur les souches et les arbres morts ou mourants. Il s'attaque à toutes sortes de bois et les détruit. On le reconnaît à un chapeau ocracé couvert de mèches brunes, à des lamelles blanches et décurrentes. Il peut provoquer de sévères ennuis digestifs, sans que l'on sache exactement pourquoi — peut-être par l'apparition de cryptomaïnes.

Ramaria Mairei (Clavaire pâle). C'est l'un des nombreux « choux-fleurs » qui fréquentent les bois humides. Ces champignons étranges, coralliformes peuvent perdre leurs pigments sous la pluie et poser de délicats problèmes d'identification. On les reconnaît cependant à leurs rameaux serrés, ocre clair ou gris clair et à leur odeur de moisissure.

Coprinus atramentarius (Coprin noir d'encre). Les Coprins sont des champignons déliquescents, à spores noires, qui colonisent des habitats aussi divers que les crottins, les bouses, les fumiers, le terreau, l'humus, les bois pourris. Celui-ci est célèbre pour son effet antabuse, c'est-à-dire qu'il provoque de sérieux malaises chez l'imprudent qui a accompagné son omelette d'un verre d'alcool, ou simplement de vin !

Amanita muscaria (Amanite tue-mouches). Elle est identifiable à son chapeau rouge orangé couvert de nombreuses verrues blanches. On retrouve les caractères des Amanites : lamelles blanches, anneau, bourrelets concentriques sur le pied (reste de la volve). La Fausse Oronge élabore de nombreux poisons et provoque une intoxication complexe, à la fois digestive et nerveuse.

Amanita pantherina (Amanite panthère). On la reconnaît à son chapeau à marge striée, brun jaunâtre, plus foncé au centre et couvert de petites verrues blanches. L'anneau est large, blanc, strié. La volve se présente sous la forme de bourrelets circulaires sur la base du pied. Elle distille des poisons différents qui la font classer aujourd'hui parmi les espèces psychotropes.

Amanita gemmata (Amanite jonquille). C'est une Amanite mystérieuse que beaucoup de livres prétendent comestible. Certains auteurs ont émis l'hypothèse qu'il existerait deux espèces différentes, l'une comestible, l'autre vénéneuse. L'intoxication est de type psychodysleptique, mais on a décrit des cas difficiles à classer, parfois mortels.

LE SYNDROME COPRINIEN OU PITRITOÏDIEN

Ce syndrome est provoqué par un groupe de Coprins antialcooliques : *Coprinus atramentarius* (Coprin noir d'encre), *Coprinus erethistes* et *Coprinus insignis*. Absorbés avec de l'alcool, ils induisent un « effet antabuse ». C'est le syndrome vasomoteur des sulfamides hypoglycémiants : malaises, palpitations, bouffées de chaleur... La toxine est un corps chimique voisin du disulfirame, et certains mycologues, qui ont voulu la mettre à l'épreuve, ont fait une expérience cruelle : longtemps après leurs agapes, ils ne pouvaient toujours pas boire de vin !

LES SYNDROMES PSYCHOMOTEURS

D'inquiétants champignons sécrètent des substances qui entrent en compétition avec les médiateurs chimiques du cerveau et provoquent de véritables psychoses. On ne parle plus de champignons hallucinogènes, le terme est trop restrictif. On parle de champignons psychotropes, en se référant, comme Roger Heim, à la classification des professeurs Jean Delay et Pierre Deniker, neuropsychiatres et psychopharmacologues, et l'on divise ces végétaux diaboliques en quatre groupes :

1. Les champignons psychotoniques augmentent le tonus cérébral. C'est l'ancien groupe des syndromes muscarien (à ne pas confondre avec muscarinien) et panthérinien. Ces champignons provoquent des crises d'agitation et d'hallucinations, mais aussi de torpeur, associées à un syndrome toxique parfois redoutable. Fort heureusement, si l'on peut dire, ils contiennent de nombreux poisons qui les rendent impropres à la consommation. Le plus célèbre est l'Amanite tue-mouches *(Amanita muscaria)*, qui contient du muscimol, de l'acide iboténique et de la muscazone. L'Amanite panthère *(Amanita pantherina)*, riche en acide iboténique, en bufoténine, mais aussi en muscarine, est violemment toxique, parfois mortelle. La troisième Amanite du groupe (car elles sont trois, comme les mortelles) est l'Amanite jonquille *(Amanita gemmata)*, mais on ne sait pas pourquoi ce champignon, habituellement comestible, se montre parfois onirogène ; sans doute existe-t-il plusieurs *gemmata*...

2. Les champignons psycholeptiques abaissent le tonus cérébral.

3. Les champignons psychodysleptiques modifient le tonus cérébral.

4. Les champignons dysesthésiques provoquent des troubles psycho-sensoriels.

LES SYNDROMES HÉMOLYTIQUES

On rencontre ces syndromes surtout avec certaines Amanites consommées crues ou mal cuites : *Amanita vaginata*, *Amanita crocea*, *Amanita livido pallescens* et *Amanita rubescens*, mais également avec de nombreux Ascomycètes appartenant aux groupes des Morilles, des Helvelles et des Pezizes. Les toxiques, qui sont concentrés dans la cuticule du chapeau, sont des glycoprotéines hémolytiques (c'est-à-dire qu'ils altèrent la paroi des globules rouges). Mais ils sont détruits à 70 degrés.

PSEUDOTOXICOSES ET SYNDROMES TOXIQUES MAL CONNUS

Il existe de graves intoxications cryptomaïniques par des champignons décomposés, provoquées surtout par des espèces coriaces qui paraissent fraîches même quand elles sont décomposées. Certains champignons sont responsables de syndromes d'idiosyncrasie ou d'anaphylaxie parfois redoutables ; l'idiosyncrasie est une réaction innée, constitutionnelle, d'un individu à une substance élaborée par un champignon ; l'anaphylaxie est une augmentation, progressive ou brutale, d'une sensibilité individuelle ; les deux peuvent déclencher une réaction sévère, parfois mortelle. Il nous faut citer également les champignons pollués, parce qu'il s'agit d'une pathologie d'avenir. Peu de gens savent que les champignons ne sont pas des végétaux comme les autres, car ils sont capables de concentrer les substances toxiques.

Certaines espèces, qui poussent près des zones contaminées (Agarics) ou qui possèdent un pouvoir de concentration très élevé *(Calvatia gigantea)*, sont d'ores et déjà suspectes. Enfin, il ne faut pas oublier que tous les champignons sont indigestes : ils contiennent une cellulose inassimilable pour l'homme et se saturent de corps gras à la cuisson. Il n'est pas toujours facile de faire la différence entre une intoxication et une indigestion. Lorsque l'on consomme ce « mets des dieux » qui ravissait Suétone, on court certainement un risque digestif. Il faut l'accepter. Ou s'abstenir, comme le mycologue italien du XVIIIe siècle Giovanni Battara, qui affirmait avec dédain : « Nous étudions les champignons, nous ne les mangeons pas ! »

PRINCIPAUX CENTRES ANTIPOISONS

En cas d'intoxication téléphonez tout de suite aux centres antipoisons et suivez les directives qui vous seront données. N'oubliez pas de noter l'heure de l'ingestion et de l'apparition des premiers symptômes. Ramassez tous les débris crus ou cuits, car à l'aide de ces renseignements le médecin pourra se faire une idée de la nature des champignons et il saura obtenir le concours des spécialistes pour les faire identifier.

FRANCE

Angers 41-48-21-21
Bordeaux 56-96-40-80
Clermont-Ferrand 73-26-09-09
Grenoble 76-42-42-42
Lille 20-54-55-56
Lyon 78-54-14-14
Marseille 91-75-25-25
Montpellier 67-63-24-01
Nancy 83-85-26-26
Paris 40-37-04-04
Reims 26-78-79-20
Rennes 99-59-22-22
Rouen 35-88-44-00
Strasbourg 88-37-37-37
Toulouse 61-49-33-33
Tours 47-64-64-64

BELGIQUE

Bruxelles (19-32) 23-45-45-45

SUISSE

Zurich (19-41) 1-251-51-51

Les champignons et la cuisine

Sur les quelque 3 500 espèces de champignons qu'on peut rencontrer en France, 150 environ sont comestibles, mais sur ce nombre il ne reste qu'une vingtaine d'espèces qui méritent les honneurs de la cuisine. Un jour, la *Revue de Mycologie* a organisé un référendum parmi ses lecteurs pour savoir quelles étaient les espèces les plus appréciées. Voici, par ordre de mérite, les espèces qui sont traitées dans cet ouvrage :

1. Tricholome de la Saint-Georges (ou Mousseron de printemps, Mousseron vrai, Avrilet) : *Calocybe gambosa* ;
2. Amanite des Césars (ou Oronge vraie, Jaune d'œuf) : *Amanita Caesarea* ;
3. Morille conique : *Morchella conica* ;
4. Cèpe bronzé (ou Cèpe noir, Tête de nègre, Gendarme noir) : *Boletus aereus* ;
5. Meunier (ou Mousseron, Clitopile petite prune, Langue de carpe) : *Clitopilus prunulus* ;
6. Agaric des champs (ou Psalliote champêtre, Rose des prés) : *Agaricus campester* ;
7. Morille comestible (ou Morille commune) : *Morchella esculenta* ;
8. Tricholome nu (ou Pied bleu) : *Lepista nuda* ;
9. Cèpe de Bordeaux (ou Cèpe comestible, Bolet comestible, Gros pied) : *Boletus edulis* ;
10. Coulemelle (ou Lépiote élevée, Parasol, Couleuvrée, Nez-de-chat) : *Macrolepiota procera*
11. Amanite rougissante : *Amanita rubescens* ;
12. Psalliote des forêts (ou Agaric des forêts, Rosé à mèches, Boule de neige grise) : *Agaricus silvaticus* ;
13. Chanterelle comestible (ou Girolle, Girandole, Jaunotte, Chevrette, Crête-de-coq, Gallinace, Roussotte, Girondelle) : *Cantharellus cibarius*.

Si vous pouvez vous en procurer, n'hésitez pas à préparer et à déguster également les espèces voisines suivantes : Amanite vaginée : *Amanita vaginata* ; Truffe noire : *Tuber melanosporum* ; Bolet appendiculé (ou Cèpe appendiculé) : *Boletus appendiculatus* ; Amanite solitaire : *Amanita solitaria* ; Tricholome tachetée (ou Mousseron gris) : *Lepista penaeola* ; Tricholome iris : *Lepista irina* ; Hygrophore des prés : *Hygrophorus pratensis*.

Cette énumération ne fait qu'indiquer certaines préférences. Mais, selon les régions et les pays, les goûts sont très variables. Ainsi, dans le midi de la France et en Espagne, on tient en grande estime les Lactaires à lait rouge, comme le Lactaire délicieux *(Lactarius deliciosus)*, méprisés ailleurs. Dans les pays de l'Est, on fait grand cas de l'Armillaire couleur de miel *(Armillariella mellea)* et du Lactaire parcheminé *(Lactarius pergamenus)* souvent dédaignés chez nous.

Si vous cueillez des champignons pour la table, n'en choisissez que de tout frais. Les jeunes sont toujours les plus fermes et les plus parfumés. Récoltez-les très proprement, en éliminant tout de suite la terre dont ils peuvent être souillés et, éventuellement, les parties du chapeau qui ont été atteintes par les limaces ou les rongeurs. Pour plusieurs espèces (comme pour les Lépiotes), éliminez tout de suite les pieds, qui sont coriaces. S'il s'agit de Bolets, vérifiez si les pieds ne sont pas trop colonisés par des larves. Rentré à la maison, vérifiez encore une fois tous vos exemplaires. Surtout ne laissez pas ce soin à des profanes, car il peut se glisser dans votre récolte une espèce mortelle ou toxique.

La préparation

L'épluchage est fort délicat. Les Psalliotes n'en ont pas besoin. Mais les Amanites ont une cuticule membraneuse qui s'en va d'une seule pièce, qu'il est indispensable de supprimer. Il faut également éplucher toutes les espèces naturellement visqueuses, comme le Bolet granulé *(Suillus granulatus)* et le Bolet jaune *(Suillus luteus)*. Vérifiez si le pied vaut la peine d'être conservé. Il arrive que les jeunes exemplaires soient bien fermes et charnus, mais que les adultes deviennent fibreux et à moitié creux.

Le lavage doit être très rapide, sinon les champignons se gorgent d'eau et perdent leur saveur. Pour les Bolets, nettoyez-les et essuyez-les soigneusement dans un linge pour qu'un lavage soit inutile, car un Bolet imbibé d'eau ne rissolera pas bien.

La cuisson

Les modes de cuisson et d'apprêt varient selon les espèces et leur degré de fermeté. Pour faire cuire des Cèpes, coupez-les en morceaux de la taille d'une grosse noix et faites-les griller tout doucement dans un peu d'huile d'olive ; il faut compter de 45 minutes à 1 heure pour qu'ils soient bien dorés et raffermis. Éliminez ensuite l'huile, gardez au chaud et, au moment de servir les champignons, versez dessus un beurre d'escargot très chaud. Ce beurre s'obtient en mélangeant du beurre ramolli avec un hachis de persil, d'ail et d'échalote ; enfin, salez et poivrez : vous aurez un plat digne d'un roi.

Pour les Bolets dits de pins *(Suillus granulatus* et *Suillus luteus)*, enlevez la cuticule, coupez le chapeau, et éventuellement le pied, en morceaux et mettez ceux-ci dans une casserole avec très peu d'eau ; chauffez-les à feu doux et attendez qu'ils rendent leur eau de végétation. Puis égouttez-les, roulez-les dans la farine et faites-les frire dans un peu d'huile d'olive. Arrosez-les d'un beurre d'escargot (voir ci-dessus) et servez immédiatement.

Pour certaines espèces tendres, comme le Tricholome de la Saint-Georges, l'Agaric des champs, le Meunier et la Morille conique, qui sont tous des champignons très parfumés, les préparations les plus simples sont les meilleures, car elles seules en conservent fidèlement le parfum naturel. Aussi, après les avoir nettoyés et lavés rapidement, mais sans les laisser tremper, mettez-les à cuire, à feu doux, dans une poêle avec du beurre, où vous aurez fait revenir légèrement un petit oignon émincé. Au bout d'un moment, les champignons seront recouverts d'eau. Laissez cette eau s'évaporer complètement, et salez les champignons seulement après. En salant plus tôt, vous seriez trompé par leur volume primitif. Liez-les ensuite avec de la bonne crème ou un reste de jus de viande. S'il y en a peu, garnissez-en des tranches de pain frites à l'huile ou des barquettes de pâte brisée.

Certaines espèces, comme les Chanterelles, sont excellentes cuites autour d'un rôti. On les ajoute dans la casserole un quart d'heure avant la fin du temps de cuisson du rôti : leur eau de végétation servira à déglacer le fond de la casserole, fournissant ainsi un jus de première qualité.

Les Lépiotes, les Lactaires et les Amanites rougeâtres sont très agréables cuits sur le gril et assaisonnés au dernier moment de sel et d'une noisette de beurre.

Ce sont là les préparations de base, à partir desquelles on peut inventer toutes sortes de variantes. Leur sauce peut être épaissie avec un rien de fécule pour en garnir des tourtes ou des quiches. On peut aussi hacher les champignons une fois cuits pour en faire des croquettes. Mélangez-les alors au préalable avec une béchamel épaisse, puis faites-en des boules de la grosseur d'une belle noix, roulez celles-ci dans la chapelure et faites-les frire.

Vous remarquerez que les Morilles et les Cèpes secs sont beaucoup plus parfumés que les espèces fraîches. Au moment de leur utilisation, faites-les gonfler pendant une heure dans de l'eau tiède, puis servez-vous en pour améliorer la sauce d'un rôti ou pour garnir un vol-au-vent.

N'oubliez pas les Champignons de Paris, ou de couche, qui sont excellents, et notamment la variété à chapeau couleur de noisette qui est bien plus parfumée que la blanche.

Quand vous trouvez sur le marché ou dans la nature des champignons avec un gros chapeau jeune et bien ferme, profitez-en pour les farcir comme des tomates. Mais, auparavant, faites-les cuire pendant quelques minutes, les lamelles en l'air, avec un peu de beurre, sans quoi leur chair ne sera pas suffisamment cuite, alors que la farce le sera déjà. Les grosses Psalliotes et le Cortinaire variable *(Cortinarius varius)* se prêtent bien à cet apprêt.

Une recommandation encore : on ne fait jamais blanchir les bons champignons. Ce traitement, qui en ôte le goût, sera réservé aux espèces d'odeur excessive ou légèrement amères, comme le Clitocybe nébuleux ou l'Armillaire couleur de miel.

Aussi, ne consommez crues que des espèces comme les Psalliotes, car il existe beaucoup d'espèces qui sont toxiques avant d'être cuites, du fait qu'elles contiennent des toxines dites « thermolabiles », c'est-à-dire détruites par la chaleur, et ne deviennent donc comestibles qu'après cuisson.

Souvenez-vous enfin qu'il vaut mieux avoir un plat de champignons pas trop abondant. Outre qu'ils ne sont pas toujours faciles à digérer, la satiété vient vite et il vaut mieux n'en pas avoir assez qu'en avoir trop.

Comment conserver les champignons ?

Les procédés dont on dispose sont divers ; en voici les plus intéressants.

La dessiccation

La dessiccation convient pour certaines espèces dont la chair est à la fois épaisse et un peu spongieuse. Les Bolets en sont un bon exemple. Mais on peut aussi faire sécher très facilement des espèces comme le Marasme des oréades *(Marasmius oreades)*, le Meunier *(Clitopilus prunulus)*, l'Agaric des champs *(Agaricus campester)*, l'Hydne imbriqué *(Sarcodon imbricatus)*, la Chanterelle comestible *(Cantharellus cibarius)*, etc. Les procédés de dessiccation changent selon les espèces. Ainsi, le Marasme des oréades sèche de lui-même une fois privé de son pied trop dur, simplement étendu sur du papier et exposé au soleil ou à l'entrée d'un four tiède. Il sera bon de le faire dessécher complètement par un passage dans un four plus chaud avant de le mettre dans un bocal hermétique, où il se conservera aussi longtemps que vous le voudrez et où il sera à l'abri des larves de divers insectes qui en sont friandes. Comme beaucoup d'autres champignons, c'est à l'état sec qu'il exhale le parfum le plus pénétrant.

Pour les Cèpes, qui sont très charnus, la dessiccation demande quelques précautions. Nettoyez-les soigneusement sans les laver (car ils se gorgeraient d'eau), puis coupez-les en tranches fines, de 2 à 4 millimètres d'épaisseur, et étendez ces tranches sur une grille, au soleil si possible (mais en automne le soleil n'est plus assez chaud), ou à l'entrée d'un four, ou devant une bouche de chaleur quelconque. Comme pour les Marasmes, un séjour de quelques minutes dans un four chaud pour finir a l'avantage de provoquer une dessiccation absolue et de tuer les œufs des larves qui pourraient subsister dans la chair des champignons. La dessiccation des Cèpes est en général plus longue que celle des Marasmes, et il faut attendre que les tranches soient devenues croquantes avant de les enfermer dans un bocal approprié. A noter cependant que le Bolet granulé *(Suillus granulatus)* et le Bolet jaune *(Suillus luteus)* ne se prêtent pas à la dessiccation. Les Morilles comptent parmi les champignons qui se dessèchent le mieux. La tradition veut qu'on les enfile sur une ficelle au-dessus d'un fourneau quelconque, où elles se déshydratent rapidement. Il faut savoir enfin que les champignons desséchés perdent environ 90% de leur poids, ces 90% représentant la proportion d'eau contenue dans les champignons frais.

Champignons en saumure

On peut saler les champignons. Il vous faut alors leur faire rendre leur eau par un blanchiment préalable. Vous les mettez ensuite dans un bocal et vous versez dessus une solution salée à 150 grammes par litre. Vous y versez ensuite une couche d'huile ou de saindoux fondu pour éviter les fermentations. Pour utiliser les champignons ainsi traités, vous les dessalez d'abord à l'eau fraîche pendant plusieurs heures, puis vous les faites cuire comme s'ils étaient frais. Mais ce procédé a le défaut de leur faire perdre à peu près toute leur saveur.

Champignons au vinaigre

Il est très agréable de consommer des Chanterelles au vinaigre. Pour les préparer, vous les lavez soigneusement, vous les mettez dans une jatte et les saupoudrez de gros sel ; quand elles ont rendu leur eau, vous les mettez dans un bocal que vous remplissez de vinaigre de vin à 6 degrés, avec une échalote, une gousse d'ail et une branche de sarriette. Vous obtenez ainsi des *pickles* exquis.

Congélation des champignons

Pour congeler les champignons, il vous faut préalablement leur faire rendre leur eau (et non les blanchir) en les mettant dans une casserole avec à peine un peu d'eau dans le fond. Sur feu vif, au bout de quelques minutes, ils se couvrent de leur eau de végétation. Il faut ensuite les égoutter dans une passoire, puis les mettre dans des sacs « spécial-congélation » ; c'est ainsi qu'ils conserveront le mieux leur saveur et leur parfum. Alors que, blanchis à l'eau bouillante, ils deviennent insipides et sans intérêt. Vous pouvez aussi les préparer comme si vous alliez les servir immédiatement, mais les laisser refroidir, les mettre en sachet et les congeler, pour n'avoir plus qu'à les réchauffer le moment venu.

Champignons en confit

Vous prendrez des champignons fermes, comme le Lactaire délicieux ou des Russules. Vous les essuyerez soigneusement et vous les ferez frire soit dans de l'huile d'olive, soit dans du saindoux. Aussitôt qu'ils seront à point, c'est-à-dire croustillants, vous les mettrez dans des bocaux que vous remplirez avec l'huile ou le saindoux bouillant, et que vous laisserez fermés jusqu'au moment de l'utilisation.

Champignons stérilisés

C'est le moyen de conservation le plus classique. Mais toutes les espèces ne s'y prêtent pas également. Celle qui se prépare le mieux ainsi est l'Agaric des champs, qu'on trouve parfois en grande abondance. Mettez-la d'abord dans une casserole pour lui faire rendre son eau. Aussitôt que les champignons en sont couverts, vous les égouttez au-dessus d'une jatte en conservant soigneusement cette eau. Mettez les champignons dans un bocal et couvrez-les de l'eau qu'ils ont rendue (il y en a toujours trop). Fermez les bocaux, en prenant soin que le caoutchouc soit très propre (neuf si possible), avec un étrier, ou le ressort prévu à cet effet ; faites cuire ces bocaux dans une casserole pleine d'eau pendant 2 heures. Vous les laissez ensuite refroidir dans la casserole avant de les en retirer pour les conserver dans une cave fraîche. Le grand secret est de les conserver dans leur eau, autrement ils perdent toute saveur.

Poudre de champignons

Ce procédé s'applique surtout aux Marasmes et à la Trompette des morts. Vous faites sécher ces champignons jusqu'à ce qu'ils deviennent parfaitement friables ; vous les froissez ensuite entre les doigts pour les réduire en une poudre fine, et vous conservez cette poudre dans des bocaux bien étanches. Cette poudre sert à aromatiser une sauce sans que celle-ci soit encombrée par des champignons entiers.

Truffes au cognac

Le meilleur moyen de conserver les Truffes est de les mettre dans un bocal et de les couvrir de cognac, en forçant s'il le faut avec un peu d'alcool à 90 degrés pour que le liquide soit à 50 degrés. Les Truffes ainsi conservées gardent tout leur parfum et peuvent être utilisées comme si elles étaient fraîches.

Il arrive que certaines années les récoltes de champignons soient si abondantes qu'on ne peut les consommer immédiatement. On a alors avantage à les conserver selon l'un des procédés que nous venons de décrire pour les manger en hiver ou quand ils font défaut dans la nature.

La culture des champignons

Peu de champignons sont cultivables. Les champignons mycorhiziques en particulier, qui vivent en symbiose avec les racines des arbres, se refusent à toute domestication. Il est inutile d'espérer cultiver des Cèpes ou des Amanites des Césars *(Amanita Caesarea)* : c'est simplement impossible. En revanche, ceux qui croissent dans des milieux bien définis peuvent être cultivés à condition de recréer leur milieu d'origine et aussi de respecter leurs exigences propres. C'est ainsi que depuis le XVIIe s. des jardiniers français ont mis au point la culture du Champignon de couche ou Champignon de Paris *(Agaricus bisporus)*. Dans la nature, cette espèce pousse dans les champs cultivés, jamais dans les prairies, et toujours sur des débris de fumier enterrés au moment des labours. Certains jardiniers ont donc pensé qu'en lui fournissant du fumier ensuite recouvert de terre, on devait obtenir des champignons. Cela fut fait et exemplairement réussi. Cette culture est devenue une véritable industrie qui se classe au sixième rang des exportations françaises.

Il faut 2 mètres cubes de fumier de cheval frais et provenant de chevaux nourris sans produits chimiques. L'« abatage » consiste à entasser ce fumier, en l'arrosant, sur une surface plane. Une fermentation violente se produit et la température intérieure peut atteindre 70 degrés et davantage. Il faut procéder ensuite à une première « retourne » du fumier, c'est-à-dire l'étendre et refaire un tas en y mettant à l'intérieur les parties non fermentées. Une deuxième fermentation se produit, moins forte que la précédente (40 degrés). Puis a lieu la seconde « retourne » du fumier. Il fermente encore une fois, mais sa température se stabilise aux environs de 20 degrés : le fumier est alors « à point ».

A ce stade-là, il n'a plus une odeur ammoniacale, mais il sent déjà le champignon. C'est le moment de préparer les couches. Dans un local clos mais aéré, il faut former des meules, des tas allongés de 40 centimètres de haut et de 40 centimètres de large et les ensemencer avec du « blanc » (acheté chez le producteur) : c'est l'opération du « lardage ». Ce blanc est le mycélium ou appareil végétatif du champignon ; présenté sous forme de tablettes, il doit être inséré par fragments dans la meule, tous les 30 centimètres. Après trois semaines, la meule est complètement envahie par le mycélium et devient toute blanche, si toutefois la quantité d'oxygène est suffisante et s'il n'y a pas trop d'humidité. Deux à trois semaines plus tard vient l'opération la plus délicate, le « gobetage », qui consiste à recouvrir la meule d'une couche de 3 centimètres d'épaisseur d'un mélange de terre et d'argile étouffant le mycélium. L'étouffement provoque la fructification.

Deux à trois semaines après, les premiers champignons crèvent le « gobetage » et se montrent à l'air libre. La récolte se fait en plusieurs volées. Cette culture n'est pas facile : il faut du fumier de première qualité, un local adapté et un tour de main qui ne s'acquiert pas du premier coup; celle en jardin est moins aléatoire qu'en local fermé. D'autres cultures ont été mises au point : en particulier celle du Pleurote en huître *(Pleurotus ostreatus)* qui, dans la nature, pousse sur les troncs morts ou malades des peupliers. D'où l'idée d'ensemencer des morceaux de bois de peuplier avec du mycélium préparé en laboratoire, de les enterrer à moitié et, en effet, on obtient deux ou trois ans de suite, à la fin de l'automne, une fructification intéressante. Mais ce Pleurote n'a qu'une saison et sa qualité est loin de valoir celle du Champignon de couche. Les résultats de la culture des Morilles sont plus que capricieux. Le seul moyen pratique est de bêcher un coin de jardin, d'y enterrer du marc de pommes et de l'ensemencer avec des fragments de morilles sèches *(Morchella rotunda, Morchella esculenta)* pour que le mycélium s'y développe. La plantation doit être couverte de feuilles mortes maintenues par des branches sèches. Le résultat n'est jamais garanti, et c'est un coup de chance que de voir apparaître des Morilles.

Quant aux Truffes, on les a longtemps crues incultivables, puisqu'elles sont mycorhiziques. Après de longues études, il s'est avéré qu'on pouvait, en s'y prenant tôt, mycorhizer les chênes dont elles dépendent en faisant germer des glands dans des pots. Sitôt germés, il faut les mettre en contact avec les spores ou le mycélium déjà prêt de la truffe. En effet, il ne s'attache au chêne qui le nourrira qu'au moment de sa germination. Comme les truffières naturelles de France manifestent des signes d'épuisement, elles sont reconstituées avec des jeunes chênes ainsi préparés et les résultats sont encourageants. Mais cela demande beaucoup de patience, car un chêne ensemencé ne commence à donner des truffes qu'au bout de dix ans ou même davantage. La culture industrielle de la Truffe reste cependant empirique.

S'il existe une culture des champignons menée en laboratoire à des fins de recherche, les tentatives de cultures de type semi-industriel ou industriel n'ont pas toujours été couronnées de succès : la réussite n'est totale que pour l'obtention du Champignon de couche, ou Champignon de Paris.

GLOSSAIRE

A

Aculéolé. Hérissé d'aiguillons ou de mèches sur le chapeau.

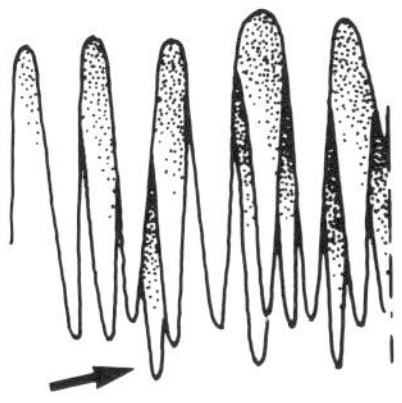

Adné. Qui adhère. Des lamelles adnées adhèrent au stipe.

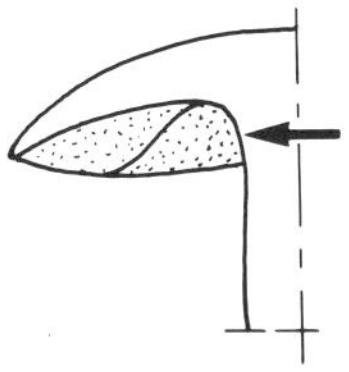

Amarescent. D'un goût devenant amer après mastication.
Amyloïde. Se dit des parois ou des ornements des spores qui se colorent en gris-bleu ou en gris-noir sous l'effet des réactifs iodés.
Anastomosé. Des lamelles sont dites anastomosées lorsqu'elles sont réunies par des diverticules ou des bifurcations.
Anneau. Membrane de formation simple ou complexe gainant le pied à la manière d'une bague après épanouissement du chapeau.

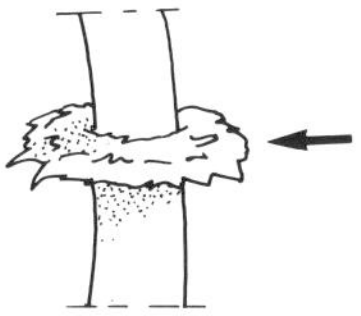

Appendiculé. Se dit surtout du bord du chapeau de certaines espèces dont la marge est débordante et forme un court feston sur son bord.

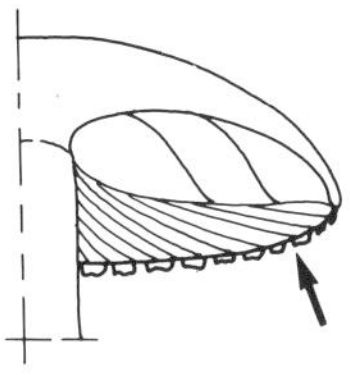

Apprimé. Les écailles de certaines espèces sont dites apprimées quand elles sont couchées et pour ainsi dire collées sur la surface du chapeau.
Aranéeux. Se dit de l'aspect de toile d'araignée que peut avoir le dessus du chapeau, surtout dans son jeune âge.
Aréolé. Qualifie le dessus du chapeau quand il se craquèle en plaques ou quand il se tache comme de gouttes d'eau.

Arête. Bord libre et comme tranchant d'une lamelle.
Argilacé. De couleur brunâtre et terne comme celle de l'argile.
Arqué. Courbé comme un arc. Les lamelles sont dites arquées quand leur bord est concave vers le bas.

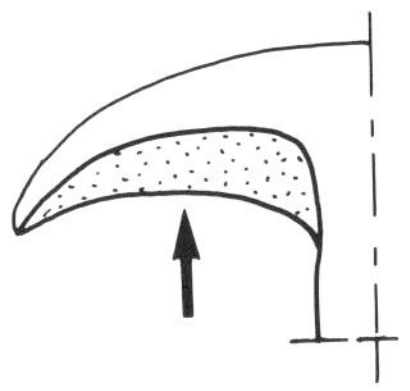

Arrière. Partie de la lamelle qui se trouve contre le pied.
Arrondi. Une lamelle arrondie est une lamelle dont l'arête forme une courbe arrondie vers le bas. Le Champignon de Paris en donne un bon exemple.

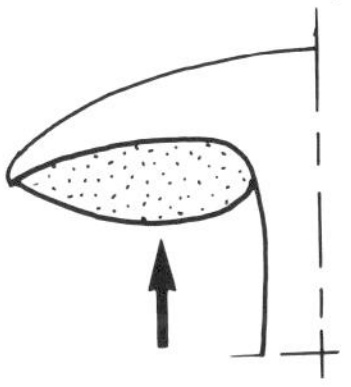

Aspérulé. Couvert d'aspérités très fines.
Asque ou **Thèque.** Cellule renfermant les spores des Ascomycètes, qui en sont expulsées à maturité.

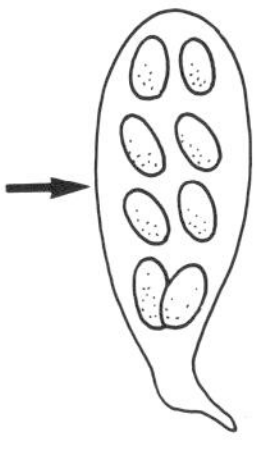

Avant. Partie de la lamelle proche de la marge du chapeau.

B

Bai. D'un brun rougeâtre bien marqué.
Base. La base d'une lamelle est la partie adjacente au chapeau et opposée à son arête.
Baside. Élément de l'hyménium de beaucoup de champignons, que l'on trouve à la surface des lames des Agarics ou à la surface des tubes des Bolets. C'est une cellule plus longue que les autres, qui dépasse l'hyménium et qui porte à son sommet et à l'extrémité des stérigmates un nombre variable de spores.

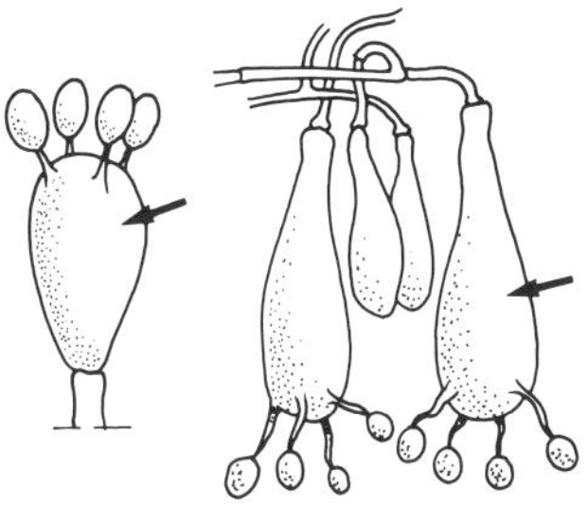

Bipolaire. Se dit d'une espèce dont les mycéliums primaires se classent en deux groupes tels qu'un mycélium primaire ne peut produire un mycélium secondaire que s'il est confronté à un mycélium de l'autre groupe.

C

Caduc. Qui disparaît spontanément, comme le font souvent les anneaux.
Calcicole. Qui croît sur terrain calcaire.
Calcifuge. Qui ne peut subsister sur un sol calcaire.
Campanulé. En forme de cloche.

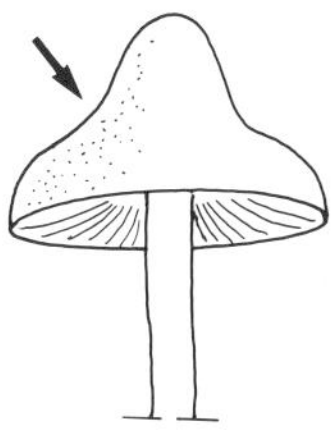

Cannelle. D'une belle couleur brun chaud, comme celle de la poudre de cannelle.
Carpophore. Appareil reproducteur du champignon, c'est-à-dire à nos yeux le champignon lui-même, par opposition à son mycélium, qui est presque toujours invisible et enfoui dans son milieu.
Cartilagineux. Se dit de certains champignons, ou de leur stipe, quand ils sont à la fois souples et résistants, comme le cartilage de l'oreille.
Céracé. Qui a la consistance de la cire d'abeille.
Cespiteux. Qui pousse en touffes.

Chromosporé. Un champignon est dit chromosporé lorsque les spores sont colorées, par opposition aux espèces dont les spores sont blanches ou incolores.

Claviforme. En forme de massue. Se dit surtout du stipe d'un champignon quand sa base est renflée en massue.

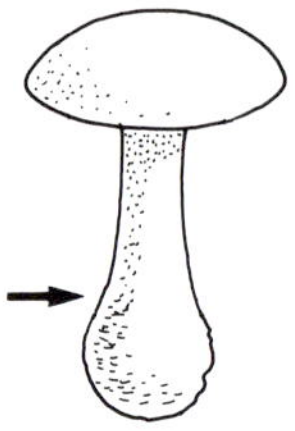

Collarium. Bourrelet annulaire auquel sont fixées les lamelles chez certaines espèces.

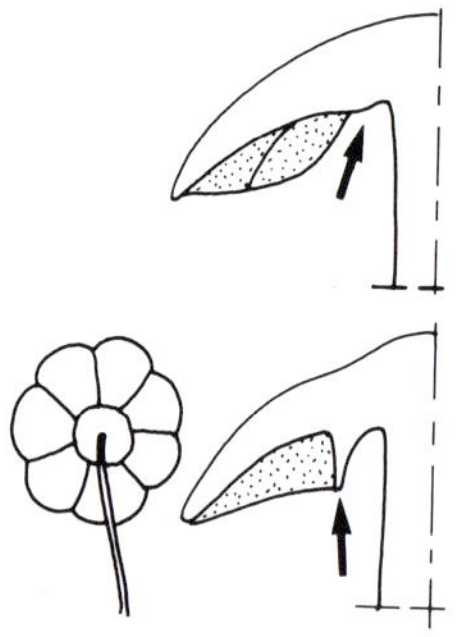

Concolore. De la même couleur.

Conné. Des stipes connés partent ensemble d'une même base.

Coprophile. Se dit d'une espèce qui vient sur le fumier ou sur les excréments.

Corticole. Qui pousse sur l'écorce des arbres.

Cortine. Voile tendu comme une toile d'araignée entre le bord du chapeau et le pied dans le jeune âge.

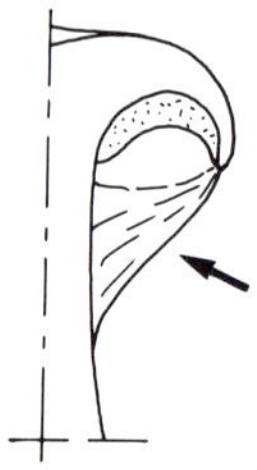

Cortiqué. Se dit du stipe quand il est revêtu à l'extérieur d'une sorte d'écorce plus tenace que la chair elle-même.

Costé ou **costulé.** Se dit du bord du chapeau quand il est marqué de côtes ou de rainures.

Cupuliforme. En forme de coupe.

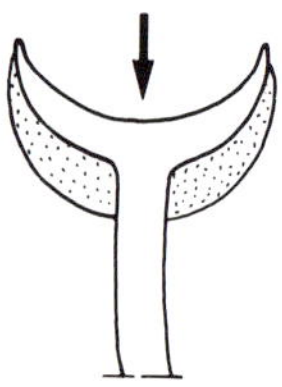

Cuticule. Pellicule, souvent détachable, recouvrant la surface du chapeau.

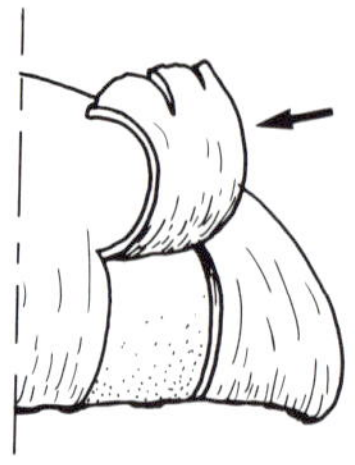

Cyathiforme. En forme d'entonnoir, de coupe.

Cylindracé. De forme à peu près cylindrique.

Cystides. Cellules stériles qui se trouvent souvent sur la face des lamelles ou sur leur arête et qui sont souvent couronnées de cristaux d'oxalate de calcium. Examinées au microscope, elles peuvent être très utiles pour les déterminations.

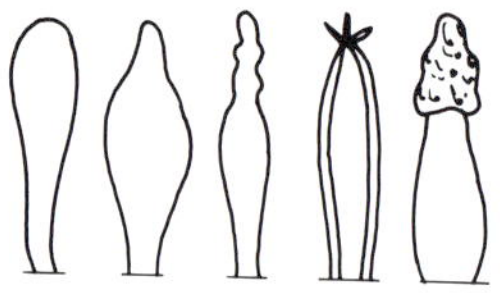

D

Décurrent. Qui se prolonge sur un autre organe. Des lamelles décurrentes descendent, plus ou moins longuement, sur le pied.

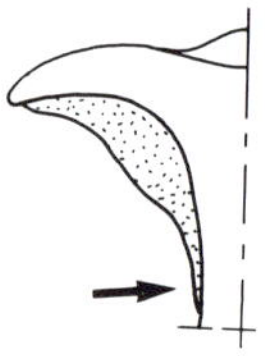

Déliquescent. Qui se résout en liquide à la maturité. Se dit surtout des Coprins, chez qui ce phénomène est constant.

Descendant. Se dit de l'anneau du pied, des Amanites par exemple, qui se rabat sur le pied de haut en bas.

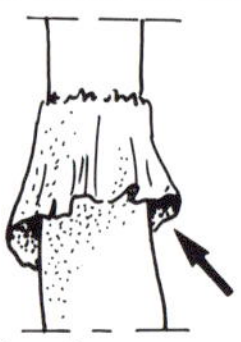

Dimidié. Se dit du chapeau d'un champignon qui est réduit à l'une de ses moitiés, comme les Polypores et certains Pleurotes.

Discolore. Qui présente deux couleurs différentes.

Disque. Désigne la partie centrale du chapeau.

Distinct. Se dit du stipe quand il est possible de le détacher du chapeau sans déchirure, car il forme alors un organe indépendant, comme on le voit chez le Champignon de Paris.

E

Écarté. Éloigné. Des lamelles écartées n'atteignent pas le stipe.

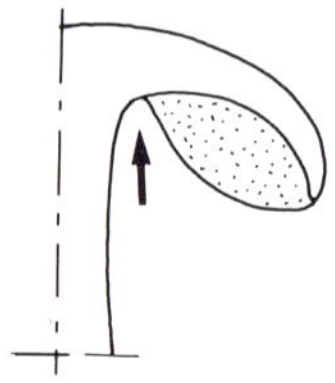

Émarginé. Les lamelles sont dites émarginées lorsqu'elles sont comme échancrées à l'endroit où elles atteignent le stipe.

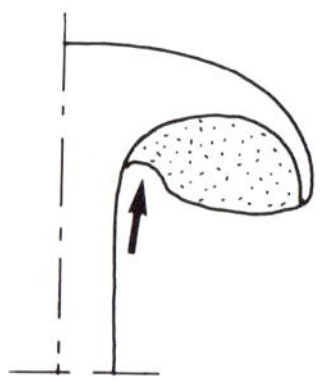

Épiphyte. Se dit d'un champignon qui vient sur d'autres plantes.

Excédent. Qui dépasse. Se dit de la marge du chapeau quand elle est débordante.

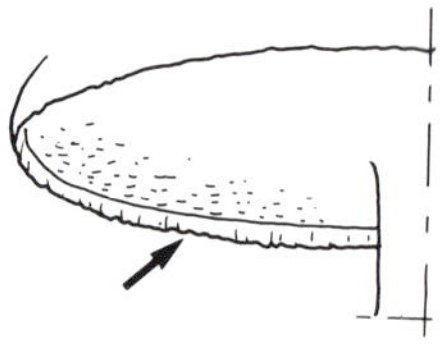

Excorié. Se dit du revêtement du chapeau qui se dilacère en écailles.

F

Farci. Qualifie un stipe dont la chair intérieure est plus lâche et finit par disparaître avec l'âge.

Fauve. Variété de couleur jaune plus vive et plus profonde, tirant sur le roux.

Festonné. Bordé de crénelures arrondies : marge du chapeau festonnée.

Fimicole. Qui pousse sur le fumier.

Fissile. Qui se fend selon l'axe radial.

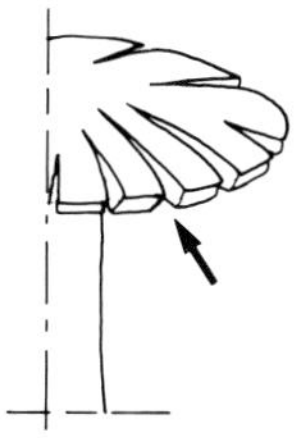

Fistuleux. Tubulaire; se dit d'un stipe régulièrement creux dès le jeune âge.

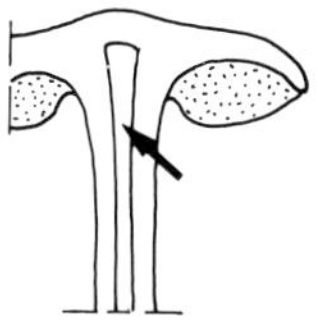

Floculeux. Qui présente de petits flocons.
Fugace. Qui disparaît rapidement.
Fuligineux. Gris-brun ou noirâtre.
Furfuracé. Comme couvert de son ou d'une poussière très fine.
Fusiforme. En forme de fuseau. Se dit d'un stipe atténué au sommet et à la base.

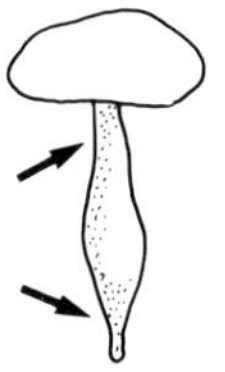

G

Gélifié. Qualifie surtout le revêtement de certains champignons qui, avec l'humidité, se transforme en une espèce de gelée plus ou moins épaisse.
Gibbeux. Se dit du chapeau quand il porte une ou plusieurs bosses remarquables.

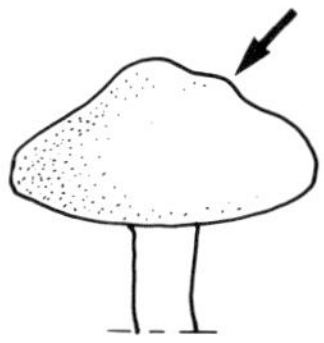

Glutineux. Couvert d'une mucosité épaisse et qui se gonfle par l'humidité. On trouve ce gluten surtout sur le chapeau, mais aussi sur le stipe, de beaucoup de Cortinaires et d'Hygrophores.
Guttule. Petite goutte.
Gymnocarpe. Se dit d'un champignon qui naît directement à la surface du primordium et non à l'intérieur d'une chambre hyménienne.

H

Hispide. Couvert de grosses mèches.
Hyalin. Des spores hyalines sont incolores et translucides sous le microscope.
Hygrophane. Se dit de la chair du chapeau qui, opaque par temps sec, devient translucide par temps humide.
Hyménium. Partie d'un carpophore qui porte les asques ou les basides, par exemple les lames des Agarics, les tubes des Bolets ou les pointes des Hydnes.

I

Imbriqué. Se recouvrant partiellement, comme les tuiles d'un toit : écailles du chapeau imbriquées.

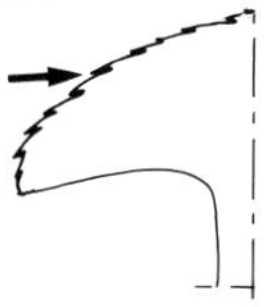

Imbu. Se dit d'un champignon gorgé d'eau par la pluie.
Incurvé. Courbé en dedans. Se dit surtout de la marge du chapeau quand elle est recourbée ou enroulée, surtout dans la jeunesse.

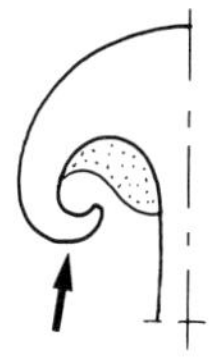

Infundibuliforme. En forme d'entonnoir.

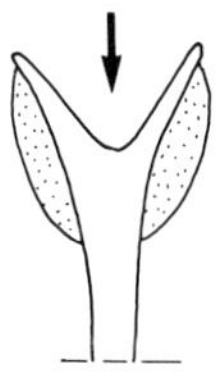

Inné. Des écailles innées ne sont pas superficielles mais font partie intégrante de la chair du chapeau.
Interveiné. Qui est réuni par des veines (les plis des Chanterelles ou les lamelles des Russules, par exemple).
Isabelle. Couleur blond roussâtre, comme la robe de certains chevaux.

L

Lactescent. Qui laisse échapper du lait à la cassure.
Latex. Lait qui s'écoule des carpophores à la cassure et qui provient de vaisseaux « laticifères », comme chez les Lactaires et certaines Mycènes.
Leucosporé. Dont les spores sont blanches.
Lignicole. Qui pousse sur le bois.
Livide. D'une couleur grise et nuageuse.
Lubrifié. Faiblement visqueux, comme le chapeau de *Boletus edulis*.

M N

Mamelon. Saillie centrale, plus ou moins individualisée, de certains chapeaux.
Mamelonné. Qui possède un mamelon.

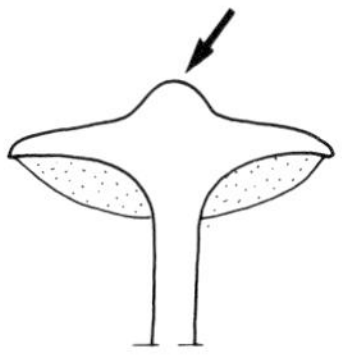

Marge. Bord du chapeau, qui est souvent de couleur ou de texture différentes de celles du centre.

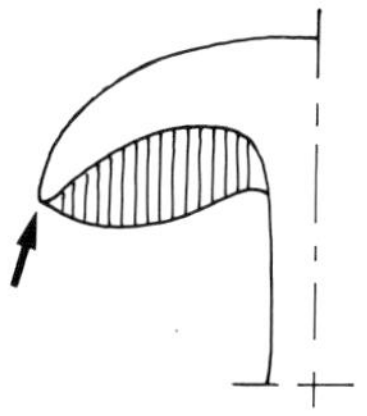

Marginé. Qui présente une marge ou un rebord distinct. Se dit surtout du rebord du bulbe que présentent à la base de leur pied certains Agarics, comme l'Amanite panthère.

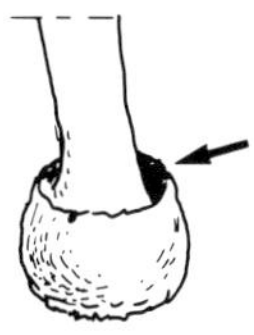

Médulleux. Se dit du pied quand il est rempli à l'intérieur d'un tissu plus lâche et plus fragile que son écorce.
Membraneux. Se dit de certains chapeaux particulièrement minces et sans chair, comme ceux de certaines Mycènes et de certains Marasmes.
Micacé. Parsemé de petits points brillants.
Mycélium. Partie végétative du champignon qui porte les carpophores quand vient la saison de sa maturité. Le mycélium passe le plus souvent inaperçu, car il est fait de filaments très fins dispersés dans la terre ou dans le support du champignon.

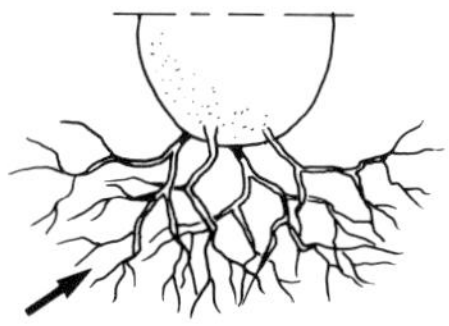

Mycorhize. Association symbiotique d'un mycélium avec les racines d'une plante.
Napiforme. En forme de navet.

O

Obconique. Se dit d'un stipe en forme de cône renversé, c'est-à-dire plus épais à son sommet qu'à sa base.
Obtus. Se dit des chapeaux qui ne présentent aucune saillie et sont soit aplatis, soit faiblement convexes.
Ochrosporé. Désigne les spores de couleur allant de l'ocre au brun rouillé.
Olive. Couleur des olives vertes.
Ombiliqué. Se dit d'un chapeau qui présente en son centre une dépression profonde et étroite.

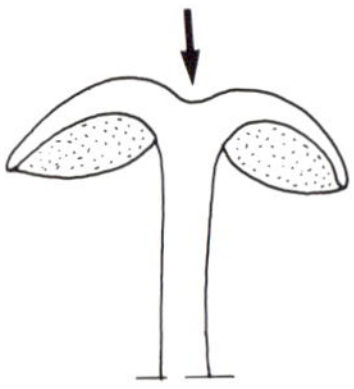

Ovale. Qualifie une spore courtement elliptique.
Ovoïde. En forme d'œuf de poule, c'est-à-dire plus largement arrondi à une extrémité qu'à l'autre.

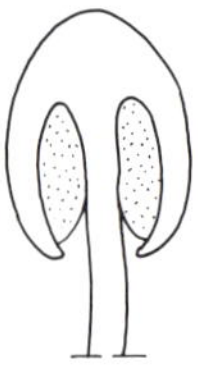

P

Papilionacé. Marqué de plages plus claires ou plus sombres côte à côte : lamelles papilionacées.
Papillé. Se dit d'un chapeau qui présente en son centre un mamelon étroit et brusquement individualisé.

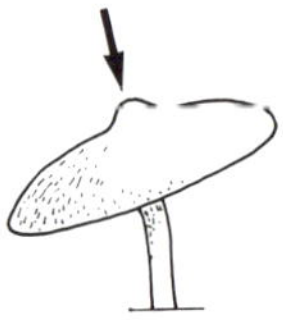

Parasite. Se dit d'un champignon qui se développe aux dépens d'une autre plante. Le cas est assez rare chez les champignons supérieurs et se remarque surtout chez les Polypores, qui attaquent les arbres vivants mais se développent aussi bien sur le bois mort. En revanche, un grand nombre de champignons microscopiques sont de redoutables parasites des plantes cultivées.
Pellucide. Translucide, transparent.
Pigment. Substance colorée naturelle qui donne aux champignons leur couleur.
Piléique. Qui concerne le chapeau.
Pleuropode. Dont le stipe est latéral.

Pliciforme. Qui a la forme de plis peu saillants : lamelles pliciformes.
Pore. Désigne l'orifice des tubes des Bolets et des Polypores, dont la couleur est souvent différente de celle des tubes eux-mêmes.
Primordium. C'est l'ébauche du futur champignon dans son extrême jeunesse. Le primordium se présente comme une tête d'épingle, d'habitude blanche et généralement invisible, car elle est cachée sur le mycélium, dans le sol.

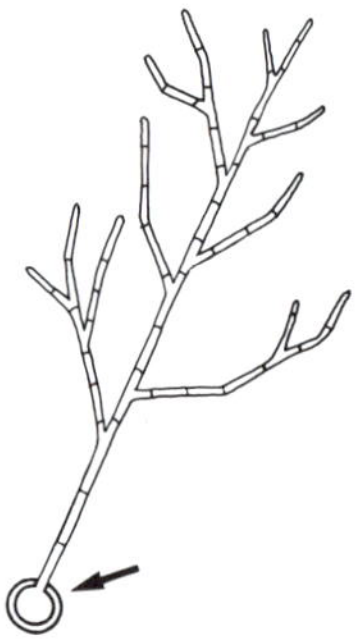

Pruineux. Se dit du chapeau ou du stipe de certains champignons qui semblent couverts d'une poudre très fine, faite en réalité de poils minuscules dressés sur la surface.
Pubescent. Brièvement poilu.
Pulvérulent. Couvert d'une sorte de poudre, ou très brièvement poilu.

R

Radicant. Se dit d'un stipe dont la base se prolonge par une pseudo-racine.

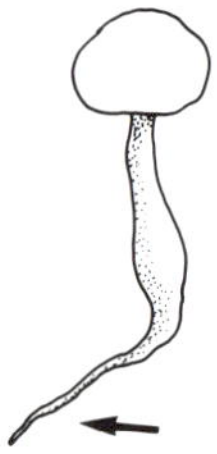

Radicelle. Petit cordon mycélien visible à l'œil nu.
Raphanoïde. Qui présente une odeur de rave ou de radis.
Réfléchi. Se dit de l'aspect de certaines espèces dépourvues de pied qui s'écartent de leur support et deviennent horizontales avec le temps.
Résupiné. Se dit du chapeau de plusieurs espèces lignicoles quand il adhère à son support par un de ses côtés, de sorte que les lamelles rayonnent à partir d'un point généralement excentrique.
Réticulé. Se dit d'un pied orné d'une sorte de filet ou de réseau fait, chez les Bolets en particulier, de tubes avortés.

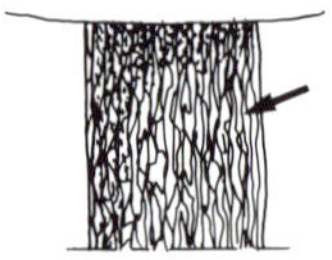

Rhizoïde. La base du pied de plusieurs espèces est souvent hérissée de gros poils plus ou moins charnus qui ressemblent à des racines. On les appelle « rhizoïdes », c'est-à-dire pseudo-racines.
Rhizomorphe. Cordon mycélien souvent fermé et tenace qui s'allonge sur le support.

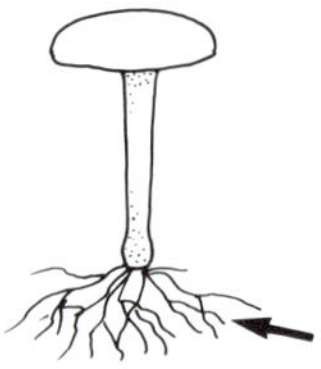

Rhodosporé. Se dit d'un champignon à spores roses ou rougeâtres.
Rigide. Indique une consistance qui résiste à la pliure. Les champignons se brisent quand on veut les plier ; c'est le cas de la plupart des Lactaires.
Rimeux. Se dit d'un chapeau qui se crevasse dans tous les sens de manière à laisser voir la couleur de la chair entre les fentes.
Rugueux. Raboteux ou couvert d'aspérités médiocres.

S

Saprophyte. Se dit d'une espèce qui croît aux dépens de matières organiques, par opposition à une espèce qui est parasite ou qui vit en symbiose avec une autre plante.
Scissile. Qui se fend facilement en deux suivant le plan de symétrie : lames scissiles.
Sclérote. Sorte de tubercule vivace sur lequel naissent les carpophores de certaines espèces, à qui il sert de réserve.

Scrobiculé. Orné de taches bien délimitées ou de petites fos-

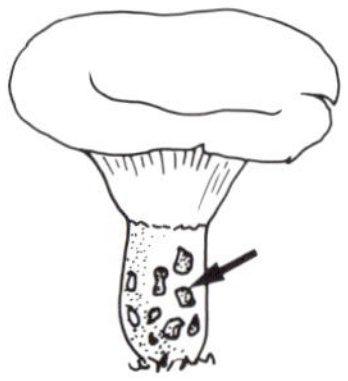

settes, comme le pied de certains Lactaires en particulier.
Serrulé. Dont le bord est dentelé comme une scie : lamelles serrulées.

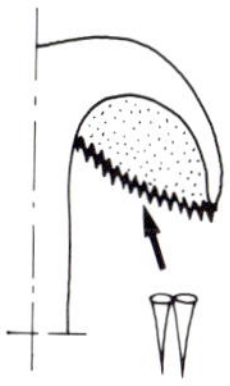

Sessile. Qui n'a pas de pied, comme beaucoup de Pleurotes et de Polypores.
Sinué. Les lamelles sont dites sinuées lorsqu'elles se rétrécissent au voisinage du stipe, où leur arête devient rapidement ascendante.
Sous-hyménium. Partie du carpophore qui se trouve immédiatement au-dessous de l'hyménium.
Spinuleux. Couvert de petites épines.
Spongieux. Qui peut être comprimé comme une éponge et qui retient l'eau comme elle.
Spore. C'est la « graine » du champignon, l'organe reproducteur. Les spores se détachent à la maturité des basides ou s'éjectent des asques qui les contiennent et sont emportées par le vent.
Sporée. Amas de spores récolté sous un carpophore pour en définir exactement la couleur. Pour obtenir une sporée, il faut placer le chapeau d'un champignon dont on a coupé ras le stipe sur une feuille de papier blanc, lamelles en dessous, pendant vingt-quatre heures. L'examen de la couleur des sporées est surtout utile pour la détermination des Russules.
Squame. Synonyme d'écaille.
Squarreux. Se dit d'un chapeau ou d'un stipe quand ils sont hérissés d'écailles saillantes et remarquables.
Station. Lieu géographiquement très restreint et délimité.
Stérigmate. Filament très fin qui émerge au sommet de la baside et au bout duquel se forment puis tombent les spores.

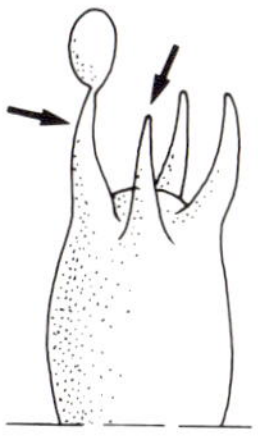

Stipe. Pied du champignon.
Stipité. Pourvu d'un pied.
Strié. Se dit surtout du bord du chapeau de certaines espèces, quand il est très mince et laisse apercevoir par transparence le dessin des lamelles qui se trouvent en dessous. Ces stries sont facilement observables chez certaines Amanites et chez beaucoup de Russules. Mais les stries peuvent aussi affecter le stipe, où elles se marquent comme de longs sillons plus ou moins continus et profonds.

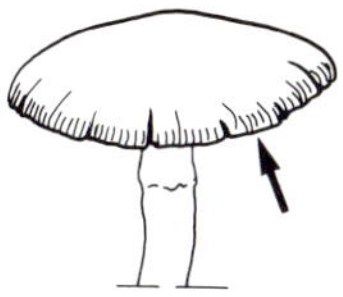

Supère. Se dit d'un voile, anneau ou cortine qui se forme à la partie supérieure du stipe et qui, à l'épanouissement du chapeau, retombe vers le bas, tandis que les voiles infères partent de la base du stipe vers le haut.

T

Testacé. Couleur de brique, mais plus brun que briqueté.
Tétrapolaire. Se dit d'une espèce dont les mycéliums primaires issus d'un même carpophore se classent en quatre groupes (A, B, C et D), de sorte qu'on ne peut obtenir de mycéliums secondaires qu'en confrontant les mycéliums A×B et C×D.
Thèque. Voir **Asque.**
Tomenteux. Couvert d'un velours plus ou moins grossier. C'est presque un synonyme de velouté.
Trame. On appelle trame des lames la partie de leur tissu comprise entre les deux sous-hyméniums. La trame peut aussi désigner la chair du chapeau.
Turbiné. En forme de toupie.

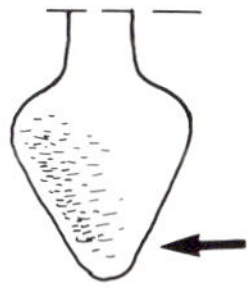

U

Umboné. Se dit du sommet du chapeau quand il est brusquement gonflé en forme de gros mamelon.

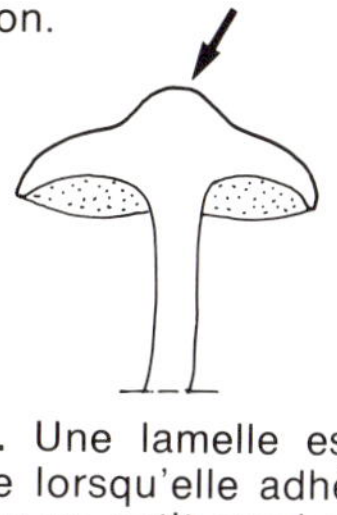

Unciné. Une lamelle est dite uncinée lorsqu'elle adhère au stipe par un petit crochet.

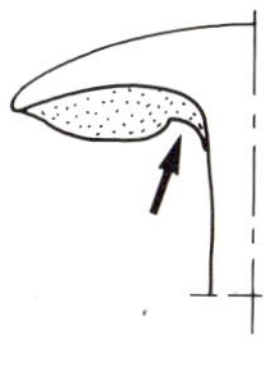

V

Velouté. Qui présente l'aspect mat et doux du velours, comme le pied de *Collybia velutipes.*
Ventru. On dit qu'une lame est ventrue quand elle est largement convexe vers le bas et que son milieu est plus large que ses extrémités.
Vergeté. Se dit d'un revêtement quand on y distingue des fibrilles innées dans le tégument.
Verruqueux. Qui a des verrues.
Villeux. Poilu, mais d'une façon désordonnée, et non pas comme un velours régulier.
Voile. On groupe sous ce mot tous les éléments qui dans le jeune âge abritent la formation hyméniale, qu'il s'agisse de la volve, de l'anneau ou de la cortine. On dira que la volve qui enveloppe le champignon tout entier dans sa jeunesse est un voile général, mais l'anneau et la cortine ne sont que des voiles partiels, puisqu'ils ne protègent que la région hyméniale.
Volve. C'est une enveloppe distincte du revêtement du chapeau et qui recouvre le carpophore tout entier dans la jeunesse, lequel peut se rompre en restant entier, à la base du pied, ou éclater en écailles plus ou moins fragiles qui se dispersent sur le chapeau.

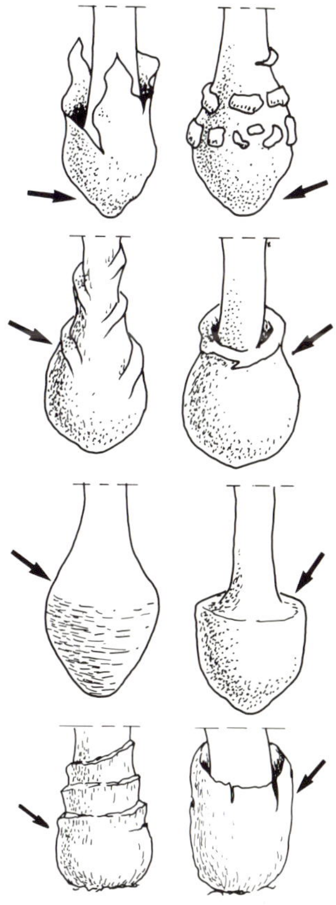

Z

Zones. Plages de couleurs ou de formes alternées donnant à la surface un effet zébrant.

Index

Les chiffres en caractères gras renvoient aux pages où les champignons font l'objet d'une description détaillée et d'une illustration en grand format couleur. Les chiffres en italique correspondent à toutes les autres illustrations du livre.

A

B

C

D

E

F

G

H

I

R

S

T

U

V

X

Photographies

Le chiffre désigne la page du livre, et nous indiquons l'emplacement des photographies par les abréviations suivantes : d : à droite ; g : à gauche ; h : en haut ; b : en bas ; m : au milieu.

6,7 : 44-45 G. Redeuilh • 48 : MAURITIUS/K. Matwijow • 49 : H. J. Romero • 50 : E. Staudt • 51 : Chaumeton • 52 : Dr D. Weiss • 53 : JACANA/H. Chaumeton • 54 : E. Gerhardt • 55 : E. Staudt • 56 : Chaumeton • 57 : G. Redeuilh • 58 : A. Bollmann • 59 : JACANA/C. Nardin • 60 : LANCEAU/H. Chaumeton • 61 : E. Gerhardt • 62 : LANCEAU/H. Chaumeton • 63 : H. Schrempp • 64 : G. J. Krieglsteiner • 65 : BHB-PHOTO/Dr K.H. Willer • 66 : H. Schrempp • 67, 68, 69 : E. Staudt • 70 : PHOTO-CENTER/Schrempp • 71 : J. Heide • 72 : E. Staudt • 73 : E. Gerhardt • 74 : JACANA/R. König • 75 : A. Bollmann • 76 : BHB-PHOTO/Dr K.H. Willer • 77 : G. Quedens • 78 : M. Gerhardt • 79 : JACANA/R. Dulhoste • 80 : E. Gerhardt • 81 : G. Redeuilh • 82 : GOOSS/Pannhorst • 83, 84 : A. Bollmann • 85 : E. Gerhardt • 86 : G. Redeuilh • 87 : J. Heide • 88 : A. Bollmann • 89 : E. Gerhardt • 90 : G. Quedens • 91 : A. Bollmann • 92 : E. Gerhardt • 93 : H. Schrempp • 94 : E. Staudt • 95, 96 : E. Gerhardt • 97 : G. Redeuilh • 98, 99 : H. Schrempp • 100, 101 : E. Gerhardt • 102 : H. Michaelis • 103 : A. Bollmann • 104 : H. Derbsch • 105 : A. Bollmann • 106 : K. Engelhardt • 107 : H. Chaumeton • 108 : Verein der Pilzfreunde, Stuttgart • 109 : H. J. Romero • 110 : O. Gruber • 111 : KINKELIN/Reinhard • 112 : A. Bollmann • 113 : F. Waldvogel • 114 : E. Staudt • 115 : G. Quedens • 116 : E. Staudt • 117 : H. Ostrow • 118 : Dr B. Cetto • 119 : E. Gerhardt • 120, 121 : A. Bollmann • 122 : E. Gerhardt • 123 : H. Engel • 124, 125 : A. Bollmann • 126 : H. Schrempp • 127 : A. Bollmann • 128 : PHOTO-CENTER/Weigl • 129 : Verein der Pilzfreunde, Stuttgart • 130 : P. Hausmann • 131 : E. Gerhardt • 132, 133, 134 : A. Bollmann • 135 : G. Quedens • 136 : E. Staudt • 137 : G. Redeuilh • 138 : E. Staudt • 139 : A. Bollmann • 140 : G. Redeuilh • 141 : A. Bollmann • 142 : H. Schrempp • 143 : BHB-PHOTO/Dr K. H. Willer • 144 : JACANA/P. Nief • 145 : Dr B. Cetto • 146, 147 : A. Bollmann • 148 : E. Gerhardt • 149 : A. Bollmann • 150 : E. Gerhardt • 151 : H. Lücke • 152 : E. Staudt • 153 : E. Gerhardt • 154 : LANCEAU/H. Chaumeton • 155 : H. Lücke • 156 : E. Staudt • 157 : A. Bollmann • 158 : H. Schrempp • 159 : H. Derbsch • 160 : M. Enderle • 161 : K. Engelhardt • 162 : A. Bollmann • 163 : E. Gerhardt • 164 : G. Quedens • 165, 166 : A. Bollmann • 167 : H. Lücke • 168, 169 : A. Bollmann • 170 : E. Staudt • 171 : E. Gerhardt • 172 : H. Schrempp • 173 : KINKELIN/Reinhard • 174 : E. Gerhardt • 175 : H. Schrempp • 176 : H. Michaelis • 177, 178, 179 : E. Gerhardt • 180 : A. Bollmann • 181 : Verein der Pilzfreunde, Stuttgart • 182 : E. Gerhardt • 184 : E. Staudt • 185 : PITCH/Petzold • 186 : E. Staudt • 187 : H. Derbsch • 188 : MAURITIUS/Chrile • 189 : A. Bollmann • 190 : E. Staudt • 191 : LANCEAU/H. Chaumeton • 192, 193 : E. Staudt • 194 : Rosiak/PHOTO-CENTER • 195 : E. Gerhardt • 196 : G. Redeuilh • 197, 198 : E. Staudt • 199 : Verein der Pilzfreunde, Stuttgart • 200 : G. Quedens • 201 : E. Staudt • 202 : MAURITIUS/Chrile • 203 : H. Schrempp • 204, 205 : A. Bollmann • 206 : PHOTO-CENTER/Weigl • 207 : P. Haussmann • 208 : H. Ostrow • 209 : H. Oester • 210 : E. Staudt • 211 : G. Quedens • 212 : BHB-PHOTO/Dr K. H. Willer • 213 : H. Michaelis • 214 : A. Bollmann • 215, 216, 217 : BHB-PHOTO/Dr K. H. Willer • 218 : E. Staudt • 220 : A. Bollmann • 221 : H. Schrempp • 222 : Verein der Pilzfreunde, Stuttgart • 224 : PHOTO-CENTER/Dr Ewald • 225 : E. Staudt • 226 : PHOTO-CENTER/H. Schrempp • 228 : PHOTO-CENTER/Dr Ewald • 229, 230 : E. Staudt • 231 : Dr. D. Weiss • 232 : KINKELIN/Reinhard • 233 : PHOTO-CENTER/H. Schrempp • 234 : PHOTO-CENTER/Dr Ewald • 235 : H. Chaumeton • 236, 237, 238, 239, 240 : E. Staudt • 241 : PHOTO-CENTER/Meyer • 242, 243, 244 : BHB-PHOTO/Dr K. H. Willer • 245 : KINKELIN/Reinhard • 246 : H. Schrempp • 247 : A. Bollmann • 248 : PHOTO-CENTER/Kratz • 249 : E. Staudt • 250, 251 : PHOTO-CENTER/Dr Ewald • 252 : H. Engel • 253 : H. Schrempp • 254 : KINKELIN/Reinhard • 255 : LANCEAU/H. Chaumeton • 256, 257, 258 : A Bollmann • 259 : G. Redeuilh • 260 : E. Staudt • 261 : Dr B. Cetto • 262 : H. Michaelis • 263 : H. Schrempp • 264, 265 : PHOTO-CENTER/H. Schrempp • 266 : A. Bollmann • 267 : E. Gerhardt • 268 : E. Straudt • 269 : Verein der Pilzfreunde, Stuttgart • 270 : H. Schrempp • 271 : BHB-PHOTO/Dr K. H. Willer • 272 : E. Gerhardt • 273 : B. COLEMAN/S.C. Porter • 274 : G. Redeuilh • 285 : Rhône-Poulenc Agrochimie • 286h, 287g : LANCEAU/H. Chaumeton • 286b, 287d : Muséum d'histoire nat./Labo de cryptogamie • 288, 289 : TOP/R. Mazin • 291 : Ph. Joly • 293 : G. Redeuilh • 296 : h.g. JACANA/Nardin • 296 : h.d. à m.g. G. Redeuilh • 297 : h.d. à m.g. G. Redeuilh • 297 : m.b.g. NATURE/H. Chaumeton • 297 : b.g. G. Redeuilh • 300 : h.g. 1. P. de Bernon • 300 : h.d. à b.g. G. Redeuilh • 300 : b.d. H. Chaumeton • 301 : 1, h. G. Redeuilh • 301 : h.m.g. NATURE/H. Chaumeton • 301 : h.m.d. à b.d. G. Redeuilh • 304 : h.g. à m.d. G. Redeuilh • 304 : b.m.g. Chaumeton • 304 : 6.b.7 G. Redeuilh • 305 : hg à b.d. G. Redeuilh •

GUIDE DES CHAMPIGNONS
publié par Sélection du Reader's Digest

Composition : Delta Compo, Paris
Photogravure : Vernon, Paris / Typoffset, Paris
Imprimerie et reliure : Grafica Editoriale, Bologne

Achevé d'imprimer : septembre 1995
PREMIÈRE ÉDITION
Onzième tirage
Dépôt légal en France : octobre 1995
Dépôt légal en Belgique : D 1982 0621 45

Imprimé en Italie
Printed in Italy